KB064022

신흥무관학교

신흥무관학교

초판 1쇄 인쇄 2021년 5월 25일
초판 1쇄 발행 2021년 6월 10일

저 자 박 환

발행인 윤관백
발행처 도서출판 선인

디자인 박애리
편 집 이경남 · 박애리 · 이진호 · 임현지 · 김민정 · 주상미
영 업 김현주

등 록 제5-77호(1998. 11. 4)
주 소 서울시 마포구 마포대로4다길 4 곶마루 B/D 1층
전 화 02)718-6252/6257
팩 스 02)718-6253
E-mail sunin72@chol.com

정 가 30,000원
ISBN 979-11-6068-485-8 93910

신흥무관학교

박 환

도서출판 선인

책을 내면서 : 신흥무관학교 설립 110주년

역사속에 사라진 위대한 희생

1910년, 일제에 의해 조국이 강점된 이후 만주, 러시아, 중국본토, 미국, 멕시코 등 수많은 지역에서 독립군 양성을 위한 무관학교들이 만들어졌다. 이들 무관학교에는 독립전쟁의 전사가 되기 위해 피나는 노력을 전개한 수많은 청년들이 있었다. 척박한 망명지의 우리의 형제들이다.

전사들의 고귀한 피와 땀과 눈물이 조국 독립의 원천이 되었다. 지금도 산과 들로 구보, 행진하는 독립전사들의 모습이 자료 속에 살아 움직이는 듯하다. 힘찬 구령과 노래소리, 수많은 동포들의 절규, 동포들이 십시일반으로 구입한 소중한 무기와 탄환, 수류탄 등을 가지고 전선으로 나가는 독립군들의 모습이 눈에 선한 것 같다.

신흥무관학교는 1911년 만주 유하현 삼원포 추가가에서 신흥강습소로 출발하여 1920년 폐교되기까지 3천여명이나 되는 독립군을 배출한 독립군 사관학교였다. 이 신흥무관학교는 일제강점기 국내외의 모든 항일무장투쟁의 뿌리가 되었다. 특히 신흥무관학교는 특정 세력이 아니라 이석영, 이회영, 이시영 등 6형제, 안동의 이상룡, 김대락, 김동삼 등과 경기도의 여준, 윤기섭, 임면수, 김창환, 충청도의 이동녕, 이세영, 이장녕 등 신민회 계열의 다수의 인사들이 동참하여 이룩한 독립운동가들의 단합의 상징적 결과물이다. 더구나 재정적인 어려움에 봉착하였을 때에도 수많은 동포들의 노력과 힘과 땀방울이 신흥무관학교 유지의 원동력이 되었던 것이다.

신흥무관학교에서는 생도들에게 군사교육과 정신교육을 실시하였다. 특별히 주목되는 점은 신민회의 정신을 계승하여 공화주의적 정치이념을 바탕으로 한, 새로운 국민이 주인인 새로운 국가를 건설하기 위한 민족의 군대, 공화주의 지향의 군대를 만들고자 하였다는 것이다. 신흥무관학교에서 배출한 수많은 독립군지도자들이 비록 국가건설론에는 차이가 있었지만, 기본적으로 국민을 위한 독립군으로서 그 역할을 다하고자 했다.

신흥무관학교는 국망 이후 독립전쟁론에 근거하여 만주벌에 만든 최초의 독립군양성기관으로서 그 역사적 중요성은 이루말할 수 없다. 이곳 신흥무관학교 출신들이 해방이 되기전까지 청산리전투를 비롯하여 수많은 독립전쟁에 참여하여 독립의 밀알이 된 것은 더욱 신흥무관학교의 중요성을 절실히 느끼게 한다. 또한 신흥무관학교 설립 이후 만주, 시베리아, 미주 등 국외의 여러 곳에서 무관학교들이 만들어져 제2, 제3의 신흥무관학교 탄생의 전범이 된 것은 더욱 중차대한 의미일 것이다.

연구방향의 전환

세월은 흘러 과거에 비해 많은 새로운 자료들이 발굴되었고, 연구도 한층 축적되었다. 연구 초창기에는 주로 회고록 중심이었다면, 지금은 일본측, 중국측 자료 등 당시의 문헌 자료들을 다수 볼 수 있게 되었다. 아울러 신흥교(학)우단에서 발간한 신흥교(학)우보 등의 발굴, 신흥무관학교의 설립 주체 중의 한 기둥인 석주 이상룡의 유고, 백하 김대락의 유고 등 한문문집자료들도 번역되어 이 분야 연구에 큰 도움을 주고 있다. 또한 신문 자료들도 보다 쉽게 접할 수 있게 되었다. 그 결과 신흥무관학교를 보다 입체적으로 심도 있게 연구할 수 있는 토대가 마련되었고, 이를 기반으로 많은 연구 성과들이 축적되었다. 최근의 연구는 신흥무관학교의 유림세력은 계몽주의를 수용한 개신유림인 만큼 신흥무관학교가 지향하는 노선과 격차가 크지 않았다. 그들은 신흥무관학교의 신뢰할 만한 조언자로 기능했다. 김대락·이상룡 등이 신흥무관학교 교장에 추대되고, 이상룡이 경학사 사장에 취임했다는 사실이 이를 반증한다고 하고 있다.

지금까지의 연구로, 신흥무관학교는 이회영 6형제뿐만 아니라 이상룡, 김대락, 김동삼 등 안동 혁신유림들도 운영과 재정면에서 큰 기여를 하였다는 점, 특히 이회영 형제 가운데서도 재정적인 측면에서는 이석영의 공이 컷다는 점이 실증적으로 밝혀지고 있다. 아울러 충청도의 이장녕, 경기도인인 윤기섭, 임면수, 맹보순의 공적도 조망되었다. 앞으로 여준, 이동녕, 이시영, 이세영, 왕삼덕 등 지금까지 조망되지 못한 수많은 잊힌 독립운동가들의 공적과 역할도 연구될 필요가 있을 것이다.

이제 신흥무관학교 연구도 개척의 시대와 영웅만들기의 선양단계를 넘어 진실의 단계로 전환되어야 될 때이다.

새로운 해석의 시도

이 책은 기존의 연구 성과들을 토대로 필자의 연구성과를 정리해 봄으로써 신흥무관학교의 전체상을 새롭게 살펴보고자 하는데 목적을 두고 있다.

1부에서는 신흥강습소에서 출발하여 신흥무관학교로 발전하는 과정들을 살펴보고자 하였다. 아울러 3·1운동이후 서로군정서와의 관계 등 신흥무관학교의 전체상을 살펴보는데 초점을 두었다.

2부에서는 신흥무관학교를 설립한 주도세력에 대하여 알아보고자 하였다. 필자는 신흥무관학교의 경우 이회영을 중심으로 한 서울 세력, 여준, 윤기섭, 김창환, 임면수 등 경기도세력, 김대락, 이상룡, 김동삼을 중심으로 한 경북세력, 이동녕, 이장녕, 이세영 등 충청세력, 왕삼덕 등 황해도세력 등 전국의 다양한 세력들이 신민회를 중심으로 독립전쟁의 일환으로 무관학교를 설립, 운영하였다고 생각한다. 다만 아직 전체상이 밝혀지지 않았을 뿐이다. 이 책에서는 이회영, 이석영, 이상룡, 김대락, 윤기섭, 김창환 등 제한된 범위 내에서 그 일부만을 다루는 한계를 보이고 있다. 이회영을 다루는데 있어서는 그의 부인 이은숙의 『서간도시종기』의 특성에 주목하고자 한다. 이상룡, 김대락 등의 경우에는 개인 문집이 갖는 특성에 유의하고자 한다.

3부에서는 잊혀진 숨은 영웅들인 이석영과 임면수에 대하여 살펴보고자 하였다. 이석영은 조선의 고급관료 출신으로 자신의 재산을 신흥무관학교에 제공하였던 인물이다. 그의 만주에서의 삶을 특별히 살펴보고자 하였다. 아울러 수원출신으로서 만주로 망명한 임면수에 대하여도 알아보고자 하였다. 임면수는 만주에서 객주업을 했고 한때 신흥무관학교의 분신이라고 할수 있는 양성중학교의 교장으로 활동한 인물이다.

4부에서는 기록과 기억에 남는 신흥무관학교에 대하여 살펴보고자 한다. 김경천, 지청천, 윤철규 등의 회고록과 한국국민당의 『한민』, 조선민족혁명당의 『앞길』, 중국 당안관 자료 등도 알아보고자 한다.

5부에서는 졸업생들의 독립운동을 밝혀보고자 하였다. 신흥무관학교의 역사적 의미를 자리매김할 수 있는 기초적인 작업이 될 것이다. 또한 신흥무관학교 생도들이 독립군, 광복군, 대한민국 국군으로 변화 발전한 것을 객관적으로 살펴보고자 하였다.

결국 이 책에서 필자는 신흥무관학교를 새롭게 살펴보고자 하였다. 신흥무관학교가 신민회 정신을 바탕으로 공화주의 독립군을 양성하고자 하였고, 특정집안이나 세력뿐만 아니라 보다 광범위하고 다양한 많은 인물들이 참여한 독립군 사관학교였음을 보여주고자 하였다. 아울러 졸업생들은 한국독립운동을 이끈 근간이 되었으며, 해방 후에도 남북 국가건설의 토대가 되었음을 밝히고자 하였다.

끝으로 그동안 후원과 격려, 가르침을 주신 모든 분께 고개 숙여 감사드린다. 특히 병석에 계신 어머님의 쾌유를 빌며, 학문의 길에 들어서게 해 주신 아버님이자 스승이신 박영석님께 아들이자 후학으로서 큰 절을 올린다.

2021. 6.
문화당에서
청헌 박 환

차례

제1부

항일무장투쟁의 뿌리

1. 망명지에서-독립군양성의 부푼 꿈

머리말

1911년에 만주 서간도 지역에서 신흥강습소新興講習所로 시작하여 1919년에 신흥무관학교로 발전한[1] 이 학교는 일개 무관학교에 지나지 않으나 한국 독립운동사에 있어서 대단히 중요한 위치를 차지했다고 보여진다. 1930년대 중국 지역에서 활동한 독립운동 단체인 한국국민당의 기관지 『한민』 3호(1936.5.25)에 실려 있는 「서간도 초기 이주와 신흥학교시대 회고기」에,

> 만주 기타 각 방면에 있어서 활동하고 있던 무사 중, 이 학교 출신이 가장 많은 수를 차지하고 있어서 일본에서도 이 학교를 질시했다.[2]

라고 있고, 또한 신흥무관학교에서 교관으로 근무했던 원병상元秉常의 수기 『신흥무관학교』에,

> 서간도 어느 기관이나 시베리아 벌판 또는 중원대륙 어떠한 독립운동 기관에도 간 곳마다 신흥무관학교의 정신에 입각하여 성실과 정열로 용감히 싸웠다.[3]

---

1 신흥무관학교는 시기에 따라 新興講習所·大東中學校·新興中學校(新興學校)·養成中學校·新興武官學校 등으로 불리워졌다. 일반적으로 이를 총괄하여 신흥무관학교라고 하므로 본고에서도 이를 따르고자 한다.

2 社會問題資料研究會編, 『思想情勢視察報告集(其の二) 中華民國在留不穩鮮人の昭和十一年二月以降動靜』, 東洋文化社, 京都, 1976, 180쪽.

3 독립운동사편찬위원회, 『독립운동사자료집』 10, 1976, 31~32쪽.

라고 있듯이, 신흥무관학교의 출신들은 일제를 물리치는데 큰 역할을 하였던 것이다.

그러므로 학계에서도 지금까지 신흥무관학교에 대하여 많은 관심을 기울였다. 다만 원병상·이은숙李恩淑·이관직李觀稙 등의 몇 가지 회고록과 다수의 자료들이 활용되었다.[4]

이에 필자는 관계 문헌을 보다 널리 수집하여 신흥무관학교에 대하여 좀 더 구체적으로 살펴보고자 한다. 이를테면 신흥무관학교의 설립과 발전, 교육의 내용, 재학생, 졸업생과 졸업생들의 조직인 신흥교우단의 활동상 등에 대하여 알아보고자 하는 것이다.

1. 신흥무관학교의 설립과 발전

1) 무관학교 설립계획의 추진

을사보호조약이 체결된 이후, 일제의 침략이 더욱 노골화하던 1907년, 서울에서 안창호安昌浩, 양기탁梁起鐸, 이회영李會榮 등을 중심으로 신민회라는 비밀결사단체가 조직되었다. 이 단체에서는 1909년 봄에[5] 일제에 의하여 한국의 멸망이 거의 확실시 되자 국내에서의 민족 운동은 거의 불가능하다고 판단하였다. 그러므로 서울 양기탁의 집에서 이동녕李東寧, 주진수朱鎭洙, 안태국安泰國, 김구金九 등이 참석한 가운데 비밀 간부회의를 개최하고 해외에 독립 기지

4 원병상(신흥무관학교 교관), 「신흥무관학교」, 『독립운동사자료집』 제10집, 독립운동사편찬위원회, 1976, 7~35쪽; 李觀稙(신흥강습소 교관), 「友堂李會榮實記」, 『友堂李會榮略傳』, 李丁奎·李觀稙, 已酉文庫 263, 乙酉文化社, 1985; 李恩淑(李會榮의 夫人), 『民族運動家 아내의 手記-西間島始終記-』, 正音文庫 65, 正音社, 1975.

5 蔡根植, 『武裝獨立運動秘史』, 大韓民國公報處, 1949, 47쪽과 『한민』 3호 177쪽에서는 1910년 가을로 보고 있음.

를 건설 할 것과 군관학교를 설치할 것에 대하여 의논하게 되었다.[6] 그 결과 서간도 지역의 한 지점을 택하여 그 지역에 동지들을 이주시키고 무관학교를 설립해서 독립군을 양성하기로 결의하였다.[7] 아울러 이를 위해서는 막대한 자금이 소요되므로 참석자들에게 모금금액을 할당하기도 하였다.[8]

한편 1910년 7월 15일 경에는 신민회 회원인 이회영, 이동녕, 장유순張裕淳, 이관직 등을 백지白紙장사로 가장시켜 서간도 지역으로 보내어 무관학교의 설치에 적당한 지점을 매수케 하였다. 이에 이회영 등은 남만주의 각 지역을 답사한 결과 유하현柳河縣 삼원포三源浦 추가가鄒家街 지역을 선정하였다. 이 지방은 인가人家가 드문 지역으로 미개척지이지만 앞으로 독립운동 기지로서 알맞을 것으로 판단했기 때문이다.[9]

이회영 등이 독립운동 기지를 선정하고 귀국했을 때는 이미 조선이 일제에 의해 강점된 시기였다. 그러므로 신민회에서는 급히 동지들을 서간도로 이주시키기로 결정하고 이의 추진을 적극화하였다.

우선 근거지 설정을 위해서는 자금이 필요하였다. 그런데 1909년 신민회 간부회의에서 모금하기로 하였던 금액은 아직 모이지 않았다. 그러므로 신민회에서는 자금을 낼 인물을 구하던 중 이회영과 이시영李始榮의 소개로 그들의 형인 이석영李石榮을 적당한 인물로 선택하였다.[10] 이석영은 일찌기 의정대신議政大臣 이유원李裕元의 양자로 출세하였다. 그는 재산이 수만석에 이르렀으며 관직에 나아갔다가 국가의 망함을 보고 사퇴한 인물이었다.[11] 그러므로 이석영

---

6 채근식, 앞의 책, 47쪽.

7 『한민』 3호, 177쪽.

8 채근식, 『무장독립운동비사』, 47쪽.

9 위와 같음.

10 『한민』 3호, 177~178쪽.

11 원병상, 「신흥무관학교」, 『독운동사자료집』 제10집, 13~14쪽; 이은숙, 『독립운동가 아내의 수기-서간도시종기-』, 17쪽; 『한민』 3호, 178쪽, 180쪽;이관직, '우당이회영실기', 175~176쪽.

은 신민회의 제안을 쾌히 수락하였던 것이다.[12]

이를 계기로 자금이 마련되자 이건영李健榮, 이석영, 이회영, 이철영李哲榮, 이시영, 이호영李護榮 등 6형제와 김창환金昌煥, 주진수, 이상룡李相龍, 장도순張道順(淳), 장한순張漢順 형제 등이 무관학교의 설립을 위하여 만주지역으로 이주하였다.[13] 그리고 이어 하루 5명 내지 10명씩이 계속하여 서간도 지역으로 망명하였다.[14]

2) 신흥강습소의 설립

무관학교의 설립을 위하여 서간도 지역으로 망명한 이회영, 이시영, 이상룡 등 신민회 회원들은 1911년 여름 유하현 삼원포 추가가에 민국적民國的인 성격을 띤 자치기관으로 경학사耕學社를 조직하였다.[15] 아울러 당초 계획을 이루기 위해 무관학교를 설립하였는데 이상룡의 문집인 『석주유고石洲遺稿』〈만주기사滿洲記事〉에,

> 신해년 여름. 경학사를 만들고, 신흥강습소를 설치하여 청년들에게 군사학술교련을 실시하였다(辛亥夏 結耕學社 設新興講習所 以軍事學術教鍊青年)

이라 있듯이, '신흥강습소'를 설치하였던 것이다.

교명校名을 '신흥'이라고 한 것은 신민회의 '新'자와 다시 일어나는 구국투쟁

---

12 『한민』 3호, 178쪽.

13 채근식, 『무장독립운동비사』 47~48쪽; 이은숙, 『독립운동가 아내의 수기-서간도시종기-』, 17쪽; 『한민』 3호, 178쪽; 李相龍, 「西徒錄」, 『石州遺稿』.

14 『한민』 3호, 178쪽.

15 『무장독립운동비사』 48쪽에는 신흥강습소가 1910년 4월에 개교하였다고 하고 있으나 『석주유고』 滿洲記事에 근거하여 볼 때 1911년 여름이 아닌가 한다. 또한 실제 이회영·이상룡 등이 만주에 이주한 시기 역시 1911년 1월과 2월이었던 것이다(이은숙, 『독립운동가 아내의 수기』, 17쪽; 李相龍, 「西徒錄」, 『石州遺稿』).

이라는 의미에서 '興'자를 붙인 것이었다.[16] 그리고 중국 토착민들의 의혹을 피하기 위하여 학교 명칭도 평범하게 '강습소'라고 하였다.[17]

당시 신흥강습소의 분위기는 석주 이상룡의 다음과 같은 시를 통하여 짐작해 볼 수 있을 것 같다.[18]

추가가에서 초정집 속의 운을 따서 비서장에게 보이다 鄒家街 拈楚亭集中韻 示賁西丈

산으로 들어와서는 계속해서 하늘을 봄도 적었으니 入山連日少看天
들이 풀로 우거졌을 것을 산중에서 누가 알았으리요 深處誰知野莽然
추가가 라는 이름은 오래 전부터 전해지고 있는데 鄒氏街名傳古老
우리 한인들의 글 읽는 소리는 올해부터 시작되었네 韓人書響始今年
박꽃과 벼 잎새의 마을마을마다 비가 하염없이 내리고 匏花稻葉村村雨
돼지 울짱과 닭 횃대의 집집마다 연기가 피어오르네 豚柵鷄塒戶戶烟
우리가 만약에 참으로 목적으로 삼고 있는 게 없다면 吾輩若無眞目的
무슨 마음으로 여기 장강 가에 누웠으랴 何心臥此瘴江邊

신흥강습소에서 활동한 교원들을 도표로서 작성하면 다음과 같다.

〈표 1〉 신흥강습소의 교원일람표

성명	지위	출신지	학력	활동	비고
李東寧	교장 (초대)	충남 목천	한학	신민회	
金達	교감			신민회	
尹琦燮	학감	경기 파주	보성중학교	신민회	
金昌煥	교관	서울	육군무관학교	신민회	
李甲洙	교사			신민회	
李圭龍	교사	서울			이회영의 장자
金舞七	교사				

16 원병상, 「신흥무관학교」, 『독립운동사자료집』 제10집, 12쪽.
17 앞의 책, 12쪽.
18 안동독립기념관, 『국역석주유고』, 경인문화사, 2008.

성명	지위	출신지	학력	활동	비고
李光	교장 (3대)	충북 청주	漢城師範學校 附屬學校 早稻田大學政經科 中退	신민회	
李世榮	교장	충남 청양	육군무관학교	의병·대한협회	李世永·李天民(別名)
李章寧	교관	충남 천안	육군무관학교		
梁聖煥	교관		육군무관학교		
張道淳	교사			신민회	
李相龍	교장	경북 안동	한학	신민회·대한협회	
李觀稙	교관		육군무관학교	신민회	
李哲榮	교장	서울			이회영의 3째 형

※ 원병상, 「신흥무관학교」. 이은숙, 『독립운동가 아내의 수기』. 李丁奎·李觀稙, 『友堂李會榮略傳』. 『한민』 3호. 金承學, 『한국독립사』하. 『大韓帝國官員履歷書』. 신용하, 『한국민족독립운동사』. 『독립신문』(상해판) 등을 참조하여 작성하였음.

〈표 1〉에 보이는 바와 같이, 신흥강습소의 교원 가운데에는 1898년 7월 1일에 신식 무관의 양성을 위하여 설치된[19] 육군무관학교 출신들이 다수가 있다. 김창환, 이세영, 이장녕, 양성환, 이관직 등이 그들이다.[20] 이들이 모두 특별과의 교관으로서 학생들에게 무관교육을 실시하였던 것이다.[21] 그러므로 신흥강습소의 무관교육은 대체로 구한말 육군무관학교의 것과 거의 비슷한 형태였을 것이다.

출신 지역은 대부분 서울 및 충청도이다. 서울출신으로는 김창환, 이규룡, 이철영 등을 들 수 있으며[22] 이동녕, 이광, 이세영, 이장녕 등은 모두 고향이 충

19 車文燮, 「舊韓末 陸軍武官學校」, 『亞細亞硏究』 XVI-2, 1973, 181쪽.

20 金昌煥(李康勳, 『獨立運動大事典』, 1985, 292~293쪽), 李世榮(『獨立運動大事典』, 1972, 492쪽), 梁聖煥(『大韓帝國官員履歷書』, 554쪽), 李觀稙(『大韓帝國官員履歷書』, 490쪽).

21 이은숙, 『독립운동가 아내의 수기』, 24~25쪽; 李丁奎, 『李會榮略傳』, 49쪽.

22 金昌煥(『獨立運動大事典』, 292~293쪽), 李圭龍(『友堂李會榮略傳』, 206쪽), 李哲榮(『友堂李會榮略傳』, 206쪽).

청도이다.[23]

그리고 이들 가운데에는 국내에서 신민회에 가담하여 활동하던 인물이 많다. 이동녕, 김달, 김창환, 이갑수, 이광, 장도순, 이상룡, 이관직 등이 그들이다.[24] 이 점은 신흥강습소의 설립이 신민회에 의하여 추진되었음을 고려할 때 자연스러운 귀결일 것이다.

한편 신흥강습소는 앞서 언급한 바와 같이 당초 양기탁 등의 국내 모금과 이석영에 의하여 운영될 계획이었으나, 이석영에 전적으로 의존하게 되었다. 왜냐하면 이른바 105인 사건으로 국내 모금이 중단되고 말았기 때문이었다.[25] 그러므로 신흥강습소의 재정은 초기에는 거의 이석영에 의하여 이루어진 것 같다. 『한민』 3호 〈서간도 초기 이주와 신흥학교시대 회고기〉에서도 '이석영의 공功'이라는 제목 아래,

> 서간도 이주의 先進者-그 중에서도 신흥학교의 유일한 공로자가 이석영씨인 것을 아는 자는 적다. 그는 巨萬의 재산 전부를 이주 동포의 구제와 신흥학교의 경영에 다 소비했다.[26]

라고 있고, 신흥강습소 교관으로 일하였던 이관직의 회고기인 『우당이회영실기』에도 역시 이석영에 대하여,

> 그는 만주에 살게 된 뒤에도 많은 지사들의 여비를 지급하였고, 이동녕에게는 집과 땅을 사서 기부함으로써 만주 생활을 전담하였다. 그리고 신흥학교 창립 시에도 우

---

23 李東寧(金厚卿, 『大韓民國獨立運動功勳史』, 光復出版社, 1983, 739쪽), 李光(『獨立運動大事典』, 606쪽), 李世榮(『獨立運動大事典』, 578~579쪽), 李章寧(『獨立運動大事典』, 591~592쪽).

24 愼鏞廈, 「新民會의 創建과 그 국권회복운동」, 『韓國民族獨立運動史研究』, 乙酉文化社, 1985, 45~56쪽.

25 채근식, 『무장독립운동비사』, 49쪽.

26 『한민』 3호, 180쪽.

당 선생의 바라는 바에 따라 학교의 건축·설립·유지 등 제 비용을 희사하였다. 그가 만일 학교 설립의 자금을 내놓지 않았다면 우당 선생의 오랜 소원이던 군관학교도 설립하기 어려웠을 것이다.[27]

라고 있음을 참고할 수 있다.

그러나 이석영의 재산은 오래가지 못한 것 같다. 이석영의 재산은 많은 돈이었지만, 망국의 화폐는 중국에서 경제적 가치면에서 일정한 제약이 있었을 것으로 보인다. 망명한 이상룡, 김대락, 임면수 등 많은 지사들의 재산 기증도 큰 역할을 하였지만 이 또한 일정한 한계가 있었다.[28] 그러므로 신흥강습소의 유지는 일반 재만동포들의 기부금에 의존할 수밖에 없었다. 그런데 1911년에 서간도 지역에는 풍토병이 만연하고 가뭄과 서리 등 천재天災까지 겹쳐서 동포들의 농사에 치명적인 피해를 주었다. 그러므로 신흥강습소의 유지는 매우 어렵게 되었던 것이다.[29]

그리하여 이동녕은 시베리아로, 이시영은 봉천奉天으로 각각 활동 지역을 옮겼으며, 김창환, 윤기섭 등은 계속 남아 학교의 유지를 위하여 구걸을 하다시피 하였다.[30]

이러한 역경 하에서 1912년부터 풍년이 들기 시작하자 여준呂準, 이탁李鐸 등을 중심으로 신흥학교유지회를 조직하였다. 그리고 이 단체를 중심으로 재정을 각 지방에서 갹출, 신흥강습소의 재정을 충당하고자 노력하였다.[31]

---

27 李觀植, 『友堂李會榮實記』, 176쪽.

28 만주지역 독리운동가들의 망명재산에 대하여는 앞으로 보다 많은 심층적 연구가 이루어져야 할 것 같다. 특히 망명지 중국에서의 화폐가치, 쓰임새 등에 대한 연구가 필요하다. 독립운동 자금 마련과 경제적 곤란은 독립운동가들이 위폐제작에 관여하도록 하였다. 김혁 등의 사례에서도 위폐문제는 찾아볼 수 있다(박환, 만주지역에서의 김혁의 민족운동전개, 『만주지역 한인민족운동의 재발견』, 일조각, 2104, 166쪽)

29 蔡根植, 『武裝獨立運動秘史』, 49쪽.

30 앞의 책, 49쪽, 金承學, 『韓國獨立史』, 352쪽.

31 蔡根植, 『武裝獨立運動秘史』, 49쪽.

3) 신흥중학으로의 발전

1911년 가을 큰 흉작으로 경학사가 해체되고 1912년 가을에는 새로운 한인 자치기군인 부민단扶民團이 조직되었다.[32] 이 단체에서는 본부를 경학사의 본부였던 유하현 삼원포 추가가에서 통화현 합니하哈泥河로 옮겼으며 이 때 신흥강습소도 역시 그곳으로 이전하였다.[33] 추가가는 지리적으로 교통이 편리하고 인마人馬의 왕래가 잦아 독립운동 기지로서는 적당하지 못한 편이었다.[34] 반면에 합니하는 동남쪽으로는 고뢰산古磊山이 30리 거리에 있고, 북쪽으로는 청하자淸河子의 심산 유곡이 있으며 남서쪽으로 폐가동閙家洞의 장산밀림長山密林이 펼쳐져 있는 준엄한 곳이었다.[35] 그러므로 이 지역을 택하고자 하였던 것이다.[36]

합니하로 이전한 신흥강습소는 교직원 및 학생들의 노력 봉사로 1913년 5월에 교사 낙성식을 갖고 학교 명칭을 '신흥중학'으로 개칭하였다.[37] 『석주유고』 〈행장〉에도 이에 대해,

> 경학사耕學社를 추가가에서 창립하였는데, 사장社長으로 추대되었다. 이때 일본의 밀정들이 쫙 깔려 있어서 대단히 위험하기 짝이 없었으므로 대고산大孤山 산중으로 들어가서 노천에서 회의를 열어 그 취지를 설명하였다. 또 글을 지어 중외에 반포하

32 앞의 책, 49쪽. 한편 愛國同志後援會編, 『韓國獨立史』, 255쪽에서는 1913년에 부민단이 조직되었다고 보고 있다.

33 원병상, 「신흥무관학교」, 『독립운동사자료집』 제10집, 13쪽.

34 金承學, 『韓國獨立史』, 351쪽.

35 원병상, 「신흥무관학교」, 『독립운동사자료집』 제10집, 14쪽.

36 金承學, 『韓國獨立史』, 351쪽.

37 원병상, 「신흥무관학교」, 『독립운동사자료집』 제10집, 15쪽에서는 신흥무관학교라고 하고 있으나 이는 『石州遺稿』〈行狀〉에 보이는 바와 같이 신흥중학을 말하는 것으로 생각된다. 이 신흥중학의 명칭은 중학교이나 사실상 무관학교였으므로 신흥무관학교라고 하였던 것으로 보인다. 그런데 姜德相編, 『現代史資料 27 朝鮮 3』, みすず書房, 1977, 160~161쪽에는 처음에 大東中學校라고 하였다가 후에 신흥학교 다시 1914년에 養成中學校라고 하였다고 한다. 校名이 시기에 따라서 변한 것으로 보이나 그 구체적인 이유에 대해서는 현재로선 알려진 바 없다.

> 였는데, 말에 비분강개함이 가득하여, 감격하여 울지 않는 사람이 없었다. 각처에 소학당小學堂을 설립하였으며, 합니하哈泥河 강변의 깊숙한 곳에 신흥중학교新興中學校를 설립하고 군사과를 부설하여 몰래 일본 병서를 구입해서 강습하게 하였다(『국역석주유고』)

라고 하여, 합니하에서 신흥중학이 설립되었다고 밝히고 있다.

이 신흥중학에서 활동한 교원들을 도표로서 작성하면 다음과 같다.

〈표 2〉 신흥중학의 교원일람표

성명	지위	출신지	학력	비고
呂準	교장(1913)	경기 용인	한학	五山學校 瑞甸書塾 교사
尹琦燮	교감,소장,학감	경기 파주	보성중학교	
李相龍	교장	경북 안동	한학	
李光祖	학감		신흥강습소	
李圭鳳	학감,교사			
徐雄	교사			
閔華國	교사			중국어 담당
成駿用	교관	서울	신흥강습소	
金興	교관		신흥강습소	
李剋	교관		신흥강습소	
金昌煥	생도대장, 교사	서울	육군무관학교	
林必東(임면수)	교장			양성중학
李世榮	교장	충남 청양	육군무관학교	양성중학
車貞九	교사			양성중학
金長五	교사			양성중학
史仁直	교사			양성중학
李文學	교사			양성중학
申基禹	교사			양성중학
尹振玉	교사			양성중학
李東寧	재무감독	충남 목천		양성중학
呂圭亨	교사			

* 〈표 2〉는 원병상, 「신흥무관학교」, 姜德相, 『現代史資料 27 朝鮮 3』, 金承學, 『한국독립사』, 朝鮮總督府, 『國境地方視察復命書』(『백산학보』 9, 1970), 『신흥교우보 2호(1913. 6월 발간)』 등을 참조하여 작성하였음.

〈표 2〉에 보이는 바와 같이 신흥중학의 교원 가운데에는 육군무관학교 출신 외에 신흥강습소 출신이 다수를 이루고 있다. 이광조, 서웅, 성준용, 김흥, 이극 등이 그들이다.[38] 특히 이광조는 학감을 맡고 있는 점으로 미루어 신흥강습소에 입학하기 이전에 상당한 교육을 받은 인물이 아닌가 한다.

한편 신흥중학교는 1914년에 거듭되는 천재로 인하여 그 운영이 어렵게 되었다. 그러므로 둔전병제도를 통하여 학교의 재정을 충당하고자 하였다. 당시의 상황을 원병상이 그의 수기 『신흥무관학교』에서 다음과 같이 밝히고 있다. 즉,

> 학교 당국은 춘경기에 토인들의 산황지山荒地를 빌려 생도들을 동원하여 밭을 일으키었다. 우리는 일과가 끝나면 편대를 지어 각조별로 산비탈에 달라붙어 콩알같은 땀을 흘리며 괭이질을 하여야 했다.
> 이극(李剋)교관의 함경도 사투리 섞인 산타령에 장단을 맞추며 기고만장으로 억센 풀 뿌리를 파헤쳐 양전을 만들어 옥수수와 콩, 수수 등을 파종하며 여름내 가꾸고 가을에 거두어 땀이 등에서 줄줄 흐르도록 고된 노력을 하여서 얻은 돈으로 학교 유지비에 일부 보충하기도 하였다.
> 시탄으로는 1년간 그 소비량도 막대하다. 동절이 오면 살인적 혹한에 시탄을 달리 구입할 방도는 전연 없었다.
> 다만 생도들 자신이 강설기를 이용하여 학교 건너편 낙천동(樂天洞)이라는 산턱에서 허리까지 차는 적설을 헤치면서 땔 나무감을 끌어 내리고 등으로 그 나무 토막을 져다가 옮겨 매년 월동준비는 이렇게 하며 생도들 자력으로 해결해 왔다.
> 노력 봉사로서 하기 방학이 되면 교직원과 졸업생 및 재학생들이 혼연일체가 되어 각 지방에 흩어져 1개월씩 각자 기술대로 노력 수입을 만들기 위해 산으로 들로 산재한 교포들 집을 찾아 다니면서 6·7월 염천에 산전수답에서 서투른 솜씨로 구슬땀을 흘리면서 품팔이로 돈을 벌어 보태기도 하였다.[39]

38 金承學, 『한국독립사』, 353쪽.
39 원병상, 「신흥무관학교」, 『독립운동사자료집』 제10집, 24쪽.

라고 있듯이, 학교의 운영을 위하여 교직원, 졸업생, 재학생들이 열심히 근로봉사를 하였던 것이다.

또한 1912년에 신흥강습소의 유지를 위해 조직되었던 신흥학교유지회 즉 교육회를 통하여 학교의 유지를 위한 보조를 받았다. 이 교육회에서는 만주에 거주하고 있는 모든 동포들을 회원으로 하고 있었으며 매호마다 1년에 봉천소양奉天小洋 3원三圓을 징수하였다. 납입하지 못하는 회원에게는 연年 3분이자三分利子 9각九角(90錢)을 지불하도록 하였다.[40]

그 후 1916년에는 신흥중학의 유지를 위해 재만동포들을 대상으로 모금운동을 전개하였다. 이와 관련하여 신흥중학 재학생 및 졸업생의 모임인 신흥학우단의 기관지인 『신흥학우보』(2권 2호, 1917)에 〈신흥강습소 기본금 청연 정황〉이라는 제목하에,[41]

> 新興講習所의 存廢問題가 發生한 後로 一般教育會員과 및 有志人士의 論議한 結果로 該校를 爲하여 四千元의 基本金을 積立하기로 決定하였단 말은 前號에 主報하였거니와 現時當局 諸氏의 勞心과 一般同胞의 熱誠으로써 基本金을 請損할 새 間島天地의 老少男女가 熱心으로 贊助치 안이하는 이업서 裝飾品을 放賣하야 寄附하는 婦人과 病席에 누워 服藥하는 돈을 捐助農民을 二, 三으로 헤지 못할지니 이와갓치 千載의 처음이오 古今에 짝이 업는 참된 精誠으로 青年의 教育을 爲하야 잇는 힘을 앗기지 안이하니 이러틋 義務心이 가장 豊富한 우리 民族 사이에 무삼 일을 經營하지 못하겟스며 무삼일을 成功하지 못하리오.

라고 있는 것을 참고할 수 있다. 즉 일반 교육회 회원과 유지 인사가 4千元의 기본금을 적립하고자 하였으며, 이의 실현을 위한 재만동포들의 적극적인 후원이 있었던 것이다.

---

40 金承學, 『한국독립사』, 354쪽.

41 『신흥학우보』 2권 2호, 1917(독립기념관 소장). 신흥중학은 신흥강습소라고도 하였던 것 같다. 이러한 예는 1919년에도 역시 보이고 있다('新興講習所已未' 石州遺稿).

이상에서 본 바와 같이 신흥 중학의 재정적인 측면은 학생 및 교직원의 노력 봉사, 신흥학교 유지회의 노력, 그리고 모금운동에 의하여 모인 자금을 토대로 운영되었다.

4) 신흥무관학교의 설립

1919년 2월 고종황제가 승하하자 신흥무관학교에서도 이에 대한 추모가 있었던 것으로 보인다. 그 가운데 상복의 색깔문제가 논의되었던 것으로 보인다. 이에 대해 이상룡이 학생들에게 준 글은 당시의 분위기를 전해주고 있다.

▧ 신흥강습소에게 주다. 기유년(기미년) 與新興講習所

국상의 성복成服 의절을 어떤 사람의 구전口傳에 의한다면 너비 세치의 검정 삼베를 왼쪽 팔뚝에 두르고 석 달 장기를 마친 후 풀기로 정하였다 합니다. 여러분들이 의논하여 결정한 바에 반드시 원용의 근거가 있을 것이나 제 의견으로는 상복에 검은 색을 쓰는 것은 끝내 어리둥절하여 의혹이 있습니다.

세계 각국이 나라마다 예절이 달라 혹 검은 색으로 상복을 삼는 나라도 있을 것이나 우리나라는 흰 깁으로 거상해 온 것이 선왕·선성 이래로 변함없던 제도입니다. 만약 조정에서 군주를 직접 모시는 사람일 것 같으면 압존壓尊(높은 이의 위엄에 눌려서 언행이 구속 받음)의 처지라 이 때문에 검은 옷을 입고 사무를 보는 것을 허용한 것입니다. 이것을 '공제公除'라[42] 이르는 것인데 상복에 검은 색을 쓰라는 말이 아닙니다. 우리는 지금 위로 압존의 처지가 없는데 무엇 때문에 흰 깁을 싫어하여 검은 베를 쓰겠습니까? 지금 당한 국상에 검은 색을 쓴다면 나중에 부모의 상에도 또한 검은 색을 쓰겠습니까?

예는 인정에 흡족함을 귀하게 치는 것이니 4천 년 동안 준수해온 제도를 하루아침에 갑자기 고치기는 어려운 일입니다. 또 우리들이 비록 옛 것을 버리고 새 것을 따른다는 주의主義지만 대사에 방해되지 않는 일에 대해서는 국수國粹(국가와 민족이 지닌 고유한 정신적 물질적인 장점)라 여기는 것을 굳게 지켜 변하지 않는 것이 또한

42 공제公除 : 왕이나 왕비가 죽은 뒤 26일 동안은 상복을 입고, 일반 공무를 중단하고 조의를 표하며, 27일만에 상복을 벗는 일. 공식적으로 상복은 벗었지만 마음으로는 아직 벗지 않았다[公則除服 私則未之除]는 뜻이다.

아름다운 뜻입니다. 우리나라는 평소에 예의의 나라라 일컬어 왔는데 만약 그 예의까지 아울러 고쳐버린다면 이른바 그 국수라는 것이 진실로 어디에 있겠습니까? 이는 대절大節에 관계되는 것이니 모쪼록 다시 깊이 생각하여 처리하십시오.

석 달로써 3년을 상징한 것은 의미에 있어 그럴 법도 합니다. 그러나 복제에 있어 3월은 시마緦麻가 되는데 혹 무거운 복에 가벼운 예를 따랐다는 혐의는 없겠습니까? 만약 다른 명확한 준거가 없다면 아마도 공제公除를 좇는 것만 못할 것입니다. 내려오는 관례[舊例; 궁중에서 쓰던 이일역월제]에 27일 28개월을 대신한 복제입니다. 어떻습니까?(『국역석주유고』)

한편 1919년 국내에서 3·1운동이 일어나자 많은 애국 청년들이 압록강을 건너 안동安東·집안輯安·유하柳河·흥경興京·통화通化 등지로 탈출하여 왔으며 이들은 대개 신흥중학에 입교하기를 원하였다.[43] 그러므로 학교 당국에서는 확장의 시급함을 인정하고 즉시 유하현 고산자孤山子, 하동河東 대두자大肚子 지역에 40여간의 광대한 병사兵舍와 수만평의 연병장을 부설하여 이들의 교육에 박차를 가하였다.[44]

더구나 1919년 3·1운동 후에 일본 육군사관학교를 졸업하고 일본군에서 활동하던 일본군 보병 중위中尉 지청천池青天, 기병騎兵 중위中尉 김경천金擎天 등이 만주 지역으로 망명해 이 학교의 교육에 참가함으로써 신흥중학은 날로 발전하였다.[45] 그리하여 1919년 5월 3일에는 학교 이름을 신흥무관학교로 개칭하기에 이르렀다.[46]

당시 신흥무관학교에서 근무하였던 인물들을 도표로써 작성하면 다음과 같다.

43 원병상, 「신흥무관학교」, 『독립운동사자료집』 제10집, 28쪽.

44 앞의 책, 27쪽.

45 元秉常에 따르면 申八均(東川)·李青天·金擎天 등 세칭 3천이 국내로부터 탈출하여 만주로 왔으나 신팔균은 興京으로, 김경천은 러시아로 향하여 떠났기 때문에 무관학교의 교직에는 관련된 바가 없다고 한다(원병상, 「신흥무관학교」, 『독립운동사자료집』 제10집, 29쪽).

46 池憲模, 『青天將軍의 革命鬪爭史』, 三星出版社, 1949, 74쪽;채근식, 『무장독립운동비사』, 52~53쪽.

〈표 3〉 신흥무관학교의 교원일람표

성명	지위	출신지	학력	비고
李天民 (李洽)	교장	충남 청양	早稻田大 中退	孤山子 高等軍士班
梁圭烈 (梁在薰)	부副교장	경기 양평	육군무관학교	〃
尹琦燮	학감(교감)	경기 파주	보성중학교	〃
金昌煥	훈련감, 교장서리	서울	육군무관학교	〃
池靑天	교육대장(교성대장)	서울	육군무관학교	〃
桂龍寶 (桂龍輔)	교관	평북	신흥중학	〃
元秉常	교관	강원	신흥중학	〃
白鍾烈	교관	경기 장단	신흥중학	〃
吳祥世	교관	경기	신흥중학	〃
金擎天 (金光瑞)	교관	함남	일본육군사관학교	〃
金昇彬	교관			〃
孫武榮	교관	경기	신흥중학	〃
申八均	교관	충북 진천	육군무관학교	〃
金成魯	교관	경북	신흥중학	〃
李章寧	훈련감, 교장 대리 (1919. 12)	충남 천안	육군무관학교	합니하 초등군사반
成駿用	교관 (학도대장)	서울	신흥강습소	〃
朴斗熙 (朴寧熙, 朴章燮)	교원	충남 부여	신흥중학	〃
吳光鮮	교관	경기 용인	신흥중학	〃
洪鍾洛	교원		신흥중학	〃
李範奭	교관	서울	운남육군강무학교	〃
洪鍾麟	교관		신흥중학	〃

※ 姜德相, 『現代史資料 27 朝鮮 3』. 채근식,『무장독립운동비사』. 원병상, 「신흥무관학교」. 金承學, 『한국독립사』. 독립유공자공훈록편찬위원회, 『독립유공자공훈록』 4, 李康勳, 『독립운동대사전』. 金厚卿, 『대한민국독립운동공훈사』. 金承學, 『한국독립사』하.국사편찬위원회, 『大韓帝國官員履歷書』. 李基東, 『悲劇의 軍人들』 등을 참조하여 작성하였음.

〈표 3〉에 보이는 바와 같이, 지역적으로는 서울 및 경기 출신이 다수를 이루

고 있다. 양규열, 윤기섭, 김창환, 지청천, 백종열, 오상세, 오광선, 성준용, 이범석, 손무영 등이 그러하다.[47] 그 밖에 이천민, 이장녕, 박영희, 신팔균 등은 충청도 지역 출신의 인물들이었다.[48]

주요 직책인 교장, 부교장, 학감, 훈련감, 교육대장, 학도대장 등은 교장인 이천민을 제외하곤 모두 경기, 서울인들이 차지하고 있다.

학력을 보면 육군무관학교, 신흥강습소, 신흥중학 외에[49] 지청천, 김경천 등 일본육군사관학교, 이범석 등 중국 운남육군강무학교雲南陸軍講武學校 출신들이 있음이 주목된다.[50] 이를 통하여 학생들은 최신 일본식 및 중국식 무관 교육을 받게 되었기 때문이다.

1919년 4월 신흥무관학교는 부민단이 개편되어 조직된 한족회韓族會 산하의 학교로서 발전하였으며 학교의 운영 역시 한족회의 도움에 의해 유지되었다.[51]

2. 신흥무관학교의 교육내용

1911년 여름에 개교한 신흥강습소에서는 일반 중학 과정인 본과本科(原科) 외에 무관의 양성을 위한 속성과速成科를 두어 무관의 양성을 위한 교육을 실

47 梁圭烈(朝鮮總督府警務局, 『國外ニ於ケル容疑朝鮮人名簿』, 334쪽), 尹琦燮(『獨立新聞』(上海版), 1920년 3월 6일자), 金昌煥(『獨立運動大事典』, 292~293쪽, 李青天(『國外ニ於ケル容疑朝鮮人名簿』, 215쪽), 吳祥世(『獨立運動大事典』, 508쪽), 成駿用(「新興武官學校」, 33쪽), 吳光鮮(金承學, 『韓國獨立史』(下), 統一問題研究所, 1972, 191쪽), 李範奭(『獨立運動大事典』, 567~568쪽), 孫武榮(「新興武官學校」, 34쪽).

48 李天民(『獨立運動大事典』, 578~579쪽), 李章寧(앞의 책, 591~592쪽), 朴寧熙(金承學, 『韓國獨立史』(下), 154쪽), 申八均(『大韓帝國官員履歷書』, 607쪽).

49 원병상, 「신흥무관학교」, 『독립운동사자료집』 제10집, 33~35쪽, 金承學, 『韓國獨立史』(下), 353쪽, 申八均(『大韓帝國官員履歷書』, 360쪽).

50 李青天(李基東, 『悲劇의 軍人들』, 一潮閣, 1982, 280쪽), 金擎天(앞의 책, 270쪽), 李範奭(『大韓民國獨立運動功勳史』, 750~751쪽).

51 원병상, 「신흥무관학교」, 『독립운동사자료집』 제10집, 29쪽.

시하였다.[52] 그리고 1913년 5월에는 신흥강습소가 신흥중학으로 명칭을 변경하면서 4년제 본과와 6개월 또는 3개월 과정의 속성과를 병설하여 국내외에서 찾아오는 젊은 인재들을 교육하였다.[53] 1919년 3·1운동 이후 신흥무관학교로 발전하면서부터는 유하현 고산자에 2년제 고등군사반을 두어 고급 간부를 양성하고자 하였다. 그리고 통화현의 합니하, 칠도구七道溝, 쾌대모자快大帽子, 쾌당모자快當帽子 등에는 분교分校를 두어 초등 군사반을 편성, 3개월 간의 일반훈련과 6개월 간의 후보 훈련을 담당케 하였다.[54]

이러한 학제를 갖춘 신흥강습소, 신흥중학, 신흥무관학교 등에서 가르친 교육 내용은 어떠한 것이었을까. 현재로는 신흥강습소와 신흥무관학교의 교육 내용에 대해서는 잘 알 수 없다. 다만 신흥중학의 것만 전해지고 있다.[55] 그러나 이 점은 우리의 주목을 끈다. 왜냐하면 신흥중학은 1913년에서 1919년까지 3개 무관학교 중 가장 오랫동안 존속한 점, 그리고 이들 3개교가 시기에 따라

52 『韓民』 3호, 179쪽;李觀植, 『友堂李會榮實記』, 156쪽).

53 원병상, 「신흥무관학교」, 『독립운동사자료집』 제10집, 16쪽. 한편 신흥중학교에서는 처음에는 중학반과 군사반을 두었으나 곧 중학반은 폐지하고 군사반에만 전력을 기울였다(金承學, 『韓國獨立史』, 351쪽).

54 金承學, 『韓國獨立史』, 351쪽. 한편 신흥무관학교에서는 孤山子에 고등군사반을 두어 2년제 고급 간부를 양성하고자 하였다. 그리고 通化縣 哈泥河·七道溝 快大帽子·快當帽子 등에는 분교를 두어 초등 군사반을 편성, 3개월간의 일반 훈련과 6개월간의 후보 훈련을 담당케 하였다(金承學, 『韓國獨立史』, 351쪽) 그러나 곧 신흥무관학교에서는 빨리 다수의 무관을 양성하기 위하여 교육기간을 단축하고자 하였다. 즉 독립신문(上海版) 1919년 10월 18일자 〈新興學校開學〉에, "고산자 新興學校에서는 本月 七日에 開學하였는데 今番붓터는 第一期班(前三年級)은 畢業으로 認定하야 더 가르치지 아니하고 第二期班(前二年級) 第三期(前一年級)班은 이제 四週間을 더 가르친 後에 一期班가 한가지로 畢業式을 擧行할 터이온 今年者에 募集한 學徒는 새로 募集하는 學徒와 合하야 三個月 期限으로 가르칠 터이며 新入學生을 더 募集하기 위하여 自今 二週間 入學期限을 더 延期하여 在學生의 召集은 每班에 十人이 차기를 기다려 上學하기로 作定되었다더라(韓族新報…韓族會의 기관지 필자주)" 라고 하여, 재학생은 빨리 졸업시키는 한편 신입생들에게는 3개월의 단기 교육을 시키고자 하였던 것이다. 그 결과 1920년 1월 3일에는 제4기 졸업식을 거행하였다(『독립신문』 1920년 2월 3일자). 신흥무관학교의 이러한 움직임은 1919년 3·1운동 이후 일제에 무장투쟁을 전개하려는 움직임과 밀접한 관련이 있는 듯하다. 실제 이들 신흥무관학교 출신들이 다수 청산리전투 등 독립전쟁에 참가하고 있다(원병상, 「신흥무관학교」, 『독립운동사자료집』 제10집, 30~31쪽).

55 姜德相, 『現代史資料 27』 朝鮮 3, 160~161쪽.

명칭의 차이는 있으나 동일한 계열의 무관학교였기 때문이다. 이러한 점 등을 고려한다면 신흥중학의 교과내용의 분석을 통하여 다른 2개교의 그것 역시 추측해 볼 수 있지 않을까 한다.

신흥무관학교는 기본적으로 무관학교였으므로 군사교육에 많은 시간을 할애하였다.[56] 이때 사용된 병서兵書들은 대한제국무관학교에서 사용하던 교재들과 윤기섭이 일본군의 병서와 중국군의 병서를 바탕으로 우리에게 맞게 새롭게 만든 것이었다.[57] 당시의 교과 과목은 원병상의 회고에 따르면 다음과 같다.[58]

> 학과로는 보(步), 기(騎), 포(砲), 공(工), 치(輜)의 각 조전(操典)과 내무령(內務令), 측도학(測道學), 훈련교범(訓練教範), 위수복무령(衛戍服務令), 육군징벌령(陸軍懲罰令), 육군형법(陸軍刑法), 구급의료(救急醫療), 총검술(銃劍術), 유술(柔術), 격검(擊劍), 전략(戰略), 전술(戰術)[59], 축성학(築城學), 편제학(編制學) 등에 중점을 두고 가르쳤다.
> 술과로는 넓은 연병장에 김창환 교관의 명랑쾌활한 구령 아래 주로 각개교련(各個教鍊)과 기초훈련을 해 왔다.

한편 신흥무관학교에서는 수업시간 이외에도 신흥교(학)우보를 통하여 재학생 및 졸업생들에게 군사학에 관한 지식을 제공하였다. 신흥학우보 제2권 2호(1917)와 제2권 10호(1918)에 실린 〈보병전투연구步兵戰鬪硏究(續)〉은 그 대표적인 예 가운데 하나일 것이다.

군사 이론교육을 받은 학생들은 실제 훈련을 통하여 독립군으로 성장해 나갔다. 당시의 훈련상황에 대하여는 역시 원병상이,

56 池憲模, 『青天將軍의 革命鬪爭史』, 76쪽.
57 蔡根植, 『武裝獨立運動秘史』, 53쪽.
58 원병상, 「신흥무관학교」, 『독립운동사자료집』 제10집, 23쪽.
59 전술의 경우 1907년 5월 5일 발행된 대한제국육군무관학교 교관 朴泰琦가 국한문으로 반역한 『戰術綱要』 등이 사용된 것으로 보인다.

> 야외에서는 이 고지 저 고지에서 가상 적에게 공격전, 방어전, 도강, 상륙 작전 등 실전 연습을 방불하게 되풀이하면서 이 산 저 산 기슭에서 '돌격 앞으로'를 외치던 나팔 소리가 아직도 귀전에 들려오는 것 같다.[60]

라고 회상한 것을 참고할 수 있다.

그러나 신흥무관학교의 군사교육이 이처럼 원만히 이루어진 것만은 아니었다. 중국측에서 자국 영토 내에서의 군사 훈련을 금지시키고 학교를 폐지시키고자 하였기 때문이었다.[61] 이러한 상황은 당시 이상룡이 유하현 지사에게 올린 글을 통해서도 엿볼 수 있다. 즉 그는 군사교육은 체조 교육이며, 체육은 세계 각국의 소·중학교에 공통된 과목이니 널리 양해하여 달라고 요청하였던 것이다.

군사교육뿐만 아니라 신흥무관학교에서는 학생들의 민족정신 함양에도 노력하였다.[62] 그것은 투철한 민족의식을 가진 학생의 양성이 일제를 물리칠 수 있는 중요한 방법의 하나라고 인식하였기 때문일 것이다.

따라서 이 학교에서는 그를 위한 구체적인 방편으로 국어·국사·지리·노래교육 등을 실시하였다. 먼저 사용된 교재를 보면, 우리말 교육을 위하여 『국어문전國語文典』이 교과서로 사용 되었다.[63] 국사 교재로는 『대한역사』(1908, H.B. Hulbert)·『유년필독幼年必讀』(1907, 玄采) 등이 이용되었다.[64] 이 두 교재는 1909년 통감부에 의하여 발매금지를 당한 책들이었다.[65] 특히 『유년필독』은 일제에 의하여 압수된 출판물 가운데 가장 많은 부수(2154冊)를 차지하였다.[66] 이 책은

60 위와 같음.
61 朴永錫, 「滿洲·露領地域의 獨立運動」, 『韓民族獨立運動史硏究』, 一潮閣, 1982, 261쪽.
62 池憲模, 『靑天將軍의 革命鬪爭史』, 76쪽.
63 姜德相, 『現代史資料 27 朝鮮 3』, 160~161쪽.
64 위와 같음.
65 金興洙, 「韓末 歷史敎育 및 敎科書에 관한 硏究」, 『歷史敎育』 29, 1981, 68~69쪽.
66 국사편찬위원회, 『한국독립운동사』 1, 1968, 338쪽.

왜적을 물리친 이순신을 한국 제1의 명장으로 다루고 있는 점이 주목된다.[67]

지리교과서로는 『대한신지지大韓新地誌』와 『배달족강역형세도倍達族疆域形勢圖』 등이 이용되었다.[68] 전자는 구한말 대표적인 민족언론가인 장지연張志淵이 지은 것으로, 역시 1909년 통감부에 의하여 발매 및 사용 금지 처분을 받은 교과서이다.[69] 후자는 경북 안동인으로 신흥무관학교 교재편수위원을 역임했던 이원태李源台가 저술한 지도책으로서 주목할 만하다.[70] 이 책에서는 중국 역사 문헌에 보이는 동방구이東方九夷의 분포 지역을 그린 '동방구종분구도東方九種分區圖'를 위시하여, 만주 및 북부 중국지역을 중심으로 흥망 교체되었던 배달민족 여러 역대 국가들의 형세를 그린 지도를 수록하고 있다. 아울러 근세 조선 및 청대淸代의 강역사지도疆域四至圖까지를 포함하여 총 44장으로 되어 있다. 특히 이 지도에서 주목되는 점은 한반도 내의 국가들은 물론 만주 지역에서 일어났던 여러 국가들까지도 같은 배달 민족 계통의 국가로 파악하고 있다는 점이다.[71] 이를 통하여 학생들에게 만주 역시 우리 조상의 땅이었음을 강조하여 자신들이 독립운동을 전개하는 바로 이곳이 타국他國이 아님을 강조하는 일면, 종래 우리의 국토를 압록강 이남으로만 보아오던 입장을 벗어나 강대한 민족관을 갖도록 하고자 하였던 것이다.

민족의식의 함양을 위한 노래 교육 가운데 대표적인 것은 이 학교의 교가 제창이다. 학생들은 교가를 부르며 조국 광복의 맹세를 거듭 다짐하였던 것이다.[72] 교가 중 그 3절을 보면,

---

67 金興洙, 앞의 논문, 79~80쪽.

68 『大韓新地誌』(姜德相, 『現代史資料 27 朝鮮 3』, 160~161쪽), 『倍達族强域形勢圖』(李源台著 姜天奉譯, 『倍達族强域形勢圖』, 서울대출판부, 1972, 92쪽).

69 독립운동사편찬위원회, 『독립운동사』 8, 1976, 288쪽.

70 李源台著 李天奉, 『倍達族疆域形勢圖』, 92쪽, 金乙東編, 『安東版獨立史』, 明文社, 1985, 145쪽.

71 독립운동사편찬위원회, 『독립운동사』 8, 977쪽.

72 원병상, 「신흥무관학교」, 『독립운동사자료집』 제10집, 21~22쪽.

칼춤차고 말을 달려 몸을 달련코
새론지식 높은 인격 정신을 길러
썩어지는 우리 민족 이끌어내어
새나라 새울이 뉘-뇨
우리 우리 배달의
우리 우리 청년들이라
두팔들고 고함쳐서 노래하여라
자유의 깃발이 떴다[73]

라고 하여, 문무 교육을 겸비하고 민족정신을 길러 조국을 구하고자함을 나타내고 있다.

한편 신흥무관학교에서는 근대적인 인간 교육의 목표 하에 일반 학과 수업도 병행하였다.[74] 당시의 일반교육 과목을 보면 다음과 같다.

〈표 4〉 신흥무관학교의 교수과목일람표

목표	교육내용	교과서	저자	국내금지여부	비고
근대지향	인간덕성교육	初等倫理 倫理學敎科書 高等小學讀本	安鍾和 申海永 徽文義塾編輯局	○ ○ ○	
	경제교육	普通經濟學 中等敎科算術 中等算術			
	과학교육	最近高等學理科書 新選博物館 新選理化學 新編化學 中等生理學			
	사범교육	敎育學 師範敎育學			

※ 姜德相, 『現代史資料 27 朝鮮 3』. 국사편찬위원회, 『한국독립운동사』 1을 참조하여 작성하였음.

〈표 4〉에 보이는 바와 같이, 신흥무관학교에서는 근대 지향을 목표로 인간

73 池憲模, 『靑天將軍의 革命鬪爭史』, 76쪽.
74 위와 같음.

덕성 교육·경제 교육·과학 교육 및 사범 교육을 실시하였다.

인간덕성 교육은 윤리과목을 통하여 인격과 덕을 갖춘 근대적인 인물을 양성하고자 하는 의도에서 시행되었던 듯하다. 올바른 인격을 갖춘 자가 올바른 민족의식을 갖고 일제에 대항할 수 있다고 믿었기 때문이 아닐까 한다.

아울러 경제 교육도 실시하였는데, 만주 지역에서 독립운동을 계속해 나가기 위해서는 무엇보다도 경제 발전이 이루어져야 한다는 현실적인 필요와 관련이 있을 것으로 짐작된다. 과학교육도 이와 마찬가지의 맥락에서 이해할 수 있을 것 같다.

사범 교육은 일반 학과의 교육 가운데서도 특히 비중 있게 다루어졌다고 짐작된다. 신흥무관학교의 졸업생들은 일선 독립군에 참여하는 것이 원칙이었으나 그 밖에 교포 학교의 교원으로서 활동하기도 하였기 때문이다.[75]

3. 신흥교(학)우단의 활동

이제 신흥무관학교의 재학생과 졸업생의 활동에 주목해 보자. 그런데 이는 신흥교우단의 활동을 통해서 엿볼 수 있다. 신흥학우단은 1913년 5월 6일에 통화현 합니하[76]에서 조직되었다. 이 단체는 교장 여준, 교감 윤기섭 등과 신흥강습소의 제1회 졸업생인 김석金石, 강일수姜一秀, 이근호李根澔 등의 발기로 조직된 것으로서, 무관학교의 교직원과 졸업생이 정단원이 되고 재학생은 준단원이 되는 일종의 동창회와 같은 성격을 지닌 것이었다.[77]

75 원병상, 「신흥무관학교」, 『독립운동사자료집』 제10집, 25쪽.

76 『신흥교우보』 2호(1913년 6월간행)

77 원병상, 「신흥무관학교」, 『독립운동사자료집』 제10집, 16쪽. 처음에는 학우단의 명칭을 "回復舊土"라는 의미의 "多勿"이라는 古語를 사용하여 "多勿團"이라고 하였으나 그뒤 부르기 쉽게 "學友團"이라고 개칭하였다(원병상, 「신흥무관학교」, 『독립운동사자료집』 제10집, 16쪽).

그러나 실제에 있어서 이 신흥교(학)우단은 강력한 혁명 결사 단체였다. 원병상의 수기인 『신흥무관학교』에,

> 혁명대열에 참여하여 대의를 생명으로 삼아 조국 광복을 위해 모교의 정신을 그대로 살려 최후 일각까지 투쟁한다.[78]

라고 있듯이, 신흥교(학)우단에서는 조국광복을 위하여 모교의 정신을 살려 끝가지 투쟁하고자 하였던 것이다.

이러한 목적을 효과적으로 수행하기 위하여 이 단체에서는 단가團歌를 제정하여 부름으로써 목적의식을 더욱 분명히 하고자 하였다.[79] 단가의 가사는 신흥학우보(제2권 2호)에,

> 一, 祖上의 세우신 옛나라 어듸에뇨
> 忠勇한 무리아 그 恩惠 끗까지 이르랴
> 四千春光 빗나오든 배달 내나라
> 自由의 樂園을 지을者 우리가 안인가
>
> 二, 종설음 받으며 일목숨 이어가는
> 二千萬 生靈의 人生길 引導할이 뉘뇨
> 굳은 마음 참된 精誠힘을 다하야
> 썩어진 民族의 새 榮光 나타내이여라.
>
> 三, 우리의 마음을 鍊鍛코 큰힘길러
> 녯나라 億萬年 새 基礎 鞏固케 세우세
> 大千世界 덮고남는 긔운 다하라
> 普天下 優勝의 冕流玉冠 길히 빗나도다.

---

78 원병상, 「신흥무관학교」, 『독립운동사자료집』 제10집, 16쪽.

79 그 밖에 신흥학우단에는 團是 등을 제정하여 민족의식을 공고히 하고자 하였다(원병상, 「신흥무관학교」, 『독립운동사자료집』 제10집, 18~19쪽).

라고 있는 것을 통하여 알 수 있는 바와 같이 신흥교(학)우단의 목적이 민족의 영광을 되찾는데 있음을 나타내 주고 있는 것이다.

조국 광복을 위해 결성된 신흥교(학)우단의 활동은 크게 백서농장白西農場을 통한 혁명 활동, 신흥교(학)우보의 간행을 통한 계몽활동 그리고 민족의식의 고취 및 군사교육을 위한 교육활동 등으로 나누어 볼 수 있다.

1) 백서농장을 통한 혁명 운동

백서농장(혹은 西庄)은 1914년에 부민단의 간부들이 건설한 독립운동 기지로서 통화현 팔리초八里哨 소북차小北岔란 백두산 서맥西脈 고원 평야에 위치하고 있었다.[80] 그런데 이 농장의 주요 구성원이 다름 아닌 신흥무관학교 졸업생들 즉 신흥교(학)우단의 단원들이었던 것이다.[81] 이 농장을 조직하게 된 이유에 대하여는 작자는 잘 알 수 없으나 백서농장의 전말을 잘 아는 인물이 쓴 것으로 보이는 〈第九項 白西農場史〉에,

> 白西農庄은 檀紀四二四七(一九一四)年 甲寅 中日戰爭이 일어나기를 企待리다가 中國大總統 袁世凱의 野慾으로 굴욕적인 中日間 二千不辭의 聲明이 世界的으로 나돌다가 開戰이 되지 못한데 따라 우리가 生覺하였던 設計圖는 虛地에 도라갔다. 血戰準備에 吸吸하던 우리 道腦部와 扶民會 幹部들은 다시 方法을 달리하야 新興武官學校에서 年複年背出되는 華業生과 各處分枝校 및 各處勞動講習會를 거쳐 나오는 軍人들의 氣運을 消化調節하기 爲하야 이미 物色決定된 곧으로 軍管區基地를 定하고 血戰態勢를 갖우기로 하니

라고 있는 것을 미루어 보면, 1914년 중일전쟁이 발생하지 않아 독립전쟁을 전개하려는 의도가 실패로 돌아가자, 이에 다시 혈전 태세를 갖추기 위하여 만들었던 것이 아닐까 한다.

---

80 필자미상, 『第九項 白西農場史』.

81 위와 같음.

이러한 목적하에 신흥학우단의 인력人力과 재력이 중심이 되어 1914년 가을부터 작업에 착수, 곧 수천의 병력을 수용할 수 있는 兵舍를 완공하였다.[82] 명칭을 '白西'라고 한 것은 이 농장이 백두산 서편에 있기 때문이다. 그리고 '農場'이라고 명명한 것은 만주에서 한국인들이 독립운동 단체를 공공연히 조직하는 것을 중국인들이 금지하였기 때문에 사용하였던 것이다.[83] 그리고 신흥강습소 및 신흥중학의 1회부터 4회 졸업생 일부와 각 지교技校, 노동강습소 등에서 훈련된 군인 385명을 입영시켜 군사훈련을 시켰다. 이를 통하여 독립전쟁을 위한 만반의 준비를 하였던 것이다.[84]

그리고 곧 백서농장에서 일원으로 활동할 인물들을 선정하였는데, 이를 도표로서 작성하면 다음과 같다.

〈표 5〉 백서농장의 지도부일람표

성명	지위	출신지	학력	활동	비고
金東三	庄主	경북 안동			
梁圭烈	訓督	경기 양평	육군무관학교	舊韓國軍參領	
金定濟	總務	평북 곽산			충남 보령 金貞濟 金正濟
金煥	醫監	평남 안주			
金子淳	經理	평북정주,곽산			
郭文	需品	강원 울진			
鄭善伯 (鄭武)	外務	평북 철산			
蔡燦 (白狂雲)	農監	충북 충주	신흥중학	신흥학우단	
許湜 (許英伯)	教官	평북 진남포	신흥중학	신흥학우단	
金永胤	教官	평남 평양			
金東植	教官	평남 평양	신흥중학	신흥학우단	
康保衡	教官	평북 정주	신흥중학	신흥학우단	전남
李根浩	教導隊長	평남 순안	신흥중학	신흥학우단단장 (총무부장)	

82 위와 같음
83 위와 같음
84 위와 같음

安相睦	一中隊長	충남 한밭			
李鍾玉			신흥중학	신흥학우단	
朴相勳	二中隊長	충남 공주	신흥중학	신흥학우단	충북
金敬達	三中隊長	경남 의령	신흥중학	신흥학우단	
車用陸	副官	평남 숙천	신흥중학	신흥학우단	평북
李壽喆	副官	경북 영해			
金東振	副官	경북 안동			
辛容寬	規律隊長	경남 양산	신흥중학	신흥학우단	
金日化	規律隊長	평남 안천			
金進革	規律隊長	경북 평해			

※『백서농장사』. 원병상, 「신흥무관학교」. 金承學, 『한국독립사』 등을 참조하여 작성하였음.

〈표 5〉를 통하여 알 수 있는 바와 같이 백서농장에는 신흥교(학)우단 회원들이 주류를 이루고 있다.[85] 지역별로는 경기, 충청, 경상, 평안, 강원 출신들이다.[86] 특히 평안도 출신이 많다. 이들 백서농장의 간부들은 독립운동기지 건설을 위하여 노력하였다. 하지만 그들의 이러한 노력은 백서농장의 폐지와 더불어 결국 수포로 돌아갔다. 앞서 언급한 〈第九項 白西農場史〉에,

> 이러기로 數年을 지나고 나니 잇다큼 노루나 곰 山돼지 같은 것이 잡히기 전에는 고기 求景을 못한다. 農事는 豊作이나 사람들의 카로리없은 食生活에서 모다 病에 걸려 醫務室治療로는 勘當할 수 없어 外出이 許可되어 山外治療를 떠난다. 그런 中에 許德奎와 河在夏의 아들이 죽었다. 神經衰弱 不眠症 熱病 水土不服 胃病 心臟病 喘息 肺病 等이 簇出한다. 多部分 方向도 定處도 없이 治療를 目標하고 同胞들이 집으로 無作定하고 떠나가는 것을 自由에 막기고 나니 兵舍는 비고 不過 三十餘名이 성한 사람으로 남게 되었다. 새로 드러오는 軍人은 不過 몇 사람이 됨으로 維持키 困難한 解散設이 나돌았다. (中略) 乙未年 初였다. 滿四年間이나 겨레의 誠熱과 軍隊育成의 情熱이 不足한 바 아니지만 第二軍區完成을 보지 못한채 三·一運動이 일어난 뒷 가뭄이 밧버지자 守節死守하려던 白西農莊은 交通不便·水土가 不適·一切運輸 來往의 不適하다는 結論으로 韓族總會의 指示로 閉止하기로 되었다.

85 金承學, 『韓國獨立史』, 353쪽.
86 필자미상, 『第九項 白西農場史』.

라고 하였듯이, 백서농장은 교통의 불편·수토水土의 부적不適·왕래往來의 부적당 등의 이유 때문에 1919년 3·1운동 이후 한족회 총회總會의 지시로 폐지되고 말았다.

백서농장 이외에도 독립운동가들은 농장을 만들어 독립전쟁에 대비하고자 하였다. 그 중 하나가 통화현 합니하 마록구농장이다. 마록구의 농장에서 일하는 독립운동가들에게 이상룡은 다음과 같은 글을 주었다.

▧ 마록구 농장의 제군에게 답하다答馬鹿溝農庄諸君

보내준 편지 끝에서 한 말은 제군들의 입지立志가 굳음을 알 수 있었다네. 요즘 청년들은 왕왕 지志가 기氣를 통솔하지 못하여 현실성이 없는 헛된 쪽으로 내달리고 실제적인 일에 뜻을 두려 하지 않으니, 이 늙은이의 부족한 생각으로는 그들이 혹시라도 경박하고 방탕하여 함부로 세월을 보낼까 두렵다네. 지금 제군들은 한 농장을 설립하여 몸과 마음을 굳게 붙이고 노동을 꺼리지 않으며 실업實業에 종사하고 있으니, 내가 보기에 이것은 크게 진보할 기틀이라네. 만일 사람마다 이렇게 힘을 쏟는다면 무슨 일인들 못해내겠는가? 다만 귀 멀고 눈 먼 나 같은 사람에게 귀와 눈을 빌리려고 하다니 나는 거기에 맞는 사람이 아닐세. 시골 구석에서 문을 닫아 걸고 시세時勢와 물정을 모르는데, 그쪽 계획을 능가할 무슨 좋은 복안이 내게 있겠는가?

우리가 강을 건너 온지 6~7년 동안 늘 목적을 이야기 하였지만 조금도 성취한 것이 없는 것은 실로 밑천이 없었기 때문이었다네. 그런데 제군들이 농업에 착수하고 있으니 그 근본을 안다고 할 만하다네. 그러나 근면하고 인내하는 힘이 없다면 끝내 성공할 수가 없고 절제하고 저축하는 법도가 없다면 때가 왔을 때 밑천으로 쓸 수 없을 것이니, 이것이 모두 양수良遂(많이 아는 사람)가 먼저 알아야 할 것이고, 장래의 방책方策은 절로 차례가 있으므로 이 차례를 뛰어 넘어 나아가서는 안 된다네. 제군들의 이번 착수는 비유하자면 만 리 길을 가는데 겨우 문을 나서서 발을 내딛은 것과 같다네. 차례차례 험한 구비를 건너는 일을 어찌 몇 마디 말로 다 할 수 있겠는가? 제군들이 버리지 않는다면 후일에 서로 만나 응당 내가 가지고 있는 것을 다 털어 놓아 길을 아는 늙은 말처럼 갈 길을 스스로 갖추도록 하겠지만, 취사取捨 여부는 그대들의 마음에 달려있다네.(『국역석주유고』)

2) 신흥교(학)우보의 간행

신흥교(학)우단에서는 1913년 6월부터 기관지인 신흥교우보를[87] 간행하였다.[88] 주필 겸 편집부장으로는 신흥강습소 1회 졸업생이며 문사文士로 알려진 강일수가,[89] 그리고 신흥중학교 졸업생인 이동화李東華·장정근張庭根 외 15명이 기자로서 활동하였다.[90]

국문 또는 국한문으로 되어 있는 신흥교(학)우보의 전체 내용을 현재로서는 잘 알 수 없다. 다만 현재 독립기념관에 보관되어 있는 신흥교우보 2호(1913. 9. 15)와 , 신흥학우보(제2권 2호, 1917. 1. 13와 제2권 10호, 1918. 7. 15) 등을 통하여 어느 정도 전체상을 살펴볼 수 있지 않을까 한다.

먼저 1913년 간행된 신흥교우보의 목차를 보면 다음과 같다.

〈논단〉

근심하고 두려워말고 예수로와 한몸이 되라 · · · · · · · · · · 尹琦燮(1쪽)
간도동포를 향하야 자제교육을 권고힘 · · · · · · · · · · · · 姜一秀(6쪽)
험한바다 구진 비속에 외롭이 떠나가는 배 · · · · · · · · · · 申昌浚(11쪽)
류하현 주지갈 여자교육회에 권고하오 · · · · · · · · · · · · · (12쪽)
우리 청년의 소망이 무엇인고 · · · · · · · · · · · · · · · · 黃炳禹(15쪽)
일에는 상당한 힘을 요구함 · · · · · · · · · · · · · · · · 李英(17쪽)
소년성질 · 朴敦緖(20쪽)

87 장세윤, 「자료소개: 신흥교우단의 기관지 신흥교우보」, 『한국독립운동사연구』 37, 2010.
김주용, 「『신흥교우보』를 통해 본 신흥무관학교」, 『한국독립운동사연구』 40, 독립기념관 한국독립운동사연구소, 2011. 신흥교우보는 후에 신흥학우보로 명칭이 변경되었다.
독립기념관 한국독립운동사연구소, 『청산리대첩 – 이우석 수기·신흥무관학교 –』, 역사공간, 2013(. 신흥학우보 제2권 제10호(1918년 7월 15일)도 실려있다)

88 金承學, 『韓國獨立史』, 354쪽.

89 원병상, 「신흥무관학교」, 『독립운동사자료집』 제10집, 17쪽; 李克魯, 『苦鬪四十年』, 乙酉文化社, 1947, 10쪽.

90 원병상, 「신흥무관학교」, 『독립운동사자료집』 제10집, 17쪽.

위에서 살펴볼 수 있는 바와 같이, 신흥교우보는 논단, 강단, 잡저, 학원 등 다양하게 구성되어 있다. 그런 가운데서도 〈회중기사〉는 신흥교우단의 상황을 살펴보는데 일차적으로 도움을 주고 있다. 아울러 젊은 청년들을 중심으로 한 신흥교우단은 독립운동단체이므로, 독립유동과 관련된 내용들을 많이 싣고 있다. 8월 29일 국치일에 대한 기사들을 통하여 민족의식 고취에 노력하고 있다. 아울러 독립전쟁시에 필요한 구급법, 병농일치를 기본으로 할 수밖에 없는 현실적 상황을 고려하여 농업에 관한 내용들도 소개하고 있다. 또한 고구려 광개토대왕의 기상을 본받고자 비문에 대한 글도 싣고 있다. 3·1운동 이후에도 활발한 독립운동을 전개한 윤기섭[91], 왕삼덕[92] 등 독립운동가들의 글은 접하기 어려운 글들인데 실려 있어 신선하다. 특히 제2호 논단의 첫 글에서 윤기섭은 「근심하며 무서워 말고 예수로와 한몸 되라」라는 글을 싣고 있다. 이상룡 등 혁심유림세력이 존재하는 가운데, 윤기섭은 청년들에게 예수를 따르라고 강조하고 있어 주목된다. 그 일부를 보면 다음과 같다.

91 韓詩俊, 「신흥무관학교와 尹琦燮」, 『한국근현대사연구』 67, 한국근현대사학회, 2013.
92 박경, 「王三德의 생애와 민족운동」, 『한국민족운동사연구』 87, 2016.

이 세상 사람들은 한 사람도 근심치 아니하고 무서워하지 아니하는 자가 안는자 없도다. 대수롭지 안은 일에도 근심이 많아 얼굴이 펴일 날이 업고(중략)
만일 예수를 좇지랴거든 먹고 입을 것을 어떻게 얻은가 근심말며, 세상에 권세잡은 자의 위협을 구서워하지 말고 오직 너의 나라와 그 의를 구하라. 이는 예수가 그 제자에게 먼저 기도하라 가르치심이오. 서로 참사랑을 하라 이는 예수의 그 제자에게 새로 주신 계명이니라. 슬프다. 편력되이 사랑말며 노여워하지 말고 그만 예수만 굳게 믿고 행하면 모든 일을 다 이루는 줄을알고 의심말고 행하라. 그리하면 다만 예수의 행하신건만 능히 행할 수 있을 뿐이니라 예수의 향하신 것보다 더 큰 것도 능히 행할 수 있으며 다만 예수의 친구만 될 뿐이라. 하나님의 온전하심과 같이 온전하여 예수와 한몸이 되어 능치 못할 일이 없으니리. 근심말며 무서워말고 다만 예수만 따라 행할지어다.

아울러 왕삼덕의 〈8월 29일 기념취지서〉도 주목된다. 왕삼덕은 국치일을 눈물로 기념할 것이 아니라 굳건한 마음을 가지고 신흥무관학교에서 교육을 제대로 받고 이를 바탕으로 더욱 많은 학생들을 배출해서 국내 진공작전을 개시하기까지 실력양성에 힘써야 한다고 했다. 물론 군대 양성이 제일 목적임은 두말할 필요도 없다. 당시 결의에 찬 신흥무관학교의 분위기를 짐작할 수 있는 글이다.[93] 이를 보면 다음과 같다.

동포야 동포야 , 만주뜰에서 세월을 보내는 나의 혈족 동포야. 세월이 빠르게 흘러 벌써 망국한지 4년이 흘렀다. 슬프다. 이 세계는 팔만리 지구이며 세월은 몇만년이던가. 우리가 패악한 때를 만나 생각할수록 어이가없고 정신이 아득하다. (중략)
세계의 무쌍한 삼천리 금수강산이오 때로 말하면 전고에 짝없는 이십세기 문명시대라 때를 어찌 악하다 하며 때를 어찌 한탄하리오. 원통코 딱하다. 우리 사람들이여 남들은 일할 때에 나는 잠자고 남들이 밭갈 때에 나는 안졌다가 깨이고 악독한 원수의 손에 들어 1905년 보호란 이름을 벗고 1910년 팔월에 합방의 명칭을 얻었다. 조국은 벌서 운명했으니 소생환, 청심환이 무효한 지라. 백두산 남록에 국혼을 이별

93 김주용, 『신흥교우보』를 통해 본 신흥무관학교, 『한국독립운동사연구』 40, 71쪽.

> 하고 전명을 바라보니 강토가 한조각도 남아 있지 않다.
> 일가친척 작별이나 마차를 타고 만주들에 다다르니 산도설고 물도생소한데 들으니 망국한 놈 거우리라는 소리뿐이다. 부끄러움을 무릅쓰고 분을 참으면서 오늘 내일 지내더니 무정한 세월이 우리를 생각하지 아니하고 또 오늘날을 앙케하니 가륵하고 원통한 생각을 숨기지 못하여 한번 말삼하거니와 오늘날을 당한 우리가 한갓 우는 것이 기념이 아니고 말하는 것이 기념이 아니다. 결단코 우리는 전운의 순환하는 것을 생각하여 낙심말고 힘써 퇴보말고 나아가 상당한 소리로 압으로갓 하면 압록강을 뛰어 건너 원수의 뜨거운 간엽을 베어노코 개선가 군악대로 우리 국혼을 위로하면 신성한 국혼이 빗난 독립을 낫고 공중에서 춤을 추리니 만주에 흩어진 나의 동포야 오늘을 당하여 눈물로 기념치 말고 정신으로 기념할 지어다[94]

다음으로 1917년 간행된 신흥학우보의 항목과 제목·필자 등을 적어보면 다음과 같다.

〈표 6〉 신흥학우보제2권 2호 내용일람표

항목	제목	필자
광고	恭賀 新年 恭賀 新年 禽獸會議綠全 檀賞樓上 本報投書簡章 紀元四二五○年 陰曆丁巳 節候表	新興學友團 竹林館 〃
논단	新年 戰爭은 生物生活의 現象(續) 묵은 병은 새해에 곳치라 歷史를 빗냅세다 大東靑年아	編輯人 촌바위 東虎
學苑	步兵戰鬪硏究(續) 부인계에 맛당히 배홀 것(續)	尙武子
文林	夜遊鄕山(續) 送舊迎新 寄三源浦新興學友團 기럭이 詞藥	夢遊子 玉山生 許蔿 安鍾根
소설	深偵의 奇談(續)	南一湖

94 본문을 윤문한 김주용의 글을 재인용.

雜俎	新興講習所基本金請捐狀況 不滿足 吊故李義直君	卞守眞 ㄱ生
史傳	安重根傳	
雜報	團中記事 新興學友團 團歌 感荷特捐 編輯室告白	

〈표 6〉에서 알 수 있는 바와 같이 신흥학우보는 광고·절후표節候表·논단·학원學苑·문림文林·사전史傳·잡보雜報·잡저雜俎 등의 내용으로 이루어져 있다. 이 가운데 〈논단〉은, "역사를 빛냅세다 대동청년大東靑年아" 등의 제목에서도 엿볼 수 있는 바와 같이, 청년들에게 민족의식을 고취시키고 혁명이념을 선전하는 것이 그 주된 목적인 것 같다. 〈학원〉에서는 군사학에 대한 연구 성과를 보급하고 있는 것이 주목된다. 〈문림〉, 〈소설〉, 〈사전〉 역시 민족의식의 고취와 밀접한 관련이 있는 듯한데, 이는 특히 〈사전〉에서 안중근을 다루고 있는 데서 단적으로 드러난다고 하겠다. 〈잡보〉와 〈잡저〉에서는 당시 학우단에 있었던 일 및 학우단과 관련된 여러 가지 사항을 기재하고 있다.

요컨대 신흥학우보는 군사·시사·문예·농사 등 다양한 기사를 실어 혁명이념의 선전과 민족의식의 고취에 노력하였던 것 같다. 따라서 일제의 주목의 대상이 되었던 것이다.[95]

다음으로 1918년 7월 15일에 간행한 신흥학우보(제2권 제10호)의 목차를 보면 다음과 같다.

95 앞의 책, 17~18쪽. 한편 신흥학우보가 언제까지 발행되었는지는 현재로선 알 수 없다. 다만 1913년 7월에 창간된 이후 1918년 7월까지는 발행되었음을 확인할 수 있다.

〈論壇〉

〈學苑〉

〈文林〉

〈寄書〉

〈雜俎〉

〈史傳〉

편집인 朴乃興, 편집 겸 인쇄인 孫道榮
발행소: 신흥학우단 본보, 중국 봉천성 유하현 삼원포
창간: 4246년 6월 18일

위에서 보는 바와 같이, 1918년 7월 15일에 간행된 제2권 10호는 신흥학(교)우보 간행 5주년을 기념하는 특집호이다. 그러므로 <논단>에 본보 제5주년기념행사(편집인), <문림>에 본단제5회 창립기념사, <잡저>에도 본단 제5회 창립기념식 상황 등을 기획으로 싣고 있음을 볼수 있다.

아울러 안중근의사에 대하여 특별히 관심을 기울이고 있음을 짐작할 수 있다. <문림>에 추도 안중근, <사전>에 창해노방실(박은식-필자주)의 <안중근전>이 실려있다. 또한 세계사의 흐름과 전투사 등에 대하여도 집중적으로 싣고 있다. <학원>에 보병전투연구가 연속 실리고 있으며, <논단>에, 구라파전쟁(속) 2, 俄德(러시아와 독일-필자주)강화의 俄德득실, <잡조>에, 중일군사협약, 시베리아의 미국경영과 일본 등이 그것이다.

3) 교육활동

신흥교(학)우단에서는 농촌에 소학교를 설립하여 아동교육을 담당하는 것을 중요한 사업의 하나로 생각하고 있었다.[96] 그리하여 신흥무관학교 졸업생 가운데 독립군이 되지 않는 한 의무적으로 2년간 교편생활을 통하여 재만한인 동포들의 교육을 담당하도록 하였던 것이다.[97] 당시 재만한인사회는 교사가 매우 부족한 형편이었다. 따라서 신흥무관학교의 졸업시기만 되면 각 지방 소

96 金承學,『한국독립사』, 354쪽.
97 원병상,「신흥무관학교」,『독립운동사자료집』 제10집, 25쪽.

학교에서는 서로 앞을 다투어 교원으로 초빙하고자 하였던 것이다.[98] 신흥학우단의 단원들이 교사로서 나간 학교들을 도표로서 작성하면 다음과 같다.

〈표 7〉 신흥학우단원들이 설립한 학교 일람표

학교명	위치	교원 성명	개교일	학생수	비고
新興小學校	通化縣 快當帽子	교장 文載洙 교사 金石鎭	1913.5	34	기독교
新興小學校	通化縣 金道坡			30	
新興小學校	通化縣 大横子			43	
新興小學校	通化縣 蝦螟河子			42	
新興小學校	通化縣 美大荒溝			40	
新興小學校	柳河縣 李子街			67	
新興講習所	柳河縣 大垣坪	교장 李圭東 교사 盧白麟	1914.9	甲班:35	
基督新興學校	長白縣 王哥洞	교사 吳周煥		乙班:190	
新興學校	和龍縣 明新社 新興洞	교장 李均榮 교사 朴鎭 金鍊		17	
新興學校	延吉縣 依蘭溝 新興洞			46	천주교
新興學校	琿春	교장 方秉燮 교사 蔡成心		40	
新興學校	汪淸縣 太平溝	교장 吳基淵 교사 金雲松 劉恒俊		30	기독교
大沙灘小學校	柳河縣 大沙溝	교사 元秉常			
東華學校	通化縣 崗山二道溝	교사 任邦 李英		40	

※ 姜德相, 『現代史資料 27 朝鮮 3』, 원병상, 「신흥무관학교」, 신흥학우보(2권 2호, 1917) 등을 참조하여 작성하였음.

〈표 7〉에 보이는 바와 같이 이들 학교들은 대부분 학교명을 "신흥"이라고 하고 있다. 당시 신흥교(학)우단 단원이 교사로 나간 곳은 학교 명칭 교과목 등도 모두 신흥무관학교와 같은 경우가 대부분이었다는[99] 점과 밀접한 관련이 있

98 위와 같음.

99 朴永錫, 「日帝下 在滿韓國流移民 新村落形成-蔚珍 慶州李氏一家의 移住事例-」, 『한민족독립

는 듯하다.

지역적으로는 서간도 지역뿐만 아니라 장백현長白縣·화룡현和龍縣·연길현延吉縣·왕청현汪淸縣·훈춘琿春 등 북간도 지역에까지 미치고 있다.

한편 만주 전 지역에서 교사로서 활동한 단원들은 학교 운영은 물론 군사 훈련에도 지도적 역할을 담당하였다. 그들은 지방 청년들에게 군사 훈련을 시키는 것 등을 통하여 독립전쟁에 대비하고자 하였던 것이다.[100]

맺음말

지금까지 신흥무관학교의 설립과 발전, 교육 내용, 신흥교(학)우단의 활동 등에 대하여 살펴보았다. 이를 요약함으로써 결론에 대신하고자 한다.

신흥무관학교는 신민회의 해외독립운동기지 건설 계획의 일환으로 서간도 지역에 설립된 무관 양성기관이다. 그러므로 군사 교육과 민족정신의 함양을 위하여 특히 많은 시간을 할애하였다. 한편 근대 지향을 목표로 인간 덕성 교육·경제교육·과학교육·사범교육 등도 게을리하지 않았다.

신흥무관학교에서는 1913년 5월 유하현 삼원포에서 신흥학(교)우단을 조직하였다. 이 단체는 재학생, 졸업생, 교직원이 구성원이 되는 강력한 혁명결사단체였다. 그러므로 통화현에 백서농장을 설치하여 혁명활동을 전개하는 일면 신흥학(교)우보를 간행하여 단원 및 재만동포의 민족의식함양에도 노력하였다. 아울러 농촌에 학교를 설치하여 민족교육을 실시하기도 하였다.

이와 같은 신흥무관학교는 1920년의 일제의 습격, 마적의 습격, 윤치국치사 사건 등으로 인하여 1920년 8월에 폐교되고 말았다. 그러나 폐교 후에는 졸업

운동사연구』, 일조각, 1982, 30~31쪽.

100 원병상, 「신흥무관학교」, 30쪽.

생들은 1945년 해방 이전까지 만주와 중국 본토 등지의 여러 독립운동 단체에서 활발한 대일투쟁을 전개하였다. 북로군정서·서로군정서·대한통의부·정의부·신민부·의열단·광복군 등이 그 대표적인 단체들이다. 즉 신흥무관학교는 1910년대 만주지역에서 설립된 대표적인 독립군 양성기관이었던 것이다.

2. 3·1운동 후 독립전쟁의 주역이 되다 : 서로군정서와 신흥무관학교

머리말

1919년 국내에서 3·1운동이 전개된 이후 그 영향으로 만주지역에서도 3·1운동이 전개되었다. 특히 만주 지역의 3·1운동은 국내와는 달리 평화적인 시위운동에 국한된 것이 아니었다. 즉 만주지역에서 활동하고 있던 독립운동가 및 재만동포들은 일제를 몰아내기 위해서 무장 투쟁을 전개하고자 하였던 것이다. 그 결과 많은 무장독립운동 단체들이 이 지역에 조직되기에 이르렀다. 그 중 압록강 대안인 서간도 지역에서 이루어진 대표적인 단체로서 서로군정서西路軍政署를 들 수 있다. 이 단체는 신민회의 독립전쟁론에 기초하여 만들어진 무장독립운동 단체로서 공화주의 정치 이념을 표방하였다. 그리고 6년간(1919~1924) 서간도 지역은 물론 국내에서도 활발한 무장활동을 전개하였다. 그 결과 1920년대 초반에 대한제국의 재건을 주장하는 복벽주의復辟主義 정치 이념을 내세운 대한독립단과 함께 서간도 지역의 대표적인 독립운동 단체가 되기에 이르렀다.

본고에서는 서로군정서에 대한 몇 가지 문제를 밝혀 보고자 한다. 이를테면 성립 배경과 아울러 주도 세력에 대하여 분석해 보고, 이어서 독립군양성기관인 신흥무관학교에 대하여 알아보고자 한다.

1. 군정부의 조직과 서로군정서로의 개편

1919년 3월 1일 국내에서 만세운동이 전개되었고 그 영향은 곧 만주지역에도 미치게 되었다. 그리하여 1919년 4월 초순에는[1] 유하현柳河縣 고산자孤山子에서 독립전쟁을 실현할 군사 정부인 군정부가 이상룡李相龍 등에 의하여 기존 단체를 바탕으로 하여 조직되기에 이르렀다.[2] 당시의 상황에 대해서는 「석주유고」의 행장에,

> 만주에 주재하던 한인들이 일제히 유하현의 고산자孤山子에 모여서 혈전血戰 준비를 의논하고, 남정섭南廷燮과 송종근宋鍾根을 공에게 보내어서 이 일에 대해 아뢰었다. 이어 군정부軍政府를 설립하고서 공을 총재로 추대하였다. 공은 사양할 수 없어서 드디어 부임하여 여준呂準을 부총재로 삼고, 이탁李沰을 참모장관으로 삼았다(『국역석주유고』)

라고 있듯이, 재만한인들이 혈전을 준비할 것을 의논하고 남정섭과 송종근 등을 이상룡에게 파견하여 군정부를 설립하였다고 하는 데서 알 수 있다.

국내에서의 3·1운동의 영향으로 서간도 지역에서 조직된 군정부는 무장투쟁을 위한 군사 정부였다. 따라서 군정부에서는 군대를 편성하고 압록강을 건너 국내로 침공할 계획을 수립하는 한편, 조직 체계를 완비하였다. 그 결과 이상룡이 최고 책임자인 총재에 임명되고, 여준呂準이 부총재, 그리고 이탁李沰이 참모장을 각각 담당하게 되었다.[3]

아울러 군정부에서는 재만동포들의 자치 기관을 설치하고자 하였다. 왜냐

1 애국동지원호회, 「한국독립운동사」, 1956, 255쪽.
2 李相龍, '行狀', 「石洲遺稿」, 336쪽.
3 仍設立軍政府 奉請公爲總裁 公不得辭 遂赴任以呂準爲副 李沰爲參某長宮(李相龍, '行狀' 「石洲遺稿」, 336쪽).

하면 이 기관을 통하여 독립전쟁을 효과적으로 전개하기 위한 인적·물적인 자원을 제공받기 위해서였다. 따라서 군정부에서는 1919년 4월 초순[4] 부민단·자신계·교육회 등을 중심으로[5] 유하현·통화현·환인현·집안현·임강현·해룡현 등 각 현의 지도자들을 모아 한족회라는 재만동포의 자치기관을 설치하도록 하였던 것이다.[6] 이에 대하여 「석주유고」의 행장에도,

> 밖으로는 한족회韓族會를 설립하여 총관總管· 검독檢督 등의 직職을 두어 지방자치를 관리하게 하였다. 청년을 대규모로 모집하여 속성으로 훈련시켰다(外設韓族會 置總管檢督等任 管地方自治 大募靑年 以速成科訓鍊)

이라고 하여 지방자치와 군사 훈련 등을 담당하는 기구를 설치하였음을 밝히고 있다.

한족회에서는 재만동포에 대한 자치 활동을 효과적으로 전개하기 위하여 삼원보三源堡 시가市街의 남단南端에[7] 본부인 중앙총부中央總部를 두는[8] 한편 최고 책임자로서 군정부의 참모장인 이탁을 임명하였다.[9] 그 밖의 분담 업무에 따라 서무사장·시판사장査判司長·학무사장·재무사장·상무사장商務司長·군무사장·외무사장·내무사장·검사감 등을 두어 재만동포의 치안·재무·사법·행정 등을

---

4 한족회의 조직 시기에 대해서는 몇 가지 견해가 있다. 일본 측에서는 1919년 3월 13일(대한민국국회도서관, 『한국민족운동사료』(三一運動篇 其二), 1978, 766쪽), 4월 초순(대한민국국회도서관, 『한국민족운동사료』(三一運動篇 其三), 1979, 517쪽)이라고 하고, 한국 측 기록에서는 4월 초순(金承學, 『한국독립사』上, 통일문제연구소, 1972, 349쪽) 또는 5월 초순(崔衡宇, 「海外朝鮮革命運動小史」(一輯), 東方文化社, 1945, 5쪽) 이라고 하고 있다.

5 「독립신문」, 1919년 11월 1일자.

6 「독립신문」, 1919년 11월 1일자, 애국동지원호회, 「한국독립운동사」, .255쪽, 金承學, 『한국독립사』상, 349쪽 참조.

7 金正明, 『朝鮮獨立運動』Ⅱ, 原書房, 1967, 873쪽.

8 대한민국국회도서관, 『한국민족운동사료』(三一運動篇 其三), 806쪽, 金承學, 『한국독립사』 상, 349쪽 참조.

9 金正明, 『朝鮮獨立運動』Ⅱ, 873쪽.

담당하게 하였다.[10]

아울러 지방자치 조직도 체계화 하였다. 당시 한족회의 지방 조직은 유하현·통화현·흥경현·환인현·집안현·임강현·해룡현 등지에 걸쳐 있었으며[11] 호수는 1만여 호에 달하였다.[12] 이곳에 한족회에서는 동포 1천호마다 1명의 천가장千家長을,[13] 1백호마다 백가장百家長을, 10호마다는 10실장十室長 1인씩을 두었던 것이다.[14] 이러한 한족회의 자치 조직은 1912년부터 조직되어 있었던 부민단 등의 체제를 바탕으로 이루어진 것이었다.[15] 따라서 한족회의 지방자치는 보다 효과적으로 이루어졌을 것이다.

한편 군정부가 수립되었을 무렵 중국 상해에서도 역시 대한민국임시정부라는 정부 조직이 만들어 졌다. 임시정부 측에서는 서간도 지역에도 정부가 수립된 것을 알고 여운형을 군정부에 파견하여 임시정부에 통합할 것을 요청하였다.[16] 그 결과 1919년 11월 17일 군정부는 임시정부에 참여하는 한편 명칭을 서로군정서로 개칭하였다.[17]

석주 이상룡의 행장에 이와 관련하여 다음과 같은 기록이 있다.

---

10 일본측의 정보에 따르면(대한민국국회도서관, 『한국민족운동사료』(三一運動篇 其三), 806쪽), 한족회의 간부 명단은 다음과 같다. 會長 李沰, 商務司長 金定濟, 庶務司長 金宗勳, 軍務司長 梁圭烈, 査判司長 李震山, 內務司長 郭文, 學務司長 金衡植, 檢査監 崔明洙, 財務司長 南廷燮
한편 한국 측의 기록에 따르면(金承學, 『한국독립사』 上, 349쪽) 한족회의 간부 명단은 다음과 같다. 政務總長 李沰, 檢察司長 崔明洙, 庶務司長 金東三, 學務司長 尹琦燮(후임 金衡植), 外務司長 梁圭烈, 財務司長 安東源, 法務司長 李震山.

11 金正明, 『朝鮮獨立運動』Ⅱ, 926~928쪽.

12 「獨立新聞」, 1919년 11월 1일자.

13 金承學, 『韓國獨立史』 上, 349쪽.

14 위와 같음. 한편 한족회에서는 各縣의 各區에 團總理 1명, 檢察長 1명, 檢察 2명 내지 4명을 두었으며, 小分區에는 統首 1명을 두었다(金正明, 『朝鮮獨立運動』Ⅱ, 873쪽). 그 밖에 지방에는 區正·區議事員·交涉員·議事部長·地方檢督·書記·區檢察·區部檢察·地方書記 등을 두기도 하였다(金正明, 『朝鮮獨立運動』Ⅱ, 289~290쪽).

15 金承學, 『韓國獨立史』 上, 349쪽.

16 李相龍, '行狀', 「石洲遺稿」, 336쪽.

17 大韓民國國會圖書館, 『韓國民族運動史料』(三一運動篇其三), 730쪽.

이에 앞서 이동녕李東寧·이동휘李東輝·안창호安昌浩·이승만李承晩 등 여러 사람이 상해에서 임시정부를 세우고, 여운형呂運亨을 파견하여 더불어 단합할 것을 요청하였다. 의논이 합치되지 못하고 분분하자, 공이 이르기를, "내 생각으로는 정부를 세운 것이 너무 빠르지만, 이미 세웠으니 한 민족에게 어찌 두 정부가 있을 수 있으리요. 또한 지금은 바야흐로 미래를 준비해야 할 시기이니, 마땅히 단합해야 하며, 권세 있는 자리를 마음에 두어서는 안 된다."하고, 드디어 정부政府를 상해에 양보하고, 군정부를 고쳐 군정서軍政署라 하고서 독판제督辦制를 채용하였다.(『국역석주유고』)

2. 서로군정서의 주도세력

서로군정서는 독판제督辨制를 운영하였다.[18] 그 조직과 주요 간부를 보면 다음과 같다.

〈표 1〉 서로군정서의 조직 및 주요 간부 일람표

부서	직책	성명	부서	직책	성명
督辨付	督辨	李相龍	軍務司	軍務司長	梁圭烈
	副督辨	呂準		秘書	
	副官	李章寧		軍事課長	
	秘書長			教育課長	
	秘書			憲兵課長	崔明洙
政務廳	政務廳長	李沰		經理課長	
	秘書	宋台俊		典賞課長	
	檢察課長	金水長	参謀部	参謀部長	金東三
	統計課長		司令部	司令宮	李青天
	交涉課長	權承武		副官	
內務司	內務司長	郭文		参謀	
	秘書	金有聲		醫務課長	
	撿務局長	崔明洙	署議會		

18 改軍府爲署 用督辦制(李相龍, '行狀', 「石洲遺稿」, 336쪽) 독판제는 독판이 최고 책임자인 정치형태로서 군정부의 총재제도보다는 한 등급 낮은 것 같다. 이점은 군정부는 정부조직이었음에 비해 서로군정서는 이보다 한 단계 낮은 것이기 때문에 그러할 것으로 생각된다.

부서	직책	성명	부서	직책	성명
	檢督	鄭尙默	参謀處		
	庶務課長	金宗勳	軍政分署	分署長	
	交通課長	成仁浩		財務	
	實業課長	金定濟		外務	
	勞働課長				
財務司	財務司長	南廷燮			
	秘書				
	理財課長				
	會計課長				
學務司	學務司長	金衡植			
	秘書				
	教育課長	安世民			
	編輯課長	張志必			
法務司	法務司長	金應燮			
	常法課長	金弼			
	軍法課長				

※ 대한민국국회도서관, 『한국민족운동사료』(삼일운동편 其三), 730~732쪽을토대로 작성하였음.

즉 최고지휘부인 독판부 아래에 무장 활동을 담당하는 사령부·참모부·참모처 등을 두었으며,[19] 무장 활동을 적극적으로 전개할 수 있도록 보조해 주는 정무청·내무사·법무사·재무사·학무사·군무사 등을 설치하였던 것이다.[20] 그 밖의 입법[21] 및 주요 안건의 결정기관으로서 서의회署議會를 두었으며[22] 지방조직으로서는 분서分署를 두어[23] 무장독립운동의 효율성을 꾀하고자 하였다. 그러나 당시 각 부서의 인물들이 실제 모두 참여하고 있었는지에 대하여는 신중한

19 大韓民國國會圖書館, 『韓國民族運動史料』(三一運動篇 其三), 731쪽.

20 위와 같음.

21 위와 같음.

22 서로군정서의 의회가 중요 안건을 결정한 사례는 다음의 경우에서 살펴 볼 수 있다. 「石洲遺稿」 '滿洲紀事'에 "癸亥(1923-필자주)開國民代表曾於上海 以改造創造紛糾並起 竟至兩政府現出(中略)是歲秋 開本署議會於樺甸 議決宣布中立不偏之意"라고 있음을 참고할 수 있다.

23 대한민국국회도서관, 『한국민족운동사료』(三一運動篇 其三), 731쪽.

검토가 필요할 것으로 보인다. 당시 법무사장으로 임명된 김응섭의 자신의 회고록『77년회고록』(1954)에서 다음과 같이 언급하고 있기 때문이다.

> 西間島에서 李相龍(石洲)氏를 독판督辦으로 呂準(時堂), 李鐸(小湖)을 副督辦으로 李章寧, 金東三 其他 諸人士를 網羅하야 軍政署를 組織하는데 나를 法務司長에 推任하였다 한다. 本來 西間島를 訪問하려 하던 터인데 나의 意思도 묻지 않고 軍政署要員에 任命한 것은 商量할 必要가 있어서 蹲巡하든 次에 日兵의 急襲을 받아 散之四方으로 奔竄하여 軍政署本部는 樺田縣으로 李靑天이 領率한 軍隊는 密山縣을 經由하야 露領으로 潛入하였다.

서로군정서에서 활동한 주요인물을 도표로서 작성하면 〈표 2〉와 같다.

〈표 2〉 서로군정서의 주요 간부 분석 일람표

성명	나이(1919 기준)	소속	직책	한족회에서의 지위	서로군정서 가입 이전 단체	신분	경제적인 지위	종교	학력	출신지역	비고
李相龍	61	督辦付	督辦		신민회	지방양반	중소지주	대종교	한학(신학)	경북안동	
					경학사						
					부민단						
					自新契						
呂準	57	督辦付	副督辦		신민회	지방양반	중소지주	대종교	한학(신학)	경기용인	五山學校 근무
(呂祖鉉)					부민단						
李沰(李溶華, 李溶燁)	47	政務廳	政務廳長	會長(總長)	신민회 부민단		무역상			평북정주	만주사변 이후 변절(1934)
郭文		內務司	內務司長	內務司長	부민단					강원울진	
金應燮	41	法務司	法務司長		임시정부(법부위원)	지방양반	중소지주		법학전문학교	경북안동	구한말 檢事, 변호사

성명	나이(1919 기준)	소속	직책	한족회에서의 지위	서로군정서 가입 이전 단체	신분	경제적인 지위	종교	학력	출신 지역	비고
(金應範)											
南廷燮		財務司	財務司長	財務司長		양반			한학		老柏軒 鄭載圭의 門人
金衡植(金享植, 金律伊, 金應燁, 金草, 金月松)	44	學務司	學務司長	學務司長		지방양반	중소지주		한학(신학)	경북안동	李相龍의 처남인 金大洛의 子
梁圭烈	42	軍務司	軍務司長	軍務司長 外務司長	부민단	양반			대한제국육군무관학교	경기양평	舊韓國軍參領, 1932년 변절
金東三(金肯植, 一松, 完山, 敎一)	41	參謀部	參謀部長	庶務司長	신민회 경학사 부민단	지방양반	중소지주	대종교	한학(신학)	경북안동	
池靑天	31	司令部	司令官				중소지주		일본육군사관학교	서울	

먼저 주요 간부의 나이를 보면 가장 연장자인 이상룡이[24] 최고 책임자인 독판을, 그 다음 연장자인 여준이[25] 부독판을 맡고 있음을 알 수 있다. 그리고 실

24 李相龍, '行狀', 「石洲遺稿」, .
25 金厚卿, 「大韓民國獨立運動功勳史」, 光復出版社, 1983, 669~670쪽.

무 책임자인 이탁·김응섭·김형식·양규렬·김동삼 등은 40대 장년층임을 볼 수 있다.[26] 이처럼 군정서의 주요 간부의 연령층이 높았기 때문에 서로군정서에서는 무장투쟁 노선을 견지하면서도 즉시 투쟁론보다는 준비론적인 성향을 지니고 있었던 것이 아닌가 한다.[27]

출신 단체를 보면 국내에서 신민회와 관련이 있는 인물로는 이상룡·여준·이탁·김동삼 등을 들 수 있다.[28] 이들은 서로군정서의 최고 직책인 독판·부독판·정무총장 그리고 참모부 등을 맡고 있다. 그 밖의 인물들도 신민회 계열이 서간도 지역에 만든 재만동포의 자치기구인 부민단등에서 활동하였던 것이다. 곽문郭文과 양규열 그들이다.[29] 이점으로 미루어 보아 서로군정서는 신민회와 밀접한 관련을 맺고 있던 단체라고 할 수 있겠다. 즉 서로군정서는 신민회의 독립전쟁론을 추진하기 위하여 서간도 지역으로 망명한 신민회 계열의 인사들에 의하여 조직된 단체인 것이다.

신분 면에서 보면 대다수가 양반 출신이라고 생각된다. 이상룡은 1858년에 이승목李承穆의 장남으로 출생하였다. 그의 21대조 이암李嵒은 고려말에 좌정승左政丞이었으며 19대조인 이원李原은 좌의정인 동시에 개국공신이었다. 18대조 이증李增은 계유정난癸酉靖難으로 영산현감靈山縣監을 사직하고 안동安東으로 은퇴하였다.[30] 여준은 경기도 용인 지역의 지방 양반으로 알려져 있으며[31], 김응섭金應燮은 안동 풍산인豊山人으로 시조는 고려 판상사判相事 문적文迪,

26 李沰 · 金應植 · 梁圭烈(朝鮮總督府警務局編, 「國外ニ於ケル容疑朝鮮人名簿」, 1934, 309, 39, 334쪽), 金應燮(金乙東編, 「安東版獨立史」, 明文社, 1985, 153쪽), 金東三(金厚卿, 「대한민국독립운동공훈사」, 386쪽).

27 그러므로 한족회내에 소장파에 속하는 李浩源, 李時悅, 玄益哲, 玄正卿 등은 한족회를 탈퇴하고 무장단체인 光韓團을 따로 조직하였던 것이다(채근식, 「무장독립운동비사」, 52쪽).

28 愼鏞廈, 「新民會의 創建과 그 國權恢復運動」, 「한국민족독립운동사연구」, 45~46쪽.

29 필자 미상, 「第九項白西農場史」 참조.

30 李相龍, '行狀', 「石洲遺稿」 및 李世喜編, 「固城李氏世譜」, 大耕出版社, 1977 참조.

31 홍순석, 「내 고장의 얼(인물편)」, 용인군 문화원, 1984, 154~155쪽.

파조派祖는 현감縣監인 경조慶祖였다.[32] 김형식金衡植의 아버지는 김대락金大洛이다. 그는 이상룡의 처남이자 서산西山 김흥락金興洛의 문하에서 함께 공부한 인물이다.[33] 이점에서 미루어 짐작컨대, 김형식은 이상룡과 비슷한 가문이 아닌가 한다. 김동삼金東三은 본이 의성義城이며, 중시조인 진璡은 안동 지방의 지방양반이다.[34] 그리고 지청천池青天의 경우는 조선시대에 9대 동안 진사가 배출된 집안이나 큰 벼슬을 하지 못하였다.[35] 양규열 역시 양반이었다고 생각된다. 그가 졸업한 대한제국의 육군무관학교에 입학할 수 있는 자격이 양반 자제에 제한되어 있었기 때문이다.[36] 이처럼 양반 출신이 많았기 때문에 중국인 관리들과의 대중교섭對中交涉이 훨씬 수월 할 수 있었던 것이 아닌가 한다.[37] 왜냐하면 서로간의 필담筆談이 가능하였을 것이기 때문이다. 한편 양반 가운데서도 서울에서 벼슬을 하지 못한 지방 양반 가문 출신이 많은 점이 주목된다. 이상룡·여준·김응섭·김형식·김동삼 등이 그들이다. 그리고 이들은 대부분 그 지역의 중소지주였을 것으로 짐작된다.[38] 이들 지방양반인 중소지주들은 국내에 있어서도 향촌 사회를 이끌어가는 주도적인 역할을 수행해 나갔을 것이다. 그러한 국내에서의 경험이 서간도 이민사회에서 재만한인들을 잘 이끌어 나갈 수 있는 원동력이 된 것이라고 생각된다. 즉 경학사·부민단·한족회 등 재만한인의 자치기구가 원만히 유지 될 수 있었던 것도[39] 이러한 점에서 조망할 수 있을 것이다.

---

32 金乙東編, 「安東版獨立史」, p.153. 김응섭, 『77년회고록』, 1954.
33 앞의 책, 135쪽.
34 宋志香編, 「安東鄕土地」(下), 大星文化社, 1983, 283쪽.
35 池憲模, 「青天將軍의 革命鬪爭史」, 三星出版社, 1949, 1~2쪽.
36 車文燮, 「舊韓末 陸軍武宮學校」, 「亞細亞研究」 XⅥ-2, 1973, 191~192쪽.
37 그 대표적인 예로서 이상룡의 재만한인사회를 위한 활동을 들 수 있다(朴永錫, 「日帝下 在滿韓人社會의 形成」, 『한민족독립운동사연구』, 104~131쪽).
38 1987년 5월 23일에 가졌던 金崇鍾(金東三과 12寸, 경상북도 안동군 임하면 천전동 220-21 거주)과의 대담에서 청취.
39 채근식, 「무장독립운동비사」, 47~50쪽.

종교를 알 수 있는 인물은 드물다. 알 수 있는 범위 내에서는 이상룡·여준·김동삼 등이 대종교의 신자이다.[40] 대종교는 1909년 나철羅喆에 의해 창시된 단군숭배檀君崇拜를 목적으로 하는 구국항일의 종교였다고 할 수 있다.[41] 그런데 서로군정서의 최고 책임자인 이상룡·여준 등이 이 종교를 신봉하였다는 사실은 주목된다고 하겠다. 그들은 대종교 신자였으므로 「석주유고」 경고남만주교거동포문敬告南滿洲僑居同胞文을 보면[42]

▧ 남만주에 거주하는 동포들에게 공경히 알리는 글

단조檀祖 기원 4246년 계축년(1913) ○월 ○일에 어리석은 아우 석주石洲는 눈물로 붓을 적시면서 남만주에 이주하신 동포 형제들에게 공경히 한 말씀을 올립니다. 제가 일찍이 신문에 실린 인구조사人口調査 기록을 보았는데 봉천성奉天省 내의 각 지방에 교거하는 한인의 실수實數가 28만 6천 여인이 넉넉하였습니다. 거주지의 원근이나 친면親面의 유무를 막론하고 이 많은 한인들 중 누군들 같은 우리의 동포가 아니겠습니까? 슬픔에 겨워 말을 이을 수가 없습니다.

아아. 제군諸君들이여! 이국異國의 산천이니 낙토樂土가 아닐 것이요, 만리萬里의 노정路程이니 근린近鄰이 아닐 것입니다. 친척을 이별하고 분묘墳墓를 버린 채, 남자는 등에 지고 여자는 머리에 이고 이 땅으로 건너 왔습니다. 다소의 금전金錢은 노상路上에서 모두 허비하였고, 언어가 통하지 않는 이역인異域人의 토지와 방房을 조차租借하여 죽을 때까지 부지런히 움직여도 입에 풀칠하기에 부족하니, 그 구차함과 쓰라림은 피차간彼此間에 차이가 없을 것입니다. 그러나 2·3년 이래로 압록강鴨綠江을 건너는 자가 날로 더욱 증가하여 마치 시장으로 돌아가듯이 하니,[43] 어찌 다른 이유가 있겠습니까? 그 심정은 대개 "촘촘한 그물 속의 물고기는 도망쳐 벗어나는 것이 좋은 계책이고, 불타는 숲의 새는 날아가 버리는 것이 옳은 계

---

40 이상룡·여준·김동삼(李顯翼, 『大倧教人과 獨立運動淵源』, 1962, 92, 91, 91쪽).

41 朴永錫, 「大倧教의 民族意識과 抗日民族獨立運動」(下), 「한국학보」 32, 1983, 102~114쪽.

42 李相龍, '敬告南滿洲倭居同胞文', '石洲遺稿', 또한 이상룡은 「石洲遺稿」, 西徙錄, 278쪽에서도 "盖滿洲一區 自扶餘以來 爲我國根 本復心之地 三千有餘年其遺族之氣血 互相灌注 深有不可忘之關係 可知也"라고 하여 만주가 부여 이래 우리 민족이 있었던 곳이라고 하고 있다.

43 시장으로 … 하니 : 시장에서 많은 사람이 서로 먼저 하려고 다투듯이 한다는 뜻으로, 『맹자孟子』「양혜왕梁惠王」 하下에, "따르는 자가 시장에 돌아가듯 하였다[從之者如歸市]." 하였다.

책이다. 더구나 이 만주는 단조檀祖의 유허遺墟이고 고구려의 옛 강역疆域이니, 우리들이 몸을 편안히 하고 목숨을 보존할 땅으로 이곳을 두고 어디에서 구할 것인가? 그래서 희망을 양식으로 삼고 곤경을 기반으로 삼아 온갖 풍상風霜을 무릅쓰면서, 죽어도 후회하지 않는 것이다."라는 것입니다.

라고 하여, 이곳 만주를 단군의 유허지로서 독립운동을 전개할 수 있는 곳으로 인식하고 있었던 것이다.

학력을 보면 대부분 한학과 신학문을 공부한 인물들이라고 생각된다. 이상룡은 이황李滉·김성일金誠一의 학맥을 이은 김흥락에게서 한학을 공부하였으나,[44] 일제에 항거하는 의병 활동의 직접적인 체험 속에서 새로운 지식의 필요성을 절감하고 이의 수용에 적극적이었다.[45] 이러한 그였으므로 1907년 안동지역에 협동학교協東學校라는 신학 교육기관을 설치하였으며,[46] 1909년 3월에는 애국계몽운동단체인 대한협회의 안동지부를 결성하였던 것이다.[47] 김동삼은 앞서 언급한 협동학교의 교감으로서 일하였다.[48]

여준 역시 신학문도 공부한 인물인 것 같다. 그러므로 그는 구한말 대표적인 신교육 기관인 정주定州의 오산학교五山學校에서 교사로 일할 수 있었을 것이다.[49] 김응섭은 구한말에 서울에서 법학전문학교를 졸업하고 변호사를 했던 인물이다.[50] 그런 그였으므로 법무사장法務司長으로 일하였을 것이다. 양규열은 1900년에 대학제국의 육군무관학교를 졸업한 인물이다.[51] 지청천은 1908년까지 대한제국의 육군무관학교에서 수학하였다. 그 후 1910년에는 일본 동경

44 朴永錫, 「日帝下 在滿韓人社會의 形成」, 앞의 책, 93쪽.
45 李相龍, '行狀', 「石洲遺稿」, 334쪽.
46 趙東杰, 「安東儒林의 渡滿經緯와 獨立運動上의 性向」, 「大邱史學」 15·16合輯, 1978, 414~417쪽.
47 李相龍, '行狀', 『石洲遺稿』, 334쪽 및 '大韓協會安東支會趣旨書', 「石洲遺稿」,
48 趙東杰, 앞의 논문, .410쪽.
49 五山七十年史編纂委員會, 「五山七十年史」, 1978, 73~77쪽.
50 金乙東編, 「安東版獨立史」, 153쪽.
51 國史編纂委員會, 「大韓帝國官員履歷書」, 1972, 414쪽.

에 있는 육군유년학교陸軍幼年學校를 졸업하였고, 1913년에는 일본육군사관학교를 졸업하였다.[52] 이처럼 신학을 공부한 인물들이 많았으므로 서로군정서는 민주공화제를 지향하는 상해임시정부를 지지하였던 것이다. 즉 서로군정서는 공화주의 정치이념을 추구하였던 것이다. 그러나 3권의 분립 등 공화정의 구체적인 모습들은 나타나고 있지 않다. 이점이 3·1운동 이후 서간도 지역에서 조직된 공화주의 계열 독립운동 단체의 한 특징이 아닌가 한다.

아울러 주목되는 점은 군무사·사령부 등 무장투쟁을 담당하는 기구의 인물들이 근대적인 무관학교 졸업생이라는 사실이다. 뒤에 언급되는 무장 활동은 이들에 의해 좀 더 효율적으로 진행되었을 것이다.

출신 지역을 보면 이상룡·김응섭·김형식·김동삼 등은 경북 안동 출신들이다.[53] 여준은 경기도 용인이며,[54] 양규열은 경기도 양평楊平이다.[55] 그리고 이탁은 평북 정주이며,[56] 곽문은 강원도,[57] 지청천은 서울인이다.[58] 여기서 주목되는 점은 주요간부 가운데 경상도 사람이 많다는 점과 이탁이 평북인으로서 재만한인의 자치기구인 한족회의 총책임자인 총장總長을 맡고 있다는 사실이다.[59] 이것은 당시 서간도 지역에 경상도인과 평안도인이 가장 많이 거주하고 있었다는 점과[60] 관련이 있는 듯하다.

---

52 金厚卿, 「大韓民國獨立運動功勳史」, 962쪽.
53 이상룡 · 김동삼(金厚卿, 「大韓民國獨立運動功勳史」, 763쪽,386쪽), 김응섭(慶北警察局編, 「高等警察要史」, 고려대학교 민족문화연구소, 1967, .90쪽), 김형식(「國外ニ於ケル容疑朝鮮人名簿」), 39쪽).
54 홍순석, 「내고장의 얼(인물편)」, 154쪽.
55 朝鮮總督府警務局, 「國外ニ於ケル容疑朝鮮人名簿」),309쪽.
56 앞의 책, 309쪽.
57 필자 미상, 「第九項白西農歷史」.
58 朝鮮總督府警務局, 「國外ニ於ケル容疑朝鮮人名簿」), 215쪽.
59 愛國同志援護會, 「韓國獨立運動史」, 255쪽.
60 松村高夫, 「日本帝國主義における滿洲への朝鮮人移動について」, 三田學會雜誌 63권 6호, (1970년 6월호), 67쪽.

3. 서로군정서의 활동과 신흥무관학교

1) 독립군양성: 신흥무관학교

1919년 국내에서 3·1운동이 일어나자 많은 애국청년들이 압록강을 건너 안동安東, 집안輯安, 유하柳河, 흥경興京, 통화通化 등지로 탈출하여 왔으며 이들은 대개 신흥중학에 입교하기를 원하였다. 그러므로 서로군정서에서는 확장의 시급함을 인정하고 즉시 유하현 고산자 하동河東 지역에 40여 간의 광대한 병사와 수 만평의 연병장을 부설하여 이들의 교육에 박차를 가하였다.

더구나 1919년 3·1운동 후에 일본육군사관학교를 졸업하고 일본군에서 활동하던 일본군 보병 중위 지청천, 기병 중위 김경천 등이 만주지역으로 망명해 이 학교의 교육에 참여함으로써 신흥중학은 날로 발전하였다.[61] 그리하여 1919년 5월 3일에는 학교이름을 신흥무관학교로 개칭하기에 이르렀다.[62]

1919년 3·1운동 이후 신흥무관학교는[63] 유하현 고산자에 2년제 고등군사반을 두어 고급간부를 양성하고자 하였다. 그리고 통화현, 합니하, 칠도구, 쾌대모자, 쾌당모자 등에는 분교를 두어 초등 군사반을 편성, 3개월간의 일반훈련과 6개월간의 후보훈련을 담당케 하였다.[64]

지청천이 해방 후 작성한, 1951년 11월 1일자 『자유일기』에서 훈련 당시의 일단을 짐작해 볼 수 있다.

> 어 국제구락 오후 6시 쾌락한 가운데 창가 등 여흥이 있을 새, 나는 이십여년전 백두산 북록에 신흥학교생 훈련시 作歌한 시조를 吟詠한다.

61 박환, 「시베리아의 항일영웅 김경천」, 『대륙으로 간 혁명가들』, 국학자료원, 2003.
62 원병상, 「신흥무관학교」.
63 신흥무관학교에 대한 대표적인 저작으로 다음을 들 수 있다. 서중석, 『신흥무관학교와 망명자들』, 역사비평사, 2001.
64 위와 같음.

백두산 천지변에 칼을 집고 우뚝서서
조국강산을 바라보니 기쁨보다 눈물겨워
언제나 千兵萬馬 거느리고 짓쳐볼까 하노라.

또한 김경천의 『경천아일록』의 기록을 통하여도 당시 분위기를 짐작할 수 있을 것 같다.

우리(지청천 김경천 등–필자주)의 고난이 끝이 있어 약 15일만에 봉천성 유하현 고산자 대두자에 있는 서간도 무관학교에 도착하여 南一湖君家에 정착하였다. 본 무관학교는 본년 3월까지 보통교육을 실시하였다가 독립선언이후로 그것을 전폐하고 군사학을 시작함이니 매우 모든 일에 유약하더라. 胡人家에 차입하였고, 방 건축도 하는 중이더라. 학생은 내지로서 독립선언 한 이래로 일인의 압박으로 인하여 出境한 청년과 서간도 각지에서 온 사람이 모두 200명이 될락말락하다. 이것으로 세계강국의 하나가 되는 일본을 대적코자 함은 너무도 小하더라. 그러나 남만주에 있는 우리 힘이 原弱하다. 그러므로 적을 대적하는 것은 불가능이다. 더구나 지방 주민이 가난하므로 이에 더 요구할 도리가 없다.

나보다 몇일 먼저 도착한 申英均씨가 있다. 씨는 경성 무관학교 2회 출신이요. 사람됨이 군인적 군인이므로 우리 국가에 難得之人이니드라. 새로 온 사람이 우리 3인(지청천 김경천 신영균–필자주)이 되자 옛날부터 교육하던 사람들이 자연 우리를 실어하여 그 사이에 자연 학생까지도 신구의 구분이 생기니 우리 民性이 실로 가련하다. 이러하므로 충분한 교육도 못하고 사고에 사고로 인하여 분파가 많이 생겼다. 남일호씨는 오직 공평하게 사무에 헌신하드라. 오호라 내가 동포를 위하여 일점의 사사로움도 없이 자기의 安平을 불구하고 처자의 哀訴를 돌아보지 않고, 위험한 행동을 가지고 북쪽 땅으로 왔더니, 금일에 이르러 보니 너무도 世人은 냉냉하도다.
본 학교에 원래부터 있던 사람들은 지식도 없고 主心도 없으면서, 명예와 주권(변변치도 않은 주권)을 가지고, 우리를 일종의 기계로 사용하고자 한다. 자기들의 능력이 능히 나를 기용할만 하면 모르겠다. 하지만은 그들은 군사학은 물론 보통학도 모르는 愚夫요, 인격도 없나니라. 소인배의 행동으로 옛날에 온 학생들을 우리에게 반항토록 추키는 일도 있다. 이와 같이 우매한 지방, 인민을 아지 못하고 나는 너무

> 중요시함이 나의 부족이다. 나는 생각한다. 이 모양으로는 도저히 최후최대한 목적을 못실행하리라 한다. 이상과 같으므로 학과며, 기타 모든 것이 無爲하게 세월을 보냄도 있다.

즉, 일본 무관학교 및 일본군에서 활동하다 조국의 광복을 위하여 청운의 꿈을 갖고 만주로 망명한 이들에게 신흥무관학교의 당시 모습은 안타까움 그 자체였을 것은 자명한 것이라고 할 수 있다. 더구나 마적의 출몰 등은 군사교육을 실시하는데 또한 큰 장애가 되었던 것으로 보인다. 『경천아일록』에 다음과 같은 기록이 보인다.

> 거기다가 마적의 襲來가 많다. 만주의 賊이 부대를 지여가지고 각 도시라도 백주에 습래하여 여러 萬金을 奪去하며, 혹 人子人女를 수용하여 산중에 웅거하여 大金을 징수하며 인가에 들어가면 豚牛의 종자도 아니 남긴다. 그 무리는 작으면 수십이며, 크게는 기천이라. 소위 官兵이란 것은 방관적이요. 오히려 월급이 지체되면, 총을 가지고 도적이 된다. 올 여름에 고산자 무관학교에 2번이나 야간에 내습하여 학생, 교사 몇 명을 잡아갔다. 어떤 학생은 그 적과 格투하여 다치기도 하였다. 이러하므로 군사교육은 자연히 충실치 못하였다.

신흥무관학교 생도들은 신흥무관학교 근처에 고구려 무덤들이 있어 우리의 역사에 대한 인식들을 갖게 되었을 것이다. 특히 일본에서 공부한 지청천, 김경천 등에게 있어서 고구려 유적들은 큰 감동으로 닥아 왔을 것으로 보인다. 『경천아일록』에 다음과 같은 기록이 보인다.

> 孤山子에는 孤山이라는 一獨山이 있어 그 산 남쪽 경사에 우리나라 사람의 古冢이 많다. 이는 틀림없이 고구려왕조의 유적인가 하노라. 田野에서 石造한 방아확, 古器 등이 근년에는 얻은 것이 많다. 大韓民이 다수가 移入한 이래로 사적이 분명하다 한다. 또한 만주인도 말하기를 한인이 만주를 回有하자는 吉兆라고 한다. 우리 역사를 보아도 이 만주는 본시 우리의 영토가 분명하다. 漢唐이후로 점차로 요동

> 만주를 빼앗겼다. 현재 우리가 이땅에서 활동함에 우리 선조가 이미 웅거하던 그 後蹟을 밟고 있다. 枯木이 生花하는 격이라고 한다. 그런데 나의 의문이 많다. 아는 분에게 고하니, 이 넓은 만주지방에 살던 우리 부여족이 엇지 되고, 현재는 그 분묘만 남았는가, 압록강을 넘었나? 胡族에동화하였나, 다른 지방으로 이주하였나, 우리 역사가의 연구를 기대하노라

6월에 만주로 망명한 지청천과 김경천 등은 가을이 되기 전에 압록강을 넘어 국내로 진격하고자 하는 꿈을 이루기를 기대하여 신흥무관학교에서 항일운동을 전개하고 있던 것 같다.『경천아일록』에 다음과 같은 기록이 보인다.

> 여름이 다가고 초가을이 올려고 한다. 여러 유지들은 낙엽이 떨어지면 군사행동이 불리하니 무기를 준비하여 가지고 압록강을 한번 넘기가 소원이라 한다. 나도 그러하게 생각하나 현재의 형편으로는 압록강은 고사하고 개천도 못건너겠다고 생각한다. 그러나 이에 무기문제가 생겨 혹은 무송현으로 가자하며, 혹은 러시아령으로 가자고 한다. 회의한 결과로 러시아령 니코리스크로 가기로 하였다. 위원을 정하니 나와 신영균 두사람이다.

위에서 보는 바와 같이 신흥무관학교가 독립전쟁을 추진하기 위해서는 무엇보다도 무기의 구입이 급선무였다. 그러므로 무기에 정통한 김경천과 신영균을 러시아로 파견하기로 결정하였던 것이다. 다만 지청천은 신흥무관학교에 계속 남아 학교와 운명을 같이하게 된다. 지청천이 신흥무관학교에 계속 남게 된 것은 신식 군사훈련을 받은 두 사람 이 모두 자리를 비울 수 없는 상황과, 학생들에 대한 애착과 현지 독립운동가들과의 적응문제 등이 언급될 수 있을 것 같다.

한편 신흥무관학교에서는 수업시간이외에도 「신흥교(학)우보」를 통하여 재학생 및 졸업생에게 군사학에 관한 지식을 제공하였다. 군사이론 교육을 받은 학생들은 실제 훈련을 통하여 독립군으로 성장해 나갔다. 군사교육뿐만 아니

라 신흥무관학교에서는 학생들의 민족의식 함양에도 노력하였다. 그것은 투철한 민족의식을 가진 학생들의 양성이 일제를 물리칠 수 있는 중요한 방법의 하나라고 인식하였기 때문일 것이다. 따라서 이 학교에서는 그를 위한 구체적인 방편으로 국어, 국사, 지리, 노래교육 등을 실시하였다.

신흥무관학교의 독립군 양성은 상당한 성과를 이룬 것 같다. 『석주유고』(안창호에게 답한 편지, 答安昌浩)에서 이상룡은 "현재 신흥학교에서 양성된 우등생은 500~600인이고, 2등, 3등은 700~800명(現在新校養成的優等 爲五六百人 二等三等資格七八百人)"이라 하여 1920년 당시 약 1000여 명 이상의 독립군이 배출되었다고 하고 있는 것이다. 신흥무관학교를 졸업한 이들은 서로군정서의 군인으로서 관할 구역의 치안과 무장 활동을 전개하였던 것이다. 그 대표적인 인물로는 권계환權啓煥·김동식金東植·김중한金重漢·김철金鐵 등 다수를 들 수 있다.[65]

아울러 신흥무관학교 졸업생들은 만주의 여러 지역에서 항일운동을 전개한 것으로 보인다. 다음의 허영수의 경우도 그 한 사례로서 참조된다.

> 1922년 9월 26일
> 在哈爾賓總領事 山內四郎
> 外務大臣 伯爵 內田康哉 殿
>
> 재류금지 처분에 관한 보고의 건
> 本籍 : 朝鮮 平安南道 鎭南浦府 龍井里 10統 10戶
> 住所 : 哈爾賓 新開放地 李元載의 집
> 허영수(許英秀) 당24세 耶蘇敎屬長
>
> 위자는 당지방의 안녕을 방해할 우려가 있다고 판단되어 '명치29년법률제80호 청국급조선국재류제 국신민취체법 제1조'에 의거하여 오늘로부터 향후 3년간 중국에

65 위와 같음.

재류를 금지하고 별지 명령서 사본 및 사진을 첨부하여 아래와 같이 이유를 갖추어 보고 드립니다. 敬具

理由

허영수(許英秀)는 어린 시절부터 고학으로 간신히 보통학(普通學)을 수업한 후, 1917년 중 봉천성 (奉天省) 유하현(柳河縣)에 와서 19세 때에 조선독립을 표방하는 한족회(韓族會)가 설립한 합니하 신흥무관학교(新興武官學校)를 졸업하여 조선독립운동의 무력적 기초를 구축한 후 길림(吉林) 으로 가 그곳의 배일 거두 오인화(吳仁華)에 의탁하며 중국중학교(支那中學校)를 졸업하였는데, 그 동안 불령신문(한족신문)의 발행에 관계하고, 1919년 3월 독립운동이 발발하자 민중을 선동하는데 왕성하게 활약하였으나 쉽사리 초기의 목적을 달성치 못함을 깨닫고 이와 같을 바에는 기회를 기다려야 한다고 생각하여 1921년 4월 표연히 당지에 돌아와 영실소학교(英實小學校) 및 기독교유치원 등에서 교편을 잡았음.

본인은 성질이 영리하고 침착 교회(狡獪)하여 술책에 능하고 초지(初志)를 관철하지 않으면 멈추지 않는 기개가 있어 하얼빈에 왔을 당시부터 이미 요시찰인으로 엄밀히 감시 중인 자였는데, 표면상 유순함을 가장하고 있으나 언제나 공산당원 배일선인 등과 친교를 가지고 왕래하며, 또한 상해에서의 군무총장 노백린(盧伯麟) 원노동총변(元 勞動總辨) 안창호(安昌浩) 및 고려공산당(高麗共產黨) 당수 유동열(柳東說) 등의 거두와 연락하여 당 지방에서 불령단원 및 공산당원 등의 중추기관으로서 비밀리에 활동해 오고 있다는 혐의가 충분하므로, 이번 우리 영사관 경찰서에서 엄중 취조하였으나 쉽사리 사실을 자백하지 않았음.

그러나 본인의 언동 및 왕래하는 인물 등의 행동에 비추어 확실히 그것이 사실임은 의심의 여지가 없는 것으로 이 같은 위험인물을 이대로 재류시킨다면 개미구멍이 제방을 무너뜨릴 큰 일을 야기 시킬 것은 추측하기 어렵지 않으며 장래 당지방의 안녕을 방해할 우려가 있는 자라고 판단됨에 의함.

2) 무장활동

서로군정에서는 모집한 군자금과 양성된 독립군을 바탕으로 국내 및 서간도 지역의 친일 세력을 제거하는 일면 국내로 들어가 적 주재소와 관공서를 습격·파괴하는 활동을 전개하였다.

먼저 신흥무관학교를 졸업한 생도들이 주축이 된 서로군정서원의 친일세력 제거 상황을 도표로써 작성하면 〈표 3〉과 같다.

〈표 3〉 서로군정서원의 친일 세력 제거 일람표

	날짜	성명	소속	제거대상	장소	제거방법	비고
①	1919.8.8	李求泰, 朴文植	의용군 토벌대원	民團支部	輯安縣 三道溝	습격	李-피살됨 朴-체포됨
②	1920.5.5	文學彬, 金德萬, 朴享鳳	유격대	崔錫彦 (여자밀정) 崔宜順(밀정)	平北 碧潼	사살	
③	1920.5	文相植 외 7人	신흥 학우단	친일관리	慶北		
④	1920.7.28	李昌德	암살단원	原昌郡守 桂膺奎	平北 原昌	사살	1921년 사형
⑤	1921.7	金宇權	의용군 1중대	保民會	柳河縣		
⑥	1921.10		의용군	金利球 (민단간부) 姜德俊(밀정)	輯安縣		
⑦	1922.5	蔡燦	의용군 1중대	保民會, 民團수령 吉隱國	서간도	암살	
⑧	1922.가을	蔡燦, 金有權	의용군 1중대	거류민회 간부, 거류민회 지도원 玉井成雄			
⑨	1922.12	全澤春, 李龍潭, 李裕沆	별동대원	최석란 (밀정)	平北 朔州		

※이 표는 다음의 자료를 토대로 작성하였음.
애국동지원호회, 『한국독립운동사』, 289~290쪽(①②⑤), 「獨立新聞」, 1921.11.2.(⑥). 1922.6.1.(⑦); 채근식, 「무장독립운동비사」, 125쪽(⑧), 姜德相, 『現代史資料』 27, 朝鮮3, 414~416쪽; 騎驢隨筆, 296~297쪽(④), 독립운동사편찬위원회, 『독립운동사』 5, 300쪽(⑨)

〈표 3〉에서 보는 바와 같이 친일 세력의 제거는 서간도와 평북 지역에서 1919년부터 1922년까지 4년간 간헐적으로 이루어졌다. 그리고 그 대상은 국내의 친일파 관료, 적의 밀정 및 서간도 지역의 친일단체인 보민회保民會, 거류민

회居留民會 등의[66] 간부였다.

이러한 친일 세력의 제거는 주로 서로군정서의 핵심부대인 의용군 제1중대에 의하여 이루어졌다.[67] 이 부대는 1914년 통화현에서 무장부대인 백서농장을 운영하던 채찬蔡燦·신용관辛容寬 등에 의해 조직되었다. 그 후 채찬·장기초張基礎 등에 의하여 세력이 확충되어 병력이 900명에 달하였으며 본부는 집안현輯安縣·통화현通化縣 등지에 두었다.[68]

다음에는 서로군정서원의 국내에서의 활동상황을 알아보기로 하자.

〈표 4〉 서로군정서원의 국내에서의 전투상황 일람표

	날짜	성명	소속	대상	장소	상황	방법	비고
①	1919.5.25			주재소	咸南 三水	순사 2명 사살	습격	
②	1919.7.5			주재소	三江		습격	
③	1919.7.9	金洛賢, 李秉鐵	의용대	사무소	平北 江界	등사판, 현금 150원 압수		한족회 감찰관, 의용대 간부
④	1920.5	文相直 외 7人	신흥학우단	관공서	慶北		폭파	
⑤	1920.8	韓愚錫 金東淳		조선총독	서울			실패
⑥	1920.8		의용대 유격대	적경찰대	平北 江界			
⑦	1920.7			일경 4인	平北 義州	독립군 2명 전사		
⑧	1922.9	金萬榮	의용결사대	일경	平北 江界 平北 大同 平北 江東	金萬榮 순국		
⑨	1922.12		별동대원		平北 朔州			
⑩	1922.12	金澤春, 李龍潭, 李裕沆	별동대원	주재소	平北 朔州	소각	습격	

66 대한민국국회도서관, 『한국민족운동사료』(三一運動篇 其三), 810~811쪽.

67 ⑤(애국동지원호회, 「한국민족운동사」, 289~290쪽), ⑦「독립신문」, 1922년 6월 1일자), ⑧(채근식, 「무장독립운동비사」, 125쪽.

68 애국동지원호회, 「한국독립운동사」, 263쪽.

	날짜	성명	소속	대상	장소	상황	방법	비고
⑪	1923.봄	田龍畦	제1중대		平北 江界	파괴		
⑫	1923.6.1	田龍畦	제1중대	경찰서	平北 江界	경찰 1명 사살		
⑬	1923.10월 말	金宗鎬	제1중대		平北 江界			
⑭	1923.11	朴濟純	臨江駐屯 車千里부대	營林廠 安田鉛鑛		폭발물 엽총, 권총 등 압수	습격	
⑮	1923.11	車千里	〃		平北 原昌	우편물 압수		
⑯	1923.11	田龍畦	제1중대		平北 慈城			

※ 이 표는 다음의 자료를 토대로 하여 작성되었음.
1. 애국동지원호회, 『한국독립운동사』, 289~290쪽(①②③⑦)
2. 姜德相, 『現代史資料』 27, 朝鮮 3, 414~416쪽(④)
3. 〈동아일보〉, 1921.6.25, 6.26, 10.26, 11.16 일자(⑤)
4. 독립운동사편찬위원회, 『독립운동사』 5, 300쪽(⑥⑨⑩)
5. (「독립신문」, 1922년 9월 30일자(⑧) 1923년 12.5일자(⑪⑬) 1923년 12.26일자(⑫⑭⑮⑯)

〈표 4〉에 보이는 바와 같이 국내에서의 활동은 대체로 평안북도 지역에서 이루어지고 있다. 이 점은 서로군정서가 위치하고 있는 서간도 지역과 평북 지역의 지리적인 인접성 때문일 것이다. 그렇다고 하여 서로군정서의 활동은 평안북도 지역에 국한된 것만은 아니었다. 1920년 5월에 문상직文相直 등 신흥무관학교 출신들이 경북 지역에서 관공서를 폭파한 사건은[69] 그 단적인 예이다. 또한 동년 8월에 미국 의원단이 서울에 들어오는 기회를 이용하여 군정서원 김동순金東淳·한우석韓愚錫 등은 군정서 집법과장執法課長 최우송崔友松의 지시에 의하여 서울로 파견되었다. 그들의 목표는 조선총독, 조선총독부의 총감總監 등 적 고관 및 악질 형사의 처단, 적 기관의 폭파 등이었으나 실현 단계에서 일제에 체포되고 말았던 것이다.[70]

69 姜德相, 『現代史資料』 27, 朝鮮 3, 414~416쪽.
70 「동아일보」, 1921년 6월 25일, 6월 26일, 10월 26일, 11월 16일자.

이와 같이 서로군정서에서는 국내에 들어와 전투 활동을 전개하였으나 그것은 당초의 계획처럼 대규모적인 것은 되지 못하였다. 소규모 게릴라전에 국한되었던 것이다.[71] 이러한 서로군정서의 무장활동은 북간도 지역의 북로군정서·대한국민회 등이 행한 대규모 전투와는 비교되는 것이라고 할 수 있겠다.[72]

한편 일제는 서로군정서의 계속적인 무장활동을 제거하기 위하여 일본군을 서간도 지역에 파견하고자 하였다.[73] 이에 서로군정서에서는 천연림이 가득한 백두산 기슭에 제2의 군사기지를 정하고 만약의 사태에 대비하고자 하였다.[74] 아울러 북로군정서와 연계를 맺고 무장활동을 효과적으로 추진하고자 하였다. 그리하여 1920년 5월 29일에는 다음과 같은 사항에 합의하기에 이르렀던 것이다.[75]

> 一. ㅇㅇ, ㅇㅇ兩省에 있는 군정서는 원래 동일한 취지인 군사기관으로서 쌍방대표자가 합의한 결과 업무진행상 협동을 일치하기 위해 다음의 조약을 체결한다.
> 一. 兩機關은 임시정부를 절대 옹호한다. 萬一 非分的인 奢望 혹은 不道的인 야심으로 정부에 반항하는 자가 있을 때는 이를 合力聲討하여 정의에 歸一케 할 것.
> 一. 兩機關은 誠信 親睦은 물론이나 군사상 일체의 중요 안건은 상호 協謀하여 추호도 저촉 혹은 暌違 하는 欺恨이 없도록 할 것.
> 一. 兩機關의 사관 양성, 무기 구입에 대하여 혹 미비할 때에는 상호 부조하여 光復大業의 萬全을 完成할 것.
> 一. 兩機關은 發籍한 군인이 몰래 이탈한 자에 대하여 서로 照會하여 반환함은 물론 이미 연합된 제3기관이 암암리에 스스로 아부하려고 할 때에는 상호 징계하여 後弊를 杜絕할 것.
> 一. 본 조약은 兩代表 날인한 날로부터 실효가 있다.

---

71 大韓民國國會圖書館, 『韓國民族運動史料』(三一運動篇 其三), 808쪽.
72 위의 책, 811쪽.
73 蔡根植, 「武裝獨立運動秘史」, 54~55쪽.
74 위의 책, 51쪽; 李相龍, '與李東柱', '答李東柱', 「石洲遺稿」, 134~135쪽.
75 大韓民國國會圖書館, 『韓國民族運動史料』(三一運動篇 其三), 732쪽.

대한민국 2년 5월 29일

ㅇㅇ군정서 대표 사령관 金佐鎭
ㅇㅇ군정서 대표 헌병대장 成駿用

즉 서로군정서와 북로군정서는 군사상 일체의 주요 안건, 사관 양성, 무기 구입 등에 관하여 서로 협조하고자 하였던 것이다. 그리고 실제 이 합의에 의하여 서로군정서 소속 신흥무관학교 출신들이 북로군정서 사관연성소에 교관으로 파견되어 독립군 양성에 기여하기도 하였다.

맺음말

서로군정서는 1919년 국내에서의 3·1운동을 계기로 동년 4월에 유하현 고산자에서 이상룡 등이 중심이 되어 조직한 무장독립운동 단체이다. 이 단체는 조선이 일제에 강점당하기 직전 신민회에 의해서 주장된 독립전쟁론의 구체적인 실천 단체로서 조직된 것이다.

서로군정서에는 40대의 장년층이 그 중심을 이루고 있으며 그들의 대부분은 신민회의 독립전쟁론에 의거하여 만주 지역으로 정치적인 망명을 한 인사들이다. 신분 면에서는 양반 특히 지방의 양반이, 경제적으로는 중소 지주층이 다수를 이루고 있다. 종교 면에서는 대종교 신자가 많으며 학력 면에서는 한학과 신학문을 함께 공부한 인물들이다. 지역적으로는 경상북도 안동 출신들이 다수를 점하고 있다.

서로군정서에서는 외교론보다는 무장투쟁을 중시하였다. 이를 위해서 군자금의 확보와 독립군의 양성이 선결 과제였다. 서로군정서에서는 우선 군자금의 확보를 위해 관할 구역에 거주하고 있는 재만동포들로부터 일정량을 획득하는 한편 국내에 특파원을 파견하여 군자금을 획득하고자 하였다. 모금 장소는 주로 서로군정서원과 연고가 있는 평안도와 경상도 지역이었다.

서로군정서에서는 무장투쟁을 전개할 독립군도 양성하고자 하였다. 이를 위하여 1919년 5월 3일 유하현 고산자에 신흥무관학교를 설립하였다. 그리고 이 학교를 졸업한 서로군정서원들은 국내 및 서간도 지역의 친일 세력을 제거하는 일면 국내에 들어가 일본군 주재소 및 관공서를 습격·파괴하는 활동을 전개하였다.

그러나 서로군정서의 이러한 무장 활동은 1920년 10월 일제의 간도 출병으로 그 세력이 약화되기 시작하였다. 이에 재기를 위하여 서로군정서에서는 1921년 5월에 임시정부 군무부 군무국장인 황학수를 맞이하여 액목현에서 조직을 재정비하였다. 그러나 서로군정서의 재기 노력은 성과를 보지 못하였다. 왜냐하면 1919년 3·1운동 이후 독립의 희망에 부풀었던 재만동포의 열기가 점차 식기 시작하였기 때문이다. 특히 1920년 일본군의 간도 출병은 재만동포들에게 독립을 요원한 것으로 느끼게 하였던 것이다. 그 결과 서로군정서는 점차 와해되었으며, 1924년 11월 25일에 이르러 정의부 결성에 참여함으로써 그 발전적 해체를 도모하게 되었다.

〈자료〉

이 편지는 도산 안창호安昌浩(1878~1938)가 3·1만세운동 직후 상해上海로 가서 대한민국임시정부 조직에 참가하여 내무총장이 되었을 때, 이상룡에게 보낸 편지에 대한 답장이다. 안창호는 이상룡에게 보낸 편지에서, 1) 외교 2) 내정 3) 재무 4) 군사 등 네 개항의 중점사항을 강조하였는데, 이상룡은 순서를 바꾸어 1) 군사 2) 재정 3) 외교 4) 내정으로 하자고 주장하였다.

석주 이상룡과 도산 안창호사이의 편지는 비록 1920년의 것이지만, 만주지역 한인독립운동의 노선과 방향을 이해하는데 큰 도움을 준다. 도산 안창호는 신민회를 만든 인물이고, 만주지역의 독립운동기지건설과 무관학교 설립의 기초를 닦은 인물로서 평가할수 있기 때문이다. 앞으로 만주와 신민회, 만주와 대한민국임시정부와의 연계 등에 보다 주목할 필요가 있다고 보여진다. 이와 관련하여서는 최근 장세윤의 연구가 주목된다.[1]

▧ 안도산(창호)께 드리다. 경신년(1920)答安島山(昌浩)

일찍부터 대명大名을 우러러 왔는데, 먼저 보내주신 편지를 받아 들고 감격하여 읽었으니 무어라고 감사의 말씀을 드려야 할지 모르겠습니다.
순환하는 하늘의 이치는 간 것은 반드시 돌아오게 마련인지라, 우리 대한이 마침 부활의 기회를 만났음에, 온 국민이 손뼉을 치며 경하함에 어찌 차이가 있겠습니까?
이 일을 생각해 보았는데, 제 생각으로는 이 일은 외교로 시작하여 혈전血戰으로 마친다는 것은 특별히 지혜로운 사람이 아니더라도 미루어 짐작할 수 있

1 장세윤, 「1910년대 남만주 독립군 기지 건설과 신흥무관학교-안동유림의 남만주 이주와 이상룡·김동삼의 활동을 중심으로」, 『만주연구』 24, 만주학회, 2017.

는 일입니다. 합하閤下께서는 먼저 깨달으신 천민天民(도를 체득한 사람)으로서 정무를 총괄하시니, 평소 가슴에 쌓아 오신 경륜을 꺼내어 시행하시기에 지금이 그 알맞은 때입니다. 일찍부터 작정된 계획으로 공고한 기초를 확립하시어 나라 안팎의 기대에 부응하시길 빕니다.

말씀하신 4가지 요령要領은 여러분의 정견이 시의時宜에 딱 들어맞으므로 더 이상 덧붙일 말씀이 없습니다. 더구나 이곳의 상황을 물으시니, 융숭하신 질문에 이마에 땀이 날 지경입니다.
압록강을 건너온 지 8~9년 동안 줄곧 애써온 일은 결사자치結社自治와 상무교육尙武敎育 두 가지에 있습니다. 그러나 각자 생활이 곤궁하고 마음과 실천이 맞지 않아 특별히 손꼽아 내세울만한 성과는 없으나, 지난 봄 이래로 시기時機가 급박하게 돌아가는 것을 보고 비로소 군무기관軍務機關을 조직하여 2개의 여단旅團 제도를 편성하였는데, 제가 나이가 조금 많다고 하여 총재總裁에 추대되었습니다. 이 늙고 나약한 사람이 어찌 그 적임자가 되겠습니까만, 다만 조화調和하고 진정鎭定하는 책무는 나이 많은 사람에게 맡겨야 한다는 것 때문에 직분을 맡은 지 반년이 되었습니다.

현재 새로운 학교에서 양성한 우등優等 자격을 가진 사람이 5~6백 명이며, 2·3등의 자격을 가진 사람이 7~8백 명으로, 새로 모집되어 아직 훈련을 받지 않은 사람은 다수인데 낱낱이 숫자를 들어 말씀드릴 수는 없습니다.
무기에 대해 말하면 이곳이 북으로는 러시아 땅과 접해있고 서쪽으론 중국과 통하는 곳이라, 참으로 상당한 자금을 가지고 있다면 수입할 길이 없는 것은 아닙니다만, 한탄스러운 것은 재정이 뒷받침하지 못하는 것입니다. 그 때문에 시간만 끌고 준비한 것은 적으니, 호기를 놓치고 초심初心을 저버리게 되지나 않을까 심히 염려스러울 따름입니다.

각하께서는 제4항으로 최종결과가 되리라고 확실히 인정하셨다면 남만주 일대를 마음속에 반드시 고려하시지 않을 수 없을 것이고, 제가 비록 재목이 못되지만 저 또한 의무가 있는 곳에는 감히 모든 힘을 다하지 않을 수 있겠습니까? 기회[時機]란 아침이 다르고 저녁이 다른 것입니다. 삼가 합하께서는 지금부터 앞에서 정하신 4가지 대단大端 중에서 조금 순서를 바꾸어서, 제4항을 제1항으로 하고 제3항을 제2항으로 삼아서 이 일에 전력을 경주傾注하시기를 바랍니다. 그렇게 되면 이른바 제1항과 제2항은 크게 신경을 쓰지 않아도 저절로 잘 성취되리라고 봅니다.
하문下問해 주신 성의盛意에 감격하여 어리석은 의견을 간략히 말씀드린 것이니 너그러이 살펴주시기를 바라오며, 갖추지 못한 채 삼가 답장을 올립니다.

※ 이상룡이 받은 안창호 편지

천도天道(하늘이 낸 도리)는 순환함을 좋아하는 것이 오늘의 공리公理(두루 통하는 진리)인 만치 이미 광복光復은 된 것이고, 세계는 지금 개조改造되려 하고 있습니다. 이것은 이전에 우리가 조석으로 원하였으나 하지 못했던 것인데 지금은 하나하나 눈앞에 실현되고 있으니, 누가 대한 민족의 놓칠 수 없는 천재일우의 호기가 아니라고 할 수 있겠습니까? 이것이 안으로는 2천만 형제자매가 희생을 달게 여기고 다시 단결하여 일어나 기어이 죽기를 각오하고 나서는 까닭이며, 또한 밖으로는 무수한 우방의 인사들이 강개慷慨하고 격앙激昻하여 남을 보기를 자신과 똑같이 여기고 수고를 떠맡아도 수고로운 줄을 모르는 까닭입니다. 온 세계가 함께 경축하니 이 기쁨을 어찌 이길 수 있겠습니까?

저 창호昌浩는 오랫동안 해외에 떠돌면서 조국의 사정에 대하여 어두운 것이 참으로 많은데다가, 또 개인의 욕망에 따라 응하는 것이 비록 '지금이 바로 그때가 아닌가?'라고 합니다. 그러나 그들이 바라는 바는 바로 나이가 많다는 것이니, 직분을 맡기는데 나이 많은 것을 따르는 것은 원칙상 이의異議를 용납하지 않습니다. 그러나 제가 일찍부터 바라던 것은 국가와 사회의 선구자가 되어 신시대의 생명을 개척하는 것입니다. 그러나 이 일은 조정에 있는 사람이 아니면 할 수 없는 것입니다. 그러므로 배를 타고 있을 때 국회에서 저를 내무총장內務總長의 직에 임명하였다는 소식을 듣자마자 심한 충격을 받았고 대단히 황공惶恐했습니다. 대개 이 직무는 참으로 감당할 수도 없고 더욱이 하고 싶은 일이 아닙니다.

상해에 와서 보니 모든 일이 처음 하는 일인데도 일마다 날랜 솜씨인 것을 보고 더욱 처음의 뜻을 관철시키고자 하여 번갈아가며 동지들에게 사면辭免하기를 청했으나, 각 방면에는 맡겨진 책임이 다 있다보니 더욱 저의 사정을 헤아리려 주지 않았고, 주위의 정세 또한 시일을 자꾸 늦추는 것이 허락되지 않았습니다. 그래서 한 달 남짓이나 주저하다가 마침내 어쩔 수 없이 지난 달 28일 우선 취임식을 가졌습니다. 또한 주석主席께서 밖에 계시어 총재總裁가 대행의 일까지 겸하게 되었으니, 스스로 돌아보아도 보잘것없는 사람인데 제가 어찌 이 임무를 감당할 수 있겠습니까?

선생께서는 국가의 영수領袖로서, 덕망이 태산과 같고 노숙老熟하고 깊이 있는 지혜를 가진 분으로 국내외의 존경을 받으시는 분이시니, 바라건대 때로 지침을 내려 주시어 저희들이 따를 수 있게 해 주신다면 그만한 영광과 다행이 없겠습니다. 각항의 정무政務의 진행에 대해서는 스스로 외교外交와 내정內政, 재무財務와 군사軍事 4가지 대단大端으로 주축을 삼았는데, 지금부터 차례로 여기에 대해 자세히 밝힘으로써 비준[批正]해 주시는데 참고로 삼으실 수 있도록 하겠습니다.

첫째 외교 상황입니다. 이것은 가장 순조롭게 진행되는 것으로, 현재 구미歐美지역에는 여론이 하나가 되어 우리를 지지하고 일본을 배척합니다만, 공리公理의 싸움에서는 여론이 승패를 좌우하기 때문에 곧 개최될 국제연맹대회에서 우리나라가 승기를 잡아 칼자루를 쥘 수가 있을 것입니다. 그러나 이것은 개괄적槪括的인 말씀이고 구체적인 교섭은 이미 영국과 미국 두 나라와 상당한 양해를 얻어 놓았으니 머지않아 어떤 성과를 볼 수 있을 것입니다.

두 번째 내정 방면입니다. 지금 당장은 말씀드릴 만한 행정이 없는 듯 합니다만, 동지들의 노력이 지금 이곳으로 집중되고 있습니다. 대개 이것은 일반 민심이 점점 자라나서 최후의 승리가 결정되는 것이니 이른바 근본 중의 근본이라는 것입니다. 그러므로 이미 많은 요원들을 파견하여 각지各地로 나뉘어 가서 설득하고 알리게 하였는데, 두 세 곳의 보고에 의하면 국민들의 마음이 갈수록 고양된다고 하니 곧 다시 모종의 형식적인 제3차 표시가 있게 될 것 같으나 그 역시 아직은 알 수 없다고 합니다. 이 부분이 가장 우리의 뜻을 강하게 하는 부분입니다.

세 번째는 재정 문제입니다. 이것은 가장 중요하면서도 가장 손을 쓰지 못하고 있는 부분입니다. 외교와 군사 내지 모든 정무가 어느 것 하나 재력의 뒷받침 없이 시도할 것이 있습니까? 농사를 맡은 사람이 지붕만 쳐다보고 손쓸 방법이 없는 꼴이라, 혹 공채公債를 발행하기도 하고 국민의 의연금義捐金을 걷어본다고 해 보았지만, 몇 달이 지나도록 아직 볼만한 성적이 나지 않고 있습니다. 다만 한 가지 확실하게 믿고 끝내 비관에 빠지지 않을 수 있는 것이 있으니 그것은 바로 국민들의 마음이 위에서 말씀드린 바와 같으니 최후에는 반드시 기꺼이 보내줄 날이 있을 것이란 점입니다.

네 번째는 군사 문제로, 이것은 다시 우리 선생께 여쭙고 싶은 것입니다. 이곳에도 비록 추상적인 어떤 계획이 있기는 합니다만, 시기와 지리地理 관계로 인해 아직 하지 못한 것도 있고 할 수 없는 것도 있어, 사례를 들어서 말씀드릴 만한 게 없습니다. 우리 선생께서 이런 사정을 헤아리시고 이 문제에 대하여 반드시 정밀하고 깊은 계획이 있으실 것이니, 가르쳐 주시는[敎示] 것이 어떻겠습니까?

이상에서 말씀드린 것이 이곳의 대체적인 상황입니다. 바라건대 우리 선생께서 그쪽의 최근 상황을 상세히 알려 주시기를 바랍니다.
처음으로 인사를 드리오며, 이만 삼가 편지를 올립니다.(『국역석주유고』)

제2부

주도세력들

1. 독립운동과 해방 후의 기억 : 이회영 6형제

머리말

이회영李會榮은 구한말부터 1930년대 초반까지 국내 및 만주·중국본토 등지에서 활동한 대표적인 민족운동가의 한 사람이다. 그는 특히 월남月南 이상재李商在가,

> 동서 역사상 나라가 망할 때 망명한 충신의사가 非百非千이지만 友堂君(李會榮一筆者)과 같이 6형제가 가족 40여 인이 한 마음으로 결의하고 일제 去國한 사실은 예전에도 지금도 없는 일이다. 그 義擧를 두고 볼 때 우당은 이른바 有是兄이요, 有是弟로구나, 진실로 6인의 節義는 百世淸風이 되고, 우리 동포의 絕好 모범이 되리라 믿는다.[1]

라 하고 있고, 1920~30년대에 그와 함께 활동했던 정현섭鄭賢燮의 회고록 『이 조국 어디로 갈 것인가』에도,

> 1905년 을사보호조약이 체결되자 다음해에 북간도로 갈 것을 결심하였고, 1907년에는 高宗에게 청하여 海牙密使 파견을 결정하게 하고, 1910년 경술합방 후 일가 6형제(健榮·石榮·哲榮·會榮·始榮·護榮)의 전 가산을 처분하여 40여 명의 권속을 데리고 만주로 들어왔던 고금에 보기 드믄 애국지사다.[2]

---

1 李丁奎·李觀稙,『友堂李會榮略傳』, 乙酉文庫 263, 乙酉文化社, 1985, 183쪽.

2 鄭華岩, 『이 조국 어디로 갈 것인가』, 자유문고, 1982, 141쪽.

라고 있듯이, 1910년에 조선이 일제에 의하여 강점당하자 모든 형제들과 함께 만주 지역으로 망명하여 항일투쟁을 전개하였던 인물로 잘 알려져 있다.

그럼에도 불구하고 그의 부인인 이은숙李恩淑 그리고 이회영과 함께 민족운동을 전개하였던 이관직李觀稙·정현섭鄭賢燮·이정규李丁奎 등의 회고록[3]등을 통하여 그 단편적인 사실들만 전해져 오고 있다. 최근에는 다수의 연구 성과들이 집적되었다.[4]

신흥무관학교 연구자들은 처음에는 이회영을[5] 중심으로 한 우당 6형제를 연구하여 왔다. 그러나 최근에는 이상룡, 김동삼, 김대락 등[6] 경북 안동출신 인물들도 그 영역을 확대해 나가고 있다.[7] 아울러 여준[8], 윤기섭[9], 이장녕[10]에 대하

3 李恩淑,『民族運動家 아내의 手記 -西間島始終記-』, 正音文庫 65, 正音社, 1975(이은숙『서간도 시종기 - 우당 이회영의 아내, 이은숙 회고록』, 일조각, 2017); 李丁奎·李觀稙,『友堂李會榮略傳』, 乙酉文庫 263, 乙酉文化社, 1985; 鄭華岩,『이 조국 어디로 갈 것인가』, 자유문고, 1982.

4 이덕일,『아나키스트 이회영과 젊은 그들』, 웅진닷컴, 2001; 이호룡,「이회영의 아나키스트 활동」,『한국독립운동사연구』 33, 한국독립운동사연구소, 2009; 김명섭,「이회영의 중국 망명생활과 독립운동-1919~1932년을 중심으로」,『한국독립운동사연구』 59, 독립기념관 한국독립운동사연구소,2017; 장석흥,「이회영의 민족혁명과 자유사상」,『한국학논총』 49, 국민대학교 한국학연구소, 2018; 박걸순,「이회영(李會榮)과 이상설(李相卨)의 독립운동론과 독립운동 비교」,『東北亞歷史論叢』 64, 동북아역사재단, 2019.

5 이회영에 대하여는 박환, 이덕일 등에 의하여 다수의 연구가 있다. 우당 이회영 일가 망명 100주년을 맞이하여 기념학술회의가 있었다.『우당 이회영일가의 망명과 독립운동』(2010, 우당기념관)

6 안동독립기념관에서 최근 이상룡과 김대락의 문집인『석주유고』와『백하일기』가 번역 간행되어 이 분야 연구에 크게 기여하고 있다. 안동출신들에 대하여는 김희곤의 집중적인 연구가 있으며, 김대락을 중심으로는 강윤정의 연구가 돋보인다. 김희곤,『안동사람들의 항일투쟁』, 지식산업사, 2007; 강윤정,「백하 김대락의 현실인식과 민족운동」,『백범과 민족운동』 7, 2009.
또한 최근에도 안동출신들에 대한 연구들이 지속적으로 이어지고 있다. 대표적인 것으로서 다음의 논문들을 들수 있다.
장세윤「1910년대 남만주 독립군 기지 건설과 신흥무관학교 - 안동유림의 남만주 이주와 이상룡·김동삼의 활동을 중심으로」『만주연구』 24, 만주학회, 2017; 서동일「유림의 만주 이주와 신흥무관학교 설립」,『崇實史學』 45, 崇實史學會 2020.

7 김시명,『신흥무관학교의 역사적 재건축』, 2021.

8 김태근,「여준의 구국교육운동」,『용인향토문화연구』 6, 2005; 박성순「1910년대 후반 呂準의 활동을 통해 본 부민단과 신흥무관학교 측의 동향」,『東洋學』 74 檀國大學校 東洋學研究院 2019

9 신흥무관학교 설립 100주년과 윤기섭선생 학술회의, 2011.

10 김주용「대한제국 육군 무관학교 출신의 독립군 활동 연구 - 충남 목천 출시 이장녕을 중심으

여도 주목하고 있다.

그러나 사실 신흥무관학교에 관여한 중심인물들은 보다 다양한 것이 아닌가 판단된다. 우선 우당 이회영 6형제 가운데 이시영에 좀더 주목할 필요가 있을 것 같다. 그는 조선의 거물 정치인이었으므로 만주지역에서 일본측의 주된 감시의 대상이 되었다. 아울러 이동녕에 대하여도 보다 주목할 필요가 있을 것 같다. 신한민보 등에서는 신흥무관학교와 관련하여 이동녕에 대하여 자주 언급하고 있다.[11] 그 외에 이세영, 김창환, 채찬, 이장녕[12], 장도순·장한순 형제[13], 왕삼덕, 이세영 등에 대하여도 연구가 이루어져야 할 것이다.[14]

아울러 우리가 주목할 것은 초창기 연구는 대부분 자료의 제한 때문에 회고록 속의 기록에 의존하는 경우가 많았다는 점이다. 회고록은 당시를 생생하게 보여준다는 점에서 큰 장점이 있다. 그러나 사실적인 부분에 있어서는 기억의 한계로 인하여 인명의 착오, 시대와 공간을 넘나들며 언급되는 부분 등의 특성도 보여주는 것 또한 사실이다.

점차 연구가 활성화되면서 당사자들의 문집의 경우도 번역 출간되어. 신흥무관학교 연구에서 그동안 공백으로 남아 있던 많은 부분들을 복원시키는데 큰 기여를 하고 있다. 그러나 문집 역시 장점과 단점이 있다. 이러한 장단점을

로 -」, 『유관순연구』 24, 백석대학교 유관순연구소, 2019

11 신한민보 이동녕사략(홍언찬) 1940년 5월 30일, 6월 6일, 13일, 27일, 7월 4일, 18일, 25일

12 이장녕에 대하여는 기초적인 연구들이 있다. 이덕선 최동원, 「백우 이장녕장군 부자-독립운동약전」; 이석희(이장녕의 손자), 「백우 장녕선생 독립투쟁사」. 이장녕은 김대락의 백하일기에 자주 등장하나 구체적인 내용은 별로 언급되고 있지 않다. 이상룡의 손부 허은여사 회고록인 『아지곧 내귀엔 서간도 바람소리가』(정음사, 1995)에도 간단한 언급이 있다. 이장녕은 만주로 처음 이주할 때 도운 이병삼의 아들이다, 이장녕의 아들 이의복도 신흥무관학교 출신이다. 이동녕과는 4촌간이다.

13 장도순 장한순 형제는 개성 남산 출신들이다. 만주 이주 초기에 유하현 삼원보로 이주하여 합니하에서도 독립운동에 참여하였다. 장한순의 경우는 1922년 1월 봉천성 무순현에서 대한독립군비단에서도 활동하였다.(『한민』 1936. 5. 25, 불령단관계잡건 재만주부, 국외용의전조선인명부)

14 앞으로 신흥무관학교 설립에 참여한 인물들이 학교 건립에 기부한 자금에 대한 검토가 심층적으로 이루어져야 할 것이다(박영석 교수 교시, 2012. 5. 25)

충분히 고려하면서 본장에서는 신흥무관학교의 전체상 복원에 좀더 접근해 보고자 한다.

본고에서는 기존 연구들을 토대로 이회영의 민족운동에 대하여 좀더 구체적으로 살펴보고자 한다. 먼저, 이회영의 민족의식의 형성과 성장에 대하여 주목해 보려 한다. 그리고 구한말의 계몽운동과 1910년의 민족운동에 대하여도 밝혀보고자 한다. 나아가 1920~1930년대의 무정부주의 사상의 수용 배경과 무정부주의 계통의 독립운동단체들에서의 활동에 대하여도 검토하도록 하겠다.

1. 민족의식의 성장

이회영은 본관은 경주慶州인데, 1867년 서울 저동苧洞에서 출생하였다.[15] 그의 자字는 성원聖遠이며,[16] 호는 우당友堂이다.[17] 그의 집안은 대대로 관직에 진출하여 중앙에서 활동해 온 가문이었던 것 같다.

『경주이씨대동보』 상서공파尙書公派[18]에 의하면, 이회영의 10대조는 임진왜란때 공을 세운 백사白沙 이항복李恒福이며, 5대조인 오천梧川 이종성李宗城은 영조대에 영의정을 지내기도 하였다. 그리고 아버지인 이유승李裕承은 고종 1년(1864년)에 증광문과增廣文科에 병과丙科로 급제, 고종 5년(1868)에 평안도 암행어사가 되었다. 그후 여러 관직을 거쳐 대호군大護軍으로 재직 중 1894년에 교정청校正廳이 설치되자 그 당상堂上이 되었고, 뒤에 우찬성右贊成·행이조판서行吏曹判書를 역임하였다.

15 李丁奎, 『友堂李會榮略傳』, 乙酉文庫 263, 19쪽.
16 『慶州李氏大同譜《尙書公派》』, 1979.
17 李丁奎, 『友堂李會榮略傳』, 19쪽.
18 『慶州李氏大同譜』 尙書公派.

이와 같이 이회영의 직계 조상들 가운데에는 중앙의 고위 관직에 올랐던 인물들이 많았다.[19] 그러므로 중국 본토에서 1920년에 이회영과 함께 무정부주의 운동을 했던 이정규가 그의 집안에 대하여,

> 선생의 가문은 오랜 家統을 지님 三韓古家로서 10대조 백사 이항복을 비롯하여 많은 名臣·賢士을 조산으로 모시었다.[20]

라고 하였던 것이다.

경제적인 측면에서 이회영의 집안은 부자였던 것 같다. 서울의 정동에 집과 북창동에 땅을 가지고 있었으며, 황해도 개풍군開豊郡에도 인삼밭을 소유하고 있었던 것이다.[21] 요컨대 이회영은 명문가의 자제로서, 부유한 가정에서 출생하였다고 할 수 있겠다.

이러한 가문 출신의 이회영이 민족의식을 가지고 민족운동을 하게 된 배경은 무엇일까. 이와 관련하여 무엇보다도 이상설李相卨과의 만남이 주목된다.

이정규가 그의 저서『우당이회영약전』에서,

> 선생의 친척인 溥齋 이상설은 이러한 자유 평등의 혁명적인 면에서 선생과 친근하게 되었고 志氣가 맞아 생사를 함께 하는 동지가 되었다. 선생도 이상설과 사귀면서 세계에 대한 새로운 지식과 정치·사회의 분야에서 많은 啓發을 받았다.[22]

19 이회영의 직계 조상 가운데에는 이외에도 많은 인물들이 중앙의 고위 관직에 올랐었다.이를 도표로서 작성하면 다음과 같다.
李會榮의 家系圖
諤平 (新羅開國元勳) → 居明 (中祖一世) → 10代祖 恒福 (宣祖時 領議政) → 9代祖 井男 (禮賓寺正) → 8代祖 時術 (史曺參判) →7代祖 世弼 → 6代祖 台佐 (左議政) →5代祖 宗成 (英祖時 領議政) →4代祖 敬倫 (兵曹參判) → 曾祖 延奎 (禮曺參判) → 祖父 啓善(正言) → 父 裕承−健營 −石榮(出系)

20 李丁奎,『友堂李會榮略傳』, 19쪽.

21 1998년 12월 2일에 李圭昌(이회영의 子, 1913년생, 南華韓人青年聯盟의 회원, 경기도 시흥군 의왕읍 대석리 한신빌라 106동 206호 거주)과 가졌던 대담에서 청취.

22 李丁奎,『友堂李會榮略傳』, 23쪽.

라고 하였고, 구한말 및 1910년에 이회영과 함께 민족운동을 전개했던 이관직도 그의 저서『우당이회영약전』에서,

> 이상설선생은 선생의 죽마고우이며 뜻을 함께하는 친한 벗이었다. 하루는 두 사람이 만나 시국을 痛論하고 나서 마음과 함을 합하여 충성을 다하고 나라를 붙잡아 일으키자고 하였다.[23]

라고 하였듯이, 이회영은 이상설로부터 많은 영향을 받았다고 보여지는 것이다. 그런데 이상설은『대한매일신보』광무 9년 (1905) 11월 24일「讀李參贊疏」에,

> 氏는 원래 大韓의 學問學의 第一流니 才性이 絕倫하고 造詣가 深篤하여 東西學問을 悉皆通曉 硏精하므로 性理文章과 政治·律法·算術 等 學이 皆其富有之具라 由是 聲譽가 籍甚하야 韓人의 輿論이 皆曰 此公이 若居 廊?之上이면 文明政治는 可以 做得이라 하니 此는 各國 人士의 來留 韓土者 亦皆熟聞한 바러니

라고 하듯이, 신·구학문에 모두 정통한 인물이었다. 따라서 이회영은 이상설과 교류하면서 신·구학문 특히 신학문에 대한 많은 지식을 얻었을 것으로 짐작된다. 이것은 이회영의 친동생이며, 해방 후 부통령을 역임한 이시영李始榮의 다음과 같은 회고에서도 잘 나타나고 있다.

> 당시 溥齋의 學友는 자신(李始榮)과 그의 伯兄인 友堂 會榮을 비롯하여 南村의 3才童으로 일컬었던 恥齋李範世, 徐晩淳과 미남이요 珠玉같은 글씨로써 명필로 이름을 남긴 趙漢平, 漢學의 석학인 呂圭亨, 絕才로 칭송되던 是堂 呂祖鉉 등이 竹馬故友이었고 松居 李喜鐘과는 결의형제의 맹약까지 한 사이였다. 또한 溥齋는 학우간에서 선생격이었기에 그 문하생으로는 又荷 閔衡植 등 7, 8명이나 있어 同門

---

23 李觀稙,『友堂李會榮實記』, 119쪽.

修學者는 17, 18명이나 되었다.
溥齋가 16세 되던 해인 1885년 봄부터는 8개월동안 학우들이 新興寺에 합숙하면서 매일 課程을 써붙이고 漢文·數學·英語·法學 등 新學問늘 공부하였다. 그때 溥齋의 총명 탁월한 頭腦와 理解力에는 같은 학우들이 경탄함을 금치 못하였다.[24]

즉 이회영은 1885년 봄부터 8개월 동안 이상설 등과 함께 신흥사新興寺에 합숙하면서 수학·영어·법학 등 신학문을 공부하였던 것이다. 또 1898년 9월에는 이상설의 집에 서재를 설치하고 정치·경제·법률·동서양의 역사 등 신학문을 깊고 정밀하게 연구하기도 하였다.[25]

이렇게 볼 때, 이회영은 이상설과의 만남을 통하여 신학문 분야에서 많은 계발을 받았으며, 나아가 그것이 그의 민족의식의 형성에 영향을 미쳤던 것으로 생각된다.[26]

2. 계몽운동

이회영은 1905년 일제가 '을사보호조약'을 체결하려는 움직임을 보이자 이를 반대하는 활동을 적극적으로 전개하였다. 당시 그는 관직에 있지 않았으므로 각 대신들과 접촉할 수 있는 의정부 참찬參贊 이상설[27]과 외부교섭국장인

24 姜相遠, 『李相卨傳』, 一潮閣, 1984, 12~13쪽에서 재인용. 한편 朴昌和, 『省齋李始榮小傳』, 乙酉文庫 256, 1984, 27쪽에는 아관파천 후에 "선생인 이완용 등 무리의 음모에 화를 모면할 수 있었던 것은 저들의 낌새를 미리 통찰하여 몸을 지키고 처신을 올바로했기 때문이었다. 그후로는 이상설·여조현(여준-필자주)·이범세·서민순·이강연 등 및 그의 중형 우당 이회영과 더불어 국내의 고상한 명사들과 함께 서재나 또는 조용한 산사에서 매일 회합하여 정치학이 라든가 詩文, 또는 세계 통용하는 文法條文을 10년 동안 강습 연구하면서 울적한 나날을 보냈다" 라고 되어 있다.

25 李觀稙, 『友堂李會榮實記』, 119~120쪽.

26 李丁奎, 『友堂李會榮略傳』, 21쪽.

27 『大韓帝國官報』 光武 9년 11월 4일 第 3288號.

이시영 등을[28] 통하여 일을 추진하였다. 즉, 이관직의 『우당이회영실기』에

> 1905년 곧 을사년 겨울에 이토히로부미(伊藤博文)가 돌연히 우리나라에 왔다. 이때 선생이 이상설을 찾아가 말하였다. "이번에 이토히로부미가 우리나라에 온 것은 그 의도를 알 수 없다. (中略) 그대는 의정부 참찬의 직을 띠고 있으니 參政大臣 韓圭卨과 미리 잘 의논하고, 이토히로부미가 조약을 제시하고 날인을 요약문은 찢어버리고 이토히로부미를 꾸짖으라고 그에게 전하라. 그리고 桂庭 閔泳煥에게 가서 말하되, 그가 侍從武官長을 맡아 항상 폐하를 지척에서 모시고 있으니, 만약 이토히로부미가 어전에 조약문을 제시하더라도 폐하께서는 御寶를 허락하지 마시도록 上奏하라고 하라. 나는 동생 始榮이 外部交涉局長을 맡고 있으니 그에게 외부대신 朴濟純을 만나 한규설에게 같은 말로 권고하도록 말하겠다.[29]

라고 있듯이, 이회영은 이들을 찾아가 민영환閔泳煥·박제순朴濟純·한규설韓圭卨 등에게 이등박문伊藤博文이 조약을 제시하고 날인을 요구하더라도 이를 반대해야 된다고 권고해 줄 것을 강력히 요청하였던 것이다.

그러나 이회영의 이러한 노력은 실패하고 말았다. 왜냐하면 이등박문이 군대와 경찰로써 강제로 조약을 체결하였기 때문이었다.[30]

사태가 여기에 이르자 이회영은 이상설·이동녕李東寧·여준呂準·장유순張裕淳 등과 협의하여 독립운동 방략을 구상하였다. 그리하여 1906년 여름에 구국운동을 해외에서도 결행하기로 하였다. 그것은 국내와의 연계하에서 해외에서도 적극적인 활동을 전개해야 한다고 판단하였기 때문이었다.[31]

그러나 다음의 과제는 어느 지역을 선택하느냐 하는 것이었다. 협의 끝에 이

28 국사편찬위원회, 『大韓帝國官員履歷書』, 1972, 48~49쪽.

29 李觀稙, 『友堂李會榮略傳』, 125~126쪽.

30 '을사보호조약'의 체결에 반대하여 이회영의 부친인 이유승과 그의 동생 이시영 역시 상소를 올려 조약의 부당성을 규탄하고 있는 점으로 미루어 보아 이회영 역시 '을사보호조약'에 적극 반대하였을 것으로 생각된다. 이유승의 상소문은 『大韓每日申報』 光武 9년 11월 26일 雜報에, 이시영의 상소문은 『大韓每日申報』 光武 9년 1월 29일과 30일에 각각 기재되어 있다.

31 李丁奎, 『友堂李會榮略傳』, 130쪽.

회영 등은 북간도의 용정을 적합한 장소로 결정하게 되었다. 왜냐하면 그 지역은 인적인 면에서 한국인들이 많이 거주하고 있었기 때문이었다.[32] 조선 후기 특히 1860년대부터 조선인의 북간도 지역으로의 이주는 본격화되어 1900년에는 10만 명에 이르렀다.[33] 따라서 그들 재만한인在滿韓人의 자제들에게 민족교육을 시켜 민족의식을 고취하고자 하였던 것이다. 외교적인 면에서도 그곳은 유리하였다. 노령露領지역과 밀착되어 있었기 때문이다. 또한 국내와 강 하나를 사이에 두고 있어서 왕래하기가 편리하다는 이점도 있었다.[34]

이와 같은 이유에서 용정지역을 적합한 장소로 선택한 이회영 등은 이상설을 그곳에 파견하였다.[35] 그리하여 1906년 10월경에는 용정에 서전서숙瑞甸書塾을 세우고 민족교육을 실시하게 되었다.[36]

한편 이회영은 국제회의에 호소하여 한국의 독립을 유지하고자 하였다. 그는 1907년 여름에 네덜란드의 헤이그에서 만국평화회의가 열린다는 소식을 듣자 황실의 요로要路를 통해 고종에게 '을사보호조약'을 취소하고 주권을 되찾기 위해서는 이 회의에 대표를 파견해야 한다고 주청하였다. 고종은 이를 허락하고 이상설을 대표로 파견하기로 하였다.[37]

이에 이상설은 1907년 6, 7월에 열린 제 2회 만국평화회의에 참석하였다. 그리고 '을사보호조약'의 무효와 일제의 침략성을 낱낱이 드러내고 열강列强의 후원을 얻고자 노력하였다.[38] 그러나 이러한 시도는 일제의 방해로 성공할 수 없었다.[39]

---

32 위와 같음.
33 朴永錫, 「日帝下 韓國人 滿洲移民問題」, 『한민족독립운동사연구』, 일조각, 1984, 57~59쪽.
34 李丁奎, 『友堂李會榮略傳』, 130쪽.
35 위의 책, 130~131쪽.
36 尹炳奭, 『李相卨傳』, 49쪽.
37 李觀稙, 『友堂李會榮實記』, 132쪽.
38 尹炳奭, 앞의 책, 57~98쪽.
39 고정휴, 「러일전쟁 전후의 고종외교」, 『한민족독립운동사』 1, 국사편찬위원회, 1987, 113~116쪽.

이회영은 1907년 4월초에 안창호安昌浩 ·양기탁梁起鐸·이동휘李東輝·이갑李甲·이동녕·유동열柳東說 등이 중심이 되어 조직한 신민회에도 가담하여 활동하였다.[40] 그는 신민회의 최고 간부 가운데 한 사람으로서,[41] 전덕기·이동녕·양기탁 등과 함께 상동교회尙洞教會에 모여 구국방법에 관하여 논의하였다.[42]

당시 상동교회를 중심으로 활동하고 있던 전덕기·최재학崔在學·김구金九 등은 '을사보호조약'을 반대하는 대책으로 상소를 올리는 방법을 채택하였다가 곧 이의 한계성을 인식하고 신교육 운동을 펼치고 있었다. 즉 그들은 구국운동을 효과적으로 전개하기 위해서는 몇 사람의 상소보다는 국민을 계몽하는 것이 보다 효과적이라고 생각하였던 것이다.[43]

이에 뜻을 같이 한 이회영은 1904년 상동교회의 부설로서 설립된[44] 민족교육 기관인 상동청년학원에서[45] 원감院監으로서 청년교육에 심혈을 기울이게 되었다.[46] 아울러 그는 1909년 8월에는 신민회의 외곽청년단체인 청년학우회가 창립되자 이동녕·전덕기 등과 함께 적극 참여하였다. 그리고 1910년 3월에 지방조직으로서 한성학회漢城學會가 조직되자 박동화朴東華·박찬익朴贊翊·옥관빈玉觀彬·장도순張道淳·윤기섭尹琦燮[47] 등과 함께 의사원議事員으로 일하기도 하였다.[48]

40 愼鏞廈, 「新民會의 創建과 그 國權回復運動」, 『한국민족운동사연구』, 을유문화사, 1985년, 17~27쪽.

41 張道斌, 「暗雲깉은 舊韓末」, 『思想界』, 1962. 4, 286~287쪽.

42 李丁奎, 『友堂李會榮略傳』, 39쪽.

43 金九, 『白凡逸志』, 瑞文文庫 85, 1973, 164쪽.

44 『神學月報』, 4-11(1904. 11), 446~447쪽.

45 『皇城新聞』 1905년 2월 13일자에 실려 있는 「漢城尙洞青年學院趣旨」를 참조.

46 이은숙, 『민족운동가의 아내의 수기』, 13쪽.

47 윤기섭의 신흥무관학교 관련은 다음의 논문이 참조된다. 韓詩俊, 「신흥무관학교와 尹琦燮」, 『한국근현대사연구』 67, 한국근현대사학회, 2013.

48 『少年』제 3년 제3권 1910년 3월호. 71쪽. 한편 이회영은 1907년 11월에 吳世昌·權東鎭 등의 발기로서 大韓協會가 조직되자 여기에도 참가하였다(『大韓協會月報』 제7호, 1908년 10월 25일자). 이 대한협회는 1906년 4월에 조직된 大韓自强會의 사업을 계승한 것으로써 會報 발간을 비롯, 광범한 지역에 支會를 설치하여 국민들의 계몽에 적극 노력하였으므로(李鉉淙, 「大韓協

3. 독립운동기지의 건설

1) 기지건설

1909년 봄, 서울 양기탁의 집에서는 신민회 간부들의 비밀회의가 개최되었다. 여기에는 이동녕·주진수·안태국·이승훈李昇薰·김도희金道熙·김구 등이 참석하였다.[49] 회의의 주요 내용은 망국亡國은 곧 결정적 사실이므로 서간도 지역에 독립운동기지를 건설하는 한편 무관학교를 설치하자는 것이었다.[50]

이러한 계획에 따라 신민회에서는 해외에 독립운동기지를 건설하기 위하여 서간도 지역을 답사하고자 하였다. 그리고 이회영·이동녕·주진수·이관직·장유순 등을 이 임무의 적임자로 선정하였다.[51] 이회영이 그 임무를 수행하게 된 것은 이상설과의 만남 속에서 해외에 독립운동기지를 설치할 것을 절실히 느끼고 있었기 때문이었다고 할 수 있겠다. 그 결과 1910년 7월경[52] 이회영과 이동녕·장유순·이관직 등 4명은 백지白紙 장사로 가장하여 만주 지역으로 가서 독립운동의 거점을 물색하였다.[53] 그리하여 마침내 요동성遼東省 유하현柳河縣 삼원포三源浦 추가가鄒家街 지방을 선정하였다.[54] 아울러 안동현安東縣에서 500리 되는 횡도천橫道川에 임시 거점을 만들었다. 그리고 이동녕의 친족 이병삼李炳三을 그곳에 거주하게 하여 앞으로 오게 될 동지들의 편리를 도모해 줄 것을 부탁하였다.[55]

會에 關한 研究」, 『亞細亞研究』 13-13, 고려대학교 아세아문제연구소, 1970, 26~39쪽) 교육을 통한 구국 방략과 일치하는 것이었기 때문일 것이다.

49 채근식, 『무장독립운동비사』, 대한민국공보처, 1949, 47쪽.
50 金九, 『白凡逸志』, 175~176쪽.
51 채근식, 『무장독립운동비사』, 47쪽 및 이은숙, 『민족운동가 아내의 수기』, 17쪽.
52 社會問題資料研究會, 『思想情勢視察報告集其の二』, 東洋文化社, 1976, 177쪽.
53 李觀稙, 『友堂李會榮實記』, 144쪽.
54 채근식, 『무장독립운동비사』, 47쪽.
55 이은숙, 『민족운동가 아내의 수기』, 16쪽.

이회영 등은 1910년 8월 하순에 만주 시찰을 마치고 귀국하였는데,[56] 이때는 이미 조선이 일제에 의하여 강점된 직후였다. 따라서 국내에서의 구국활동은 더욱 어려워지게 되었다. 이에 따라 신민회에서는 만주로의 이주를 적극적으로 추진하게 되었다.[57] 이에 이회영은 건영建榮·석영石榮·철영哲榮·시영始榮·호영護榮 등 여러 형제들의 동의를 얻어 만주로 망명하여 독립운동을 전개할 것을 결의하였다.[58] 그리고 비밀리에 이를 위한 제반 계획을 추진하였다.

우선 소유 재산을 비밀리에 방매放賣하여 이주 및 정착 자금을 마련하였다.[59] 특히 이회영의 둘째 형인 이석영은 자금 마련에 큰 도움을 주었다. 그는 일찍이 고종 10년(1873)에 영의정을 지낸 이유원李裕元의[60] 양자가 되었음에도 불구하고[61] 생가生家형제들과 뜻을 같이 하였다.[62] 그리하여 경기도 포천抱川 등지에 있는 많은 재산과 가옥을[63] 모두 팔고 이를 독립운동 자금으로 충당하였던 것이다.[64]

국내에서 모든 준비를 마친 이회영 일가一家는 1910년 12월말과 1911년 1월에 걸쳐 서간도 지역으로 망명하였다.[65] 이때 망명한 사람은 그의 모든 가족과 친척 등 무려 59명이나 되었다[66]

서간도 지역으로 망명한 이회영 등은 이상룡李相龍 등과 함께 1911년 여름에

56 위의 책, 17쪽.
57 社會問題資料研究會, 『思想情勢視察報告集其の二』, 178쪽.
58 이은숙, 『민족운동가 아내의 수기』, 17쪽.
59 社會問題資料研究會, 『思想情勢視察報告集其の二』, 179쪽.
60 『高宗實錄』 高宗 10년 11월조.
61 『慶州李氏大同譜』 尙書公派 참조.
62 이은숙, 『민족운동가 아내의 수기』, 17쪽.
63 이규창과 1988년 12월 2일에 가졌던 대담에서 청취.
64 이은숙, 『민족운동가의 아내의 수기』, 17쪽; 社會問題資料研究會, 『思想情勢視察報告集其の二』, 178쪽.
65 이은숙, 『민족운동가 아내의 수기』, 17쪽. 한편 만주 지역으로 망명한 李建榮은 長男이었으므로 얼마 후 국내로 귀국하였다고 한다(이규창과 1988년 12월 2일에 가졌던 대담에서 청취).
66 社會問題資料研究會, 『思想情勢視察報告集其の二』, 179쪽.

[67] 유하현 삼원포 추가가에서 민단적인 성격을 띤 자치기관으로서 경학사耕學社를 조직하였다.[68] 그 목적은 농업을 장려하고 교육을 실시하는 것이었다.[69]이는 독립운동기지 건설의 기초 작업으로서 우선 농업을 발전시켜 재만한인의 경제생활을 풍요롭게 하려는 것이었다. 아울러 민족교육도 실시하고자 하였다. 이러한 목적을 추진하기 위하여 경학사에서는 내무·농무·재무·교무 등 4개 부서를 두었다. 그리고 사장社長에는 이상룡, 농무부장農務部長 장유순, 재무부장 이동녕 등이 활동하였으며, 이회영은 그 중 내무부장을 담당하여[70] 재만한인사회의 행정 및 치안유지에 주력하였던 것이다.

한편 이러한 가운데 만주로의 이주 및 경제 활동 등에 있어서 여러 어려움이 있었다. 이에 이회영은 이상룡과 함께 중국 당국에 한인들의 이주 금지와 중국으로의 귀화 문제 등을 해결해 줄 것을 요청하였다. 이는 다음의 석주 이상룡 행장의 기록을 통하여 짐작해 볼 수 있다.

> 몇 달이 지나서 얼음과 눈이 조금 풀려 통화通化의 영춘원永春源으로 들어갔다. 이동녕과 이시영이 먼저 추가가鄒家街에 와 있다가 맞이해 주었으며, 격일로 찾아와서 일에 대해 서로 의논하였다.
> 이때 한인韓人의 이사하는 수레가 길에서 이어지니 토착인들이 크게 놀라서 서로 와전된 소문을 퍼뜨렸으니, 심지어는 대한大韓의 황자皇子가 경내로 들어왔다는 소문까지 있었다. 이에 청淸 나라의 관리가 각 지역에 엄한 경계를 내렸고, 군대를 보내어서 수비하게 하였으며, 또 가옥을 빌려주는 것을 금하여 사람들 대부분이 노숙하는 처지가 되었다. 이에 이회영李會營과 공의 아우 이봉희李鳳羲를 대표로 뽑아서 봉천성奉天省에 진정하여 한인의 거주를 금하지 말라고 청하였으며, 이어 한인이 중국에 입적入籍할 수 있게 해달라고 간청하였다. 이 외에도 또 통화·회인·안동

67 李相龍, '滿洲記事', 『石洲遺稿』.
68 朴永錫, 「日帝下 在滿韓人의 獨立運動과 民族意識—耕學社의 設立經緯와 그 趣旨를 中心으로—」, 『한민족독립운동사연구』, 일조각, 1982, 186~190쪽.
69 李觀稙, 『友堂李會榮實記』, 156쪽.
70 위와 같음.

安東(현 요녕성 단동) 등의 현縣에다 여관을 설치해서 동지들로 하여금 우리 한인을 맞아들이는 사무를 나누어 맡게 하였다.

드디어 동지들과 머리를 깎고 옷을 바꾸어서 토착인들과 함께 섞였으며, 인하여 개명하기를 상룡相龍이라 하였다. 중국어 강습소를 설치하여 말이 먼저 통하는 자로 하여금 농촌으로 흩어져 가서 현지인과 한인의 친선을 도모하게 하였다. 어떤 이가 서신을 보내어 공이 머리를 깎고 옷을 바꾼 것을 비난하였는데, 공이 답하기를, "머리카락은 작은 몸[小體]이고 옷은 바깥 꾸밈[外章]인데, 일의 형편상 혹 바꿀 수도 있으니, 태백泰伯이 머리를 자르고 형荊 땅으로 도망한 것과 공자孔子가 장보관章甫冠을 쓰고 송宋 나라에 있었던 것이 바로 그 예입니다. 큰일을 하려는 자가 어찌 자잘한 것에 얽매여서야 되겠습니까 …." 하였다.(『국역 석주유고』)

아울러 이회영은 이상룡과 함께 동포들을 위하여 토지매매를 허용해 줄 것을 중국 당국에 청원하였다. 이와 관련된 자료가 중국 요녕성 당안관에서 발견되었다. 그 내용을 전제하면 다음과 같다.

통화현 居民 李會榮, 李啓東(이상룡-필자주) 등이 삼가 동삼성 총독 겸 三省장군 봉천 순무사께 아룁니다.

저희들이 지난 해 겨울 교민이 입적(중국에 입적)한 후이면 우리 백성인 즉 본 大臣은 다른 시각으로(다른 나라 백성으로 차별대우)보지 않는다는 각하의 비답을 받고 각지의 교민들이 해당 縣에 많이 청원하여 이미 입적을 마쳤습니다. 떠돌고 곤핍한 끝에 비로소 안주하여 생활하고자 하나 유하·통화현의 교민 중 집도 없고 토지도 없는 이가 50-60호에 달합니다. 매호가 힘 닿는 대로 약간의 돈을 마련하여 함께 통화현 哈密河 지방에 토지를 사들여 무리를 이루어 생활할 방도를 모색하고자 하여 해당 현에 官契(허가서)를 청원하였은 즉, 현의 관리가 이르기를 현재의 時勢가 바뀌어 비록 입적한 백성의 토지매매일지라도 契卷을 내어 줄 수 없다고 하니 해당 지방의 인민들이 관리의 거동이 도리어 어긋난 것이라고 생각하는 까닭입니다.
무릇 토지와 가옥을 모두 불허하니 농사철이 이미 닥쳐오는 때에 준비된 것이 없어 다 죽게되는 것을 면할 수 없을 것입니다. 교민된 자가 모두 처참한 몰골로 도로에서 방황하는 것을 참는다면 어떤 것인들 가히 참을 수 없겠습니까. 대저 교육과 실업은 국민사실상의 가장 큰 요건이며, 토지 가옥의 매매는 또한 실업 중 최우선 요건인 것입니다. 진실로 이것을 하지 못하면 어찌 가히 국민이라 말할 수 있겠습니까?해당 현의 번후가 정사에 임하면서 서무가 경신되어 칭송하는 소리가 널리 퍼졌으나 오직 우리 교민의 일에는 그 은혜를 널리 펴려고 하지 아니하는 것은 무엇때문입니까? 가령 해당 현이 실로 다른 시각으로(차별대우)본다면 大帥의 따뜻한 비답이 아무 효력이 없을 것입니다.

만약 時勢가 바뀌어 전과 같지 않다고 말한 즉, 우리들 나라 없는 백성은 단지 大淸의 백성일 뿐이요, 中華의 백성은 아니라는 것입니까? 우리들은 炎黃(고대의 신농씨와 黃帝)의 종족입니다. 금일에 신정부의 諸公이 조금치의 구휼조차 끊는다면 시세의 변화가 이미 입적한 백성에게 무슨 상관이 있겠습니까?
만약 인물을 가히 믿을 수 없다고 말한다면,입적하기 전에 마땅히 백방으로 조사하여 이미 입적을 허가한 것인 즉, 그 합격됨을가히 알 수 있는 것이니 어찌 다시 생활상에 곤란을 주는 것입니까?
아! 만주 기천리 지방의 태반이 외구의 침탈하는 바 되어 비교할 수 없는 (무상의)권리를 허락하면서도 중국인이 이를 가슴아파하는 자가 몇사람이나 되는 지우리들은 본적이 없으나 오로지 우리 귀화교민의 (얻고자 하는)자그마한 땅을 애석해 한단 말입니까?
만약 우리들이 즐거이 왜적의 노예가 되었다면 나라가 있었을 것이요. 토지가 있었을 것이요. 재산도 있었을 것입니다. 그런데 이렇게 하지 않고 중국의 백성이 되고자 한 것은 그 마음을 묵묵히 헤아릴 수 있었을 터인데 곤란이 이와 같으니 가히 개탄스럽습니다.
事勢가 급박하여 이에 감히 두려움을 무릅쓰고 다시 간청하오니 우라 현명한 대수께서 이러한 정황을 살피시어 해당 현에 지사하여 해당 현이 조속히 바로잡도록(귀정) 하시어 입적민으로 하여금 똑같이 권리를 향유하여 편안히 농사짓고 안주할 수 있게 하시기를 천만 기원하나이다.

중화민국 원년(1912년) 3월

2) 신흥강습소 설립과 현황

한편 이회영은 경학사 안에 교육기관으로서 신흥강습소를 설치하였다.[71] 교명을 '新興'이라고 한 것은 신민회의 '신'자와 다시 일어난다는 의미에서 '흥'자를 붙인 것으로 신민회의 구국투쟁정신을 계승하려는 것이었다. 그럼에도 불구하고 학교 명칭을 강습소라고 한 것은 중국토착민들의 의혹을 피하기 위해서였다.[72] 그러나 신흥강습소는 사실상 독립군을 양성하기 위한 무관학교였다.

무관학교 설립 과정의 당시 상황도 이상룡의 행장을 통하여도 짐작해 볼 수 있다.

> 이때 중산中山 손문孫文이 무한武漢에서 혁명군을 일으켜 그 성세聲勢를 크게 떨쳤다. 이에 정예를 뽑아 일개 소대小隊를 편성해서 김영선金榮璿에게 통솔해서 유하현柳河縣으로 나아가서 응하게 하였더니, 혁명 정부에서 훈장을 주어 장려 하였다. 얼마 지난 뒤 관동혁명당關東革命黨의 호명신胡名臣이란 자가 공의 이름을 듣고 찾아와서 더불어 의견을 나누고서는 크게 기뻐하였다. 이 일로 인하여 그가 유하현의 현독縣督에게 나아가서 마땅히 한인을 보호해야 한다고 크게 주장하니, 만주인들이 차츰차츰 한인을 믿게 되었고, 봉천성 정부로부터도 우대하는 대답이 있어서 이에 경학사耕學社를 추가가에서 창립하였는데, 사장社長으로 추대되었다.
> 이때 일본의 밀정들이 쫙 깔려 있어서 대단히 위험하기 짝이 없었으므로 대고산大孤山 산중으로 들어가서 노천에서 회의를 열어 그 취지를 설명하였다. 또, 글을 지어 중외에 반포하였는데, 말에 비분강개함이 가득하여, 감격하여 울지 않는 사람이 없었다.
> 각처에 소학당小學堂을 설립하였으며, 합니하哈泥河 강변의 깊숙한 곳에 신흥중학교新興中學校를 설립하고 군사과를 부설하여 몰래 일본 병서를 구입해서 강습하게 하였다.(『국역 석주유고』)

71 이은숙, 『민족운동가 아내의 수기』, 24쪽.
72 원병상, 「신흥무관학교」, 『독립운동사자료집』 제10집, 독립운동사편찬위원회, 1976, 12쪽.

신흥강습소에는 본과와 특별과의 두 과정이 있었는데, 본과는 보통중학 과정으로서 장도순·윤기섭·이규봉李圭鳳과 중국인 모某씨 등이 교사로 활동하였다. 특별과는 군사학을 전수하는 과정이었는데 김창환金昌煥·이관직·이장녕李章寧 등이 그 교육을 담당하였다.[73] 그들은 모두 구한말에 군인으로서 대일항쟁을 전개하였던 인물들이다.[74] 그러므로 학생들은 그들로부터 우수한 군사교육을 받았을 뿐만 아니라 민족의식도 형성할 수 있었다고 보여진다.

한편 신흥강습소의 재정은 이회영의 권유에 따라 그의 형인 이석영에 의하여 거의 대부분 충당되었다. 이관직의 『우당이회영실기』에,

> 그는(이석영) 만주에 살게 된 뒤에도 많은 지사들의 여비를 지급하였고, 이동녕에게는 집과 땅을 사서 기부함으로써 만주 생활을 전담하였다. 그리고 신흥학교 창립시에도 우당선생이 바라는 바에 따라 건축 설립 유지 등 제 비용을 희사하였다. 그가 만일 학교 설립의 자금을 내놓지 않았다면 우당선생의 오랜 소원이던 군관학교도 설립하기 어려웠을 것이다.[75]

라고 있음을 통하여도 알 수 있는 일이다.

1910년대 전반기 신흥강습소의 상황은 미주지역에도 알려지게 되었다. 신한민보 1915년 12월 23일자 〈신흥강습소 정형〉(서간도통신)[76]에서는 이를 다음과 같이 소개하고 있다.

> 신흥강습소는 기원 4244년 곧 우리민족이 서간도 들어오던 초년 신해 6월에 설립

73 이은숙, 『민족운동가 아내의 수기』, 24~25쪽.

74 이관직(『大韓帝國官員履歷書』, 490쪽), 이장녕 · 김창환(李康勳, 『독립운동대사전』, 東亞, 1985, 591~592쪽, 292~293쪽).

75 李觀稙, 『友堂李會榮實記』, 176쪽.

76 1910년대 신흥무관학교 정황은 신한민보 1940년 6월 27일자 〈이동녕사략〉에서도 살펴볼 수 있다. 이 기사에 이동녕, 김창환, 윤기섭, 이시영, 장유순, 김영선, 이회영, 박원근, 이준, 이척, 김동삼, 이진산, 남정섭, 허성산(겸) 등이 언급되고 있다.

하였나니 당초에 이상설, 이동녕, 이회영, 주진수 등이 제씨의 전력으로 된 것이라. 당시 우리동포 10수호가 남부여대하여 봉천성 유하현 추가가에 이주할 때에, 언어불통하고 풍속에 생소한 중본토인의 의심과 구축을 받아 가옥, 전지를 세 얻을 수 없으며, 시량 수화상통에도 임의롭지 못하여 수백명 동포가 형인할 수 없는 곤란에 빠졌도다. 그런고로 곡식싸혼 토굴이나 짐승기르는 울속에서 집을 깔며 소덕석을 덥고 몇십일을 지내였으며, 6,7년 묵은 좁쌀을 얻어 두어달 동안 주림을 면하였으니 인생의 곤고가 여기서 여기서 극동에 이른지라.

백방으로 더항분투하여 점점 뎐접함을 얻은 후에 우선, 자치단체 경학사를 조직하여 장래 발전을 도모하고 이어 신흥강습소를 설립하였나니 이것이 본소의 설립된 처음이라. 이때에는 농가 3간을 빌어 초초히 교수실을 꾸미고 12명의 아동과 청년을 모집하여 소학과 본과(중학정도), 특과(군사전문학) 3과를 가르치며 반년을 지내었으며, 형편이 정돈된 뒤에, 난목실 22간을 새로 건축하고 삼과학생을 다모으니, 40여인이더라. 이렇게 진행하여 오던 중, 1년에 새로 건너오는 동포의 수효가 점점 늘어가매, 신접생활을 미처 정돈하지 못하고, 본토인의 간접 핍박이 더욱 심하여, 자치단체의 발전을 정지하였고, 본소도 또한 폐지되는 비운을 당하였더니, 동고하던 직원 몇 사람이 몸을 뛰쳐나서 구걸로 약간 자본을 만들어 유지할 방침을 변경하던 때에, 소학과는 각동으로 나누어 가르치게 하고, 필요한 특과는 11인의 제1회 졸업생만 뽑고 말았으며, 본과학생 30여인만 교수하여 근근히 1년을 지내오다가 부근 유지인사의 발기로 교육회를 조직하여 본교의 유지할 기초를 돈돈히 세우고 각지방 소학교육을 장려함에 본교의 장래 희망이 크게 있더라.

이후 2개년을 지나 금년 봄에 와서는 현금 정황에 의지하여 본과 연한 4개년을 3개년으로 줄여 제1,2년급은 유년학교 정도에 맞추고, 제3학년급에 전히 군사학습을 가르치는데, 특히 제3년급에는 수개학반을 나누어 직접 입학을 허락하였으며, 금년 하기에 40여명 졸업생을 얻고도, 현금 학생이 60여인이라. 교육회장 이극씨와 강습소장 여준씨는 서간도 교육 사업에 몸을 바쳐 곤고막심한 처지에 자못 낙관을 부친다 하였으며, 그 아래 두어줄 글도 재미동포에게 고하기는 향자에 림요(초?)씨가 거두어보낸 1백원 미화를 가져, 본소의 절박한 사정을 면하였사옵고, 본소를 위하여 이렇게 과념하심을 감사하노라 하였더라.

아울러 위의 기사를 통하여 신흥강습소의 정황과 더불어 교육회 그리고 미주동포와의 연계 및 후원에 대하여도 짐작해 볼 수 있다. 앞으로 미주동포와의 연계 부분을 좀더 밝혀져야 할 부분이 아닌가 추정된다.

한편 일본 첩보기관에서도 신흥강습소에 주목하였다. 이는 1915년 4월에 시행된 『국경지방시찰복명서』〈합니하 신흥학교〉에서 그 일단을 살펴볼수 있다. 특히 추가가에 이어 만들어진 1915년 당시 합니하의 학교 정황을 살펴볼 수 있다는 점에서 귀한 자료가 아닌가 한다.

> 哈泥河는 몽고어 〈하르미호〉의 축약이라고 한다. 보통 〈하미호〉라 일컬어 哈密河의 字를 부치는 일도 있다.
> 신흥학교의 소재지는 통화지방 8리여 小馬鹿溝의 이시영댁의 우측 고지이다. 김창환, 여준, 呂奎亨 등이 교사로 있다. 그 밖에 중국인 교사 1명이 있다. 생도의 현재수는 약 40명, 연령은 18, 19세로부터 24,25세에 이르고 있으며, 청년 중 우수한 청년들만을 모았다. 교과는 지리, 역사, 산술, 理化, 수신, 독서, 한문, 체조, 창가와 중국어 등으로서 특히 중국어에 중점을 두고 있다. 생도는 농사를 짓고, 실업에 힘쓰면서, 또한 학과를 수업하는 방식이다. 교복은 진하고 엷은 황색의 詰襟의 자켓을 입었고, 모자를 썼다.
> 1915년 9월 21일 일행이 방문하였을 때에는 학교 앞의 田地에서 소를 끌고 擔軍을 지고, 粟을 베며, 玉蜀黍를 따는 등 수확에 바빴다. 그 중에는 처와 함께 일하는 사람들도 있었다. 또한 江岸의 돌을 깨어 炕(항) 의 수리를 하려는 자도 있었다. 합니하 渡舟의 사공이 되어 있는 자도 있어다. 그리하여 이들 작업은 모두 制服制帽을 하고, 이와 같이 산간벽지에서 원기와 근면으로서 부지런히 자신의 일에 임하는 태도는 통상 한인들 사이에서는 발견할수 없는 것들이다. 그들 사이의 기개는 실로 사람들에게 깊은 감동을 줄 정도였다.
>
> 일행의 방문에 앞서 鄭씨 성을 가진 보조원을미리 보내어 조사단이 방문하려는 취지를 사전에 알려 주었다. 정보조원은 해가 질무렵에 이씨(이시영?)집에 도착하여 간청하여 1박을 하였다. 그러던 중 생도 20여명이 야밤에 침소에 돌입하여 혹은 차

고, 혹은 찌르며, 욕을 하기를 "너는 무슨 이유로 일본인의 앞잡이가 되었는가? 빨리 무기를 갖고 우리와 함께 행동하라. 우리는 배우고 일하며, 스스로 의식을 해결하고 있다", "너는 돌아가서 일본인의 수족이 되어 사는 것보다는 깨끗이 이곳에서 죽어라, 설사 이곳에서 살아나간다고 하더라도 너의 생명은 長白府를 무사히 통과하지 못할 것이다."고 하며, 마침내 감격에 겨워 울고, 소리치는 사람들이 있었다. 이를 통해 분위기의 일단을 살펴볼수 있다고 생각된다.

위의 기록을 통해 볼 때, 합니하 신흥학교도 이회영, 이시영 등이 주도하였음을 알수 있다. 또한 생도들이 주경야독하는 모습. 특히 그들이 가진 기개와 항일의식의 정도는 충분히 짐작해 볼 수 있다.

일본측은 위의 기록을 통해 볼 때, 신흥무관학교에 대하여 깊은 관심과 우려를 갖고 감시하였음은 분명히 알수 있다. 그러나 조선인을 통한 접근이 간단치 않다는 것 역시 판단하였을 것이다. 이에 서간도 주재 일본영사관에서는 한국어에 능통한 중국인을 통하여 신흥무관학교를 정탐하였던 것이다. 우선 1915년 4월의 만주 통화현 당안자료를 통하여 신흥학교의 현황을 보기로 하자.

1. 통화현서 공문

한교(韓僑) 이호영(李護榮) 등 한교학당학생 운동회개최에 관한 청시 請示보고

중화민국 4년(1915년-필자주) 4월 29일 문건번호 총 416호
경찰사무소에서 제4구 구관의 보고를 현공서에 전해 올림

2. 청시 보고를 올립니다.

중화민국 4년(1915년-필자주) 4월 26일 경찰4구 구관 정경춘(程慶春)이 보고에는 금년 4월 23일 현속 훈양보(訓養保) 한교 이호영, 이규봉(李圭鳳)이 전일 합니하(哈泥河) 사립학당은 모두 한교학생으로서 그중 중학자격 학생은 60여 명이고, 소학자격자는 20여 명 도합 80여 명인데, 교장 여준(呂準)은 금년 6월 2일 즉 을묘년(乙卯年: 1915년 필자주) 4월 20일에 이밀(二密) 횡도하자(橫道河子) 횡호두

(横虎頭) 만구자(灣溝子) 합마하(蛤螞河) 강산(崗山) 이도구(二道溝) 금두화락(金斗伙洛) 유하현 삼원보(三源堡) 등처 한교학당 각 학생들을 소집하여 운동대회를 소집하고자 보호를 간청하였다는 상황을 구(區)에 보고하면서 시행여부에 대한 지시를 청시한다고 하였습니다. 이에 그에게 지시를 기다리라고 명함과 동시에 통화현 공서에 보고를 올리오니 심의하시기 바랍니다.

통화현경찰사무소 소장 강존청(江存淸) (인)

위의 중국 측의 기록은 합니하 신흥학교의 학생수는 초등, 중등으로 나누어 볼 때,각각 20명, 60명임과 여준이 교장임을 보여주고 있다.

앞서 언급한 것처럼(1915년) 중국 측은 직접 합니하를 방문하여 신흥학교에 대하여 조사하기도 하였다. 다음의 자료는 이를 보여주고 있다.

5. 통화현공서 공함 제 호
중화민국년 10월 16일
합니하 한인학당의 근래 동향조사에 대한 비밀보고에 관한 건

령에 쫓아 조사, 확인한 상황을 보고 올립니다.
동변도윤 겸 안동교섭원(東邊道尹兼安東交涉員)의 지시에는 안동주재 일본영사의 서한에 의하면, 조선총독부 평양지방법원 검사가 보낸 정함(正函)에는 현재 통화현 본방(本邦)거민 즉 조선인 의성잔(義成棧) 및 기타 4명에 대한 심문 사항 초본을 보내니 조사처리하기 바란다고 하였다. 이에 본 서류를 교섭서를 통해 현에 전달하였으므로 상세히 조사하여 보고하라고 하였습니다. 본령을 받들어 소장은 본소 행정고원(股員) 두봉명(杜鳳鳴)에게 명하여 조사, 보고하도록 지시하였다.
그의 보고에 의하면 명령에 쫓아 현성의 남관(南關)지방에 내려가 상세히 조사하였는 바, 한인 임필동(林必東)은 확실히 그곳에 의성잔을 개설하고 주숙과 한민들의 래왕을 생리(生理)하고 있었으며, 일찍 중화민국 3년(1914년-필자주) 즉 일본 대정3년(1914년-필자주) 9,10월간에는 한인 강원섭(康元燮), 김영윤(金永胤), 오택의(吳宅儀), 장병훈(張炳勳) 등 4명이 주숙한 적이 없으며 기타 상황도 없었음

(결여)... ... 조사에 의하면 김찬종(金燦鐘) 김봉기(金鳳基)란 사람은 없었습니다. 그리고 유하현지사 공서의 서한에는 경찰사무소 및 각단에서 올린 종합 비밀보고에 의하면, 산하소속 제3보위단 지방에는 현재 한민들이 밤이되면 한곳에 모여 군사체조를 조련하고 있으며 사술(邪術)에 젖어 양철(洋鐵)을 사람과 말, 총기 등 모양으로 잘라놓고 저주하고 있는데 고산가(孤山街) 양철 기름통(貯油桶)은 한인들이 구입하며, 2퇀지방에는 이미 쾌총(快銃)과 동포(銅炮) 등을 운반하여 왔다고 말하고 있었습니다.

그리고 두목은 한인 김파(金波)이며 총기관은 합니하 남쪽의 고려학당에 설치하였는데 때때로 2,3퇀 교련(불명)... 한인 남녀 모두가 농사를 버리고 일하지 않으며 한문서적(韓文書籍) 등을 읽고 있다고 하였습니다. 이에 근거하여 조사하여 보니 한인들은 중화를 존중하여 모신지 이미 천백년이며 일한합병 후 떠돌다가 이곳에 온 자들인데 그들에 대한 거처는 평등하게 대하는 것이 인정을 다하는 것이라고 생각되며 상술한 보고에서 말하는 상황은 조금도 그 움직임이 없었음을 알 수 있었습니다. 그러나 그들의 종지(宗旨)가 무었인지는 아직 명확하지 않으므로 계속 증거를 조사하라고 명령하였습니다. 그리고 총기관이 있는 합니하는 귀측의 관할지방에 있으므로 우리산하 정탐들이 월경하여 탐방하는 것이 불편하며 또한 진상을 밝히기에도 용이하지 않으므로 바라건대, 서류에 기재된 각 내용에 대하여 상세히 조사해주기 바란다고 하였는데 합니하에 한국인 김파가 있는지 없는지, 그리고 고려학당에 이러한 기관을 설치하였는지 또한 이곳 거류한인들이 특별한 거동이 있는지 없는지를 조사하는 것은 외인들이 동난을 음모하는 것으로 이는 국제교섭과 연계되는 중대한 사건임으로 신속히 답복하여 처리할 수 있기를 바란다고 하였습니다.
이에 해당 소장은 적당한 대원을 선발, 파견하여 서류내에 제기된 각 사항들에 대하여 확실히 조사한 후 즉시 회보하라고 명하였습니다. 명을 받고 본소 한어번역원 도종현(陶宗顯)과 6구 경단을 보내어 비밀리에 조사하도록 하였는데 그들이 조사보고한 데 의하면 명을 받고 합니하지방에 가 엄밀한 조사에 착수하여 우선 목창(木廠)을 살펴보았는데 그후 발병이 발생하여 길 걷기가 힘들어 당지의 장가점(張家店)에 주숙하였다 합니다. 장가점은 한인학당에서 불과 강 하나를 사이두고 있었습니다.

라고 하여, 중국측에서 신흥학교를 정탐하고자 함을 짐작해 볼 수 있다. 아울러 이어서 같은 당안자료를 통하여 이호영을 매개로 신흥학교를 직접 방문하여 조사한 내용을 보면 다음과 같다. 이 기록을 통하여 이회영 등 형제의 합니하에서의 현황과 신흥학교 현황 역시 상세히 짐작해 볼수 있을 듯하다.

그날 밤 바로 해당 학당 한인 이호영(李浩永)이 본 점에 와 술을 사고 있었는데 그와 한어(韓語)로 한담하였습니다. 그의 말에 의하면 그는 한국 왕경인씨(韓國王京人氏)이며 현재 나이 33세이며 형제로는 7명이 있는데 일찍부터 이곳에 거주하였다. 큰 형은 집에서 놀고,둘째 형 이영석(李永石이석영-필자 주), 셋 째 형 이철영(李哲榮)은 원래 조선 관원이었으나 지금은 본인과 함께 이곳 학당을 관리하고 있다고 하였습니다.
그리고 번역원은 화인(중국인-필자주)인데 어찌하여 한어에 정통 한가고 물어 이전에 한국에서 오래 동안 장사를 하였다고 답하였습니다. 그런데 오래동안 이야기를 나누었으나 그가 의심을 살가봐 학당의 종지에 대하여서는 문의하지 못하였습니다. 그런데 다행하게도 한인 이호영은 통역원에게 그들 학당을 참관할 것을 요청하였습니다.
이튿날 그곳에 가 모든 것을 상세히 조사하였는데, 학당 교원들은 실로 환영을 표하였습니다. 이곳에는 도합 6間으로 된 초가집(草房) 두 채가 있었는데 한 채는 숙사이고 한채는 강당이었으며 학생은 도합 63명이었습니다. 그들이 읽고 있는 서적들을 검열해보니 모두 중한(中韓) 각국의 역사 및 지리에 관한 것이었는데 대부분 漢文書籍이었고 韓語로 된 서적 한권이 있었으나 역시 한인역사에 관한 것이었습니다. 다른 상황은 발견하지 못하였습니다.

그리하여 한인 이호영에게 장래 학생들이 졸업한 후 어떤 활동을 하느냐고 문의하자 그는 그들은 망국의 눈물을 머금고 이곳에 피난하여 왔으므로 자제들에게 흥망의 역사를 가르쳐 알릴뿐 각자는 여전히 나름대로 생계를 도모할 것이며 다른 의사는 없다고 하였습니다. 그리고 통역이 현재 통화에는 일본영사관이 설치되어 있어,무릇 한민이라면 금후 통일적인 보호를 받을수있을 것임을 알려주자 그는 영사관이 설치되던 말던 자신들과는 아무런 관계가 없다고 말하나 기색을 보아서는 매우 분노해하는 것 같았습니다.
또한 해당 학당에는 교수와 학생을 제외하고 별도로 한인장정들을 모집하여 문묵(文墨)을 연습하고 있었는데 이를 가르켜 그들은 노동이라고 하였으며 개학전 농망기여서 해산시켰다가 현재 다시 모집하려 하는데 좀 수상한 곳이 있었습니다. 해당 학당을 상세히 조사하여 보니 김파(金波)란 사람은 없었으며 양철을 훔쳐 사람과 말 모양으로 만들지 않았고 암암리에 사술(邪術)을 연습한 일도 없었습니다. 이곳이 필경 총기관인지 아닌지는 증거가 없기에 아직 확정하기 어려우나 본 사건이 중대함으로 재차 부근에서 이상이 없는지를 비밀리에 조사하였습니다. 그리고 제6구 구관 왕복순(王福順) 역시 상술한 내용과 같은 보고를 올렸습니다. 이에 계속 상세히 조사할 것을 명하였으며 제6단에서 보고가 올리오기를 기다려 별도로 보고올리는 외 먼저 상술한 내용을 비밀리에 보고 올리오니 감독께서 심의하시기 바랍니다.

통화현 감독 번님께 삼가 올립니다.
통화현 경찰소장 강존청(인)

한편 이회영 등이 추진한 독립운동기지의 건설 계획은 뜻대로 잘 실현되지는 않았다. 1911년 가을에 큰 흉년이 들어 경학사가 해체되게 되었던 것이다.[77] 하지만 이회영 등은 1912년에 다시 풍년이 들자 동년 가을 새로운 한인 자치기구인 부민단扶民團을 조직하였다. 이 단체의 설립 목적도 역시 경학사의 그것과 동일한 것이었다.[78] 다만 그 본부가 경학사의 경우 유하현 삼원포 추가가에 있었던 데 반하여 부민단은 통화현 합니하에 설치되었음에 차이가 있을 뿐이다.[79] 그런데 그것은 전자에 비하여 후자가 독립운동기지로서는 더욱 적합하다는 판단에 의해서였다. 추가가는 지리적으로 교통이 편리하여 사람의 왕래가 잦아 일제에 쉽게 발각될 염려가 있는 데 반하여,[80] 합니하는 지리적으로 고립되어 이러한 약점을 보완할 수 있었기 때문이다.[81]

이회영은 이처럼 유리한 독립운동기지를 마련하는 등 지속적인 독립운동의

77 채근식, 『무장독립운동비사』, 49쪽.
78 위와 같음.
79 원병상, 「신흥무관학교」, 13쪽.
80 金承學, 『한국독립사』, 독립문화사, 1965, 351쪽.
81 원병상, 「신흥무관학교」, 『독립운동사자료집』 제10집, 14쪽.

전개를 꾀하였다. 그러나 이회영의 부민단에서의 활동은 일제의 방해로 점점 어려워지게 되었다. 일제가 이회영과 이동녕·이시영·장유순·김형선金瀅璇 등을 암살 또는 체포하기 위하여 형사대를 비밀리에 파견하였기 때문이었다.[82] 이 정보를 입수한 이회영은 일제의 관심이 만주에 집중된 틈을 이용하여 1913년 정월 초순에[83] 국내에 잠입, 군자금의 모집 활동을 전개하였다.[84] 이로써 이회영의 신흥무관학교에 대한 직접적인 활동은 사실상 끝을 맺게 된다.

한편 이회영은 1918년에는 고종을 국외로 망명시켜 고종을 정점으로 독립운동을 전개하려는 계획을 세우기도 하였으나 고종의 사망으로 이 계획은 실패로 돌아가고 말았다.[85]

4. 무정부주의운동

1) 무정부주의의 수용

이회영은 국내 동지들과 3·1운동 계획을 거의 확정짓고[86] 1919년 2월 중순 북경으로 갔다.[87] 그것은 해외에서 활동하고 있는 동지들에게 그 계획을 알리고 3·1운동 이후의 사태에 대하여 만반의 준비를 갖추기 위해서였다.[88]

그런데 이후 북경[89] 및 상해 등지에서 활동하던 그는 1923년 9월경 이정규를 만나게 되었고 이를 계기로 무정부주의 사상에 접하게 되었다. 이정규는 당시

82 李丁奎, 『友堂李會榮略傳』, 50~51쪽.
83 李恩淑, 『민족운동가 아내의 수기』, 26쪽.
84 李觀植, 『友堂李會榮實記』, 159~160쪽.
85 위의 책, 169~171쪽.
86 위의 책, 169쪽.
87 李丁奎, 『友堂李會榮略傳』, 56쪽.
88 위와 같음.
89 이회영의 북경생활에 대하여는 최기영의 연구가 있다. 최기영, 「이회영의 북경 생활: 1919~1925」, 『중국관내 한국독립운동가의 삶과 투쟁』, 일조각, 2015.

의 상황에 대하여『우당이회영약전』에서,

> 1923년 9월에 선생의 사상이 확정되는 계기가 왔는데, 그것은 이른바 '이상농촌 洋濤村 건설계획' 이었다. 양도촌은 중국 好男省漢水縣의 洞庭湖 가에 있는 농촌이었는데, 이 양도촌을 중심으로 광대한 농토를 가진 무정부주의자인 중국인 청년 周씨가 있었다. 그런데 이 주씨가 자기의 동지이며 동향인인 陳偉器와 사의하여 이상 농촌을 만들려는 계획을 세웠다. (中略) 이정규도 그들의 계획에는 이의가 없었으나 많은 수의 이민을 데려온다는 것이 과연 가능할 것인가가 문제였다. 그래서 이정규는 이민과 농지 개척의 경험담을 들으려고 선생을 방문하였다.(中略)
> 선생과 이정규는 특별한 친교가 있지도 않았으면 그저 몇 차례의 면식이 있었을 뿐이었다. 그런데 선생은 매우 흥미있게 이 계획을 들었으며, 간단히 대답할 수 있는 일이 아니니 좀더 깊이 생각해 보자고 하였다. 그리고 무정부주의에 대한 이야기를 물어서 오랜 시간 동한 문답을 하게 되었다. 이것이 선생으로서는 무정부주의 사상의 내용을 들어보는 첫 번째 기회였다. 이때는 마침 선생이 사상적인 진로 모색을 하던 때였으므로 이정규와의 대하는 선생에게 큰 충동을 주었다. 그래서 이 양도촌의 이상 농촌 문제 외에도 선생이 부심하고 있던 새 한국의 건설에 관한 의견을 교환하기 위하여 매일같이 두 사람은 만나게 되었다.[90]

라고 하고 있듯이, 자신이 이회영에게 무정부주의 사상을 전하여 주었음을 밝히고 있다.

그런데 이정규는『동아일보』에 '무정부주의연맹의 필봉筆鋒'[91]으로 소개될 정도로 무정부주의 이론에 정통한 인물이었다.[92] 따라서 이회영은 이정규를 통

90 李丁奎,『友堂李會榮略傳』, 77~79쪽.

91『東亞日報』, 1929년 2월 16일자.

92 이정규는 1922년에 중국의 대표적인 무정부주의자인 李石會·蔡元培 등의 호의로 北京大學 經濟學科 2학년에 편입하여 무정부주의 사상의 연구에 몰입하였다(李丁奎,『又觀文存』증보판, 三和印刷出版部, 1984, 3~4쪽). 그리고 1923년에는 北京大學교수인 魯迅과 교류하였다(『魯迅日記』, 1923년 3월 18일자). 1926년에는 영국 런던에 있는 Freedom press의 사상 시리즈인 크로포트킨 Kropotkin Peter Alekseevich의 저서인『法律과 强權』Law and Authority 등 10여 편의 소책자를 번역하기도 하였다(李丁奎,『又觀文存』, 4쪽, 11~12쪽).

하여 무정부주의 이론에 대하여 많은 것을 배우게 되었을 것이다. 그 결과 무정부주의 사상이 자신이 추구하고자 하는 운동방향과 동일한 것임을 깨닫게 되었다. 이 점은 그가 1926년에 독립운동가 김종진金宗鎭과 가진 대담에서,

> 내가 의식적으로 무정부주의자가 되었다거나 무정부주의로 轉換하였다고는 생각할 수 없으며 다만 韓國의 獨立을 위하여 생각하고 實現하고자 努力하는 나의 그 思考와 方策이 現代的인 思想的 見地에서 볼 때 無政府主義者들이 主張하는 것과 相通되니까 그럴 뿐이지,「覺今是而昨非式」으로 本來는 딴 것이었던 내가 새로이 方向을 바꾸어 無政府主義者가 된 것은 아니다.[93]

라고 한데에도 잘 나타나 있다.

그 결과 이회영은 1923년 말에 이르러서는 무정부주의 사상을 적극 수용하게 되었다. 이정규의 『우당리회영약전』에,

> 1923년 말에 이르러서느 선생 자신도 무정부주의라는 자유연합의 이상과 그 조직의 이론으로서 새 한국을 건설하여야 한다고 주장하게 되었다. 이때부터 선생과 申采浩는 스스로가 무정부주의자임을 自任하였으며 진정한 독립운동은 무정부주의 운동이라고 항상 말하였다.[94]

라고 하듯이, 이회영은 진정한 독립운동은 무정부주의 운동이라고 생각하고 1923년 말에는 스스로 자신이 무정부주의자임을 자처하게 되었다.

이와 같이 구한말과 1910년대에는 민족주의 운동을 전개하였던 이회영이, 이때에 이르러 그 사상과는 성격을 달리하는 무정부주의 사상을 수용하게 된 이유는 무엇일까.

---

93 李乙奎, 『是也金宗鎭先生傳』, 1963, 42쪽.
94 李丁奎, 『友堂李會榮略傳』, 79쪽.

우선 이회영이 당시 국내외에서 민족진영의 의하여 추진되었던 독립운동에 대하여 불만을 느끼고 있었다는 점이 주목된다. 무엇보다도 이회영은 1910년대에 조직된 많은 독립운동 단체들이 이합집산을 거듭하였고 그들 사이에 알력과 마찰이 심하여 효과적인 대일투쟁을 하지 못하고 있다고 판단하였다. 그리고 이러한 현상은 바로 기본 이론이나 정책이 확립되어 있지 않은 채로 맹목적인 단결과 통일만을 내세우기 때문이라고 생각하였다. 따라서 그는 새로운 이론을 수립할 필요성을 절감하고 있었던 것이다.[95]

또한 이회영은 민족진영에서 3·1운동 이후 독립운동의 구심체로서 정부라는 조직 형태를 만들고자 하는 데 반대하였다.[96] 그는 효과적인 독립운동을 전개하기 위해서는 혁명당 본부 또는 독립운동 본부 등 정부와는 성질이 다른 기관을 만들어야 한다고 생각하였다. 말하자면 그는 정부는 행정조직이므로 실제 혁명운동을 전개하는데 있어서는 그다지 효율적이지 못하며 나아가 정부라는 명칭으로 인하여 도리어 지위와 권력을 다투는 분규가 끊이지 않게 될 것이라고 판단하였던 것이다.[97] 이에 따라 당시 임시의정원 의원이었던 이회영은 1919년 4월에 임시헌법을 기초하게 되었을 때, 독립운동의 주도 단체를 정부 형태로 만드는 데에 적극 반대하였다.[98] 그러나 결국 그의 의견은 수용되지 않았고 그는 상해 임시 정부와 멀어지게 되었다.[99]

한편, 이회영은 민족주의 이론자체에 대하여도 회의를 느끼고 있었던 것으로 생각된다. 그는 다른 민족운동가들과 마찬가지로 구한말부터 1910년대까지 사회진화론에 입각하여 조선의 부국강병을 바탕으로 민족 독립을 추구하

95 위의 책, 71~72쪽.
96 위의 책, 61쪽.
97 위의 책, 61~62쪽.
98 위의 책, 61~62쪽 및 국회도서관, 『한국민족운동사료』 중국편, 1976, 33쪽, 36~37쪽.
99 그리하여 이회영은 1919년 5월 중순에 북경으로 이동하였다(李丁奎, 『友堂李會榮略傳』, 63쪽).

였다.[100] 이는 그가 신민회·경학사·부민단·신흥강습소 등의 단체에서 활동하였던 점을 통하여 잘 알 수 있다. 그러나 국내외 활동에서 민중에 중요성을 깨달은 이회영에게는[101] 사회진화론에 기초한 민족주의는 시민층 민중을 포용하기에는 폭이 좁다고 여겼을 법하다. 왜냐하면 사실 사회진화론은 본질적으로 강자의 이론이며 세계사적으로는 부와 권력을 장악한 시민층을 옹호하는 이론이었기 때문이다.[102]

결국 이회영은 민족주의 운동 및 그 이론에 대한 불만으로 말미암아 새로운 사상에 관심을 기울이게 되었다고 보여진다. 더욱이 한민족이 기대를 했던 파리강화회의가 침략주의 열강의 거래장이 되고,[103] 1921년 11월에 워싱톤에서 개최된 태평양회의 역시 그렇게 되자,[104] 이회영은 소련에 대하여 기대를 가지게 되었다. 당시 소련은 약소 민족의 해방을 위해 식민지나 반식민지에 살고 있는 민족의 독립운동을 적극 지원하겠다는 입장을 표명하고 있었기 때문이다.[105]

또한 조선인 공산주의자 측에서도 이회영을 입당시키고자 적극 노력하였다. 이에 따라 그는 공산주의에도 깊은 관심을 갖게 되었다. 그러나 곧 소련의 현실을 알게 된 그는 공산주의 사상 역시 민족운동의 올바른 노선은 아니라고 생각하게 되었다.[106] 즉 이회영은 1920년에 서유럽과 러시아를 시찰하고 북경에 도착한 조소앙趙素昂을[107] 통하여 소련의 실상에 대하여 알게 되었다.[108] 그

---

100 李光麟, 「舊韓末 進化論의 受容과 그 影響」, 『韓國開化思想研究』, 一潮閣, 1981년, 257~266쪽.
101 李丁奎, 『友堂李會榮略傳』, 57~58쪽.
102 민족주의자에서 무정부주의자가 된 申采浩의 경우를 통하여 이를 짐작해 볼 수 있다(愼鏞廈, 「申采浩의 無政府主義 獨立思想」, 『韓國開化思想研究』, 한길사, 1984, 290쪽).
103 독립운동사편찬위원회, 『독립운동사』 4, 1972, 329~332쪽.
104 李炫熙, 『大韓民國臨時政府史』, 集文堂, 1982, 142~174쪽.
105 서대숙, 『한국공산주의운동사연구』, 禾多, 1985, 26~36쪽.
106 李丁奎, 『友堂李會榮略傳』, 68~69쪽.
107 趙素昂, 『素昂先生文集』下, 三均學會, 1979, 491쪽.
108 李丁奎, 『友堂李會榮略傳』, 69~70쪽.

결과 이회영은 소련의 정치는 냉혹하고 무자비한 독재정치라고 인식하게 되었다. 아울러 독재정치가 만인에게 빈부의 차이가 없는 균등한 생활을 보장해 줄 수는 있을지는 모르나 자유가 없는 인간 생활이 가능할 것인가에 대하여는 회의를 느끼게 되었다.[109]

이와 같은 공산주의 사회의 실상에 대한 회의에도 불구하고, 이회영은 공산주의자들이 제국주의에 대항하는 보다 체계적인 이론을 정립하고 있다는 사실에 비로소 자신이 갖고 있는 독립운동에 대한 이론이 단순하다는 사실을 깨닫게 되었다. 따라서 그는 자신의 견해와 이론을 재정립하려고 노력하게 되었던 것이다.[110] 그 결과 이회영은 무정부주의 사상을 수용하게 되었다.

2) 재중국조선무정부주의자연맹과 재중국조선무정부공산주의자연맹의 결성

이회영은 1924년 4월 북경에서 재중국조선무정부주의자연맹을 결성하였다.[111] 이 연맹의 결성 이유에 대하여 여기에 참여했던 정현섭은 『이 조국은 어디로 갈 것인가』에서

> 1924년 4월 우리 여섯 사람은 재중국조선무정부주의자연맹을 창립하기로 합의했다. 우리의 독립운동을 당시의 이론적 기반을 가진 사상적 토대위에서 추진함으로써 세계적인 호응을 얻기 위함이요 관동대진재(1923. 9. 1)에서의 일제의 만행에 대한 보복적 심리에서이다.[112]

라고 하여, 세계적인 호응하에 독립운동을 전개함은 물론 관동대지진 때에 일제가 조선인을 학살한 만행에 대하여 보복을 하기 위한 것이라고 밝히고 있다.

---

109 위와 같음.
110 위의 책, 74쪽.
111 무정부주의운동사편찬위원회, 『한국아나키즘운동사』, 형설출판사, 1978, 288쪽.
112 鄭華岩, 『이 조국 어디로 갈 것인가』, 62~63쪽.

이때 이회영과 함께 이 단체에서 무정부주의 활동을 전개했던 인물로는 이정규·이을규李乙奎·백정기白貞基·유자명柳子明·정현섭 등이 있다.[113] 이들은 당시 중국에서 활동했던 대표적인 무정부주의자들이었다.[114]

재중국조선무정부주의자연맹에서는 『정의공보正義公報』라는 기관지를 석판石版 순간旬刊으로 발행하였다. 그것은 이회영이 자금을 주선해 줌으로써 비로소 가능한 것이었다.[115] 그런데 이 기관지를 간행하게 된 계기는 정현섭이,

> 池명대라는 경상도 사람이 우리와 같이 상해에 있다가 미국으로 갔는데 그를 중심으로 몇몇 사람들이 『흑선풍』이라는 우리말 잡지를 내면서 다소 아나키즘적 사상운동을 했지. 그 일이 통신에 보도된 것을 읽었다. 여기에 자극받아 우리도 조직을 만들고 소책자 기관지를 내보자고 얘기하게 되었지요.[116]

라고 하였듯이, 지명대가 미국에서 『흑선풍』이라는 우리말 아나키즘 계통의 잡지를 발행한 데 자극을 받아 이루어진 것이었다. 즉 이회영 등은 무정부주의 사상을 효과적으로 선전하기 위해서는 잡지에 간행이 필요하다고 느꼈던 것이다.

실제로 『정의공보』의 내용을 보면 자유연합의 조직 원리에 따라 모든 독립운동단체들이 총력을 결집할 것을 호소하고 있다. 아울러 프롤레타리아의 독재를 표방한 볼셰비키혁명이론을 냉혹하게 비판하고 있다. 또한 민족주의 진영내의 파벌주의적 경향을 규탄하기도 하였다. 그리하여 『정의공보』는 횟수를 거듭할수록 모든 이에게 새로운 자극을 주게 되었다.[117] 특히 공산주의에 대한

---

113 金學俊 편집해설·李庭植 면담, 『혁명가들의 항일회상』, 民音社, 1988, 274쪽.
114 무정부주의운동사편찬위원회, 『한국아나키즘운동사』, 289~293쪽.
115 李丁奎, 『友堂李會榮略傳』, 80~81쪽.
116 金學俊 편집해설·李庭植 면담, 『혁명가들의 항일회상』, 274쪽.
117 鄭華岩, 『이 조국 어디로 갈 것인가』, 62~63쪽.

비판과 당시 해외독립운동선상에서 문제시되고 있던 흥사단의 무실역행론의 부작용[118] 및 1923년 1월에 개최된 국민대표 회의에 대한 비판 등을 통해서 그러하였다.[119]

이처럼 기관지를 발행하는 등 활발한 활동을 보이던 재중국조선무정부주의자연맹은 자금난과 구성원들의 생활난으로 말미암아 그 활동이 위축되었다. 그리하여 이회영·이정규 등은 각각 분산하여 활동을 전개하는 것이 보다 효과적인 투쟁 방략이라고 생각하게 되었다. 그 결과 이정규·이을규·백정기 등은 1924년 9월에, 정현섭은 10월에 상해로 활동무대를 옮겼으며, 유자명과 이회영은 북경에 그대로 남아 있기로 하였다.[120] 이회영은 북경에서 국내와의 연락을 책임맡은 한편 자금 공작을 담당하기로 하였다.[121]

그런데 이회영 등 무정부주의자들은 1928년 2월(3월)에 상해의 프랑스조계 이해로李海路 화광병원華光病院에서 재중국조선무정부공산주의자연맹을 조직하여[122] 다시 단체활동을 전개하였다. 그것은 1927년에 국내에서 신간회가 조직되어 좌우합작운동이 시작되자 이에 효과적으로 대응하기 위한 것이었다.[123] 이때 이회영과 함께 활동한 인물들은 1924년에 재중국조선무정부주의자연맹에서 활동한 이을규·이정규·정현섭 등과 중국에서 활동하던 무정부주의자인 유기석柳基石·한일원韓一元·윤호연尹浩然·안공근安恭根 등이었다.[124]

이회영 등이 조직한 재중국조선무정부공산주의자연맹에서는 단체의 명칭

---

118 흥사단의 무실역행론이 시비거리가 된 것은 1921년 이래로 독립운동전선에서 이탈하고적에 투항하는 자들이 가뜩이나 속출하고 있는데, 이때 무실역행론이 나타나 그들에게 구실과 기회를 제공하는 부작용이 생겼기 때문이었다(李丁奎, 『友堂李會榮略傳』, 80~81쪽).

119 李丁奎, 『友堂李會榮略傳』, 80~81쪽.

120 鄭華岩, 『이 조국 어디로 갈 것인가』, 63쪽.

121 李丁奎, 『友堂李會榮略傳』, 81쪽.

122 金正柱, 『朝鮮統治史料』 10, 한국사료연구소, 1971, 870쪽.

123 졸고, 「1920년대 在中韓國人의 無政府主義運動과 『奪還』의 刊行」, 『한국학보』 52, 1988, 102~105쪽.

124 金正柱, 『朝鮮統治史料』 10, 870쪽.

에서도 표방하고 있듯이 무정부공산주의 사회를 추구하고 있었다. 이것은 재중국조선무정부주의자연맹에서 추구했던 무정부주의사회의 건설을 보다 구체적으로 심화 발전시킨 것이 아닌가 여겨진다. 즉 재중국조선무정부공산주의자연맹에서는 현재의 사회를 근본적으로 파괴하고 자유·평등·우애에 기초한 능력에 따라 생산하고 수요에 따라 소비하는 새로운 무정부공산주의 사회를 한국에 건설하고자 하였던 것이다.[125] 아울러 재중국조선무정부공산주의자연맹에서는 자유연합의 기본 원리인 국민의 자발적이고 자유로운 의사에 입각하여 모든 조직을 구성하려하였다. 그리고 이에 기초하지 않은 모든 정치활동·국가·집권적 조직·사유재산제도·종교·결혼제도·가족제도 등은 폐지 또는 소멸시키고자 하였다. 그리고 부정부공산주의 사회의 실현을 위하여 직접 선전과 폭력적 직접 행동 등을 주장하였다.[126]

한편 재중국조선무정부공산주의자연맹에서는 1928년 6월부터 『탈환奪還』이라는 기관지를 몇 십부씩[127] 발행하였다.[128] 이때 이회영은 『탈환』의 편집위원으로서 이정규·이을규·정현섭·유기석 등과 함께 활동하였다.[129] 그런데 이회영 등은 『탈환』에서 마르크스의 공산주의가 자본을 정부로 집중시키는 어용적 강권적 공산주의라고 비판하였다. 그리고 참다운 공산주의는 정부가 없는 생산단체 자치의 무정부공산주의라고 주장하였다. 아울러 무정부공산주의의 원리에 기초하여 자본주의 국가인 일제로부터 조선을 탈환하여 조선 민중에게 돌려야 한다고 강조하였다. 아울러 민족주의자들의 대해서도 비판을 가하였다.[130] 즉 민족주의자들은 봉건적 자본주의 사상을 갖고 있는 자들로서 일

125 『奪還』 창간호 중간, 「在中國朝鮮無政府主義者聯盟綱領草案」.
126 위와 같음.
127 金學俊 편집해설·李庭植 면담, 『혁명가들의 항일회상』, 275쪽.
128 졸고, 「1920년대 在中韓國人의 無政府主義運動과 『奪還』의 刊行」, 103쪽.
129 앞의 논문, 106~108쪽.
130 『奪還』 창간호, 「奪還의 主張」.

부는 공산주의자들의 위세에 공포감을 느껴 위축되는 일면 일부는 이에 현혹되어 아첨하려는 경향이 있다고 주장하였다.[131]

그런데 이회영 등은 무정부공산주의 사회의 실현을 위하여 민중직접혁명론과 무정부공단주의無政府工團主義 syndicalism를 동시에 추구하였다.[132] 민중직접혁명론은 『탈환』의 창간호 중간(1928. 6. 15)에 실려있는 「革命原理와 奪還」에

> 모든 被奪當한 大衆이 自由로 自發的으로 團結하야 가지고 奪還을 시작하여야 겠다. 이것을 크로포트킨 氏는 麪包略取라고 하였다. 萬一 이러한 奪還을 集權的組織을 가지고 指揮하야 實行할 것이면 그것은 絕對로 할 수 업슬 뿐안이라 할 수 잇다면 그 結果는 참 奪還이 되지 못하고 究竟 녯 搾取者 녯 壓迫者를 代身하야 한 새 놈이 생길 뿐이다.

라고 있듯이, 대중이 자유로 자발적으로 단결하여 혁명을 이루는 것이다. 그리고 무정부공단주의는 민중직접혁명론이 조직을 거부하는 것과는 달리 대중적 노동조합이라는 조직을 만들어 총파업 등 경제적 직접 투쟁을 행하는 것을 말한다.[133] 요컨대 이회영은 해방 후 건설할 사회로서 무정부공산주의 사회를 추구했으며, 그 수단으로서 민중직접혁명론과 무정부공단주의를 채택하고 있었다고 할 수 있다.

한편 1928년 6월 남경南京에서[134] 한국·중국·대만·월남·인도·필리핀 등 7개 민족[135] 대표 120명이[136] 모여 동방무정부주의자연맹東方無政府主義者聯盟을 조직

131 『奪還』 창간호 중간, 「在中國朝鮮無政府共産主義者聯盟發起文」.
132 졸고, 「1920년대 在中韓國人의 無政府主義運動과 『奪還』의 刊行」, 114~117쪽.
133 조지 우드코크 著·河岐洛 譯, 『아나키즘—自主人의 思想과 運動의 歷史—思想篇』, 螢雪出版社, 1978, 88쪽.
134 鄭華岩, 『이 조국 어디로 갈 것인가』, 93~94쪽.
135 金正柱, 『朝鮮統治史料』 10, 870쪽.
136 金學俊 편집해설·李庭植 면담, 『혁명가들의 항일회상』, 278~279쪽.

하였다.[137] 이 연맹에 이회영은 '한국의 독립운동과 무정부주의운동'이라는 제목의 글을 보내었다. 그 내용은 한국에서의 진정한 해방운동, 즉 무정부주의 운동은 곧 독립운동이란 것이었다. 또한 이회영은 동방무정부주의자연맹이 한국의 독립운동을 지지해 줄 것과 각국의 동지들이 계속적으로 성원해 줄 것을 호소하기도 하였다. 이러한 이회영의 논문은 동방무정부주의자연맹에서 하나의 결의안으로 채택되기에 이르렀다.[138] 아울러 동방무정부주의자연맹에서는 기관지로서『東方』을 간행하였는데, 이회영의 묵란黑蘭 한폭이 그 창간호를 장식하고 있다.[139]

3) 남화한인청연연맹과 항일구국연맹의 조직

이회영은 1931년 남화한인청년연맹이라는 무정부주의 단체에 가입하여 활동하였다.[140] 이 단체는 1931년 9월경에 정화암·이회영·유자명·유기석·정해리鄭海里·장도선張道善 등 무정부주의자들이 상해 프랑스조계에서 회합을 갖고 조직한 단체로서[141] 강령에,

一. 我等의 一切 組織은 自由聯合의 原理에 기초함
一. 一切의 정치적 운동과 勞動組合 至上運動을 否認함
一. 私有財産制度를 否認함
一. 僞道德的 宗教와 家族制度를 否認함

137 金正柱,『朝鮮統治史料』10, 870쪽. 한편 鄭華岩의『이 조국 어디로 갈 것인가』, 93~94쪽에는 동방무정부주의자연맹이 1928년 5월에 조선·중국·일본·대만·안남·인도 등이, 李丁奎의『友堂李會榮略傳』, 96쪽에는 1928년 7월에 조선·중국·필리핀·대만·일본·안남 등이 참가한 가운데 조직되었다고 하고 있다.

138 李丁奎,『友堂李會榮略傳』, 96쪽.

139 위의 책, 96~97쪽.

140 鄭華岩,『이 조국 어디로 갈 것인가』, 134쪽.

141 남화한인청년연맹의 조직 시기에 대하여『思想彙報』제5호(1935. 12), 111쪽에는 1931년에 滿洲事變이 발발함과 함께 조직되었다고 한다.

一. 我等 絕對自由平等의 理想的 新社會를 建設할 일[142]

라고 있듯이, 자유연합의 원리에 기초한 무정부주의 사회의 건설을 목표로 하고 있었다. 즉 이회영은 일본제국주의 지배하에 있는 조선 민중을, 진실로 해방시키기 위해서는 무정부주의 혁명에 의해서 자본주의 사회의 모든 기구를 근본적으로 파괴하여야 한다고 생각하였던 것 같다. 그리고 일체의 권력과 사유재산을 부인하고 상호부조相互扶助의 자유연합의 정신에 기초해서 정치적·경제적인 만민 평등의 사회를 이루고자 하였다.[143] 이 남화한인연맹에서 이회영과 함께 활동했던 대표적인 인물로는 박기성朴基成·이용준李容俊·유자명·백정기·정현섭 등을 들 수 있다.[144]

이회영이 남화한인연맹에서 활동하던 1931년 11월 상순에[145] 동방무정부주의자연맹의 간부인 중국인 왕아초王亞樵와 화균실華均實 등이[146] 이회영과 백정기·정현섭 등을 찾아와 무력해진 동방무정부주의자연맹에 대신할 조직을 만들 것을 제의하였다.[147] 이어 동년 11월 중순[148] 상해 프랑스 조계에서 연석회의를 열고 항일구국연맹을 결성하기에 이르렀다.[149] 이때 한국에서는 이회영·정현섭·백정기 등 7명과, 중국측에서는 왕아초·화균실 등 7명, 일본측에서는

142 朝鮮總督府 高等法院檢事局思想部, 『思想彙報』 5, 112쪽.

143 위와 같음.

144 그밖에 남화한인청년연맹에서 활동한 인물로는 鄭海里·金光洲·劉山芳·羅月漢·朱烈·李何有·李達·張道善·許烈秋·李康勳·嚴亨淳 등이다(『思想彙報』 5, 111쪽; 金正柱, 『朝鮮統治史料』 10, 870~871쪽; 『이 조국 어디로 갈 것인가』, 134쪽; 『友堂李會榮略傳』, 104쪽; 『혁명가들의 항일회상』, 317쪽; 류자명, 『나의 회억』, 료녕인민출판사, 1983, 121쪽; 李康勳,『抗日獨立運動史』, 正音文庫 20, 正音社, 1974, 200~203쪽; 社會問題資料硏究所, 『思想情勢視察報告集其の三』, 448~449쪽).

145 金學俊 편집해설·李庭植 면담, 『혁명가들의 항일회상』, 319쪽.

146 李丁奎의 『友堂李會榮略傳』, 105쪽에서는 왕아초와 화균실이 왔다고 하고, 『朝鮮統治史料』 10, 871쪽에서는 왕아초와 고문인 화균실이 왔다고 한다.

147 金正柱, 『朝鮮統治史料』 10, 871쪽 및 鄭華岩, 『이 조국 어디로 갈 것인가』, 134쪽.

148 金正柱, 『朝鮮統治史料』 10, 871쪽.

149 鄭華岩, 『이 조국 어디로 갈 것인가』, 134쪽.

전화민田華民(伊藤)등이 참석하였다.[150]

이렇게 조직된 항일구국연맹에서는 선전·연락·행동·기획·재정 등의 5부를 두고 각 부에 위원 약간명을 두기로 하였다. 당시 이회영은 기획위원으로 활동하였다.[151]

이회영은 항일구국연맹에서 다음과 같은 활동 계획을 수립하였다.

1. 적 군경 기관 및 수용 기관의 조사 파괴, 적요인의 암살, 중국친일분자의 숙청.
2. 중국 각지의 배일 선전을 위한 각 문화 기관의 동원 계획 수립.
3. 이상에 관한 인원 및 경비의 구체적인 설계.[152]

그리고 이의 실행을 위해 동년 11월 중순 프랑스 조계 浦石路 桂洛里, 당시의 백정기 주거지에서 소위 흑색공포단黑色恐怖團이라고 불리우는 행동대를 조직하였다.[153] 행동대원들은 이회영·정현섭 등의 지휘에 따라 1932년 1월에 군수물자와 일본군을 싣고 천진天津의 일청기선부두日淸氣船埠頭에 입항한 만톤급의 기선에 폭탄을 던져 선체를 파괴하는 등 활발한 활동을 전개하였다.[154]

그러나 항일구국연맹의 활동은 1932년에 이르러 점차 위축되었다. 그것은 중국측의 중심인물로서 이 단체에 자금과 무기를 제공하던 왕아초가 더 이상 지원하지 않았기 때문이었다.[155] 이렇게 됨으로써 항일구국연맹은 사실상 와해된 것으로 보인다.[156]

150 金正柱, 『朝鮮統治史料』 10, 871쪽.
151 李丁奎, 『友堂李會榮略傳』, 105쪽.
152 위의 책, 106쪽.
153 金正柱, 『朝鮮統治史料』 10, 871~872쪽 및 『思想彙報』 5, 111쪽.
154 鄭華岩, 『이 조국 어디로 갈 것인가』, 134~135쪽.
155 李丁奎, 『友堂李會榮略傳』, 107쪽.
156 왕아초는 19路軍에 소속된 인물이었다. 반면에 한국인 무정부주의자들은 南京政府와 가까운 사이였다. 그런데 1932년 2월에 제1차 上海事變이 발발하여 충돌을 면하지 못하게 되었다(李丁奎『友堂李會榮略傳』, 107쪽). 그 결과 남경정부에서 왕아초를 제거하고자 하였던 것이다. 그리하여 왕아초와 한국인 무정부주의자들 사이에 갈등이 있게 되었다. 그리하여 항일구국연맹

이에 이회영은 무정부주의자였던 중국 국민당의 거물 오치휘吳稚暉·이석증李石曾 등의 적극적인 제의에 의하여 만주 지역으로 활동의 근거지를 옮기고자 하였다. 그것은 그들이 이회영에게 만주에서도 1932년 4월에 상해 홍구공원虹口公園에서 윤봉길尹奉吉 의사가 일으킨 것과 같은 의거를 일으킬 수 있다면 광범한 항일전선을 펼 수 있을 것이라고 하였기 때문이었다. 그래서 이회영은 만주 지역에 연락 근거지를 확보하고 정부를 수집하는 한편 지하조직을 결성하고자 하였다. 아울러 이를 바탕으로 무등武藤 관동군關東軍 사령관을 암살하려는 계획을 추진하고자 하였다.[157]

이러한 계획을 실행하기 위하여 이회영은 단신으로 1932년 11월 중순 大連으로 향하였다.[158] 그러나 대련에 도착 즉시 대련수상경찰서大連水上警察署의 특무요원에게 피체被逮되어 계획을 실행해 보지도 못한 채, 동년 11월 17일에[159] 고문 끝에 독립운동가로서의 일생을 마치게 되었다.[160] 그의 죽음은 국내는 물론 미국 신한민보 등에도 보도 되었다. 특히 신한민보 1932년 12월 22일자에는 3면 1단에 〈리회영씨 분개중 자결〉이라는 제목으로 원동소식으로 크게 보도하였다.

맺음말

지금까지 이회영의 민족운동에 대하여 살펴보았다. 이를 요약함으로써 결론에 대신하고자 한다.

은 해체되기에 이른 것이다(鄭華岩, 『이 조국 어디로 갈것인가』, 134~137쪽).

157 李丁奎, 『友堂李會榮略傳』, 108~110쪽.

158 위의 책, 111쪽.

159 『東亞日報』, 1932년 11월 24일자.

160 李圭淑(이회영의 딸, 1910년생, 경기도 용인군 기흥읍 고매리 산 83번지)과 1988년 11월 5일에 가졌던 대담에서 청취.

이회영은 조선시대의 대표적인 중앙관료의 자제로서 부유한 가정에서 출생하였다. 그러한 그는 이상설과의 만남을 통하여 신학문을 공부하였으며 민족의식도 형성할 수 있었다.

1905년 일제가 을사보호조약을 체결하려는 움직임을 보이자 이를 적극 반대하였으며, 1906년에는 이상설과의 협의하에 북간도 용정에 민족교육기관인 서전서숙을 설립하기도 하였다. 또한 1907년에는 국제회의에 호소하여 한국의 독립을 유지하고자 하였다.

한편, 이회영은 1907년 4월 초에 조직된 신민회의 최고 간부로서 활동하기도 하였다. 특히 그는 상동교회의 부설로서 설립된 상동청년학원의 원감으로서 민족교육을 전개하였다. 아울러 신민회의 외곽단체인 청년학우회의 의사원으로도 일하였다.

이회영은 1910년 일제에 의하여 조선이 강점당하자 신민회의 독립운동기지의 건설 계획에 따라 서간도로 망명하였다. 그리고 그곳에서 경학사·부민단 등 재만한인의 자치기구를 조직함은 물론 신흥강습소라는 무관학교도 설립하여 독립군을 양성하는 데 중추적인 역할을 하였던 것이다. 이회영의 신흥무관학교 활동은 자료의 제한으로 주로 그의 부인 이은숙의 회고록에 의존한 바 크다. 앞으로 새로운 자료들의 발굴로 이회영의 역사적 위상이 보다 입체적으로 밝혀지길 기대한다.

한편 국내외에서 민족독립운동을 활발히 전개하였던 이회영은 1923년 말에 이르러서는 무정부주의자가 되었다. 즉 그는 무정부주의 방략에 입각하여 조선의 독립을 달성하고자 하였던 것이다.

이회영은 1924년 북경에서 재중국조선무정부주의자연맹을, 1928년에는 상해에서 재중국조선무정부공산주의자연맹을 각각 결성하여 조선의 독립을 위하여 노력하였다. 특히 그는 그 방법으로서 민중직접폭력혁명론과 무정부공단주의를 동시에 추구하였다.

이회영은 1928년 6월에는 남경에서 조직된 국제 무정부주의 단체인 동방무정부주의자연맹에도 가담하였으며, 여기에 조선의 무정부주의운동은 곧 진정한 독립운동임을 주장하였다. 또한 그는 1931년에는 남화한인청년연맹과 항일구국연맹이라는 무정부주의 단체에서 활동하였다.

결국 이회영은 구한말과 1910년대에는 국내와 만주 지역에서 민족독립운동을, 1920~1930년대에는 중국 본토에서 독립운동의 일환으로서 무정부주의운동을 전개했던 민족운동가라고 하겠다.

2. 문집기록과 해석의 의미 : 이상룡, 김대락, 김동삼

머리말

1910년 일제에 의해 조선이 강점되자 경북인들은 지역적으로 멀리 떨어져 있음에도 불구하고 타지역과는 달리 특히 만주지역으로 다수가 망명하여 적극적인 항일투쟁을 전개하였다.[1] 경북인들의 1910년대 활동은 독립전쟁을 준비하기 위한 토대를 마련하기 위한 작업으로서 높이 평가되며, 크게 네 가지로 나누어 볼 수 있다.

첫째는 독립운동의 근거지로서 동포들의 사회경제적 안정을 도모할 수 있는 자치기구를 조직하는 것이었다. 이는 재만동포의 안정이 이루어질 때 비로소 항일운동이 가능하다는 인식에서 출발한 것이었다. 경학사耕學社를 시작으로 공리회共理會 ·부민단扶民團·한족회韓族會로 계승되었고, 이는 남만주지역 독립운동의 토대의 역할을 담당하였다. 아울러 북만주지역에서는 밀산密山 한흥동韓興洞에 자치기구를 조직하였다.

둘째는, 민족 교육기관 설치와 교육활동이다. 안동출신으로 경북인의 대표

1 경북인의 1910년대 만주지역 항일운동을 살펴볼 수 있는 대표적인 글로는 다음의 것들이 있다. 본고는 이를 문헌들을 크게 참조하였다.
강윤정, 「백하 김대락의 현실인식과 민족운동」, 『백범과 민족운동』 7, 2009; 강윤정, 「정재학파의 만주망명과 1910년대 항일투쟁」, 『경북인의 만주지역 항일투쟁사 연구』, 안동독립기념관, 2011; 강윤정, 「신흥무관학교와 안동인」, 『신흥무관학교 어떤 인물들이 참여했나』, 신흥무관학교 설립 101주년기념 학술회의, 2012; 김희곤, 『안동사람들의 항일투쟁』, 지식산업사, 2007; 김희곤, 『안동사람들이 만주에서 펼친 항일투쟁』, 안동독립기념관, 2011; 권대웅, 「한주학파의 국외망명과 독립운동」, 『경북인의 만주지역 항일투쟁사 연구』, 안동독립기념관, 2011.

적 지도자였던 이상룡李相龍을 비롯한 망명자들은 1911년 유하현柳河縣 삼원포三源浦 추가가鄒家街에 신흥강습소新興講習所를 열었다. 신흥강습소는 독립군을 양성할 기반이 되었고, 신흥무관학교의 모태가 되었다. 이상룡은 학교야말로 국민의 정신을 함양하고, 국민의 지식을 계발하며, 국민의 체력을 튼튼히 하고, 국민의 기술을 연마하는 곳이라 여겼다. 이에 더하여 학교설립을 허가받기 위하여 중국당국과 꾸준히 교섭하였다. 이는 학교를 급선무로 여기지 않고는 와신상담을 할 수 없다는 인식이 강하게 작용하였기 때문이다. 아울러 북만주에서는 한계韓溪 이승희李承熙를 중심으로 한민학교韓民學校를 만들어 민족교육에 정진하였다.

셋째는 병영兵營을 설치하여 독립군을 양성하는 것이었다. 신흥학교를 졸업한 청년들에게 보다 체계적인 군사훈련이 필요했다. 이에 백서농장白西農庄·마록구농장馬鹿溝農庄·길남장吉南庄과 같은 병영을 세웠다. 특히 백서농장은 안동인인 김동삼金東三이, 길남장은 이상룡李相龍이 이끌었다.

넷째는중국에 대한 탄력적 인식과 교섭으로 재만 한인사회의 안정화를 도모하는 것이었다. 만주지역에 살고 있는 동포들에게 민족의식을 고취시키는 일과 중국과의 교섭을 통하여 동포들의 생활 안정을 도모하는 일은 일제와의 독립전쟁에 버금가는 중요한 일이었다. 특 히 이상룡은 이 일을 적극 추진하였으며, 그의 저서인 『석주유고石洲遺稿』에서 잘 살펴볼 수 있다. 한편 북만주지역과 서간도西間島에서는 한계 이승희는 공교孔敎운동을 통하여 중국인과의 교류하면서 항일운동을 추진하고자 하였던 것이다.

이처럼 경북인들은 1910년 일제에 의해 조선인 강점되자 남만주와 북만주일대로 망명하여 독립운동기지를 건설하는 한편 독립군 양성에 힘을 기울였다. 아울러 중국당국과 교섭하여 동포들의 생활안정에 만전을 기하는 한편 민족의식과 역사의식 고취에도 노력하였다. 또한 1919년에는 만주 길림吉林에서 작성된 대한독립선언서에 서명하는 한편 대한민국임시정부에도 참여하였다. 남만주에서 조직된 한족회와 서로군정서西路軍政署 등에 주도적으로 참여하는 한편 국내에서 군자금 모금활동을 전개하고 1920년 10월에 전개된 청산리靑山里전투에도 참여하는 모습을 보여주고 있다.

즉, 1910년대 만주에서의 항일운동 중, 남만주지역과 북만주지역의 운동은 경북인들에 의하여 주도되었다고 해도 과언이 아니다. 특히 남만주지역의 경우는 경북 안동인安東人들이 그 중심으로 이루었으며, 북만주 밀산 등의 경우는 경북 성주인星州人들이 그 중심적 역할을 하였다고 할 수 있겠다. 그럼에도 불구하고 경북인들의 활동은 자료의 제한으로 그동안 제대로 주목받지 못하였다. 최근 경북인들의 신흥무관학교 설립과 운영 등에 대하여 많은 연구들이 이루어지고 있다. 앞으로 보다 균형적인 평가들이 이루어지는 계기가 될 것으로 보인다.

본고에서는 남만주지역을 중심으로 무관학교 건립에 보다 비중을 두어 정리하도록 하고자 한다.[2] 아울러 그동안 주목하지 못한 석주 이상룡과 백하 김대락의 문집에 대한 연구를 충분히 반영하여 서술하고자 한다. 이것은 신흥무관학교에 대한 새로운 사실들을 다수 밝혀줄 수 있을 것이다.

1. 만주로의 망명

1910년 일제에 의해 조선이 강점되자 경북인들은 남만주와 북만주로 망명하였다. 그 중 안동인들은 1911년 1월 가족들과 함께 서간도로 망명하였다. 그

---

2 이와관련하여서는 장세윤, 서동일의 논문이 참조된다.
장세윤, 「1910년대 남만주 독립군 기지 건설과 신흥무관학교 – 안동유림의 남만주 이주와 이상룡, 「김동삼의 활동을 중심으로」, 『만주연구』 24, 만주학회, 2017; 서동일, 「유림의 만주 이주와 신흥무관학교 설립」, 『崇實史學』 45, 崇實史學會, 2020.

리고 성주인들은 북만주로 망명하였다. 이들이 만주를 선택한 이유는 분명했다. 일제의 침략과 통치를 받아들이지 않겠다는 확고한 의지와 독립군을 길러 독립전쟁을 펼치기 위해서였다.[3]

1) 정재학파定齋學派 혁신유림들의 서간도 망명[4]

(1)정재학파의 망국에 대한 인식과 만주망명 선택

1910년 나라의 멸망은 안동의 혁신유림에게도 일대 전환점이 되었다. 척사유림들은 의리론과 출처관에 입각하여 순국자정의 길을 선택하였다. 또 한편에서는 만주 독립군기지 건설론이 고개를 들고 있었다. 서울의 신민회에서는 해외망명을 추진하였고, 이 소식은 신민회 회원이자 협동학교協東學校 교사였던 이관직李觀稙과 김동삼[5]을 통해 안동에 전달되었다. 또 주진수朱鎭洙·황만영黃萬英 등도 김대락金大洛[6]과 이상룡[7]에게 신민회의 망명 계획과 망명자 모집을 알렸다.

척사유림에서 혁신유림으로 전환한 이상룡은 이 무렵 갈 길을 놓고 고뇌하였다. 망명일지인 「서사록西徙錄」에는 망명을 선택하기까지의 고뇌가 잘 담겨 있다.

3 김희곤, 『안동사람들이 만주에서 펼친 항일투쟁』, 안동독립기념관, 2011, 14~15쪽.

4 본장은 강윤정의 다음 논문을 주로 참고하였음. 강윤정, 「정재학파의 만주망명과 1910년대 항일투쟁」, 『경북인의 만주지역 항일투쟁사 연구』, 안동독립기념관, 2011. 강윤정, 『정재학파의 현실인식과 구국운동』, 단국대학교 박사학위논문, 2006.

5 김희곤, 『만주벌 호랑이 김동삼』, 지식산업사, 2009.

6 김대락의 일기인 백하일기가 간행되었다(안동독립기념관편, 『국역백하일기』, 경인문화사, 2011)
김대락에 대한 연구로는 조동걸과 강윤정의 논고가 있다.
조동걸, 「백하 김대락의 망명일기(1911-1913)」, 『안동사학』 5, 안동사학회, 2000; 강윤정, 「백하 김대락의 현실인식과 민족운동」, 『백범과 민족운동』 7, 2009.

7 이상룡에 대하여는 석주유고의 번역, 박영석의 개척적인 연구와 김정미의 박사학위 논문을 통하여 전체적인 모습이 알려지게 되었다.
박영석, 「일제하 재만한인사회의 형성-석주 이상룡의 활동을 중심으로」, 『한민족독립운동사연구』, 일조각, 1984; 김정미, 『석주 이상룡의 독립운동과 사상』, 경북대학교 박사학위논문, 2001; 안동독립운동기념관편, 『국역석주유고』, 경인문화사, 2008

그는 자신이 걸어온 길을 돌아보며, 가야산 기병과 대한협회 안동지회가 실패하고 나라가 망한 지금 다만 결행하지 못한 것이 죽음이라고 토로하였다. 그러나 이상룡은 자진을 선택할 수 없었다. 그는 어떤 경우라도 '바른 길을 택하는 것'이 유가의 근본임을 알고 있지만 그 '바른 길'이 곧 '죽음'이라는 확신이 서질 않았기 때문이다. 결국 이상룡은 "백번 꺾여도 좌절하지 않을 뜻으로 단군성조의 영토, 고구려 강역 만주로 옮겨가 독립운동을 펴겠다."는 단안을 내렸다.

이상룡이 독립에 대한 강한 의지와 희망을 품고 만주행을 선택했다면, 김대락의 망명은 이상룡에 비해 자정自靖과 은둔적隱遁的 색채가 짙다. 김대락이 망명지 만주에서 쓴 「분통가」와 「공리회취지서」에는 망국에 대한 인식과 만주 망명을 선택한 이유가 잘 드러난다. 김대락은 망국의 상황을 제국주의의 국권 침탈이라는 세계사적 시각으로 인식하기보다는 '일본'이라는 '적국'의 압제로 생각하였다. 이러한 인식아래 그는 전통의 출처관에 입각하여 대부大夫의 길이 아닌 사士의 길을 선택하였다. 김대락은 유가의 출처관에 입각하여 대부가 아닌 선비로서 "죽는 것은 자신의 분수에 맞지 않다."는 결론을 내렸다. 그리고 사士의 길을 실천하는 방법으로 자정·은둔의 성격이 강한 망명을 택하였고, 망명지를 백두산 아래 서간도로 결정하였다. 그가 이곳을 선택한 이유는 단군의 개국지요, 고구려의 창업지였기 때문이다. 즉 그의 망명에는 자정적·은둔적 성격과 민족의식이 함께 자리하고 있었다.

안동의 혁신유림이 망명지를 서간도로 선택한 배경에는 두 가지 요인이 있음을 알 수 있다. 내적으로는 만주가 우리민족의 옛 영토라는 민족의식이었고, 외적으로는 신민회가 추진하는 독립군기지 건설이 뜻에 맞았기 때문이다. 이를 주도한 것이 이상룡·김대락·김동삼·류인식柳寅植 즉 안동의 혁신유림이었다. 여기에 이들과 혈연적·지연적 관계를 맺고 있던 주변인물이 대거 망명에 동참하였다.

(2) 만주로의 힘든 여정[8]

안동을 출발한 망명객들의 행로를 따라가 보자, 김대락은 1910년 12월 24일 고향을 떠나 한 주일 남짓 걸려 추풍령역에 이르렀다. 김천역에 갔더니 감시가 심해 기차를 타기도 힘들자, 발길을 추풍령역으로 옮겼다. 나누어 떠난 가족들 가운데는 어린 아이도 있고, 만삭이 된 새댁도 있었다. 손녀와 손부가 모두 해산解産을 코앞에 두고 있었으니, 움직이는 것만으로도 고통스러운 일이었다. 아녀자들은 수레를 타고, 남자들은 걸었다. 평소 단련된 몸도 아니었으니, 추위 속에 겪은 그 고생이야말로 견디기 힘든 것이었다. 기차로 서울에 도착하여 잠시 머물던 김대락은 1911년 1월 6일 남대문역(지금의 서울역)을 떠나 의주 백마역에 이르렀다.

신의주에서 얼어붙은 압록강을 걸어서 건너 만주 안동(安東, 지금의 단동丹東)에 이르고, 1월 15일 회인현懷仁縣 항도촌恒道村(지금의 橫道川)에 도착했다. 며칠 뒤 이상룡이 항도촌에 도착했을 때, 김대락의 도움을 받았다는 곳이 바로 이곳이다. 김대락은 한겨울을 넘겨 4월 19일 삼원포에 도착하고, 이도구二道溝에 거주지를 마련하였다.

바로 뒤를 이어 이상룡이 안동을 떠났다. 1911년 1월 6일 길을 나선 그는 김대락과 마찬가지로 추풍령역까지 걸어가서 열차로 서울에 이르고, 다시 뒤에 합류한 가족들과 기차로 신의주로 가서 1911년 1월 27일 압록강을 건넜다. 동후면 도곡동에 자리 잡은 고성이씨 30여 가구도 뒤를 따랐다. 그의 동생 봉희를 비롯하여, 아들 준형, 손자 병화, 조카 문형(光民) 등이 대표적인 인물이다.

이상룡이 남긴『서사록』을 보면, 그는 1월 4일 떠나기 앞서 그 심경을 '거국음去國吟'이란 글로 적었다. 이튿날 사당에 절하고 동생 봉희와 당숙과 논의하여

8 본장은 김희곤의 다음의 책을 주로 참고하였음. 김희곤,『안동사람들이 만주에서 펼친 항일투쟁』, 안동독립기념관, 2011.

집안일을 처리할 내용과 당부하는 이야기를 남겼다. 그리고 저녁 무렵에 와룡 도곡마을을 출발하면서 도동서숙 학생들과 작별하고, 고암점庫巖店을 거쳐, 평리에 이르러 안동시내 법흥마을에 사는 고성이씨 일족을 불러 마지막 연회를 가졌다. 6일 안동읍성 동문 밖에서 송기식과 이별하고 안동을 떠난 그는 도솔원兜率院, 하회(7일), 삼가三街(9일), 봉대鳳臺(성주인봉, 10일)를 걸쳐 11일 추풍령에 이르렀고, 12일 새벽 2시에 기차를 타고 그날 아침 서울에 도착하여 제중원濟衆院에서 묵었다. 도중에 성주에서 사돈인 강신종 형제를 만나고, 사위 강남호와 영양 주실마을에서 온 조재기와 합류하였다. 또 이곳에서 서울에서 돌아오던 김만식과 조카 이문형이 서울에서 주진수가 붙잡혔다는 소식을 알려주었다. 이들의 만남은 이상룡이 걸어간 그 길이 바로 당시 안동과 서울을 잇는 주요 통로였음을 말해준다.

이상룡은 서울에서 양기탁을 만나고 『왕양명실기王陽明實記』를 보았다. 15일 울진 평해에서 황도영이 가족을 이끌고 서울에 도착했다. 18일에는 가족들이 20일 안동에서 출발한다는 회신을 받았다. 19일 이상룡은 경의선으로 서울을 출발하여 신의주로 갔다. 그곳에서 돈을 바꾸고, 만주와 한국 지도를 구입하여 나아갈 길을 재어 보았다. 24일 내앞마을 일행이 도착했다는 소식을 들었다. 이튿날 밤에 아내 김우락과 아들 준형, 손자 병화 등 가족, 그리고 동생 이봉희 부자와 신의주에서 합류하였다. 듣자니 자신이 안동을 출발한 뒤에, 아들 준형이 경찰서에 잡혀갔다가 풀려났단다. 27일 일행은 발거跋車를 타고 얼어붙은 압록강을 건넜다.

석주 이상룡은 만주를 바라보면 다음과 같은 시를 지었다.

▨ 압록강 강변에서 만주를 바라보며鴨綠江上望滿洲

부여가 왕업을 일으킨지 어언 사천년	扶餘王業四千秋
그 때는 국경이 저 만주까지 아울렀네	國境當年并滿洲

기자와 위만이 아무 까닭없이 차지했고	箕衛無端來占據
한과 당이 이를 좇아서 멋대로 침략했네	漢唐從此恣侵蹂
판도 확장이 원래 쉬운 일이 아니었기에	恢張版籍元非易
수치 누르고 변방에 처함을 달갑게 여겨	甘處藩屛抑可羞
결국에는 저 길고 긴 압록강으로 하여금	遂令一帶長江水
동서 경계선이 되어 흐르게 하고 말았네	劃定東西兩界流(『국역 석주유고』)

또한 강을 건너는 소회도 다음과 같이 기록하였다.

▨ **27일 강을 건넘二十七日渡江**

칼끝보다도 날카로운 저 삭풍이	朔風利於劒
내 살을 인정 없이 도려내네	凓凓削我肌
살 도려지는 건 참을 수 있지만	肌削猶堪忍
애 끊어지니 어찌 슬프지 않으랴	腸割寧不悲
기름진 옥토로 이루어진 삼천리	沃土三千里
거기에서 살아가는 인구 이천만	生齒二十兆
즐거운 낙토 우리 부모의 나라를	樂哉父母國
지금은 그 누가 차지해버렸는가	而今誰據了
나의 밭과 집을 벌써 빼앗아갔고	旣奪我田宅
거기에다 다시 내 처자마저 넘보나니	復謀我妻孥
차라리 이 머리 베어지게 할지언정	此頭寧可斫
이 무릎 꿇어 종이 되지 않으리라	此膝不可奴
집을 나선지 채 한달이 못 되어서	出門未一月
벌써 압록강 도강하여 건너버렸네	已過鴨江水
누구를 위해서 발길 머뭇머뭇하랴	爲誰欲遲留
돌아보지 않고 호연히 나는 가리라	浩然我去矣(『국역 석주유고』)

29일 말 세 마리가 끄는 마차 두 대를 마련하고, 서너 사람씩 타고서 길을 나섰다. 가는 길에 벌써 갖가지 어려움을 만났다. 우선 너무 추우니 수레 안에 담요를 깔고 이불을 둘러야 했다. 추위가 조금 풀리면 수레바퀴가 물이나 진흙

탕에 빠져 곤욕을 치렀다. 또 음식이 맞지 않아 힘들었다. 도중에 먹을 곳도 드물지만, 객점에서 사먹는 음식은 밀가루로 싼 고량병高粱餠이라는 떡이거나 조로 만든 만두가 대부분인 데다가, 싱거워 먹기가 어려웠다. 아이들은 입에 맞지 않아 음식을 먹지 못하다가 병이 생겼다. 단동을 출발한 지 8일째 되는 1월 7일 항도촌에 도착했다. 집 떠난지 한 달 남짓 지난 때였다.

최종 목적지는 유하현 삼원포이지만, 그 도중에 잠시 머물 곳이 이곳 항도촌(횡도촌)이었다. 뒤따라올 가족들이나 친지를 기다려 합류할 곳이다. 큰 처남 김대락이 며칠 먼저 와서 머물고 있었다. 본래 곧장 유하현으로 갈 계획이었지만, 혹독한 추위에다가 산모들이 이동하기 어려워 한겨울을 넘기고 떠나는 것으로 계획을 바꾼 것이다. 실제로 그곳에서 김대락의 증손자와 외증손자가 태어났다. 험난한 망명길에 두 집안의 종손이 태어난 것이니, 고난 속에 맞는 기쁨이었다. 또 그곳에는 학교를 열고 많은 이들이 한겨울을 넘기고 있었다. 이상룡이 도착하자 큰 처남의 아들 김형식을 비롯하여 황도영·이명세가 마중 나왔다. 두 달 가량 지나서는 여동생과 매부 박경종(박우종)의 가족이 도착했다. 그는 영덕 축산면에 터를 잡은 무안박씨 종손이다. 와룡면 도곡 집안의 이종기·이종표·이승원李承源 등도 속속 도착하고, 외사촌인 영양 주실마을의 조만기 가족 13명과 예안 부포마을 이원기 가족도 합류하였다.

항도촌에서의 분위기는 이상룡의 다음과 같은 글을 통해 짐작해 볼수 있다.

▧ 회인현 북쪽 산에서 빈집을 빌려 잠시 머물다懷仁縣北山 賃空宅 爲暫留之計

허물어진 초가 삼간에 잡초가 무성한데	破屋三間掩莽榛
여러 해 사람 들지 않아서 먼지투성이 이네	經年未掃沒勝塵
문풍지가 우웅 우는데 어디 나라 말인고	風紙喧來何國語
침상에서 몸이 얼어 다른 사람의 몸이 되었네	氷牀凍作別人身

솥이 차갑나니 소랑[9]은 눈밖에 먹을 게 없고	鼎冷蘇郎啗有雪
부엌이 비었나니 구천[10]은 누울 섶도 없네	廚空句踐臥無薪
상천의 마음이 어찌 예사로운 것이랴	上天豈是尋常意
남아로 하여금 고생을 실컷 겪게 하는구나	偏俾男兒飽苦辛(『국역 석주유고』)

▨ 포산[11]에서 건초 동생의 집에 머물렀던 것을 추억하다憶葡山寓健初弟

길을 갈 때는 걸음을 함께 하고 앉아서는 침상을 함께 하면서	行同步履坐同牀
허물없이 서로 좋아하면서 지낸 것이 어언 사십여 년이 되었네	相好無猶四十强
그대는 포산 땅으로 들어갔는데 멀리 떨어진 절역은 아니며	君入葡山非絕域
나는 항도천이라는 마을로 왔는데 이역 만리 다른 나라이네[12]	我來恒道是他邦
술병이 비어가고 있거늘 물어보는 사람 하나 없고	瓶罍告罄人無問
경전과 역사에는 의심나는 것이 많거늘 뉘와 함께 의논을 하랴	經史多疑孰與商
동가강[13] 강가를 훨훨 나는 기러기를 그대는 본 적이 있느냐	見否佟佳江上鴈
짝을 지어 함께 잠을 자고 짝을 지어 함께 나네	一雙聯宿一雙翔
	(『국역 석주유고』)

이제 다시 유하현으로 가야 했다. 그곳에서 만나기로 미리 신민회 팀과 약속했었으니 말이다. 1월 14일 이상룡의 아들 이준형이 땅과 집을 마련하기 위해 앞서 출발했다. 처조카 김형식과 영양 주실마을 출신 조재기가 함께 나섰다. 그러나 21일 아들과 처조카 형식이 가다가 돌아왔다. 갖가지 유언비어가 이들의 길을 막아섰기 때문이다. 25일 김형식이 다시 유하현으로 출발했다.

---

9 소랑蘇郎: 한漢 무제武帝 때 흉노에 사신 갔다가 억류된 소무蘇武를 가리킨다. 흉노의 선우單于가 회유하였으나 끝내 거부하였다. 이에 선우가 그를 가두고 음식을 주지 않으니, 소무는 하늘에서 내리는 눈을 먹고 깃발 털을 뜯어먹으며 연명하였다 한다.

10 구천句踐: 월越 나라 왕 구천이다. 그에게 와신상담臥薪嘗膽이란 고사가 있다. 소랑과 구천은 작자 자신의 먹을 것 하나 없고 땔감 하나 없는 처지를 빗댄 것이다.

11 포산葡山: 경북 영해에 있는 마을 이름.

12 원주에 "마을 이름이 항도천이다[村名恒道川]." 하였다.

13 동가강佟佳江: 만주의 통화通化·환인桓仁 등의 현을 거쳐서 압록강으로 흘러 들어가는 강 이름이다.

항도촌에서 보내는 첫 겨울에 일행은 이미 진이 빠졌다. 들려오는 소식들이 대부분 근심을 키웠다. 조카 문형(이광민)이 와서 청국 순검이 변발하고 호복을 입으라고 조선인들에게 요구한다는 소식을 듣고서 가슴이 답답해졌다. 비록 모든 어려움을 극복하겠다며 나선 길이지만, 어찌 변발하고 만주족의 옷을 입는단 말인가, 또 한인들이 서간도에 와서 독립국을 세운다는 이유로 일본 관리가 관련자 40여 명을 잡아갔다는 이야기가 『청국신보』에 보도됐다는 소식에 고개를 떨궜다. 어려움이 겹치고 겹치자, 이상룡은 "당초 간도에 들어올 때의 목표는 유하현인데, 김형식 군이 한 번 다녀간 뒤로 소식이 없어 집 식구들을 머물게 할 곳을 아직 정하지 못하고 있다. 몸에 지닌 약간의 자산도 거의 다 써버렸고, 젊은 축들은 가볍게 움직인 것을 후회하여 희망이 없다는 말을 하는 데 이르렀다."고 쓰면서, 그래도 젊은이들을 다독이며 격려하였다.

항도촌에 잠시 머물면서 이상룡은 역사책과 사상서를 읽었다. 숙신·부여·고구려·신라·발해사를 비롯한 고대사를 비판적으로 읽었고, 이는 뒷날 『대동역사』를 펴내는데 도움이 되었다. 뿐만 아니라 그의 독서는 토마스 홉스와 스피노자의 학설로 이어졌다.

결국 안동사람들이 정착한 곳은 남만주 유하현 삼원포, 대고산 자락과 그 언저리였다. 추가가와 이도구라는 마을이 그렇고, 삼원포에서 남쪽으로 십 리 떨어진 만리구萬里溝나 남산도 그런 곳에 속한다. 안동사람들은 특히 통화와 유하에 정착하였다. 망명에 앞장섰던 안동사람들은 자신만의 망명에 머물지 않았다. 동포들이 모여야 동포사회가 만들어지고 그래야만 독립군을 양성할 수 있기 때문이다. 그래서 그들은 동포들에게 이주를 권고하는 운동을 펼쳤다. 김대락과 이상룡의 일기를 보면, 안동문화권의 인사들이 가족을 이끌고 속속 항도천에 집결했다거나, 뒷날 유하현 삼원포에 도착한 사실은 이를 말해준다.

만주에 뿌리를 내린다는 것은 머질게 고통스러운 일이었다. 세 가지 죽을 고통을 이겨내지 않으면 안된다고 한다. 세가지 고통이란얼어 죽는 것, 굶어 죽는 것, 병들어 죽는 것을 말한다. 만주는 춥기 때문에 추위는 간단한 문제가 아니었다. 또한 굶어죽지 않기 위해서는 농사를 해야만 했다. 그리고 풍토병(수토병) 또한 무서운 것이었다. 아울러 도적 문제도 예삿 일이 아니었다,[14]

2. 독립운동기지 건설

1) 독립운동의 첫 교두보 경학사耕學社

경학사는 일제침략시기 망명민족운동가들에 의해 길림성吉林省 유하현 삼원포에 설립된 서간도 최초의 한인자치단체이다. 1910년 경술국치를 전후한 시기 국내에서의 국권회복운동이 어렵다는 것을 깨달은 신민회 회원 중심의 민족운동가들은 국외로 망명하여 독립군기지를 개척할 것을 계획하였다. 이 계획에 의해 개척된 곳이 서간도 유하현 삼원포 지역이었고, 이를 적극 추진하고 실천한 인물들은 이회영·이시영가의 6형제와 이상룡·김동삼·이동녕·김창환·여준·주진수 등이었다. 주지하는 바와 같이 그들 중 이상룡, 김동삼 등은 안동인이었고, 주진수는 경북 울진인이었다.

이들 망명 민족운동가들은 국내외 각지에서 청·장년을 비롯한 이주를 희망한 한인을 모아 이 지역을 적극적으로 개발할 목표를 세웠다. 그리고 1911년 4월에 유하현 삼원포 대고산에 이주한인 300여 명을 모아 군중대회를 개최하여 첫째, 민단적 자치기관의 성격을 띤 경학사를 조직할 것, 둘째, 전통적인 도의에 입각한 질서와 풍기를 확립할 것, 셋째, 개농주의皆農主義에 입각한 생계

14 김희곤, 위의 책, 57~61쪽.

방도를 세울 것, 넷째, 학교를 설립하여 주경야독의 신념을 고취할 것, 다섯째, 기성군인과 군관을 재훈련하여 기간장교로 삼고 애국청년을 수용하여 국가의 동량인재를 육성할 것 등 5개항을 결의하였다.

이와 같이 하여 조직된 경학사는 내무·농무·재무·교무 등 4개 부서를 두었다. 그리고 초대 사장에는 안동출신 이상룡이 추대되었으며, 내무부장에 이회영, 농무부장에 장유순張裕淳, 재무부장에 이동녕, 교무부장에 안동출신 류인식, 조직과 선전 역시 안동사람 김동삼이 임명되었다. 원로인 김대락도 힘을 보탰다. 이상룡의 동생 이봉희를 비롯하여 이원일, 김형식, 이형국 등도 애를 썼다.[15]

사장이 된 이상룡은 「경학사취지서耕學社趣旨書」를 발표하여 조국광복의 방략을 천하에 포명하였다. 취지서의 내용은 다음과 같이 네 가지로 구성되어 있다. 첫째, 경술국치 이전 한국의 역사를 설명하였다. 유구한 역사를 지닌 한민족은 문화민족이며 끊임없이 이민족(異民族)의 침입을 받았으나 피의 항쟁을 전개하여 물리치고 오늘에 이르렀음을 강조하였다. 둘째, 한민족이 나라를 잃어 생존의 터전이 없어졌음을 한탄하고 그 책임은 민족 전체 개개인에게 있음을 지적하였다. 따라서 이 절박한 시기에 국권을 회복하기 위해서는 자결과 같은 소극적인 방법은 침략자 일제에게 유리함을 줄뿐임으로 그리이스가 터어키로부터 독립하였듯이 무장투쟁의 방법으로 독립을 쟁취할 것을 호소하고 있다. 그 방략은 삼태기로 흙을 날라 태산을 만들듯이 점진적인 방법으로 목표를 달성하자고 주장하였다. 셋째는 민족 구성원 모두가 스스로 와신상담해 힘을 길러 독립전선에 앞장설 것을 주장하였다. 그리고 마지막에는 재만한인在滿韓人들이 이와 같은 정신으로 경학사를 중심으로 단결하면 기필코 조국

15 김희곤, 『안동사람들이 만주에서 펼친 항일투쟁』, 61~65쪽.

광복을 달성할 수 있을 것이라고 확언하고 있다.[16]

당시의 분위기는 이상룡의 김대락에 대한 다음과 같은 만사를 통하여 짐작해 볼수 있다.

▧ 백하[17] 김장에 대한 만사. 을묘년輓白下金丈 賁西丈改號白下

1

오래된 청구 땅의 굳센 민족	優强民族舊靑邱
역사 유구 반만년이라네	歷史遺光半萬秋
적자생존의 지금의 세상에서	適者生存今世界
무슨 연유로 이 씻을 길 없는 수치를 안고 있는가	緣何抱此莫湔羞

2

하찮은 이 몸의 목숨 버리는 건 쉬운 일이니	捐生容易藐然身
한 걸음 문전 앞이 바로 물가라네	一步門前卽水濱
쓸개는 있어도 맛보지 않고 섶이 있어도 눕지 않고	有膽不嘗薪不臥
부질없이 살아가는 저들은 도대체 어떤 사람인가	空留殘血彼何人

3

백발을 흩날리며 조국을 떠나던 발자취	白髮飄然去國蹤
서관 땅 풍설을 무릅쓰고 찬 지팡이에 의탁했네	西關風雪倚寒笻
조국 강산아 잘 있거라 슬퍼하지 마라	江山好住休怊悵
봄이 돌아오거든 무궁화 이 땅에서 상봉하리라	春返槿花可再逢

4

추가가에서 결사하여 민권을 장려할 적에[18]	鄒街結社奬民權
문인 무인 선비 벼슬아치 등 두루 한 자리에 모였네	文武衿紳匝一筵

16 박영석, 「일제하 재만한인의 독립운동과 민족의식-경학사의 설립경위와 그 취지를 중심으로」, 『한민족독립운동사연구』, 198~225쪽.

17 원주에 "비서장은 호를 백하로 고쳤다[賁西丈改號白下]." 하였다.

18 추가가에서 … 장려할 적에: 1911년 유하현柳河縣 추가가鄒家街에 이상룡을 비롯한 많은 사람들이 모여 집회를 열어서 민족의 장래를 의논하였다. 이후로 경학사耕學社·신흥강습소新興講習所 등이 이곳에서 설립되었다.

기틀을 마련하는 것은 우리의 의무이고 刱手開基吾義務
성공을 거두게 되는 것은 훌륭한 청년들이리라 成功自有好青年

5
이웃이 울고 들이 곡하여 모두 비관적이지만 隣咷野哭摠悲觀
풍토가 다른 이방에서 오만 생각을 제거하네 風土殊方萬念刪
오직 바라는 것은 하늘이 나에게 몇 년을 더 빌려주어 惟願數年天假我
광복이 되어 좋은 시절이 돌아오는 것을 목도하는 것일 뿐이네[19] 眼看多勿好時還

6
우연한 작은 감기가 더욱더 위태로워져서 偶然微感轉沉危
황천의 문이 닫히자마자 만사가 무너졌네 一閉黃壚萬事隳
산 위의 달을 바라보니 한이 한량이 없나니 明月空山無限恨
야심한 이 시각 오직 자규만이 내 마음 알리라 夜深只許子規知

7
더불어 도를 강구하고 글을 논한 지 오십 년이 되었고 講道論文五十年
서쪽으로 온 것은 하물며 생사를 함께 하는 인연임에랴 西遊況是死生緣
공이 돌아감에 아직은 내가 장송함이 있지만 公歸尙有吾將送
내가 떠나는 다른 날에는 그 누가 눈물 흘려주리요 我去他時孰泫然
(『국역 석주유고』)

경학사를 중심으로 이루어진 서간도의 한인사회는 1년 간은 이회영 일가가 가지고 온 돈으로 지탱해 나갈 수 있었다. 그 중 일부는 경북인들의 자금이 충당되었을 것으로 보인다. 이회영 일가가 등 여러 한인들이 가지고 온 자금이 상당한 것이기는 하였으나 한인사회 전체를 계속해서 유지할 만큼은 되지 못

19 다물多勿: 고구려 말이다. 옛 땅을 회복하는 것을 말한다. 여기서는 일제로부터 벗어나는 것을 뜻한다.

하였다. 게다가 불행하게도 척박한 만주의 땅을 개간해 지은 첫해의 농사는 대흉작을 면치 못하였다. 한인 개개인의 강인한 의지를 총합해 설립된 경학사는 채 1년이 못되어 이같이 시련에 직면하였다. 가을걷이를 제대로 하지 못한 한인들은 생존을 위해 다음해 봄까지 남겨두어야 할 씨앗 할 종자마저 식량으로 먹어야 했다. 그래도 식량이 부족하여 수많은 사람들이 풀뿌리와 나무껍질을 먹었으며, 제대로 식수를 구할 수 없어 나무뿌리에 고인 물을 먹었다가 지독한 풍토병에 걸려 목숨을 잃기도 하였다. 이러한 시련 속에서 경학사는 해체되고 말았다. 그리고 한인사회 지도자로 활동했던 몇몇 지도자들은 새로운 길을 모색하기 위해 노령露領 또는 심양 등으로 떠났다.[20]

경학사는 1912년 말이나 1913년 초에는 해체된 것으로 보인다. 경학사가 이상룡의 기록에 그때까지만 등장한다. 바로 이어서 나타난 조직으로 광업사廣業社가 있다. 이것은 논을 개간하여 동포사회의 농업을 발전시키는데 그 목적을 두었다.

2) 신흥강습소

신흥강습소는[21] 1911년 6월 여름 남만주 유하현 삼원포 추가가에서 설립되었으며, 남만주 일대에서 독립군 양성을 위하여 진력하였다. 교명을 '신흥'이라고 한 것은 신민회의 '신'자와 다시 일어난다는 '흥'자를 붙인 것이었다. 그리고 중국 토착민들의 의혹을 피하기 위하여 학교 명칭도 평범하게 '강습소'라고 칭하였는데 특히 신흥강습소를 설립할 당시, 지방 토착민들이 신흥강습소를 일

20 김희곤, 『안동사람들이 만주에서 펼친 항일투쟁』, 65쪽.
21 안동사람들의 신흥무관학교 관련은 다음의 논문이 참조된다.
장세윤, 「1910년대 남만주 독립군 기지 건설과 신흥무관학교 – 안동유림의 남만주 이주와 이상룡·김동삼의 활동을 중심으로」, 『만주연구』 24, 만주학회, 2017; 서동일, 「유림의 만주 이주와 신흥무관학교 설립」, 『崇實史學』 45, 崇實史學會, 2020.

본의 앞잡이로 보아 교사校舍를 구할 수 없게 되자 토착민의 옥수수 창고를 빌려 개교식을 거행하기도 하였다.

신흥강습소에서 교직원으로 활동한 인물로는 교장 이동녕·이상룡·이철영李哲榮·이광李光, 교감 김달金達, 학감 윤기섭尹琦燮, 교관 및 교사 김창환·이장녕李章寧·이갑수李甲洙·이규룡李圭龍·김칠무金舞七·양성환梁聖煥·장도순·이관직 등을 들 수 있다.[22]

추가가의 신흥강습소 설립과정과 관련하여 경북 안동인의 활동을 비교적 소상히 알려주는 자료는 김대락의 『백하일기』이다. 『백하일기』에 드러난 안동인의 신흥강습소 관련 기록은 크게 세부분으로 나눌 수 있다. 첫째 학교 설립에 드러난 안동인의 지향, 둘째 학교설립 과정의 역할, 셋째 입학자와 운영자에 관련된 정보이다.

우선 학교 설립에 드러난 안동인의 지향은 김대락의 「권유문勸諭文」에 잘 드러난다. 개교 두 달 뒤인 1911년 윤6월 12일 김대락은 학생들을 권면하는 「권유문」을 작성하였다. 학교를 개교하고, 농사를 지으며 직접 교사신축까지 하느라 고생스러운 처지에 있는 학생들의 면학을 독려하는 순한문의 글이다.

신흥강습소를 열면서 학생들을 경계하고 권유하는 글이 필요했고, 그 역할을 서간도 망명사회의 최고령자인 김대락이 담당한 것이다. 김대락은 이 무렵 교장으로 추대된 것으로 보인다.[23] 그러나 그는 늙었다는 이유로 사양하였다. 아들 김형식이 기록한 『선고유고先考遺稿』에는 그가 두 차례나 학교장을 사임하는 글이 나온다.

(전략) 이는 대개 6, 7년 이래 여러 번 참혹한 변을 당한 나머지 정신을 다 잃어버려

22 박환, 「신흥무관학교」, 『만주한인민족운동사연구』, 일조각, 1991, 325~328쪽.
23 조동걸, 「백하 김대락의 망명일기(1911~1913)」, 『안동사학』 5, 안동사학회, 2000, 149~150쪽.

서 아무 일도 요량할 수 없고 밥술을 들어도 음식을 흘리기 때문이니, 심상尋常한 개인의 일도 오히려 감당하지 못하거늘 하물며 오늘날 학교를 설립하는 중차대한 자리이겠습니까? 가령 허깨비가 나아가 헛되이 직임職任과 명예名譽를 무릅쓴다면 이야말로 생리에 맞지 않는 과분한 대접이며 원숭이에게 의관衣冠을 입히는 것과 같으니 이 어찌 여러분들이 억지로 권유할 일이며, 제가 감당할 수 있는 일이겠습니까?(후략)

「권유문」은 소박한 궐기문이 아니라 논리가 정연하다. 자유주의와 진보주의를 앞세우고 서양문명에 패배한 동양의 처지를 솔직히 인정하면서, 우리도 면학으로 그와 같이 될 수 있다는 자신감을 보이고 있다. 그리고 지·덕·체의 인격 함양과 과학기술·정치학·경제학 등 폭넓은 공부를 강조하면서도 우리의 역사를 거울삼아 부지런히 공부하고 정신을 깨우쳐 국혼國魂을 일으킨다면, 신흥학교가 중요한 역할을 할 수 있을 것이라고 역설하였다. 또 서양의 문명과 새로운 조류에 대해 '사회진화론적' 시각에 입각하여 강자인 서양이 동양을 지배하는 것을 당연하게 받아들이고 있다. 그러면서도 김대락은 서구의 문명에 경도된 나약한 계몽주의자가 아닌 독립전쟁을 표방하였다. 서양을 배우되 나라를 빼앗긴 특수한 상황에서 유가의 정신인 '사생취의捨生取義'의 도리정신으로 국혼을 지켜야 한다고 강조하였다. 이는 유교적 본질에 바탕을 둔 민족주의자의 모습이다. 또한 김대락을 비롯한 신흥학교 설립자들의 공통된 의견이었으리라 생각된다.

한편 그의 아들 김형식이 남긴 「선고유고」 가운데도 「경고신흥학교학생제군警告新興學校學生諸君(勸諭新興學校學生文)」이 실려 있다. 상결上缺로 시작되는 이 권유문은 앞부분에 다른 내용이 있었던 것으로 보인다. 그 앞부분이 일기에 실린 부분인지는 정확히 알 수 없다. 여기에서는 죽기를 맹세코 단결하고 공부하여 우리의 땅을 회복하자는 권고와 더불어 신흥학교가 바로 기초가 되리라는 내용을 담고 있다.

둘째는 학교 설립과정에서 드러난 안동인의 역할이다. 학교설립과 관련된 첫 기록이 보이는 것은 1911년 4월 23일(음)이다. 이 날 이동녕·장유순이 김대락의 집에 와서 학교 설립에 관한 일을 논의하였다. 이를 통해 김대락의 집에서 학교 건립에 관한 논의가 한 차례 있었고, 이동녕과 장유순이 이일에 앞장섰음을 알 수 있다. 이어 추가가 학교가 문을 연 것은 5월 14일(양력 6월 10일)이다. 김대락은 이 날 오후 학교에 직접 들렀다고 하였다. 그런데 학생들의 실질적인 개학은 5월 25일에 이르러서야 이루어진 것으로 보인다. 김대락은 "오늘이 개학이라 하여 이서방과 어린 손자가 함께 추가가의 신흥학교에서 수학하였다." 고 기록하였다.

또 윤 6월 5일에는 교실을 짓는 일로 모금을 위해 김대락의 집에서 한 차례 모임이 있었다. 이어 11월 18일에는 학교 총회가 열렸고, 12월 18일에는 학교의 연말시험과 진급에 따른 시상식이 있었다. 김대락은 이 시상식에 직접 참여하였다. 본과本科 학생의 반장班長과 우등생은 다섯 명이고, 소학小學 과정 학생의 반장과 우등생은 네 명이었다. 이날 어린 손자와 김정로가 함께 반장과 우등생이 되어 상을 받았다. 시상품은 공책 한 권, 연필 열 자루, 모필 한 자루, 양지洋紙 여덟 장과 연필 여섯 자루, 철필 한 자루, 먹 한 개, 고무지우개 하나, 모필 한 자루, 출애급기出埃及記 한 권이었다.

학교 건축 및 농사와 관련된 내용도 보인다. 개교전인 5월 10일부터 안동인들은 학교에 딸린 농막에서 콩을 심거나 모내기를 하였다. 김정식·이광민·김형식·김창로가 바로 그들이다. 또 개교 뒤 김정식과 김창로가 학교 운동장 축築 쌓는 일을 했다는 기록도 보인다.

셋째는 운영자와 입학자에 관한 내용이다. 이상룡은 실질적으로 학교 설립을 이끌고, 운영을 주도했던 것으로 보인다. "이상룡이 학교 모임을 운영하는

데, 사람을 모으려고 애썼으나 채우지 못하자 장차 학교 곁으로 들어가 지낼 거라고 한다."는 기록이 이를 입증한다. 그 외 김형식과 이준형이 학교 운영을 돕고 있었다.[24] 또한 배재형은 교관으로 활동하였다. 이상룡의 동생 이봉희를 비롯하여 김규식, 이승화, 권기일도 마찬가지였다.[25] 학교 입학생으로는 이광민과 김정로가 있었다. 여기에 김대락의 손자로 추정되는 칠손七孫이라는 이름이 자주 언급되고 있는데, 정확히 누구인지 알 수 없다.[26]

이 학교를 졸업한 인물 가운데 안동사람들이 얼마나 되는지 확실하게 알 길은 없지만, 전해지는 인물만으로도 김성로(金成魯, 김규식의 아들), 김성로金聲魯, 이광민, 이형국, 이덕숙, 이목호(李穆鎬, 예안), 김사순, 권중봉權重鳳, 김중한(풍산), 김태규 등이 있다.[27]

한편 안동사람들은 신흥무관학교의 교재 편찬에도 이바지 하였다. 1913년 이상룡은 만주지역 독립운동계만이 아니라, 옮겨온 동포들의 정신을 강화하고자 1913년 『대동역사大東歷史』를 편찬했다. 망명길에 나섰다가 한겨울을 넘기던 항도천에서 그는 고대사를 섭렵하였는데, 앞서부터 가지고 있던 역사관에 다가 새로 읽은 책들을 샅샅이 검토하면서 우리나라 역사를 서술한 것이다. 이 책이 신흥무관학교 교재로 사용된 것으로 전해진다. 중국인들의 압박을 견디면서 독립운동의 근거지를 마련하기 위해서는 무엇보다도 기氣를 살려야 한다. 이상룡이 이 책을 편찬한 이유가 거기에 있었다. 이 책에서 이상룡은 만주는 조선의 뿌리가 되는 땅이요, 고구려와 발해를 민족의 정통으로 여기는 역사체계를 만들었다. 종래의 영토설이 잘못되었다는 생각을 가진 이상룡은 만주가 기록된 중국역사서를 분석하고 고증하면서, 한사군의 위치를 반도의

24 강윤정, 「신흥무관학교와 안동인」, 44~48쪽.
25 김희곤, 위의 책, 67쪽.
26 강윤정, 위의 논문, 48쪽.
27 김희곤, 『안동사람들이 만주에서 펼친 항일투쟁』, 67~68쪽.

서북부가 아니라 만주라고 밝히고, 기자조선은 성리학적 정치이념으로 역사에 기록하는 과정에서 빚어진 사대적인 성향 때문에 나온 것이라고 비판하였다. 또 서간도를 비롯한 남북만주지역이 고대 한韓민족 발달사의 지리적 중심이라고 말하면서, 단군-부여의 정통이 고구려 - 발해로 이어졌다는 견해를 제시하여 , 우리 고대사의 재구성이 필요하다고 주장한 것이다. 이러한 그의 저술은 류인식이 『대동사大東史』를 저술한 것과 정신이 거의 비슷했다. 그들의 역사인식은 역사가 바로서야 민족이 다시 설수 있다고 본 것, 발해를 우리 역사의 범주에 포함시킨 것, 민족의 기원을 단군에서 찾은 것, 우리 영역에 대한 인식을 만주지역으로 확대한 것 등으로 요약할 수 있다.

신흥무관학교 교재를 저술한 또 한 사람은 도산면 상계, 즉 퇴계종가에서 태어난 이원태李源台이다. 그는 역사지리교재 『배달족강역형세도倍達族疆域形勢圖』를 집필하였다. 이 책은 한민족사의 형세를 모두 44장의 지도와 '비고'라고 덧붙인 글로 설명한 것이다. 전체 내용의 75%가 만주지역에 관한 부분인데 , 그곳에서 활약했던 민족들을 한민족 계통으로 파악하였다. 이것들은 학생들로 하여금 만주 역시 한민족의 역사임을 강조하여 독립운동의 정신적 이념을 제공하고자 하였던 것이다

1910년대 초 서간도에서 활약한 이동하(李東廈, 白農, 李元植)의 활동도 빠뜨릴 수 없다. 서울 계산학교 교사와 대구 협성학교協成學校 교감을 지내고, 예안의 보문의숙普文義塾 설립에 참가했던 그는 1911년 김동삼과 더불어 만주로 망명했다. 환인현에 동창東昌학교을 맡았는데, 이곳은 대종교 3대교주 윤세복尹世復이 그의 동생 윤세용尹世茸과 세운 것이다. 그는 또 신빈현新賓縣에 흥경학교興京學校를 세워 민족교육에 몰두했다.[28]

이상의 사실을 종합해볼 때 안동인들은 신흥강습소 설립과정에서 이회영

---

28 김희곤, 『안동사람들이 만주에서 펼친 항일투쟁』, 68~71쪽.

6형제와 함께 설립주체로 활약하면서, 「권유문」, 『대동역사』, 『배달족강역형세도』 등을 통해 학생들의 민족의식 고취에 주력하였다. 특히 망명 2세대는 학교의 인적자원으로 기능하였고, 이는 후일 전개될 독립전쟁에 끼칠 영향을 예견하는 것이었다.

3) 부민단

1912년 초 통화현 합니하哈泥河로 이주하였던 김대락은 1913년 2월 18일에 다시 삼원포 남산으로 돌아왔다. 그 때 이미 경학사는 해체되어 있었다. 이에 왕삼덕·김동삼은 새로운 자치조직인 공리회를 만들었다.[29] 이것이 정확하게 언제 결성되었는지는 알 수 없으나, 김대락의 일기에는 1913년 6월 7일 「공리회취지서」를 작성한 것으로 적혀있다.[30] 그가 「공리회취지서」를 작성한 사실을 보면, 공리회 회장에 김대락이 추대되었을 가능성이 높다.

「공리회취지서」에는 결성 이유와 시대적 배경, 조직체계와 지향점 등이 명확하게 드러나 있다. 김대락은 '공리'라는 무한하게 자유하고 평등한 새 사회를 유지하자면 모든 것을 공동共同·공리共理·공화共和로 협의 운영하는 방식이어야 한다고 보았다. 그는 우선 한 가정의 공동을 생각하고, 다음으로 한 마을의 공동, 이어 지방의 공동, 천하의 공동으로 넓혀갈 것을 제안하였다. 그리고 '경의敬義'와 '신의信義'에 바탕을 둔 공동체가 이루어지기만 하면 우연히 횡역橫逆을 만났을 때도 서로 구제할 것이라고 보았으며, 이것이 이른바 공화이고 공리라고 하였다. 경과 의를 함께 유지하면 신信이 그 가운데 있을 것이니 이 또한 이른바 공화의 근본이요, 공리의 효험이라고 보았다.

29 공리회에 대하여는 다음 논문을 참조하였음. 강윤정, 「백하 김대락의 현실인식과 민족운동」, 『백범과 민족운동』 7, 2009; 조동걸,「백하 김대락의 망명일기(1911~1913)」, 『안동사학』 제5집, 안동사학회, 2000.

30 김대락, 『백하일기』, 1913년 6월 7일.

김대락은 삼원포의 한인단체였던 경학사가 무너지고, 갖가지 생활고로 어려운 처지에 놓인 삼원포 사회에 새로운 조직이 필요하다는 것을 절감하였다. 그리고 그 자치단체는 '도와 덕'이 중심이 된 유교적 이상사회이면서 '새로운 자유와 평등의 시대상'이 담긴 대동사회였다. 이것이 바로 김대락이 꿈꾸었던 '만주망명 한인사회'의 모습이었다.

경학사가 해체된 후 재만 한인사회에서도 한인사회의 자치와 산업의 향상을 지도할 새로운 조직의 필요성을 절감하였다. 이에 1912년 가을[31], 독립운동가들은 경학사를 바탕으로 하여 부민단을 조직하였다. 부민단의 뜻은 '부여의 옛 영토에 부여의 후손들이 부흥결사復興結社를 세운다'는 것이었다. 본부는 통화현 합니하에 두었으며, 초대 총장은 진보(현 청송군 진보면)에서 의병장 허위許蔿의 형인 허혁許赫이 맡았으며, 곧 이어서 이상룡이 선임되었다.[32]

허혁이 단장인 부민단에는 김동삼이 부단장이고 김형식이 서무부장을 맡았는데 곧 부민회扶民會로 확대 개편되었다고도 한다. 그리고 유하현 통화현 흥경현(지금의 신빈현) 동포사회를 통할하는 큰 규모의 조직으로 발전하면서 각 지역에는 대표가 선임되었고, 이때 이상룡이 다시 회장을 맡고 김동삼이 의사부장을, 김형식이 남정섭南廷燮과 함께 중앙검찰을 맡았다. 천전 출신의 김동삼이 입법기관을, 김형식은 사법을 책임졌던 것이다.[33] 당시 이 부민단에는 남만주에 터를 잡은 안동사람들이 거의 모두 참가하였다. 예를 들면, 남후면 대곡마을 출신 권기일은 부민단의 정치외교위원이었다.[34]

이상룡은 동포들의 실업활동을 활발하게 만들어 경제적 자립을 도모할 목

---

31 김희곤, 『안동사람들이 만주에서 펼친 항일투쟁』 84쪽에는 부민단이 1916년에 조직되었다고 보고 있다.

32 박환, 「부민단」, 독립운동사사전, 독립기념관,

33 조동걸, 「傳統 名家의 近代的 變容과 獨立運動 事例 -安東 川前門中의 경우-」, 『대동문화연구』, 2000, 424쪽.

34 김희곤, 『안동사람들이 만주에서 펼친 항일투쟁』, 84~85쪽.

적으로 해룡현海龍縣에 자신계自新契라는 조직을 만들었다. 더구나 그 속에 신성호新成號라는 회사까지 만들었다. 그가 쓴「자신계취지서」는 그 목적을 알려준다. 우승열패의 시대적 풍조를 만나 스스로 새로워져야 살아남는다는 전제 아래, 새로워지는 데에는 자율과 타율 두가지 길이 있는데, 타율로 가면 자유를 잃게 된다면서, 오로지 나아갈 길은 스스로 새로워지는 것임을 주장하였다. 이것도 동포사회가 실업에 힘써 뿌리를 내리는데 한마음으로 뭉쳐야 한다는 점을 강조한 것이다. 하지만 이러한 노력은 일제의 경계망에 포착되고 방해공작으로 무너지게 되었다.

신성호라는 조직은 저축하는 축재소蓄財所로 주식회사 형태를 띤 것 같다. 이상룡은 회사가 왜놈의 위협 한번에 모든 노력이 물거품이 되고 말아 안타깝다고 적고 있다. 1919년 신성호는 화전현으로 옮겨졌다.

1910년대 후반에 시사연구회가 조직되기도 하였다. 제1차 세계대전을 지켜보면서 독립전쟁을 향한 전략을 마련하는데 그 목표가 있었다. 부민단 대표로 김동삼 이탁李鐸, 신흥학교에서 김창환, 성준용成駿用, 신흥학우단에서 허식許湜, 김석金石 등이 참가했다. 국내외의 여러곳의 정보를 효과적으로 수집하고 검토하고자 지역별로 책임자를 정했다. 김동삼이 맡은 지역은 강원도와 경상도였다. 지역별로 정리된 자료를 바탕으로 삼아 알맞은 항일방략을 세우고 부민단이 이를 운용할 수 있도록 반영해 나갔다. 시사연구회의 활동은 부민단 자체를 발전적으로 개편하는 계기가 되었다.[35]

4) 신흥중학

부민단의 여러 사업 중 가장 중요한 것은 신흥강습소의 개편을 통해서 문

35 김희곤, 『안동사람들이 만주에서 펼친 항일투쟁』, 85~87쪽.

무인재文武人材를 양성하는 일과, 그 밖의 각지 학교에서 민족교육을 실시하는 일이었다. 부민단의 본부가 있던 합니하는, 동남쪽으로 태산중령인 고뢰산古磊山이 30리 거리에서 솟아 있고 북쪽으로 청하자淸河子의 심산유곡이 펼쳐져 있으며 남서쪽으로 뇨가동鬧家洞의 장산밀림長山密林과 혼강琿江이 흐르는 곳으로, 천하절경인 동시에 난공불락의 요새라고 그곳 민족운동가들이 생각하던 곳이다. 민족운동가들은 넓은 토지를 사들여 이곳을 서간도 제2의 독립운동기지로 삼으면서 신흥강습소를 신흥학교로 개칭하고 큰 교사를 신축하였다. 혼강 북쪽 언덕 위에 자리잡은 이 교사는 이석영李石榮의 재정후원과 교직원 및 학생들의 피땀어린 노동력으로 1913년 5월에 낙성되었다.[36]

그때 김대락을 중심한 안동 천전문중의 가정도 김형식, 이시영의 주선으로 합니하로 이사하였다. 주의할 것은 신흥학교를 옮겼다고 서술한 글이 많은데 옮긴 것이 아니라 추가가학교와는 별도로 합니하학교를 신설한 것이다. 『백하일기』를 검토하면 합니하에서 신학교 개교식이 있었던가 하면, 손자 정로는 종전대로 추가가학교에서 기숙사 생활을 한 것을 알 수 있다.[37]

합니하 신흥중학교 설립 논의가 언제부터 시작되었는지는 알 수 없으나, 김대락은 이와 관련하여 1912년 2월 18일(음) "이동녕과 이철영이 와서 보고, 학교를 짓는 일을 대략 말해주었다"고 하였다. 이로 미루어보아 그 전부터 학교 설립에 관한 논의가 있었던 것으로 보인다.

이어 1912년 2월 말 무렵 학교부지가 확정되었고, 3월부터 터를 닦고 교사 신축에 들어갔다. 김대락은"3월 18일, 합니하로 가서, 여러 사람과 함께 학교 터를 영건하였다. 강산이 밝으면서 수려하고, 지세가 평탄하고도 넓어서 정녕 유자 학도들이 들어앉아 수양할 곳으로 합당하다. 이로 하여 마음 속 회포가

---

36 박환, 「신흥무관학교」, 328~331쪽.
37 조동걸, 「傳統 名家의 近代的 變容과 獨立運動 事例 -安東 川前門中의 경우」, 423~424쪽.

상쾌해졌는데 이는 이 경내에 들어와 처음 느끼는 것이다."고 소회를 밝혔다.

합니하 신흥중학교는 1912년 3월(음) 무렵부터 공사를 시작하여 6월 7일(양력 7월 20일) 낙성식을 가졌다. 김대락은 이 날의 일을 소상하게 기록하였다. "모인 사람이 100여 인이고, 학생으로 졸업하는 사람이 7인이었는데 모두 상품을 받았다. 취지 연설과 축사가 있은 후에 창가와 만세를 불렀으며, 졸업자 7명이 상품을 받았는데 구경 온 수십 명이 이 광경을 보며 칭송하며 부러워했다."고 하였다. 학교에는 병영사兵營舍가 세워졌다. 각 학년별로 널찍한 강당과 교무실이 마련되었고, 내무반 안에는 사무실·숙직실·편집실·나팔반·식당·취사장·비품실 등이 갖추어졌다. 이로써 신흥학교는 일정한 군사 훈련을 시키고, 중등교육과정을 가르칠 수 있는 교육기관을 갖추게 되었다. 1912년 7월 21일에는 학교 구회區會가 처음으로 열렸다.

추가가 신흥강습소에 이어 합니하 신흥중학교 설립에도 안동인들은 인적 자원을 제공하였다. 합니하로 거처를 옮긴 김대락은 67세의 노유로서 학교 영건에 힘을 쏟았다. 이상룡은 초대 교장을 맡았던 것으로 추정된다. 또한 김형식이 1912년 11월 무렵 학교장을 맡았다는 기록이 보인다. 이 학교가 합니하 학교인지 추가가 학교인지 정확히 알 수 없으나 김형식의 역할을 가늠할 수 있는 중요한 대목이다. 이어 1913년 무렵 이상룡은 교감 윤기섭尹琦燮에 이어 후임교감을 맡았다는 기록도 보인다.[38] 경학사 학무부장 류인식도 학교 설립에 힘을 보탰을 것으로 추정된다.

합니하 신흥중학교에 입학한 안동인으로는 김성로金成魯·김병대·김병칠·이광민·김정로가 손에 잡힌다. 김성로는 1911년 조부 김대락과 함께 만주로 망명하여 신흥중학교를 졸업하였다. 그 뒤 1919년 4월 신흥무관학교가 확대·개편할 때 교관으로 발탁·활약하였고, 북간도 왕청현汪淸縣 서대파西大坡의 북로군정

38 원병상, 「신흥무관학교」, 『독립운동사자료집』 제10집, 독립운동사편찬위원회, 1983. 19쪽.

西北路軍政署 사관연성소 교관으로 파견되었다. 1920년 10월 북로군정서 독립군단에 편성, 청산리전투에 참전하여 전투를 벌이다가 부상 후유증으로 사망하였다. 김병대는 안동 임하면 내앞마을 출신으로 협동학교를 졸업하고, 만주로 망명하여 독립운동 기지건설에 노력하였다. 김병칠은 내앞마을 출신으로 협동학교 교사로 활약하다 만주로 망명하였다. 이들은 모두 합니하 신흥중학교 개교 무렵에 입학한 것으로 보인다. 김정로는 김대락의 손자로 1913년 7월 4일 학교에 입학하였다.

그 외 인물로는 이목호와 권중봉이 있다. 이목호는 1911년 만주로 망명하여 신흥중학교를 수료한 후 독립운동 기지 건설과 동지규합에 힘쓰다가, 1919년 1월 유하현에서 순국하였다. 권중봉은 안동 서후면 명리출신으로 1912년 통화현으로 망명하였다가 군자금 모집의 임무를 띠고 국내로 들어와 수 개월간 활동하였다. 다시 만주로 간 그는 1913년에 신흥중학교를 졸업하고, 부민단에 참가하였다.[39]

5) 신흥교(학)우단

만주지역 독립운동지도자들은 신흥학교에서 배출된 졸업생들을 보다 효율적인 독립군으로 성장시키기 위해 새로운 조직을 결성하였다. 그것이 바로 신흥교(학)우단이다. 이 단체는 1913년 5월 6일 합니하 신흥강습소에서 창단하였다.[40] 신흥교(학)우단은 "혁명대열에 참여하여 대의를 생명으로 삼아 조국광복을 위해 모교의 정신을 그대로 살려 최후일각까지 투쟁한다."는 설립목적을 분명히 하였다.[41]

39 강윤정, 「신흥무관학교와 안동인」, 48~49쪽.

40 김주용, 「『신흥교우보』를 통해 본 신흥무관학교」, 『한국독립운동사연구』 40, 독립기념관 한국독립운동사연구소, 2011, 64쪽.

41 원병상, 「신흥무관학교」, 『독립운동사자료집』 10, 독립운동사편찬위원회, 1983.

이어 5월 10일 제1회 임시총회를 신흥강습소 내에서 열었는데, 참석인원은 25인이었다. 그 명단은 창간호에 10명, 제2호에 15명 수록되어 있다. 이형국·강남호·이의직李義直·강일수姜一秀가 바로 그들이며, 이영李英이 임시회장으로 피선되었다.[42]

여기에 보이는 이형국은 석주 이상룡의 조카이다. 그는 1911년 1월 백부(伯父) 이상룡과 함께 만주로 망명하여 신흥강습소를 수료하였고, 흉년으로 경학사가 어려움을 겪자 운영자금을 조달하기 위해 국내에 파견되었다. 국내에 들어온 그는 경기·충청·경상도 지역에서 자금을 모집하고, 신흥사新興社라는 비밀결사단체를 조직·활동하다가 체포되어 징역 7월을 언도받고 옥고를 치렀다. 출옥 후 다시 만주로 건너가 부민단·한족회 등을 이끌며 항일투쟁을 이어갔다.[43]

또 강남호는 이상룡의 사위이다. 그는 경북 상주출신으로 1911년 만주로 망명하여 이상룡을 보좌하였으며, 1919년 가을 중국 안도현 내도산內島山에서 성준용 등과 독립군의 병영지를 물색하였다. 그 뒤 1924년 8월 반석현盤石縣에서 개최된 한족노동당의 발기인으로 참여하였고, 1926년 10월에는 한족노동당 대표회의에서 검사위원으로 활약하였다.[44]

한편 김승학金承學은 신흥교(학)우단의 초대 간부진 가운데 총무부장으로 김동삼을 지목하였다. 『신흥교(학)우보)』에서 그의 이름이 확인되지 않아 이를 단정할 수 없지만 김동삼이 신흥교(학)우단과 관계가 있었음을 알려주는 대목이다. 후일 그가 신흥교(학)우단이 주축이 된 백서농장의 장주가 되었다는 것은 그 연계 가능성을 충분히 시사한다.

신흥교(학)우단에서는 『신흥교(학)우보』를 발간하여 서간도 주민들의 민족의

42 김주용, 「『신흥교우보』를 통해 본 신흥무관학교」, 『한국독립운동사연구』 40, 독립기념관 한국독립운동사연구소, 2011, 64쪽.
43 안동독립운동기념관편, 『국역 백하일기』, 경인문화사, 2011, 39쪽.
44 안동독립운동기념관편, 『국역 백하일기』, 경인문화사, 2011, 123쪽.

식을 고취하였고, 계몽운동을 통해 주민들을 결속하였다. 이 잡지는 독립운동의 견인차 역할을 하였고,[45] 신흥교(학)우단의 경험은 독립군영 '백서농장'의 밑거름이 되었다..[46]

6) 백서농장白西農庄

부민단은 조직을 부민회로 확대 개편하면서 본부를 통화현 합니하에서 교통이 편리하면서 오지인 유하현 삼원포 북쪽 고산자孤山子로 옮겼다. 그때 합니하에 있던 신흥중학교도 고산자로 옮겼다. 합니하학교는 분교 또는 신흥소학교로 사용하였다. 그럴 때인 1914년 가을에[47] 부민회에서 고산자로부터 동남쪽으로 30킬로미터 산중으로 들어간 팔리초八里哨 깊은 산속 소북차小北岔에 군관구軍管區를 설치하였다. 군관구를 위장하여 백서농장이라 이름하고 둔전屯田을 개척한 것이다. 거기의 책임자인 백서농장 장주庄主를 김동삼이 맡았다.

그밖에도 제3중대 3부관을 맡은 김동진金東振도 안동출신으로 알려졌고, 같은 부관 가운데 이수철李壽喆은 영해, 규율대의 김진화金進華는 울진 평해 사람이다.[48]

백서농장에 안동 천전 인사들이 얼마나 참여했던가는 김동삼 외에 분명히 알 수 없다. 백서농장이 설치된 그해(1914) 12월 10일에 백하 김대락이 작고하여 많은 인원이 참가할 수는 없었을 것이다. 그러나 신흥무관학교 졸업생이 주축이 된 것을 보면 김성로, 김성로金聲魯, 김정로, 이광민, 황병우黃炳禹, 황병탕, 황병일, 황덕영黃德英 같은 신흥학교를 졸업한 천전의 친인척 인사가 직접

---

45 서중석, 『신흥무관학교와 망명자들』, 136~137쪽.
46 강윤정, 「신흥무관학교와 안동인」, 50~51쪽.
47 이해 12월 10일에 白下 金大洛이 70세를 일기로 작고하였다. 그때는 유하현 삼원포 藍山에 거주하였다.
48 김희곤, 『안동사람들이 만주에서 펼친 항일투쟁』, 81~82쪽.

간접으로 참가 또는 관여했을 것을 추측하기란 어렵지 않다. 그 외에도 박의열朴義烈, 이규동李圭東, 이목호, 박명진朴明鎭, 김사순, 권중봉, 권준權晙 등 신흥무관학교 졸업생에는 안동 근방 지방인사가 적지 않았다.[49]

그와 같이 1914년 가을에 인적 없는 산중에 들어가 낮에는 농사하고 밤에는 군사훈련으로 독립전쟁을 준비하였다. "우리의 군영軍營이라 하지 않았음은 남의 땅인 때문에 국제적 체면을 생각하여 백서농장이라 하고 내용에서만 우리 군영이라 불러왔다. 사방四方 무인지경無人之境 이백여리중二百余里中 인적미답人跡未踏의 대수해大樹海요 어디서 가던지 산저山底에 이르러 삼십오리를 여러 고개를 기어 넘어 올라가 아주 시원한 고원평야가 되어졌다. 도로는 생념도 못하는 오소리 산돼지 곰 노루가 다니는 길인 동시에 ---마적 대부대가 연사오차四五次 내왕하는 노변인 곳이다."

군사훈련은 구한국군 참령參領이었던 양규열梁圭烈 책임하에 허식 등의 교관이 맡았고, 농사는 채찬(蔡燦, 白狂雲) 책임하에 이루어졌다. 온갖 고난을 무릅쓰고 조국의 독립을 위하여 젊음을 불태운 것이다. 어느덧 세월이 지나 1919년에 3·1운동이 일어나고 서간도에도 변화가 일어 부민회를 한족회로 개편하면서 한족회에서 백서농장 철수령을 내렸다. 그리하여 백서농장 5년사를 끝맺게 되었다.[50]

백서농장과 비슷한 조직으로 길남장 혹은 길남사吉南社라는 것도 있었다. 이름은 길림 남쪽에 있는 농장이란 말이지만, 실제로 백서농장처럼 자급자족하는 둔전형태의 병영이었다. 연무장으로 삼았다는 말이 전해지는 것도 이 때문이었다. 길남장은 이상룡이 1918년 봄에 화전에 설치한 병영이다. 이상룡은 20세 넘은 장정들을 모아 농병農兵을 만들어 , 반나절은 농사를 짓게 하고, 반나절은

49 박환, 『만주한인민족운동사연구』, 322쪽; 윤병석외, 『中國東北지역 韓國獨立運動史』, 집문당, 1997, 242쪽.

50 조동걸, 위의 논문, 424쪽.

군사훈련을 시켰다. 백서농장이 고립된 지역에 만들어진 대규모 병영이라면, 길남장은 비교적 쉽게 드나들 수 있는 지역에 소규모로 만들어진 것이었다.[51]

맺음말: 1910년대 만주지역 독립운동의 특징

1910년 나라가 멸망하자 경북인들은독립을 위한 새로운 길을 모색하며, 만주로 망명하여 한국독립운동사에 중요한 부분을 담당하였다. 1910년대 활동의 특징을 보면 다음과 같다.

첫째, 경북인들은 국내의 어느 지역보다도 일제의 조선강점이후 만주로 집단적으로 망명하여 독립운동을 전개한 대표적인 인사들이었다. 주지하는 바와 같이 만주지역에는 1860년대 이후 평안도, 함경도인들이 생존을 위하여 이주한 사례는 있었다. 그러나 경북인들처럼 정치적인 이유로 집단적으로 특정 학맥과 집안들이 이주한 사례는 거의 찾아볼 수 없다. 물론 우당 이회형 6형제의 사례를 찾아볼 수 있으나 이들의 경우 한 집안에 한정된 경우이다. 경북인들의 집단이주에는 학맥, 혼인, 혈연 등 다양한 연결고리가 있었으나 가장 큰 이유는 국가를 구하겠다는 강한 의지였다고 볼 수 있다.

둘째, 경북인 중 특히 만주로 망명한 인물들 가운데 주목되는 것은 안동사람들이었다. 학맥을 보면 퇴계 학맥가운데서도 정재학맥을 잇는 사람들이 주류를 이룬다. 그 가운데서도 이상룡처럼 혁신유림으로 전환한 인물이 핵심이다. 협동학교와 대한협회 안동지회가 그 구심점이었다. 그리고 여기에 통혼권으로 얽힌 혼반이 강하게 작용하였다. 김대락과 이상룡, 이상룡과 영덕의 박경종, 김대락의 사돈인 평해의 황병일과 황만영, 이상룡의 사돈인 성주의 강신종 등이 그렇다. 이들 신분은 대부분 양반이고, 경제력도 비교적 넉넉하였다. 이

51 김희곤, 『안동사람들이 만주에서 펼친 항일투쟁』, 83~84쪽.

러한 척족 학맥 등으로 엉켜진 재만 안동지역 민족주의자들은 독립운동과정에서 분열을 극복하고 통합을 지향할 수 있었으며 시종 독립군단체들의 활동을 주도할 수 있었던 것이다.

셋째, 1910년대 만주지역의 독립운동기지 건설에서 경북인들은 큰 중심축으로서 그 일익을 다하였다고 평가할 수 있다. 경북인들은 1910년대 남만주지역의 주요한 독립운동단체인 경학사, 부민단, 백서농장, 신흥무관학교, 한족회, 서로군정서 등 거의 모든 단체의 주요 인물로 참여하며 중요 역할을 하였다. 아울러 북만주.지역의 주요 독립운동운동 기지인 한흥동 건설에도 한계 이승희 등이 주요 역할을 하였다. 한흥동 기지 건설은 러시아 연해주 지역의 항일독립운동과도 밀접한 관련을 맺고 있다. 한편 경북인들이 남만주와 북만주에서 주로 활동한이유 중 하나는 동만주지역에는 일찍부터 함경도 출신들이 동포사회를 형성하고 있었던 점과 관련이 있는 것으로 보인다

넷째, 경북인들은 공화주의를 추구하였으며, 대한민국임시정부와 깊은 관련을 맺고 있었다, 만주로 망명한 경북출신의 중심세력은 이상룡, 김동삼 등 혁신유림들이었다. 그러므로 이들은 1911년 신해혁명이후 공화주의 정치이념을 주창하였다. 그리하여 1919년 3·1운동이후에는 서로군정서를 조직하였으며, 아울러 대한민국임시정부와 깊은 관련을 맺고 있었던 것이다, 또한 북간도지역의 임시정부 산하조직인 북로군정서와 연대 속에 항일투쟁을 전개하였던 것이다. 안동인들 을 중심으로 한 경북인들의 이러한 정치적 성향은 당시 서간도지역에서 활동하고 있던 평안도 출신이 중심을 이룬 대한독립단과 비교하여 차별화되는 점이라고 할 수 있다.

다섯째,경북인들은 동포사회의 사회적·경제적 안정을 도모하고자 하였다. 서간도에 독립군기지를 건설하기 위해서는 먼저 이주한인들의 튼튼한 생활기반이 필수적이었기 때문이다. 이에 서간도의 농업환경과 경작방식도 검토하였다.

대사탄大沙灘에 광업사를 조직하여 수전 개간을 통한 교포사회의 농업 발전을 도모하였고, 자신계를 조직하여 교포의 각종 실업활동 활성화를 도모하는 등 한인 교포사회의 경제적 자립에도 심혈을 기울였다. 또 신성호를 세워 축재소로 삼았다.

여섯째, 동포들을 대상으로 자치 기구를 조직하였다. 그 첫 조직이 경학사였다. 경학사는 공리회·부민단·한족회로 계승되었고, 이는 남만주지역 독립운동 발전의 중심적 역할을 담당하였다. 이 자치기구에서 경북인들을 주도적으로 일하였던 것이다.

일곱째, 독립군 양성 작업 및 병영 건설을 추진하였다. 이상룡 등 경북출신 망명자들은 1911년 유하현 삼원포 추가가에 신흥강습소를 열었다. 신흥강습소는 독립군을 양성할 기반이 되었고, 신흥무관학교의 모태가 되었다. 이와 더불어 백서농장·마록구농장·길남장과 같은 병영을 세웠다. 경북인들의 독립군 양성 작업과 병영건설은 1920년대 청산리전투의 승리를 비롯하여 만주지역 항일무장투쟁의 원동력을 제공하는 것이었다.

여덟째, 지금까지 확실하게 밝혀져 있지는 않으나 만주로 진출한 경북인들은 국내조직들과 연계를 갖고 만주지역 항일운동을 위한 군자금 마련을 위해서도 노력한 것으로 보인다. 특히 1910년대 중반 박상진朴尙鎭을 총사령으로 하는 대한광복회大韓光復會의 경우 그 가능성을 더욱 높여 주고 있다. 앞으로 경북인들의 군자금이 만주지역 경북인들에게 전달되는 과정과 그 지출 내역 등에 대한 검토 또한 깊이 있게 다루어져야 할 것이다.

3. 신흥무관학교의 유지 발전 : 청년 윤기섭

머리말

윤기섭尹琦燮(1887. 4. 4~1959. 2. 27)은 『독립신문』 1920년 3월 6일자 〈時事短評〉에,

> 蚪雲(윤기섭의 호-필자주)!
> 검은 두루막에 小本聖經 한 卷을 들고 十圓 못되는 路費를 차고 立冬 찬바람에 포풀라●히다 떨어지는 十年前 어느날 夕陽에, 飄然히 西天을 向하고 떠나가던 蚪雲! 나라는 恢復하여야 하리라, 그리하랴면 사람붓터 만들어야 된다하야 單身으로 쌀쌀한 鴨綠江을 건널 때 君의 胸中은 何如하던가
> 그러나 君은 君의 祖國과 同族에게 對하야 貴한 努力을 하엿고 貴한 貢獻을 하엿다, 한번 作定한 다음에는 끗까지 나가고야 마는 君은 十年이 一日갓치 君의 祖國에 對한 約束을 지켜 數百의 靑年을 敎育하엿다, 十年에 君은 空手로 갓거니와 只今은 祖國에 對한 만흔 善物을 졋다, 蚪雲아, 저마다 이 義務를 自覺하고 實行하는 줄로 生각지 말어라, 君 갓흔 이는 우리의 本이다, 祖國이 要求하는 貴重한 아들이다.
> 君은 浮虛한 名利를 몰낫고, 一身一家의 快樂을 몰낫고, 空中에 樓閣을 지엇다 헐엇다 하는 空想과 空談을 몰낫고, 神機妙算으로 天下를 席捲하고 萬姓을 指揮하랴는 虛된 野心을 몰낫다, 君은 오직 한 짐 식, 한 짐씩 땀을 흘니며 흘글져다가 新國의 基礎를 싸핫다, 님이 모르는 동안에, 虛되히 떠들고만 돌아단니는 동안에, 그러한 十年 동안에 虛僞에 찬 우리 族屬中에서 엇더케 君과 갓흔 眞人이 낫나냐, 아아 敬愛할 만하고 模範할 만한 蚪雲이여, 녯벗의 眞情의 感想을 들으라 (春)

라고 있듯이, 우리의 본이며, 조국이 요구하는 귀중한 아들이었다.

또한 『독립신문』 3월 6일자 〈十年을 一日갓히 光復을 爲하야 育英에 獻身한 尹琦燮先生이 西間島議員으로 議政院에〉에서도,

> 西間島 哈泥河 新興講習所에서 十年間 育英事業에 獻身하던 尹琦燮先生은 西間島 選出 議政院議員으로 日前 ○○에 來到하다
> 西間島에 한번 足跡을 印한 이는 應當 呂準先生의 일홈과 함끠 尹琦燮先生의 일홈을 들엇스리라, 多數의 志士들은 왓다가는 가고, 이것을 하다가는 져것으로 變하되 先生은 國恥를 哭하고 飄然히 故國을 떠나 西間島에 入한 後로부터 十年의 今日까지 정말 飢寒과 가즌 苦楚와 奮鬪하면서 大韓民族拯濟事業의 根本이오 基礎되는 育英事業에 精을 殫하고 力을 竭하다
> 이러한 獻身的 努力의 結果로 多數의 健全한 愛國靑年을 養成하야 三十萬 西間島 同胞의 中樞를 作하엿고 그 餘暇에 一般 同胞를 說하야 愛國心과 團結力을 鼓吹하야 同胞의 敬行을 受하엿고, 特히 數年前부터 血戰의 準備의 必要함을 力說하야 多數의 靑年에게 軍隊訓鍊과 冒險의 精神을 鼓吹한 功績은 大書할 일이라
> 昨冬에 先生이 馬賊의 捕虜가 되어 殺害를 當하엿다는 所聞까지 들리더니 天이 幸하야 우리 熱誠의 志士를 多事多難한 時機에 處한 我民에 돌여보내시다
> 先生은 坡州人이니 隆熙年間에 普成中學校의 第一回를 首席으로 卒業하고 定州 五山學校에 來하야 同僚와 學生의 眞情의 信賴와 愛敬을 受하다가 國恥 後에 育英의 目的으로 西間島에 가다
> 先生은 只今 三十七八의 壯年으로 寡言謹嚴하야 長者의 風이 잇스면서도 性이 溫厚하야 友誼에 篤하며 熱誠의 人이오 意志의 人이면서 頭腦明晳하다, 特히 先生은 愛國心의 化身이니 그의 過去는 오직 愛國이라, 그에게 家도, 財도, 名도 업고 十年의 生涯가 오직 國家를 爲함이니 그는 진실로 國民의 盛謝할 指導者요 崇仰할 模範이라

라고 있듯이, 애국심의 화신, 국민이 감사해야 할 지도자요, 숭앙할 모범이었다.

아울러 『신한민보』 1940년 5월 30일자에 〈서간도 혁명건장 윤기섭과 추당 김

창환〉이란 기사가 있을 정도로 윤기섭은 서간도 지역의 신흥무관학교에서 중요한 독립운동가였다. 즉, 신문에서는

모범적 혁명생활, 신흥학교를 유지

서간도 혁명사업의 대본영인 경학사와 신흥학교의 창설은 이동녕선생과 그 동지들이 하였고, 그 후 신흥학교를 폐지할 경우에서 유지하여 9개년 동안 분투한 자는 윤기섭과 추당 김창환 두 건장이니 오늘 우리가 이동녕 선생의 서간도 사업을 생각하는 때에 선생의 사업을 도운 이두 건장의 공을 가리울 수 없는 것이다.

라고 하여, 신흥무관학교를 9년 동안 유지 발전시킨 것이 바로 윤기섭과 김창환의 공임을 보도하고 있는 것이다.

이어서 신문에서는 다음과 같이 기사화하고 있다. 좀 길지만 생동감 있는 새로운 이야기들이라 적어보면 다음과 같다.

신흥학교는 간난한 가운데 두 해 반 동안을 유지하고 4245년(1912년-필자주) 여름에 이르러 할 수 없이 폐지하게 된 것은 두 가지 큰 연고가 있으니, 1. 동지 다수가 왜적에게 잡혀서 서로 돕는 힘이 적어지고, 2. 수토불복과 실농을 말마암아 먹고 살수 없는 형편에 학교 유지가 어려운 이때 모든 동지들이 신흥학교 존폐문제를 의논하는 가운데 누구나 비분강개한 어조로 부르짖는 말이, "우리가 망국의 비통을 당한 후 경가파산하여 늙은이를 붙들고, 어린이는 업고, 강을 건너 북으로 온 지 두 해 동안 고생을 참으면서 악렬한 환경과 싸우다 우리의 가장 요긴한 사업인 군사양성기관 신흥학교를 유지하지 못하고 폐지한다면 이는 즉, 우리의 강 건넌 목적을 잃어버리는 것이며, 서간도 경영의 실패를 선언함이니 경학사의 허명은 두어서 무엇하랴" 드디어 경학사까지 해산하니 경학사의 해산이 즉 서간도 한인혁명단결의 해산이라.

그들은 본래 강철심장의 분투건장으로 눈물겨운 이 시각에 눈물은 뿌리지 않았지만은 회중의 광경은 참으로 비장이오, 침통이다. 이 회의에 처음으로부터 끝까지 참석한 25세의 청년 하나와 40세의 장년 하나 있으니 청년은 즉, 신흥학교의 교감인 윤기섭이오, 장년은 즉, 동교 교사 중 1인인 추당 김창환인데, 그는 본래 광무(대한제

국-필자주) 군인으로 동년 가을에 서간도 신흥학교에 와서 군사훈련을 담임한 교원이다. 그들이 백천간두의 일보를 나와서 신흥학교 유지를 결정하고 이듬해 4246년(1913년-필자주) 계축 춘기로부터 교사 생도가 용기를 떨쳐서 전도개척에 분투할 적에 그 고생은 여간 붓하나, 혀를 가지고는 다 기록할 수 없는 것이다. 윤기섭 김창환이 9개년동안 신흥학교 복무시대의 간난 상황 회상담 가운데 이런 말이 있다.

"사흘을 굶으면서 만일 5.6시간 교수하고, 또 5,6시간은 군사학을 번역하여, 이튼날 괴정을 준비하고 밭갈고 나무하고 밥 짓고 땅 쓸고 빨래하고 목수 미장이까지 겹해서 7,8가지의 잡무를 보았는데, 이튼까지는 여상하더니 제3일 저녁에는 현기증이 가끔 나더라. 15일 동안 간(소금)을 못먹어 보았는데, 7,8일까지는 잘 가꾸어기른 푸성귀 국맛이 여전하더니 그 후부터는 맛이 점점 감해지더라. 겹옷을 입고밀집모자에 너름신을 신고 작설이 싸인 가운데 전투 연습을 가르쳐보며 추위를 참지못할것은 없으나 수족과 귀가 좀 시렵더러. 하절날 하학 후에는 각급학교 언덕 아래로 흘로는 강에 가서 입은 고이적삼을 빨아 널고, 맑은 물에 몸을 잠가 두었다가 빨아 널린 옷을 거더 입고 오는 것 또한 일종의 운치스러운 일이더라"

이상이 서간도 혁명강개사 가운데 실려 있는 윤기섭, 김창환 두 건장의 분투생활이다. 철 찾아 옷을 갈아 입고, 때마다 음식을 바꾸 먹으며, 혁명을 말하는 저 미안이로서, 이런 말을 들으면, 응당 이상히녀겨 그게 무슨 말인고 할 것이다.(하략)

윤기섭은 조선말의 명문가인 해평海平 윤씨 집안에서 유학자 기영耆榮과 합천陜川 이씨李氏 사이의 2남 3녀 중 2남으로 태어났다. 본적은 경기도 장단군 장단면 중리中里 257번지, 출생지는 경기도 파주군坡州郡 주내면州內面 파주리坡州里 마산동馬山洞이다. 자는 중규仲珪, 호는 규운虯雲이다. 형은 윤위섭尹瑋燮, 부인은 오씨吳氏이다.[1]

어린 시절 강원도 철원의 문장가 박초양朴楚陽 선생의 문하에서 공부하였고, 서울 보성학교에 제1회로 입학하여 1909년 수석으로 졸업하였다. 이후 평북 정주의 오산학교 교사로 부임하여 민족교육에 종사하였다. 이 무렵 신민회

1 『해외의 한국독립운동사료』(국가보훈처 소장) 윤기섭.

에도 가입하여 자주독립, 민중계몽, 민권신장 등의 민족운동에도 투신하였으며 신민회 산하의 '청년학우회'에서도 활동하였다. '안명근 사건'과 뒤이어 터진 '105인 사건'으로 이승훈 등이 구속되어 옥고를 치르면서 오산학교의 재정난과 일제의 탄압은 윤기섭으로 하여금 망명을 서두르게 하였다.

윤기섭은 1910년 '경술국치'에 닥쳐 국외 망명을 결심하고 1911년 8월 서간도로 망명하였다. 서간도에서 이회영, 이시영, 이동녕, 이상룡 등과 함께 한인자치기관 '경학사'를 설립하고, 산하에 무관양성을 위한 신흥무관학교를 창립하는데 참여하여 10년 동안 신흥무관학교의 학감 및 교감, 소장을 역임하면서 수많은 군사인재들을 양성하였다. 1920년 2월 9일 3·1운동 이후 왕성해진 독립열기를 독립전쟁으로 수렴하기 위한 서간도 삼원포에서의 임시국민대회에서 임시회장에 선출된 윤기섭은 독립전쟁을 호소하고 임시정부에 대해 독립전쟁을 위한 재정지원을 요청하기 위해 임시정부 임시의정원 서간도 의원으로 선출되어, 서간도를 떠나 2월 말경 상해에 도착하였다.

1920년 상해에서 육군무관학교교관과, 임시정부군무부臨時政府軍務部, 임시편집위원장, 상해거류민단 본구역의 위원 등을 맡아 활동하였다. 1921년 5월 중한국민호조사총사中韓國民互助社總社를 조직하는데 참여하였고, 7월에는 임시정부를 지원하는 협성회協成會에 가입하였으며, 우리말 사용의 장려를 위한 연설회와 강연회를 통하여 독립정신을 고취하였다. 1921년 11월 임시의정원 의원 25명과 연서로 독립청원을 태평양회의에 참석하는 각국의 대표들에게 발송하였다. 1923년 5월 임시의정원 회의에서 이승만李承晩 대통령을 옹호하는 활동을 전개하였으며, 상해에서 조직된 협성회의 단장으로 단원 150명과 임시정부를 옹호하는데 앞장섰다.

1924년 2월 임시의정원 의원으로 피선되어 독립운동의 추진책을 강구하였고, 1926년 12월에는 임시정부의 국무원國務員에 선임되어 1935년까지 군무장

軍務長 등으로 활약하였다. 1927년 3월 한국의 독립을 위한 혁명을 완수한다는 목적하에 한국국민당 조직에 참여하여 활동하였다. 1932년 4월 한국혁명당의 대표로 한국대일전선통일동맹韓國對日戰線統一同盟의 결성에 참여하였다. 1934년 2월 한국혁명당 대표로 민족단체의 합류를 추진하여 1935년 7월에 민족혁명당을 결성하였고, 1936년 2월에는 민족혁명당의 당보부책임자로 임명되어 활동하였다. 1943년 3월에 대한민국임시정부의 군무부차장에 임명되어 독립운동을 위한 활동을 전개하였다.

이처럼 윤기섭은 국내, 만주, 상해 등 중국본토에서 활발히 독립운동을 전개하였음으로 최근 다양한 연구들이 이루어졌다.[2] 이에 이들 연구들을 바탕으로 만주 신흥무관학교에서의 윤기섭에 대하여 알아보고자 한다. 그는 학감, 교감, 소장 등으로 활동하였음에도 불구하고 그에 상응하는 역사적 조망을 받고 있지 못하다고 생각되기 때문이다. 특히 윤기섭이 기독교정신으로 무장된 열혈청년으로 생도들과 동고동락하며, 신흥무관학교를 유지 발전시키는 견인차 역할을 하였음에 주목하고자 한다.

1. 만주로의 망명과 신흥강습소 청년 학감

김원봉이 책임자였던 조선민족혁명당 중요간부 이력서(1943)에는중앙집권위원中央執檢委員 윤기섭에 대하여 다음과 같이 수록되어 있다. .

> 尹琦燮, 56세, 경기도 출신,보성전문학교 졸업, 신흥군사학교 교무장, 임시정부

2 김광재, 『대한민국 임시정부의 민족혁명가 윤기섭』, 역사공간, 2009; 이재호, 「윤기섭의 대한민국임시의정원 참여와 활동」, 『한국독립운동사연구』 39, 독립기념관 한국독립운동사연구소, 2011; 韓詩俊, 「신흥무관학교와 尹琦燮」, 『한국근현대사연구』 67, 한국근현대사학회, 2013; 김민호, 「대한민국임시정부 『보병조전초안』의 편찬과 성격」, 『군사연구』 144, 육군군사연구소, 2017.

군무차장, 典範令편찬위원회 위원장, 임시의정원 의장 역임. 현 조선민족혁명당 중앙상무위원

위의 기록에서 볼 수 있는 바와 같이, 윤기섭은 신흥무관학교에서 실질적인 책임자로 일한 인물이다. 그가 1910년대를 대표하는 신흥무관학교에 참여한 계기는 무엇일까. 아마도 신민회 참여가 그 중요한 연결고리가 되었을 것이다. 그의 만주 망명과 관련하여서는 신흥무관학교 생도였던 원병상의 다음과 같은 회고가 있어 이를 짐작해 볼 수 있다.[3]

1. 독립 운동의 요람지인 추가가(鄒家街)

1909년 봄에 서울 양기탁(梁起鐸) 선생 댁에서는 안창호·이동녕(李東寧) 선생 이하 구국 운동의 선구자들로 조직된 비밀 결사인 신민회의 간부회의를 열고, 해외 독립 기지 건설과 군관학교 설치의 건을 의결하였다.

그리하여, 황해도 인 최명식(崔明植) 외 수인을 급파함으로써 현지를 답사해 본 뒤에 가장 적당하다고 인증되는 땅이 있다는 보고에 의하여 각 지방 대표에 비밀 통보가 전달되자, 각지의 우국 투사들은 조국의 조종이 되는 산인 저 백두산 서북으로 뻗어 나간 요동 반도를 향한, 여기서 조국의 광명을 찾으려고 실천에 옮기기 위한 제1착이 이석영(李石榮)·이철영(李哲榮)·이회영(李會榮)·이시영(李始榮)·이호영(李浩榮) 형제와 이상룡(李相龍)·이동녕(李東寧)·김동삼(金東三)·주진수(朱鎭洙)·윤기섭(尹琦燮)·김창환(金昌煥) 등이었다. 조국 광복의 큰 뜻을 품고 가권을 인솔하여 망명의 길을 떠나 구강(舊疆)에 찾아 들어갔으나 망국노(亡國奴)란 푸대접에 의지할 곳 없는 고아처럼 내일을 알 수 없고, 또한 앞길이 막연하기만 하였다.

라고 있듯이, 윤기섭은 이회영 일가, 이상룡 등과더불어 1착으로 만주 유하현 추가가에 정착하였던 것이다. 아울러 윤기섭은 이회영, 이상룡 등이 주도한 경학사에도 참여하였다. 신흥무관학교를 졸업한 김학규金學奎가 쓴 『광복』제1권

3 원병상, 「신흥무관학교」, 『독립운동사자료집』 제10집, 독립운동사편찬위원회, 1983.

제2기(1941. 3. 20)의 〈지난 30년간 중국 동북지방의 한국혁명운동〉에,

> 멀리 내다보는 식견을 갖추고 있던 신민회 동지들은 경술년 한일합병늑약이 체결되기 이전부터 국내에서의 활동이 여의치 않을 것임을 예견하고 한국과 절실한 이해관계에 있는 중국 영토 내에 국권회복을 위한 근거지 마련에 나섰다. 이에 1909년 신민회는 李會榮·李東寧·朱進洙·張裕淳 등을 중국 동북에 파견하여 지리와 인정을 관찰하고 적당한 지역을 물색토록 하였다. 동북에 도착한 이동녕 등은 각지를 돌아본 끝에 마침내 遼寧 柳河 三源浦의 鄒家街 지방을 택하였다. 당시 이 지역은 아직 개발이 이루어지지 않은 황량한 처녀지였다. 이곳을 조국광복을 위한 근거지로 개발하는 과정은 적지 않은 어려움이 있었으나 장래 발전의 여지는 충분한 곳이었다. 다음해인 경술년 봄, 먼저 추가가에 집결한 李始榮·李石榮·金昌煥·李相龍·李章寧·呂準·梁奎烈·尹琦燮 등은 이상룡을 사장으로 '耕學社'라는 이름의 혁명단체를 조직하였다. 경학사는 동삼성 최초의 한인혁명결사이자 동북 한국혁명운동의 효시였다.
>
> 10년 생산, 10년 교육을 종지로 조직된 경학사는 일면 경작을 진행하면서 다른 한편으로는 교육을 통해 인재를 양성하고 실력을 키우는 것을 중요한 업무로 하였다. 교육중시의 종지에 따라 경학사는 '新興學校'라는 이름의 군관학교를 설립하여 국내외의 우수한 청년들과 동북 한인교포의 자제들을 모아 군사인재로 길러내었다. 신흥학교 설립은 곧 동북 한인무장운동의 기초를 닦는 사업이었다.

라고 있음을 통해 살펴볼 수 있다.

이어 1911년 6월 신흥강습소 개교시에도 이들과 함께 하였던 것이다. 신흥무관학교 참여 대하여는 한국국민당 기관지『한민』제3호(1936. 5. 25)의 다음과 같이 기사에서도 짐작해 볼 수 있을 것 같다..

> 西間島 初期 移住와 新興學校時代 回顧記, 一記者
>
> 新興學校事業

> 나라를 원수에게 빼앗기고 이를 다시 回復할 原動力을 培養하기 爲하야 設立되고 또 그만한 實力養成의 成績을 나타낸 이 新興學校가 처음에는 가즌 排斥을 받어가면서『강낭우리』(貯穀所)에서 거적자리를 펴고 시작하던 그 苦心과 그 慘憺한 것을 回顧하니 實로 慷慨無量하다. 이러한 處地에서라도 兒童을 敎育하여야 하고 鬪士를 養成하여야 한다는 當時 그들의 한 조간 그 붉은 마음-그 뜨겁은 정성-그것밖에 그들에게는 아모것도 없엇을 것이다. 이 學校에는 普通敎育으로 하야 原班, 軍事敎育으로 하야 特別班을 두엇고, 當時에 校務를 擔任하엿든 이는 張志順·李圭鳳·張道順·李東寧(軍事科)·李景爀 諸氏라 한다.
>
> 三源浦에서 學校基礎를 일우워 가지고 그 後에는 三源浦에서 70里되는 哈蜜河(通化)에 옴겨가서는 土地도 사고 住宅과 校舍도 建築하야 基盤이 鞏固하여지고 規模도 擴張되엿는대 여긔서붙어는 呂準·尹琦燮·金昌煥·李靑天·梁奎烈·李世永 等 諸氏들도 校務에 專力하엿으며 이 學校의 出身이 約 800名이라 하고 成俊永·金勳·吳光鮮 이런 이들이 다 그 學校의 出身이라 한다. 滿洲 其他 各 方面에서 活動한 鬪士 中에는 이 學校 出身이 가장 만엇을 것이다. 이러한이만치 敵 日本도 이 學校를 여간 嫉視한 것이 안이다. 新民會에서 그런 計劃만 세우고 아직 學校의 基礎도 잡이기 前이지만은 寺內總督 暗殺事件으로 新民會員들을 잡아다 놓고는『너희가 西間島에 武官學校를 設立하고 武官을 養成하엿다가 美·日戰爭이 되는 때에는 獨立戰爭을 하려 하엿지』하고 每名에 一律的으로 審問하엿다. 이러한 學校가 民國 3年 日人의 滿洲 出兵으로 因하야 廢校가 되엿으니 그 遺恨됨을 무엇에 比하랴.

라고 있듯이, 윤기섭은 여준, 김창환, 지청천, 양규열, 이세영 등과 같이 교무에 전력을 다하였던 것이다. 당시 20대 초반의 청년 윤기섭과 함께 활동한 인물들은 당대를 대표할 만한 인물들임을 주목할 필요가 있다.

신흥강습소가 만들어 진 후, 1913년 무렵 이상룡에게 교감자리를 물려줄 때까지 윤기섭은 20세 초반의 청년교감으로 활동한 것으로보인다.[4] 원병상의 수기에 다음과 같은 기록이 있다.

4 원병상, 「신흥무관학교」, 『독립운동사자료집』 제10집, 독립운동사편찬위원회, 1983.

신흥 강습소를 설립

슬프다. "창천이여 이 겨레를 살펴 보소서." 하며 비분 강개, 절치 부심하는 동지들이 운집한 뒤에 분연히 궐기하여 국권 회복을 단연 맹세하면서 기약없는 망망한 피안(彼岸)인 광복이란 벅찬 희망을 안고, 1911년 봄에 이역 황야의 신산한 곁방살이에서나마 구국 사업으로 일면 생취(生聚), 일면 교육이라는 두 가지 과제를 내걸고 출발하였다. 생취(生聚)로는 경학사(耕學社)를 창설하여 이주 동포들의 안착과 농업 생산을 지도하는 기관으로서 초대 사장에 이철영이 추대되고, 교육으로는 학술을 연마하여 군사 훈련을 주목표로 조국 광복에 중견 간부의 역군이 될 인재 양성을 하기 위해 '신흥강습소'가 창설됨으로써 초대 교장에 이동녕, 교감에 김달(金達), 학감에 윤기섭(尹琦燮) 교관에 김창환(金昌煥), 교사에 이갑수(李甲洙)·이규룡(李圭龍)·김순칠(金舜七)등이었고, 제3대 교장에 이광(李光)도 잠시 재임하였다. 이것이 곧 서간도 독립운동의 요람인 신흥무관학교의 전신이었다.

라고 있듯이, 윤기섭은 학감으로서 활동하였던 것이다. 청년 학감은 학생들과 함께 호흡하며 동고동락하는 교직원으로서 학생들의 귀감이 되었을 것으로 추정된다.

한편 윤기섭이 신흥강습소 소장이었다는 기록도 보인다. 미주에서 간행된 『국민보』 1914년 4월 8일자를 통해서 이를 짐작해 볼 수 있다.

신흥교우보의 제4호가 이제 본사에 도착한 고로 오래 그리웠던 얼굴을 다시 만나며 그 월보 의무화한 전정을 위하여 조직된 중앙교육회의 소식을 전하고자.
중앙교육회의 조직된 연원을 간략히 말하건대 서간도부로 형제의 협력 일치한 결과로 최초에 신흥 강습소를 설립하고 소장 윤기섭, 학감 김창환 등 제씨의 모험 분발하는 능력으로 인하여 몇 해의 성상을 지내오다가 작년(1913년-필자주) 11월 14일에 이르러는 강습소를 유지할 목적으로 유지인사 49인이 회동하여 신흥교육회를 조직하고, 회장 이석 씨 이하 각 임원을 선정하며 회원에게 매년 60전의 의무금을 작정한 후, 금년(1914년) 2월 5일에 제1회 정기총회를 열 때에 회원은 벌써 400여 명에 달하였으니 석 달 동안에 회원은 십 배나 늘었고 회금은 500여 원에 달한지

라. 인하여 그 범위를 확장하기 위하여 회명을 고쳐 중앙교육회라 하고 각 임원을 선정하여 크게 활동하기를 준비.

위에서 살펴본 것처럼 신흥강습소에서 윤기섭은 학감, 소장 등으로 표현되고 있다. 이는 당시 청년 윤기섭이 신흥강습소에서 실질적으로 중요한 역할을 하였음을 보여주는 것이라 판단된다. 특히 윤기섭은 신흥강습소가 흉년, 수토병 등으로 많은 인사들이 만주를 떠난 후에는 책임자인 소장으로 뜻을 함께 한 김창환과 함께 신흥강습소를 이끌어 나간 것으로 보인다.

2. 신흥무관학교에서의 활동

청년 윤기섭은 보성학교를 우수한 성적으로 졸업하는 등 신식공부를 하였음으로 학생들에게 오산학교에서처럼 기독교를 바탕으로 한 근대의식을 심어주고자 하였을 것으로 보인다. 『신흥교우보』 제2권 2호(1913년 9월 15일)에 보이는 윤기섭의 글 〈근심하고 두려워 말고 예수로와 한 몸이 되라〉를 통하여 그 일단을 살펴볼 수 있다. 좀 길지만, 자료적 가치를 고려하여 전문을 싣도록 한다.

이 세상 사람들은 한 사람도 근심치 아니하고 무서워하지 아니하는 자가 없도다. 대수롭지 아니한 일에도 근심이 많아 얼굴이 펴일 날이 없고, 우수운 일에도 무서움이 많아 발길이 앞으로 나가지 아니하여 남자나 여인이나 늙은이나 젊은이나 가난한 이나 부자나 귀한이나 천한이나 누구를 물론하고 근심과 무서움으로 함께 죽으니 이것이 어찌 하나님이 이 세상을 창조하고 그 위에 사람을 내실 때에 이와 같이 정한 것이리오. 아니라. 아니라 이 세상이 창조되었을 때에는 기쁨과 즐거움이 가득 찼더니라. 저 반짝거리는 무수한 별, 둥그런 달, 고은 꽃, 맑은 물, 새소리, 나비의 춤, 꽃다운 풀, 귀이한 바위 이외의 모든 물건, 우리의 이목구비를 즐겁게 하여 우리의 마음과 정신을 쾌락케 하는 것이 구비하여 에덴동산 아닌 곳이 없었더니라. 그러나 불행하고 미욱하도다. 우리 사람된 자들 그 감사하신 하나님의 뜻을 좇지 안이하고 그 신령하고 죽지 않는 양심 그 거룩하고 진주같이 귀한 것은 마귀에게 다 내어 주고, 썩어질 두어자의 고깃덩이에게 부림이 되다가 이 좋은 에덴으로 지옥이 되게하여 근심과 무서움에서 죽는도다.

슬프다 이 지옥은 언제까지든지 지옥으로 만되고 있을까. 다시 에덴으로 만들지 못할까. 아니라 아니라. 에덴으로 다시 만들 수 있나니라. 만일 세상사람들이 그 썩어질 두어지의 고깃덩이에 부림이 된 종의 멍에를 벗어버리고 하나님의 뜻대로만 행하면, 이 세상이 비록 지옥이 되었으나 다시 면하여 에덴동산 곧 천국에 임하리라. 그러면 이 썩어질 두어자 고깃덩이에 부림이 된 종의 멍에는 멋어버릴수가 없는 것이냐. 아니라 아니라 능히 할 수가 있건마는 다만 세상 사람들은 눈을 감고 귀를 막고 정신을 잃고 머리를 숙이고서 도무지 생각지 아니함이니라. 종의 멍에 밑에서 무거움을 이기지 못하여 지옥에서괴로움을 못견디는 세상사람들아 한번 생각하여 보시오. 이 두어자 되는 고깃덩이가 이세상에 날 때에 누가 다 나기를 원하여 났더냐. 또 원하면 능히 나드냐. 이는 도무지 우연한 일이니라. 그러면 우연히 왔다가 우연히 가는 것이니 고깃덩이에 살고 죽음이 내게 무슨 상관이 있느냐. 또 이 고깃덩이이가 세상에서 산다사 그 몇날이나 되냐뇨. 사람이 백년을 산다하여도 몇날이 못되거늘, 사람마다 백년이나마 사느냐. 칠십을 사는 이도 드므니라. 또 그날을 사람의 힘으로 느릴수가 있느냐. 이미 사는날이 몇날이 못되고, 또 그날을 느리지도 못하겠거늘, 무엇이을 근심하며, 무엇을 무서워하느냐. 옛말을 못들었는가. 산은 깊고 운무는 자욱한데 길을 일고 방황하는 저 외로운 맹수에게 쫓기여 죽기는 싫다고 천방지축 달아나다가 앞에 보이는 빈 우물 그 속이나 나의 살곳이라고 내려갔더니 난데 없는 큰 독사가 입을 벌리고 먹으려고 혀를 날름 거린다. 또 겁이 나서 나가려 한즉, 맹수는 벌써 와서 지키는지라. 할 일 없이 우물가에 느러진 넌출을 휘어잡고 몸을 의탁하였더니 공교하고 야릇한 희고 검은 두머리 쥐가 넌출의 맛줄을 쉬지 않고 쏠아버리니 아아 올라갈까. 맹수의 밥, 내여갈까. 독사의 밥, 가만이 있을까 넌출은 미구에 끊기겠으니 그 무섭고 근심이 어떠하리. 그러하건만 죽기는 싫다고 넌출닙새에 흐르는 버러지의 단물을 할고 있으니 살려고 애쓴들 몇분동안이나 지내겠는가.

슬프다 이 세상에 수 없는 길잃은 사람. 근심과 무서움에 애쓰는 사람아. 예수를 이느냐. 예수는 길이며 생명이며 참 이치시라. 예수를 좇으면 앞길이 밝히 보일 것이고, 목숨을 영원히 보존할 것이요. 큰 힘을 한없이 얻으리니. 예수를 따르라. 예수를 따르라.
이론뿐 아니라 사실로 보아도 그러하도다. 오늘날 우리는 얼마 아니되어서 썩어질 고깃덩이에 종이되어 근심하고 무서워만 할 때가 아니니라. 눈과 귀에 날마다 보이고 들리는 것은 죽을 그늘에 안져서 저 가까이 오는 열망에 큰 그믈이 덥히는 줄을 모르고 즐거운 듯이 희희락락 하는 비참한 빛이 아니면 죄악의 고통을 견디지 못하고 종에 무거운 멍에를 이기지 못하여 이를 갈고 가삼을 두드리며 구원하여 달라고 애곡하는 소리며, 한걸름 더나가서 귀문을 넓이 열고 눈가죽을 크게 뜨면 저 소위문명한 곳 편안한 땅에 산다는 자들도 다 이에서 지나지 못하나니 저 옛 사람의 좇겨오는 비들기를 품에 품고 제 다리의 고기를 떼어 좇아오던 주린 매를 먹였다함을 듣지를 못하였느냐. 엇지 참아 내 일신의 썩어질 고기덩이만 위하여 근심과 무서움에 쌓이여 기를 펴지 못하느냐. 미구에 썻어질 고깃덩이로 거름이나 하여 죽어가는 사람이나 구원하여라. 슬프다 예수를 쫓으시오. 귀한 몸을 죽이여 수없는 죽을 사람을 구원하신 예수를 딸아가시오, 예수는 나를 구원하시는 이며, 내가 하고자 함을 이루어주시는 이라. 썩어질 고깃덩이를 위하여 근심과 무서워하야 기를 펴지 못하는 자여. 신약 마태복음 6장 19절로 끝절까지, 10장 26절로 33절을 보시오. 예수를 따라 하나님의 도리대로만 행하던 고깃덩이는 자연히 보전하리라.

만일 예수를 좇지랴거든 먹고 입을 것을 어떻게 얻은가 근심말며, 세상에 권세잡은 자의 위협을 무서워하지 말고 오직 너의 나라와 그 의를 구하라. 이는 예수가 그 제자에게 먼저 기도하라 가르치심이오. 서로 참사랑을 하라 이는 예수의 그 제자에게 새로 주신 계명이니라. 편력되이 사랑말며 노여워하지 말고 그만 예수만 굳게 믿고 행하면 모든 일을 다 이루는 줄을알고 의심말고 행하라. 그리하면 다만 예수의 행하신건만 능히 행할 수 있을 뿐이니라 예수의 항하신 것보다 더 큰 것도 능히 행할 수 있으며 다만 예수의 친구만 될 뿐이라. 하나님의 온전하심과 같이 온전하여 예수와 한몸이 되어 능치 못할 일이 없으니리. 근심말며 무서워 말고 다만 예수만 따라 행할지어다. 아멘

즉, 윤기섭은 기독교 신앙을 통하여 근대적인 무관생도들을 양성하고자 하

였음을 짐작해 볼 수 있다. 윤기섭이 독실한 기독교신자임은 1920년 3월 6일자『독립신문』에서도 능히 짐작해 볼 수 있다.

> 蚓雲(윤기섭의 호–필자주)!
> 검은 두루막에 小本聖經 한 卷을 들고 十圓 못되는 路費를 차고 立冬 찬바람에 포풀라잎히다 떨어지는 十年前 어느날 夕陽에, 飄然히 西天을 向하고 떠나가던 蚓雲!
> 나라는 恢復하여야 하리라, 그리하랴면 사람붓터 만들어야 된다 하야 單身으로 쌀쌀한 鴨綠江을 건널 때 君의 胸中은 何如하던가

즉, 윤기섭은 작은 성경책 한권을 갖고 만주로 망명했다고 표현될 정도로 독실한 신자였던 것이다. 신흥무관학교의 경우, 다른 공식행사에도 기독교와 연관된 측면이 보인다. 1911년 음력 12월 신흥무관학교의 연종年終시험과 진급에 대한 시상식이 열렸는데, 이때 수상자에게 제공된 부상이 학용품과 출애굽기[出伊及記]였다. 학생들에게 성경책이 부상으로 제공될 정도로 신흥무관학교에서는 기독교가 공동체 문화의 일부로 자리잡고 있었다.[5]

청년 윤기섭은 자신이 젊은 나이였으므로 나이가 별로 차이가 나지 않는 사관생도들을 특별히 배려하며, 교육을 실시하였던 것으로 보인다. 원병상은 그의 회고에서 윤기섭의 교육방법을 다음과 같이 언급하고 있음은 주목할만하다.

> 윤교감의 교육지침은 가령 한쪽 눈이 없는 사람이라면 그를 지적해 말할 때 한쪽 눈이 있는 사람이라고 그 사람의 장점을 들어 말해야 한다고 강조하였다. 그분의 진실하고 인자한 성격을 짐작하고도 남음이 있을 것이다.

---

5 서동일, 위의 논문, 161쪽.

한편 보성학교를 다닌 윤기섭이 군사교재 등에 관심을 기울인 이유는 알 수 없다. 그러나 당시 독립전쟁을 위한 사관생도 양성에 있어서 무엇보다 중요한 것은 교재, 그 가운데서도 군사교재였음은 주지의 사실이다. 보성학교를 우수한 성적으로 졸업하는 등 근대교육을 받은 젊은 인물이 많지 않았던 분위기 속에서 청년 윤기섭은 그 일을 담당하게 된 것이 아닌가 판단된다. 물론 신흥강습소가 어려웠던 시절 나이를 넘어 의기투합했던 대한제국 군인출신 김창환의 도움도 있었을 것으로 보인다. 신한민보 1940년 5월 30일자 기사는 이를 짐작하게 한다. 즉, 윤기섭은 일본병서와 중국병서를 구하여 번역하고, 그중에서 새로운 병서를 만들어 사용하였고, 특히 구령口令을 통일시켰던 것이다. 결국 이것이 인연이 되어 상해로 이동한 후, 1920년 상해에서 육군무관학교 교관과, 임시정부군무부, 임시편집위원장을 담당한 것이 아닌가 한다.

윤기섭은 1924년 5월 25일 대한민국임시정부 군무부에서 발행한 『보병조전초안』 작성에 참여하였다. 보병조전초안은 기본제식 뿐만 아니라 야전夜戰, 지구전持久戰, 산지전山地戰·하천전河川戰, 삼림전森林戰, 주민지전住民之戰 등 여러 조건 아래에서 독립군들이 수행해야 할 각종 전술전략을 상세히 담고 있다. 또 보병뿐만 아니라 포병砲兵과 공병工兵의 역할, 이들과 연합작전 수행 시에 취해야 하는 전략에 대해서도 서술하고 있다. 특히 기본 전투개념과 용어를 순우리말로 표현하고 있으며, 부록을 통해 '읽는 법'도 소개하여 군사용어의 변천과 통일 과정도 아울러 살펴볼 수 있다.[6]

신흥무관학교는 기본적으로 무관학교였으므로 군사교육에 많은 시간을 할애하였다.[7]당시의 교과 과목은 원병상의 회고에 따르면 다음과 같다.[8]

6 김민호, 「대한민국임시정부 『보병조전초안』의 편찬과 성격」, 『군사연구』 144, 153쪽.
7 池憲模, 『靑天將軍의 革命鬪爭史』, 76쪽.
8 원병상, 「신흥무관학교」, 『독립운동사자료집』 제10집, 독립운동사편찬위원회, 1983.

학과로는 보(步), 기(騎), 포(砲), 공(工), 치(輜)의 각 조전(操典)과 내무령(內務令), 측도학(測道學), 훈련교범(訓練教範), 위수복무령(衛戍服務令), 육군징벌령(陸軍懲罰令), 육군형법(陸軍刑法), 구급의료(救急醫療), 총검술(銃劍術), 유술(柔術), 격검(擊劍), 전략(戰略), 전술(戰術)[9], 축성학(築城學), 편제학(編制學) 등에 중점을 두고 가르쳤다.
술과로는 넓은 연병장에 김창환 교관의 명랑쾌활한 구령 아래 주로 각개교련(各個教鍊)과 기초훈련을 해 왔다.

윤기섭은 신흥무관학교 교감으로서 1913년 5월 6일[10] 신흥교(학)우단' 조직에도 기여하였다. 교장 여준呂準 이하 제1회 졸업생 김석金石·강일수姜一秀·이근호李根澔 등의 발기로 조직된 이 학우단은 무관학교의 교직원과 졸업생이 정단원이 되고 재학생은 준단원이 되는 일종의 동창회 성격을 띤 단체이다. 처음에는 명칭을 '다물단多勿團'이라고 하였다가 그 뒤 부르기 쉽게 '교(학)우단'이라고 개칭하였다. 그리하여, 이 학우단은 당시 혁명 청년의 강력한 결사인 서간도 독립 운동의 핵심체로 성장하였다.

신흥교(학)우단의 목적과 강령, 중요사업, 초대부서와 간부진은 다음과 같다.

[목적]
혁명 대열에 참여하여 대의를 생명으로 삼아 조국 광복을 위해 모교의 정신을 그대로 살려 최후 일각까지 투쟁한다.

[강령]
(1) '다물'의 원동력인 모교의 정신을 후인에게 전수하자.
(2) 겨레의 활력소인 모교의 전통을 올바르게 자손 만대에 살린다.
(3) 선열 단우의 최후 유촉을 정중히 받들어 힘써 실행한다.

---

9 전술의 경우 1907년 5월 5일 발행된 대한제국육군무관학교 교관 朴泰琦가 국한문으로 반역한 『戰術綱要』 등이 사용된 것으로 보인다.
10 『신흥교우보』 제2호(1913년 9월 15일 간행)의 「신흥교우단 역사의 大槪」.

선열의 시범
(1) 나는 국토를 찾고자 이몸을 바쳤노라.
(2) 나는 겨레를 살리려 생명을 바쳤노라.
(3) 나는 조국을 광복하고자 세사를 잊었노라.
(4) 나는 뒤의 일을 겨레에게 맡기노라.
(5) 너는 나를 따라 국가와 겨레를 지키라.

[중요 사업]
(학)우단은 본부를 삼원보三源堡 대화사大花斜)에 두고 단의 사업은 다음과 같다.

(1) 군사 학술을 연구하여 실력을 배양하고,
(2) 각종 간행물을 통하여 혁명 이념의 선전과 독립 사상을 고취하고,
(3) 민중의 자위체를 조직하여 적구 침입을 방지하고,
(4) 노동 강습소를 개설하여 농촌 청년에게 초보적 군사 훈련과 계몽 교육을 실시하고,
(5) 농촌에는 소학교를 설립하여 아동 교육을 담당하기로 되어 있었다.

[초대 부서]
초대 단장 김석
총무부장 이근호
편집부장 강일수

그 외 운동부·조사부·토론부·재정부 이상 6부를 두어 각각 맡은 분야에서 최선을 다해 운영해 왔다. 특히, 편집에서는 월간 잡지 단보를 발행하여 혁명 이념의 선전과 학술 연구와 정신 연마를 고취하고 일선 투사들의 투지를 앙양했으며, 교포들의 당면에 관한 사항을 실어 당시 유일한 항일 투쟁지가 되었기 때문에 왜적에게는 주목의 대상이 되었다.[11]

신흥교(학)우단에서 발행한 신흥교(학)우보의 최종 교열은 교장인 여준과 운

11 원병상, 「신흥무관학교」, 『독립운동사자료집』 제10집, 독립운동사편찬위원회, 1983.

기섭이 담당한 것으로 보인다. 그러므로 『국민보』 1914년 4월 11일 기사에,

> 동천을 받아보고 좋은 소식을 기다리던 모든 동포는 본보 전호에 기재한 신흥교우보를 위하여 중앙교육회가 조직된 기별을 들을 때에 응당 찬양하는 소리와 감격하는 마음이 한 가지로 발할 것은 우리의 스스로 믿는 바거니와 이제 그 피선된 임원을 보건대

> 편집인 황병우, 발행인 박돈서, 단장 황병우, 부단장 신창준, 총무 박돈서, 회계 이찬희, 서기 이의식, 황병창, 토론부장 엄주관, 서기 강한년, 운동부장 이병세, 총무 서병희, 서기 김창화, 겸희계, 부원 신창준, 정동수, 편집부장 이영,
> 교정원 여준, 윤기섭, 서기 배판권, 인쇄인 엄주관.

라고 하여, 교정원 여준, 윤기섭으로 기록되어 있다.

3. 3·1운동 이후 신흥무관학교 교감으로 활동

3·1운동 이후 국내에서 많은 청년들이 독립쟁을 전개하기 위하여 만주로 망명하여 왔다. 이들 중 다수는 독립군이 되기 위하여 신흥무관학교를 찾았다. 이에 거의 10년간 무관 양성의 본거지였던 통화현 합니하哈泥河에 있는 신흥무관학교의 일대 확장의 시급함을 인정하였다. 그리고즉시 유하현 고산자孤山子, 하동 대두자河東 大肚子 등 지역에 광활한 기지를 택하여 40여 간의 광대한 병영사와 수만 평의 연병장을 부설하는 등 무관학교의 제3기지로서 구국 혁명의 일대 획기적인 새 면모를 전격적으로 정비하게 되었다. 이 곳은 유하현 고산자 거리에서 약 15리쯤 동남쪽 산길 좁은 길로 들어가면 사방이 산으로 둘러 쌓인 산간벽지로서 이 지방에는 한족회 중앙 총장인 이탁李沰의 저택과 재무부장 남정섭南廷燮 이외 김자순金子淳·곽문郭文·곽무郭武·김정제金貞濟 등 제

선배가 살고 있는 조그마한 산간 부락으로 일종 애국자들의 집단촌인 것 같기도 했다.

당시의 분위기를 신흥무관학교 출신이 김학규는 『광복』제1권 제2기(1941. 3. 20)의 〈지난 30년간 중국 동북지방의 한국혁명운동〉에서 다음과 같이 언급하고 있다.

> 1919년 봄 국내에서 3·1운동이 전개되자 국내의 일반 열혈청년들은 모두 혁명의 격랑에 휩싸이게 되었다. 이들 가운데는 조국을 위해 희생한다는 각오로 신흥학교에 입학하기 위해 동북으로 향한 이가 적지 않았다. 이무렵 신흥학교는 교세를 크게 확장하여 柳河 孤山子 河東에 본교를 두고, 通化 哈泥河·七道溝·快大茂子 등지에 3곳의 분교를 증설 뜻있는 청년들을 수용하여 군사훈련을 실시하였다. 이와 동시에 각지에 흩어져 있던 군사인재들이 속속 신흥학교에 집결하여 교육을 학생들의 담당하였다. 이 가운데 池青天·申八均·李範錫 등이 대표적인 인물로 이들은 모두 다른 곳에서 활동하다 신흥학교로 옮겨왔다. 본교와 분교를 포함 4곳의 학교에 재학 중인 학생은 수천을 헤아렸다.

이 때 실질적인 책임자인 교감을 윤기섭이 담당하였다. 1910년대 오랜 세월 동안 신흥무관학교를 이끌어온 저력이 이를 뒷받침해 주었을 것이다. 윤기섭과 함께 활동한 교직원 명단은 다음과 같다.

교장 이천민(李天民=古狂=世永)
교감 윤기섭
교관 지청천
교관 성준용(成駿用)
교관 원병상(元秉常)
교관 이범석
교관 박장섭(朴章燮)
교관 김성로(金成魯)

교관 계용보(桂龍輔)
의무감(醫務監) 안사영(安思永)

신흥무관학교 교감으로 활동 중 한때 마적에 납치되는 비운을 겪기도 하였다. 1919년 7월 어느 날 밤에 마적단의 기습으로 박장섭(박영희) 교관 이하 생도 수명과 함께 불의로 납치되어 고생하기도 하였다.[12] 『독립신문』 1919년 9월 18일 자에서도,

西間島 新興學校를 爲하야 平生의 努力을 들이던 尹琦燮氏는 數月前에 馬賊의 强襲을 受하야 捕去되야 四十餘日의 苦楚를 當하다가 數日前에 鳩山子에 無事히 到着하다

라고 하여, 서간도 신흥학교를 위하여 평생의 노력을 들이던 윤기섭이라고 언급하면서 40여 일간이나 고초를 겪었음을 알리고 있다. 윤기섭의 마적에게 납치된 사건은 일본정보기록에도 다음과 같이 보이고 있다.

문서구분
문서수신번호: 밀密 제102호 기其575
문서수신일자: 1919년 11월 15일
문서발신일자: 1919년 11월 10일
문서발신번호: 비秘 조특보朝特報 제74호
발신인 정보: 조선군참모부
문서명: 통화 및 유하현 방면의 정황
통화 및 유하현 방면의 정황
통화 및 유하현 방면의 정황은 다음과 같이 변화되었다고 판단함.
10월 상순 이후 이 방면에서 얻은 정보 중 비교적 참고할만한 건을 간단히 적으면

12 원병상, 「신흥무관학교」, 『독립운동사자료집』 제10집, 독립운동사편찬위원회, 1983.

다음과 같다.
一. 7월 하순 유하현 고산자(유하의 동쪽 약 11리)의 동쪽 1리 반의 하동河東에 있는 조선인 학교 교사 윤기섭은 마적두목 장장호長長(강?필자주)好의 한 단체에 끌려간 일이 있었는데, 9월 하순 삼원포 한족회 본부로부터 소양小洋 300원元 및 화기포花旗布(큰 폭의 목면木綿) 1반反을 제공하고 신병을 인수하였다.

한편 1920년 1월 4일에 한족회에서 간행된『한족신보』제53호에 33세인 윤기섭의 신년소감이 실려있다. 기자가 신년에 윤기섭을 찾아가 인터뷰 한 것은[13] 당시 그가 한족회와 독립운동계에서 차지하는 비중이 나이에 비하여 그만큼 크다는 것을 반증해 주는 것이 아닌가 한다.

〈신년의 소감〉에서 기자는 33세의 윤기섭을 "청년의 모범인 우리나라의 선비이며, 寬厚 壯健한 人士" 그리고 위엄과 사랑을 갖춘 인사라고 소개하고 있다. 이글에서 윤기섭은 오늘날 우리 동포는 동심협력 일치하여 통일적 행동을 기해야 함을 강조하고 있다. 특히 윤기섭은 새해를 맞이하여 혈전의 당위성과 중요성을 주장하였던 것이다. 이번에 새로인 발굴한 윤기섭의 신년소감을 보기로 하자. 조금 길지만 그 감동을 전하기 위해 전문을 싣는다.

한족신보(1920년 1月 4日 發行 第53號)

新年의 所感

祖國을 光復시키기 위해 幸福한 生命과 銳敏한 兵器의 威力 이외에 의존할 만한 것은 없다. 西間島(當 地方을 말함) 人士가 이러한 점에서 缺如한 사실을 깊이 안타까워 마지않는다.
頃日 靑年의 模範인 우리의 國士 尹基燮先生을 訪問하였다. 그는 寬厚壯健한 人士로 鬚眉 緊張하여 범접할 수 없는 위력과 사랑을 가진 先生이다. 미소를 띄우고 맑은 淸音으로 말하는 선생의 연세가 33세라는 사실은 이미 알고 있으나 지금 拜顔

13 불령단관계잡건 -조선인의 부-재만주의 부 14, 한족신보 기사보고의 건, 1920년 2월 6일자.

하니 40여세의 반세의 노인으로 보여 선생이 奮鬪 努力하신지 十餘 星霜의 결과라는 사실을 알 만하다. 선생은 語로 이르길,

「나는 國家 社會 家庭에 대해 실로 面目없이 恐縮을 견딜 수 없을 뿐입니다. 하등 이것이라 말할 정도의 功勞도 하지 않고 단지 귀중한 光陰을 소비했을 뿐입니다. 특히 當地에 와서는 사회 제씨에게 폐를 끼쳤을 뿐입니다.」라고. 그러나 다음의 소감문을 실은 기자는 깊이 감사의 인사를 하고 선생의 건강을 빌고 사무실을 나왔다.

선생의 소감은 이하와 같다.

쉬지 않고 흘러가는 것은 해와 달이다. 머지않아 古歲와 헤어져 新年을 맞이함에 있어 神經魯鈍한 나도 어찌 소감이 없으랴. 亡國奴의 깊은 서러운 바가 있어 故國을 떠나 벌써 10년을 손꼽아 약간의 赤誠도 지금까지 보람 없이 오직 조국 동포에게 누를 끼쳤을 뿐이다. 아 33년. 이 세계에 있어 보람이 어디에 있으랴. 스스로 돌이켜보면 吊喪의 눈물을 禁할 수 없는 것이다.

萬能의 하늘이여. 나는 33년간 無意義한 세대를 여기에 묻고 오는 新年에는 인간답게 생을 보내고자 한다. 新生面을 내려주소서.

다만 돌이켜 국사를 생각하면 기뻐할 일이 적지 않다. 國民의 意氣는 나날이 늘어나 새롭고 列國의 同情도 漸次 모여오는 지금이야말로 우리 同胞는 同心 協力 一致해서 統一的 行動을 취해 10年間 쉰 政治 機關을 嚴然히 成立시켰다. 內外 모두 政務를 執行하는데 이르른 것은 이 하나의 獨立運動의 효과가 아닐까.

그러나 그 반면 궁구해보면 痛哭을 금할 수 없는 것도 있다. 즉, 獨立宣言을 世界에 宣布하고 이미 한해를 보냈지만 祖國의 疆土는 손바닥 面積도 回復하지 못하고 無義理의 倭賊은 한사람도 退去시키지 못했다. 사랑하는 同胞가 받는 苦禁은 날로 慘酷해지고 있다.

嗚呼! 인정 많은 하늘이여. 쇠약해진 자녀의 처지를 깊이 愍察해 주소서. 언제까지 敵의 掌裡에 맡겨 둘 것인가!! 同胞여! 倭賊을 退去시키는 데는 勿論 여러 가지 方法이 있을 것이다.

敵과 列國과의 사이에서 思想상의 싸움이 얼마나 힘을 가지고 있을가는 현재 露西亞에서 目睹한 바와 다름없으나 우리 祖國을 恢復하기에는 多大한 효과가 없다고 판단된다. 外交 政策으로 多大의 힘을 얻거나 하는 것은 東西 歷史가 證明하는 바이지만 今日 國際 利害에는 明文 條約公法도 無視하는 賊이라면 正義人道를 분명히 구별해 지키는 것은 바랄 수 없는 것이다.

國際간의 正義人道 (윌슨) 대통령이 주창한 것이나 실은 議論에 지나지 않는다. 가령 그 理想은 列國의 동의를 얻는다고 해도 國際 裁判에서 最高 權利로써 행사를 할 수 없는 것은 명백하다.
假令 사람의 힘으로 나라를 回復하는 것도 우리 歷史에 아무런 光輝없고 우리 同胞에게 豊富한 生活이 없는 것은 또 명백하다.
반대로 우리 子孫을 잘 教育하고 信仰해야만 한다. 그러나 우리 同胞의 一部에는 아직도 國際 聯盟의 結果와 某國 衝突을 바라 믿고 있는 자도 있으나 이는 5000년 歷史의 威光을 가진 烈祖烈宗의 遺訓을 받은 國民이 취할 바인가.
平和 光復은 萬古에 걸쳐 오지 않는 것이다. 全世界가 檀君· 耶蘇· 孔子· 釋迦· 소크라테스 等의 神과 같이 이루어지지 않는 한 (계속)

또한 윤기섭은 3·1운동 이후 한족회와 서로군정서가 성립된 후, 이를 기반으로 일제와 독립전쟁을 전개하자는 혈전血戰을 주장하였다. 그가 혈전을 주장할 수 있는 근거는 무엇보다도 10여년 가까이 신흥무관학교를 통해 많은 독립군을 양성해왔다는 점이었다. 그리고 3·1운동이 일어나 국내외 독립운동전선에 독립전쟁에 대한 열기가 고조되고 있는 분위기도 있었고, 중국 상해에 대한민국임시정부가 수립되어 활동한다는 점도 작용하였다.[14]

『독립신문』 1920년 3월 25일자 〈在滿臨時國民大會〉에는 다음과 같은 기사가 있다.

九十五人의 志士는 赤誠을 다하야 血戰의 大方針을 樹立하다
去二月九日 上午十二時에 在滿臨時國民大會가 ㅇㅇㅇㅇ곳에 열니다 到會者 九十五人이라 發起人 尹ㅇ燮氏가 登壇하야 大會의 趣意를 說明하고 臨時會長 尹ㅇ燮, 臨時書記 崔ㅇ一 其他의 任員選擧가 잇다
今次의 大會는 急迫한 時局에 處한 吾族의 光復事業의 大方針에 對하야 在滿同胞들이 確定的決案을 잇으려 함이라. 席上에는 三四氏의 意見書가 提出되고 來

14 한시준, 위의 논문, 581~584쪽.

會人士들은 交交히 立하야 誠心으로 各自의 抱負를 陳述하고 우리의 取할 바는 오직 血戰이라고 熱叫하다
김ㅇ상氏 우리의 事業은 局部的이 아니오 統一된 行動이라야 될지라 우리는 血戰을 부르지지나 아직 確定된 斷案이 업다 故로 이 時機에 各地方國民의 뜻을 疏通하야 方針을 定코져 함이라
會長 尹ㅇ燮氏 發起人의 資格으로 우리 일은 政府 以下 二千萬이 一體가 되지 아니하면 아니될지라 國民은 血戰을 부르지져 臨時政府의 施設을 기다린 지 一年이 지낫스나 아모 나타나는 일이 업다 惡刑과 虐殺을 當하고 잇는 本國同胞는 西편만 바란다 그래도 우리는 그대로 안져 보기만 하려나뇨
金ㅇ운氏 敵을 이길 만하여야 動할지니 局部的 行動은 暴動에 지나지 안코 또 害가 그만치 잇다 臨時政府의 命令만 기다리자
金ㅇ氏 方針을 論함보다 먼져 우리는 죽겟다고 決心합시다
朴ㅇ氏 世界가 우리에게 同情하고 우리 行動만 注目한다 그런대 우리가 잠잠하고 잇스면 外國이 獨立을 承認하랴도 할 수 업다 나는 하로라도 速히 開戰하기를 主張한다.
金ㅇ환氏 十年前붓터 오날을 기다렷다 내 동포들은 목숨과 金錢을 다 밧치려 한다 우리 獨立은 確實하다 어셔 나에게 銃 한 자루를 주라 나가겟다
其外 諸氏의 熱辯이 잇고 이날 散會한 後 十日니여 開會하다
ㅇㅇ로셔 온 李ㅇ氏의 臨時政府大政方針說明이 잇고 會衆은 다시 血戰의 方法과 時機에 對하야 長時間 討論하다가 會長이 主戰하는 者 數를 무르매 四人을 除한 外 會衆 全部가 擧手하고 또 地方의 人心을 問하매 半數 以上이 主戰한다고 答하다

會長(윤기섭-필자주) 깃부오 그러나 우리 일은 全人口 半以上이 죽어야 되오 一年二年에 되지 못할 것이오 十年 以上에 버처야 되오 現今은 戰時오 戰時에는 非常한 行動과 努力을 要하오 一般은 平時갓치 生각치 안슴닛가 海外同胞 二百萬이 거의 다 간도에 잇소 自覺만 잇스면 되오 싸호게 되엿스니 잘 準備합시다 最後의 一人까지 싸홀 뜻으로 速히 決定합시다
十二日에 決議案을 通過하고 實行委員 十人을 擇定하다
十三日 上午十時에 開會하야 決議案實行方法에 對하야 討議하고 臨時議政院議員을 選擧하야 尹ㅇㅇ李ㅇㅇ 兩氏가 當選되다 同日 下午七時에 다시 모히엿다가

民國萬歲, 臨時政府萬歲, 大韓國民萬歲를 부르고 閉會하다 (未完)

즉, 1920년 2월 9일 상호 11시에 95인이 모인 가운데 재만임시국민대회가 개최되었다. 이때 윤기섭이 등단하여 대회의 취지를 설명하고 임시의장이 되었다. 아울러 그는 혈전을 주장하고 최후의 일인까지 싸울 뜻을 속히 결정하자고 주장하였던 것이다. 이와 관련하여 일본측 정보기록에 다음의 내용이 있어 참조된다

문서철명: 조선소요사건관계서류 공共7책 기其5
문서제목: (1920) 3월 상순의 한족회와 독립단의 상황
문서수신번호: 밀密 제102호 기其777
문서수신일자: 1920년 3월 29일
문서발신번호: 조특보朝特報 제15호
문서발신일자: 1920년 3월 16일
조선군참모부

3월 상순의 한족회 및 독립단의 상황
1. 한족회
한족회는 대세가 급격히 독립의 목적을 달성할 전망이 없다는 것을 알게 되었을 때 규정대로 매년 한 집에서 1원元 5각角씩 받은 회비만으로는 작년 말에 모집한 다수의 운동원 처분이 어려워지게 되어 교육비, 호별세, 군자금 등 각종 명목으로 자금을 모집하는 데 힘을 쓰지만, 민심은 나날이 멀어지고 있기만 해서 응모의 성적은 점점 불량해졌다. 이때 갑자기 중국 관헌의 압박을 받게 되면서 얼마간의 선후책을 강구할 필요가 있다고 판단되어 2월 11일부터 4일간 유하현柳河縣 남산藍山(三源浦 서남쪽 4리)에서 국민대회를 개최했다. 모인 사람은 해룡海龍, 유하, 통화通化, 임강臨江, 집안輯安, 환인桓仁, 관전寬甸, 흥경興京 등 8개의 현에서 온 약 100명 정도라고 한다.

결의사항은 다음과 같다.

1. 가까운 시일 내에 조선내로 습격해 혈전을 전개할 것.
2. 군비는 국민대회에서 부담하지만, 또 상해정부의 지원을 받을 것.
3. 작전계획은 국민대회의 간부가 책정할 것.
4. 무기는 국민대회에서 준비하지만 주로 현재 권총을 사용할 것.
5. 독립선전기관을 확충하여 내외 선전에 더욱 노력할 것.
6. 이상의 계획을 순조롭게 수행하기 위해 대표자를 상해로 보내 협의할 것.

그리고 제5항목 선전 주임자는 목사 최성주崔聖柱로, 제6항목의 대표자는 윤기섭(孤山子 新興學校 敎頭), 이진산(李震山, 韓族會의 舊制度에서 查判正이었던 자)으로 2월 20일쯤 출발할 예정이다.
앞의 결의사항 수행이 불가능할 때는 일시적으로 모든 기관을 시베리아로 옮겨 은인자중하며 일본 내지의 분위기가 격변하여 내분 또는 혁명 폭발의 기회를 기다려 사건을 일으키려는 저의를 품고 있다고 한다.

위에서 보는 바와 같이, 윤기섭은 1920년 2월 11일부터 4일간 유하현 남산에서 개최된 국민대회의 결의에 따라 혈전을 순조롭게 수행하기 위한 임무를 띠고 이진산과 함께 상해로 떠나기로 되었던 것이다. 즉, 한족회는 윤기섭을 남만주 대표로 상해로 파견하였다.[15] 『독립신문』 1920년 3월 6일자에서도 다음과 같이 보도하고 있다.

西間島 哈泥河 新興講習所에서 十年間 育英事業에 獻身하던 尹琦燮先生은 西間島 選出 議政院議員으로 日前 ㅇㅇ에 來到하다

西間島에 한번 足跡을 印한 이는 應當 呂準先生의 일흠과 함끠 尹琦燮先生의 일흠을 들엇스리라, 多數의 志士들은 왓다가는 가고, 이것을 하다가는 져것으로 變하되 先生은 國恥를 哭하고 飄然히 故國을 떠나 西間島에 入한 後로부터 十年의 今日까지 정말 飢寒과 가즌 苦楚와 奮闘하면서 大韓民族拯濟事業의 根本이오

15 원병상, 「신흥무관학교」, 『독립운동사자료집』 제10집 참조.

基礎되는 育英事業에 精을 殫하고 力을 竭하다

이러한 獻身的 努力의 結果로 多數의 健全한 愛國青年을 養成하야 三十萬 西間島 同胞의 中樞를 作하엿고 그 餘暇에 一般 同胞를 說하야 愛國心과 團結力을 鼓吹하야 同胞의 敬行을 受하엿고, 特히 數年前부터 血戰의 準備의 必要함을 力說하야 多數의 青年에게 軍隊訓鍊과 冒險의 精神을 鼓吹한 功績은 大書할 일이라

昨冬에 先生이 馬賊의 捕虜가 되어 殺害를 當하엿다는 所聞까지 들리더니 天이 幸하야 우리 熱誠의 志士를 多事多難한 時機에 處한 我民에 돌여보내시다

先生은 坡州人이니 隆熙年間에 普成中學校의 第一回를 首席으로 卒業하고 定州 五山學校에 來하야 同僚와 學生의 眞情의 信賴와 愛敬을 受하다가 國恥 後에 育英의 目的으로 西間島에 가다

先生은 只今 三十七八의 壯年으로 寡言謹嚴하야 長者의 風이 잇스면서도 性이 溫厚하야 友誼에 篤하며 熱誠의 人이오 意志의 人이면서 頭腦明晳하다, 特히 先生은 愛國心의 化身이니 그의 過去는 오직 愛國이라, 그에게 家도, 財도, 名도 업고 十年의 生涯가 오직 國家를 爲함이니 그는 진실로 國民의 盛謝할 指導者요 崇仰할 模範이라

위 신문기사에서도 윤기섭에 대하여 "西間島 哈泥河 新興講習所에서 十年間 育英事業에 獻身하던 尹琦燮先生"이라고 표현하고 있음이 주목된다.

맺음말

윤기섭은 1887년생으로 신흥무관학교에참여한 가장 젊은 청년 지도자였다. 그는 신흥강습소의 학감, 소장으로서 강습소의 어린, 젊은 학생들과 함께 호흡하며, 연장자인 이회영, 이상룡, 여준. 이동녕, 김창환 등 많은 지도자들을 보

필하며 활동하였다.

1910년대 전반기 일제의 감시와 탄압, 수토병, 흉년 등 많은 어려움으로 함께 했던 신흥무관학교의 지도자들을 새로운 혁명기지를 찾아 떠났다. 그러나 당시 25세였던 청년 윤기섭은 그 자리를 묵묵히 지켰다. 그의 동자로서 40여 세의 장년 김창환도 윤기섭과 자리를 함께 했다. 그렇게 신흥무관학교는 유지 발전되었다. 9년여의 고난의 시절을 청년 윤기섭은 독립군을 양성하며, 교무를 담당하여, 군사교재를 만들며, 신흥무관학교의 초석을 닦아 나갔던 것이다.

1919년 3월 만세운동이 일어나고 국내에서 많은 젊은 학생들이 독립전쟁의 전사가 되기 위해 만주벌로 오자 그는 새롭게 무관학교를 확장하고 교감으로서 혈전을 수행을 위한 신흥무관학교의 발전을 위해 노력하였다. 그러던 중 마적에게 납치되는 고난을 겪기도 하였다, 석방된 후 남만주대표로 상해 임시정부로 향하였다, 이제 30대 초반의 윤기섭은 만주를 넘어 독립운동의 새로운 길을 향해 대륙으로 향하였다.

4. 신흥무관학교 교관 : 김창환

머리말

김창환은 대한제국의 군인으로 출발하여 일제가 조선을 강점하자 신민회의 해외 독립군 기지 건설을 위하여 만주로 망명한 후 끊임없이 만주벌판에서 항일투쟁을 전개한 대표적인 무장투쟁론자이다. 그는 신흥무관학교 교관으로서 독립군 양성에 기여하였을 뿐만 아니라 서로군정서, 대한통의부, 정의부, 생육사, 한국독립군 등 만주지역의 대표적인 독립운동단체에서 중요한 역할을 담당하였다. 특히 그는 신흥무관학교에서 윤기섭尹琦燮 등과 함께 가장 어려운 시절 10년 가까이 신흥무관학교를 유지하며 독립군 양성에 일익을 담당하였다. 그의 이러한 노력은 많은 신흥무관학교 졸업생들의 존경을 한 몸에 받게 되었을 것이다. 그가 이후 서로군정서와 대한통의부의 총사령으로서 1920년대 만주지역 항일무장 투쟁을 이끌 수 있는 원동력이 되었던 것으로 추정된다. 이후 정의부, 한국독립군의 부사령 등 독립군 지도자로서 큰 기여를 하였다. 1931년 만주사변 이후에는 지청천池青天[1]과 함께 한국독립군으로서 항일투쟁을 전개하던 그는 더 이상 만주에 머물 수 없게 되자 중국본토로 이동하여 신한독립당, 민족혁명당, 조선혁명당 등에서 항일투쟁을 지속하다 순국하였다.

김창환은 대한제국군인에서 출발하여 참 군인으로서 만주와 중국본토에서

1 지청천은 당시 이청천으로 자료에 주로 나오고 있으나 본인이 해방 후 자신의 본래 성씨인 지씨를 사용하여 지청천이라고 하였음으로 본고에서는 지청천으로 하고자 한다.

군인으로서의 책무를 다하였다. 그가 순국한 후 1935년 11월에 중국 항주杭州에서 결성된 민족주의진영의 대표적인 독립운동정당인 한국국민당의 기관지 『한민』 12호(1937년 3월 1일자)에서는 그의 죽음을 추도하여 「秋堂 김창환 선생 별세」라는 글을 싣고 있다.

> **이월 십이일 남경 객창에서 뇌일혈 병으로 불행히 별세.**
>
> 저간 남경에 와서 계시던 추당 김창환 선생은 2월 12일 상오 구시 반에 뇌일혈로 혼도되어 인사불성이 된 채로 당지의 모 병원에 입원하여 응급 치료를 하였으나 효험이 없이 그날 하오 십시 십오분에 불행히 별세하여 15일 하오 일시에 당지 모 묘지에 장례하였는데 향년이 육십오 세이시다.
>
> 추당 선생은 본시 경성 출생으로 이십오 세 때에 장교가 되어 시위대에서 십년간 복무하다가 을사년 보호조약이 체결되어 나라가 장차 망하게 되는 것을 보고 곧 군대에서 나와 이동녕 전덕기 이상설 씨들과 결탁하여 구국 운동에 참가하고 당시 각지에서 일어난 의병과도 연락하여 활동하다가
> 경술년 합방까지 된 후에는 서간도로 가서 신흥학교에서 군사교육사업에 종사하였고 삼일운동 이후에는 군사 운동에 진력하여 서로군정서의 요임을 띠고 군대를 영솔하고 백두산과 압록강 일대에서 맹렬히 활동하다가 일인의 직접 출병으로 인하여 서북간도에 있던 군대들이 모두 중동선 연안에 집합되었는데 여기에서는 김규식 김좌진 홍범도 이청천의 각 군대가 연합하여 다시 독립군을 편성할 때에도 선생이 역시 요임을 띠고 자유시까지 갔다가 러시아 군대에게 무장해제를 당한 뒤에는 다시 서간도로 돌아와 통의부 군대의 총 사령이 되어 활동하였다 그러다가 동족 간에 알력이 생겨서 살육까지 생기게 되매 드디어 직임을 사면하고북만에 가서 홍진 이청천 씨들과 함께 한국독립당을 조직하였던 바 9.18 만주사변 이후 무장동지를 영솔하고 이청천과 함께 중국의용군과 연합하여 각지에서 항일운동에 종사하며 고생을 많이 하였다 한다. 그러다가 선생은 수년전 모지에 와서 활동하고 있다가 불행히 병마에 걸려 한 많은 최후를 맞았는데 본국에는 그의 부인과 두 아들이 간곤한 생활을 하고 있다 한다.(사진은 고 김창환 씨)

아울러 1937년 4월 30일자 『한민』 13호 「吊추당 一松 兩先生」에서도 다음과

같이 김창환과 김동삼金東三의 죽음을 추도하고 있다.

추당 김창환 장군이 홀연히 세상을 떠나신 것을 슬퍼하는 우리는 이제 다시 일송 김동삼 선생의 흉보를 접하게 되었다. 사람이 한번 나면 죽는다는 것은 면치 못할 운명이니 선생님들이라고 장생불사하실 수야 있으랴마는 우리는 선생님들이 품으셨던 큰 뜻을 다 이루지 못하고 세상을 떠나신 것을 서러워한다. 약한 우리를 버리시고 가신 것을 더욱 서러워한다. 우리는 한편으로 선생님들이 우리를 위하여 자기네의 운명을 온전히 마치시지 못한 것을 돌아보며 또 한편으로 형극이 쌓여있는 망망한 우리의 앞길을 내다볼 때에 마치 목자를 잃은 양의 떼와 같은 느낌이 없지 아니하니 오직 가슴이 뭉클하고 눈물이 옷깃을 적실 뿐이다. 슬프다. 선생님들은 우리를 자식같이 사랑하였으며 우리는 선생님들을 부형같이 믿었나니 우리를 버리고 가시는 선생님인들 어찌 차마 못하는 맘이 없으시며 가기 싫은 길로 가시는 선생님들을 붙들지 못한 우리라고 어찌 안타까운 생각이 없었으랴! 아아 구곡에 사무치는 유한은 압록과 두만의 유유한 물결과 함께 영원히 살아지지 못하리니 운명의 직란이 어찌 이토록 심하랴!

선생님! 선생님들이 이미 이루어 놓은 공적은 만주에 있는 우리 독립운동사 거의 전면을 대표한다 하더라도 그리 과언은 아니니 우리 한인으로서야 이것을 모르는 사람이 어디 있으리까? 과연 선생님들의 덕망, 열성, 용단은 만주 전판에서 감복하지 않은 사람이 없었습니다. 난마와 같이 복잡한 시비 중에도 육척 거구의 일송 선생님이 일을 열어 열변을 토할 때는 원만히 해결되지 않는 일이 적었으며 수만의 적군이 밀려들어 올지라도 추당 장군이 선두에 호령할 때는 산곡과 전야에서도 일제히 적을 향하여 돌진하였습니다. 선생님들도 이것이야 아실 터이지요? 아아 선생님들의 늠름한 그 기상은 아직도 우리 눈앞에 역력하건만 어찌하여 그 말씀과 그 호령만은 들을 수가 없나이까!

선생님! 선생님들은 고국강토를 광복하며 가련한 동포를 사지에서 구해내려고 삼십년을 하루와 같이 부탕도화(赴湯蹈火)도 피하치 아니하고 풍찬노숙도 달게 여기며 오직 앞만 향하여 악전고투 하지 않으셨나이까? 선생님들이 선생님들의 육신을 맘 가운데 두지 아니한 것은 다시 말씀할 필요도 없거니와 선생님들의 혁혁한 정신은 우리 머릿속에 그대로 살아있으며 선생님들의 붉은 피는 우리 심장 속에 방울방울이 흐르고 있나이다.

선생님! 우리는 선생님들이 돌아가신 것을 다시 더 서러워하지 아니하겠나이다. 그러나 선생님들이 끼쳐주신 시퍼런 정신과 뜨거운 피를 성심성의로 보전하겠나이다. 이 영광스러운 보배를 가진 우리는 무한한 기쁨을 느끼며 영원히 더럽히지 않기를 맹세하였나이다. 우리에게 이 정신과 이 피가 있음으로써 선생님들이 남기신 사업을 완성할 자신과 용기가 생기나니 바라건대 선생님들도 구천에서 만족한 웃음을 웃어지이다.

일후생(一後生)

이처럼 만주지역 및 중국 본토에서 항일투쟁을 전개한 김창환은 남경에서 뇌일혈로 1937년 2월 12일 하오 10시 15분 향년 65세로 순국하였다. 그의 죽음을 『한민』과 더불어 『신한민보』 1937년 5월 20일자에서 「고 추당 김창환 선생을」라는 기사에서 추도하고 있다. 그는 이처럼 대표적인 인물임에도 불구하고 지금까지 그에 대하여 주목하지 못하였다.

아마도 김창환에 대한 연구가 부족했던 것은 자료 때문이 아닌가 한다. 그는 한번도 일제에 체포된 적이 없다. 그러므로 판결문이나 신문조서 등이 남아 있지 않은 것이다. 또한 그는 무인 즉 군인이었으므로 글을 별로 남기지 않았다. 더구나 항상 전쟁터인 만주벌판에서 활동하였으므로 그에 대한 기록은 제한되어 있는 것이다. 그러나 그는 만주지역 무장투쟁사에 있어서 가장 대표적인 독립운동가임을 부인할 수 없다. 자료가 부족하다고 하여 이들 독립운동가들의 삶을 역사에 기록하지 않는다면 이는 또 다른 역사왜곡을 불러오는 단초를 제공하는 것일 것이다. 그리고 이들 잊혀진 독립운동지도자들이 있었기에 조국의 독립이 가능하였다고 생각된다. 이에 필자는 잊혀진 만주벌이 무장투쟁 지도자 김창환의 항일투쟁에 대하여 살펴보고자 하는 것이다.

특히 본고에서는 김창환의 구한말의 활동에 일차적으로 주목하고자 한다. 그에 대하여 기존에 밝혀진 것이 거의 없기 때문이다. 1910년대에는 신흥무관학교에서의 그의 역할에 대하여 살펴볼 것이다, 지금까지 신흥무관학교의 경우 초창기 설립에 주목하여 이회영 등 6형제와 경북 안동출신의 이상룡 그리고 최근에는 윤기섭 등에 대하여 집중적으로 조망되고 있다.[2] 그런데 이들 연구에서 간과하고 있는 것이 신흥무관학교가 무관학교란 점이다. 그러므로 무관학교에서는 일차적으로 학생들을 훈육하는 교관이 누구보다도 중요하다고 판단된다, 김창환은 대한제국 군인출신으로서 이들 학생들과 동고동락하며 교육시킨 바로 교관이었던 것이다.

본고에서는 신흥무관학교에서의 그의 역할에 특별히 주목하고자 한다. 아울러 남만주지역의 대표적인 통합단체인 대한통군부와 대한통의부의 총사령으로 활동한 점도 유의하고자 한다, 또한 김창환의 경우 조선의 독립을 위하여 누구보다도 독립운동단체의 통일에 힘을 기울이고자 하였다. 그의 그러한 노력을 『정이형鄭伊衡 회고록』을 통하여 알아보도록 하겠다. 결국 독립운동단체들의 통합에 실망감을 느낀 김창환은 남만주를 떠나 북만주로 이동하여 생육사, 한국독립당 등에서 활동하다 중국 본토로 이동하여 조선혁명당 등에서 활동하였던 것이다.

1. 구한말 국내에서의 활동-상동청년회와 신민회

김창환(1872년~1937년)은 별명은 석주錫柱, 호는 추당秋堂. 서울 청진동출신

2 이회영과 윤기섭에 대한 조망이 집중되고 있다. 『우당 이회영일가의 망명과 독립운동』(우당 이회영일가 망명 100주년 기념학술회의, 2010), 『신흥무관학교 설립 100주년과 윤기섭선생 학술회의』(대한민국임시정부 기념사업회, 윤기섭기념사업회, 2011).

이다. 정2품 군인이었던 계현啓鉉의 둘째아들이다.[3] 어려서부터 한문을 배웠다.[4] 김창환은 대한제국 육군무관학교 출신인 것 같다. 이회영의 부인 이은숙의 『민족운동가 아내의 수기-서간도시종기』(정음사, 1983)에 보면 다음과 같은 기록이 있다.[5]

> 이장녕씨, 이관직씨, 김창환씨 세분은 고종 황제 당시에 무관학교의 특별 우등 생으로 승급을 최고로 하던 분이다. 만주 와서 체조선생으로 근무하는데, 대소한 추위에도 새벽 3시만 되면 훈령을 내려 만주서 제일 큰 산을 한 시간에 돌고 오는지라, 세 분 선생을 〈범 같은 선생이라〉하더라

김창환은 1899년(광무 3) 대한제국 육군에 입대하여 1905년에는 부위副尉로 복무하다가 그해 을사조약이 체결되자 신민회에 가입하여 국권회복에 노력하였다.[6]

『한민』 12호(1937년 3월 1일자)에 「추당 김창환 선생 별세」에,

> 추당 선생은 본시 경성 출생으로 이십오 세 때에 장교가 되어 시위대에서 십년간 복무하다가 을사년 보호조약이 체결되어 나라가 장차 망하게 되는 것을 보고 곧 군대에서 나와 이동녕 전덕기 이상설 씨들과 결탁하여 구국 운동에 참가하고 당시 각지에서 일어난 의병과도 연락하여 활동하다가

라고 있는 바와 같이, 김창환은 25세시 장교가 되어 시위대에 10년간 복무하였던 것이다. 그러던 중 1905년 을사조약이 체결된 것을 보고 군대에서 나와

---

3 김창환의 11번째 자식인 金埈浩의 부인 黃明秀(1929년생)의 증언. 김계현의 첫째 아들은 金明煥,이며, 김창환의 부인은 채씨라고 한다.

4 한국역대인물종합시스템 김창환.

5 이은숙의 『민족운동가 아내의 수기-서간도시종기』, 정음사, 1983, 24쪽.

6 한국역대인물종합시스템 김창환.

이동녕, 전덕기全德基, 이상설李相卨 등과 함께 구국운동에 참여하였던 것이다. 이를 통해 볼 때, 김창환은 이들과 함께 상동청년회에서 활동한 것이 아닌가 추정된다. 상동청년회에서는 1904년 10월 15일 상동청년학원을 개교하였다[7] 이 학교는 신민회의 부설학교 같은 성격을 띤 것으로 민족학교라고 할 수 있을 듯하다. 김창환은 상동청년학원에서 전덕기 목사가 교장으로 있던 시절 체조교사로 일한 것으로 보인다. 그가 언제부터 교사로 일했는지는 정확히 알 수 없으나 그는 항상 이동녕, 이회영, 조성환曺成煥 등과 함께 활동하였으므로 그렇게 보는 것이 자연스러울 것으로 보인다.[8] 한편 김창환은 1907년 4월에 조직된 것으로 알려진 신민회에도 참여한 것으로 알려지고 있다.[9]

신민회 및 상동청년회에 참여했던 김창환은 1909년 12월 일진회가 고종과 통감, 그리고 총리에게 合邦上奏文과 한일합방청원서를 제출하는 등 매국행위를 자행하자, 배동현裵東鉉·이승규李昇圭·오상근吳祥根 등과 함께 일진회를 성토하는 글을 발표하여 국민의 각성을 촉구하였다.[10] 여기에 등장하는 배동현,

---

7 한규무, 「상동청년회에 대한 연구 1897-1914」, 『역사학보』 126, 1990, 88쪽.

8 위의 논문, 105쪽.

9 위의 논문, 99쪽.

10 『통감부문서』 8권 문서제목 (42) 合邦 문제에 관한 기독교도의 행동, 문서번호 警秘第二四八號, 발송일 隆熙三年十二月八日 (1909-12-08), 발송자 警視總監 若林賚藏, 수신자 統監 子爵 曾荒助에 잘 나타나 있다. 좀 길지만 중요한 자료라 직접 인용하면 다음과 같다.

(42) 合邦 문제에 관한 기독교도의 행동

警秘第二四八號

기독교도 裵東鉉 외 8명의 발기로 이번 합방문제에 관해 一進會의 성토를 위해 別紙와 같이 통고문을 발하며, 오는 11일 中部 壽進洞의 고아원 내에서 동지를 규합하고자 이미 통고문 수만 매를 인쇄하여 京鄕 간에 배포하고자 하였지만, 모 친구의 주의에 따라 갑자기 이를 중지하였다고 합니다.

중지한 이유 및 발기인의 신원은 현재 내탐 중입니다. 위를 보고 드립니다.

隆熙三年十二月八日

警視總監 若林賚藏 印

統監 子爵 曾荒助 殿

○ 別紙

문서제목 聲討 一進會 文

발송일 隆熙三年十二月八日 (1909-12-08)

발송자 發起人 裵東鉉, 李昇圭, 吳祥根, 趙奎洙, 李用台,

이승규, 김진호 등은 상동청년회와 인연을 맺고 있던 인물들이다.[11] 이를 통해 볼 때, 김창환은 상동교회 및 청년회 등과 함께 구국운동을 전개한 것으로 보인다.

2. 105인 사건과 김창환의 관계?

김창환은 1911년 국내에 잠입하였다가 105인사건으로 일본경찰에 붙잡혀 징역 6년을 언도받았으나,[12] 1913년 3월 무죄로 방면된 후[13] 출옥 후에는 배재학교 등에서 체육을 담당하면서 독립사상을 고취시키다가 다시 만주로 망명

金昌煥, 盧益亨, 金鎭浩, 李逑榮

聲討 一進會 文
噫痛矣라 彼窮凶巨惡一進會여 彼極譎至陋惡魔黨이여 何로自ㅁㅁㅁㅁㅁ고 彼蟻鬼蛾의技術이오 蛇蝎의心이나 亦是大韓天地에雨露中一物이라
乃祖乃父의死ㅁㅁㅁㅁㅁㅁ育이亦此에在니 如何히 冥頑지라도 半分의人心이 苟有면 엇지 祖國을 如此히ㅁㅁㅁㅁㅁ 亦其主人을知거던 況乎人類로稱者리오 噫彼一進會가 一種惡氣를鍾야 一團을成야 前後의所行이 皆是國을斫喪고 同胞에 流毒手段이라 其惡逆이貫盈야天地 가不容고 人神이共誅바라 然而或者反躬悔禍고 改心革面면 往者已矣어니와 來者를可追가期待엿더니 者에餘蘖이 尙存야 肆然히 顧忌가無所謂合邦聲明書를 提出 萬目이 駭고衆議가然니 噫痛矣라 是何怪物이 완敢히此等口角을 發表야 上而君父를 背棄고 下而民族을蹂며 內面邦基를搖動고 外面國交를 破壞코자니 其凶計毒手가 可謂慘則慘矣나 亦可謂愚則矣로라
嗚呼라 此魔說을 主唱者는 一百四十名逆黨에不過거 統監府長書文에 二千萬衆代表라 冒稱고 其聲明書에 曰政合邦이오 合併은아니라고 하고, 상소문에도 왈 日韓合邦新造一大帝國이라야 其容喙가 極譎至險고 其措辭가 此異彼是ㅁㅁㅁㅁㅁㅁㅁ니 將誰를欺리오 天을欺乎아 嗚呼라 我四千年檀箕舊疆과 三千里華麗江ㅁㅁㅁㅁ幻弄을 忍見리오 凡我同胞決ㅁ彼狗不若惡魔輩로더부러
大韓天日ㅁㅁㅁ라 今頂天履地者 所宜齊聲其憤야 其窟을 破고 其根을 拔지라
擬以來 十一日 土曜 下午 六時에 左定處所에 齊會야 聲討方針을 議定고 且各地에 收議야 대한국內에 一大惡菌을 剿滅코자노니 期光臨심을 敬要
隆熙三年十二月八日
發起人 裵東鉉, 李昇圭, 吳祥根, 趙奎洙, 李用台,
金昌煥, 盧益亨, 金鎭浩, 李逑榮
처소는 京城 中部 壽進洞 고아원

11 한규무, 「상동청년회에 대한 연구 1897-1914」, 『역사학보』 126, 1990, 참조.
12 『독립운동사』 10, 694쪽. 『105人事件 判決文[京城地方法院(경성지방법원) 1심], 1912. 9. 28』.
13 매일신보 1913년 3월 21일, 23일자.

하였다[14]고 알려지고 있다.

그러나 필자의 생각으로는 김창환은 105인 사건과는 연관이 없는 인물이 아닌가한다. 그는 평안도 출신도 아니며, 서울에서 경성학교 교사로 일한 적도 없기 때문이다. 당시 만주로 망명한 김창환 외에 동명인으로서 평안도에서 잡화상을 하는 김창환과 서울에서 경성학교 교사로 일한 김창환이 별도로 있는 것이 아닌가 추정된다

『한민족독립운동사자료집』 1(105인사건공판시말서 I), 제24회 공판시말서에 보면 다음과 같은 내용이 있다.

피고 金溶華는 다음의 人證 신청을 하다.
京城 南部 詩洞 26統 5戶 邊鳳圭
京城 東部 蓮洞 金昌煥
위 邊鳳圭는 前 新興學校 교사이며, 金昌煥은 儆新中學校 교사인데, 두 사람의 증언으로써 明治 43년 12월 중에는 학교에 다니면서 공부하고, 宣川에는 가지 않았음을 증명하고자 한다.

라고 있음을 통하여, 경신중학교 교사 김창환은 김용하가 증인으로 신청한 인물로 언급되고 있다.

또한『한민족독립운동사자료집』 1(105인사건공판시말서 I)에 보면 다음과 같이 잡화상 김창환에 관한 내용도 있다.

주소·출생지 平安北道 宣川郡 邑內面 玉洞 1統2戶
雜貨商 金昌煥
11 월 28일생, 31세

---

14 역대인물종합시스템 김창환.

또한 양기탁梁起鐸 보안법사건 판결문(경성지방법원, 1911. 7. 22)에 보면 김창환에 대한 다음 기록도 보인다

[판결]

梁起鐸 41年月 22日生法韓會社事務員
京城 西部 八角亭 195統 4戶 住平安南道 平壤 小川 出生

주문

피고 양기탁·임치정·김도희·주진수·안태국·고정화를 각각 징역 2년에 처하고 피고 옥관빈·안윤재·감익룡·김용규를 각각 징역 1년 반에 처하고, 피고 류문형·권태선을 각각 징역 1년에 처하고 피고 김용태·김희록·김성주·정달하를 각각 징역 6개월에 처한다.
압수 물건은 모두 소유자에게 환부한다.

이유

다음 피고는 김창환(31세)으로, 그는 재판관의 질문에 신민회에 대해 들은 바가 있었다고 했으나, 梁濬明으로부터 신민회 가입을 권고 받았다는 것은 부인했다. 그는 신민회 측이 자기에게 돈과 단총을 구해 오라고 지시하지 않았다고 말했다. (이 밖에도) 그는 총독을 암살하기 위해 선천으로 갔다는 신민회원들도, 총독의 도착에 대한 오보 때문에 그들의 계획이 실패했다는 것도 모른다고 했다. 그는 총독부의 한 관리가 총독 도착에 대한 정확한 정보를 윤치호에게 전해 주었고, 윤(윤치호)는 이 사실을 두 사람에게 알려 그들이 이 정확한 소식을 갖고 갔다는 것도 듣지 못했다고 했다. 암살 모의자들이 신성학교에 모였다는 것과 玉觀彬이 이토(伊藤博文) 공작 암살범인 안중근의 용기를 본받을 것을 강요하지 않았는가라는 질문에 대해, 피고는 자기는 그 사건에 대해 아는 바 없으며, 맥퀸 교장이 모의자들에게 자기가 선천역에서 악수를 하는 관리에게 총을 쏘라고 말한 사실 또한 들은 바 없다고 했다. 피고는 신성학교 학생 50명에게 총독을 만나러 선천 역에 가기 전 단총의 배부 여부에 대해서도 모른다고 했다. 왜 경찰과 검사 앞에서 이 모든 진술을 시인했느냐는 질문에, 피고는 다른 피고인들과 마찬가지로 자백을 강요받았기 때문이라고 말했다.

오후 5시 30분에 재판장은 다음날까지 휴정을 선언했고, 이렇게 해서 이 주목할 만한 사건에 대한 첫날의 재판이 끝났다.

아울러 제10회 공판 '주모자들'에 대한 신문(The Examination of the Ringleaders), 흥미로운 증거(Interesting Evidence) 7 월 11일 서울에 다음과 같은 내용이 있다.

폭력(사용) 정책에 반대(Opposition to Policy of Violence)

문 : 김창환의 요구로 피고는 숭실학교 학생들 앞에서 연설을 했으며 그들에게 국가의 이익을 위해 이 비밀 운동에 동참해 줄 것을 권유하지 않았는가?

답 : 나는 결코 의주에 가지 않았고 그런 연설도 하지 않았다. 내가 그런 연설을 했다면 누군가가 그 연설을 들은 사람이 있을 것이다.

문 : 암살사건이 임박했다는 요지의 피고 연설을 들은 사람이 있다.

답 : 나는 그 문제에 대해 재판장과 더 얘기하고 싶다.

문 : 그 후 피고는 선천으로 되돌아오지 않았는가?

답 : 불가능한 일이다. 왜냐하면 나는 결코 의주에 가지 않았기 때문이다.[15]

앞서 등장하는 김창환은 필자가 언급하는 김창환과 출생지와 나이 등이 다르므로 동명이인인 것으로 보인다.

3. 만주로의 망명, 신흥무관학교 교관으로 독립군 양성

1910년 일제에 의하여 조선이 강점되자 상동교회를 중심으로 활동하던 김창환은 신민회의 독립운동 기지 건설 계획에 따라 이회영, 이동녕 등과 함께 만주에 독립전쟁의 기지를 설정하는 일을 추진해 나갔다. 그리고 만주로 망명

15 Japan Chronicle, 『105인 사건 공판참관기』, 한국기독교역사연구소, 2001, 163쪽.

하였는데, 당시 김창환과 함께 유하현 삼원포지역에 모인 인사는 이회영 등 6 형제와 그 외 이동녕·이상룡·김동삼·주진수·윤기섭 등이었다.

신흥무관학교 교관이었던 「신흥무관학교, 원병상 수기」를 살펴보면, 김창환은 신민회의 독립운동기지 건설계획에 따라 제1착으로 만주 유하현 삼원포 추가가로 망명해 온 인사로서 주목된다. 그러나 그가 언제 누구와 함께 만주로 이동했는가에 대한 구체적인 기록은 찾아볼 수 없다.

> **제1단계 창설기**
>
> 1. 독립 운동의 요람지인 추가가(鄒家街)
>
> 1909 년 봄에 서울 양기탁(梁起鐸) 선생 댁에서는 안창호 · 이동녕(李東寧) 선생 이하 구국 운동의 선구자들로 조직된 비밀 결사인 신민회의 간부회의를 열고, 해외 독립 기지 건설과 군관학교 설치의 건을 의결하였다.
>
> 그리하여, 황해도 인 최명식(崔明植) 외 수인을 급파함으로써 현지를 답사해 본 뒤에 가장 적당하다고 인증되는 땅이 있다는 보고에 의하여 각 지방 대표에 비밀 통보가 전달되자, 각지의 우국 투사들은 조국의 조종이 되는 산인 저 백두산 서북으로 뻗어 나간 요동 반도를 향한, 여기서 조국의 광명을 찾으려고 실천에 옮기기 위한 제1착이 이석영(李石榮) · 이철영(李哲榮) · 이회영(李會榮) · 이시영(李始榮) · 이호영(李浩榮) 형제와 이상룡(李相龍) · 이동녕(李東寧)[16] · 김동삼(金東三) · 주진수(朱鎭洙) · 윤기섭(尹琦燮) · 김창환(金昌煥) 등이었다.[17]

한편 김창환 등의 만주 망명 목적은 신민회 사건 판결문에도 '서간도에 단체적 이주를 기도하고 조선 본토에서 상당 재력 있는 다수의 인민을 동지에 이주시켜 토지를 구매하고 촌락을 만들어 새로운 영토를 삼고 다수의 교육 있는 청년을 모집하여 동지同地에 보내어 민단民團을 일으키고 학교 및 교회를 설

16 이동녕의 만주 망명과 신흥강습소에서의 활동에 대하여는 신한민보 1940년 6월 6일자 이동녕 사략(2) 6월 13일자 이동녕사략(3) 등에 상세하다.

17 『독립운동사자료집』 10, 11쪽.

(設)하고 진(進)하여 무관학교(武官學校)를 설립하고 교육을 시(施)하여 기회를 타서 독립전쟁(獨立戰爭)을 일으켜서 구한국의 국권을 회복코자 한다.'라고 기록되어 있는 바와 같이 최후의 목표를 국권 회복, 즉 독립 전취에 목표를 두고 이를 달성하기 위하여 기지를 개척하고 무관 학교를 설립하여 독립군을 양성하는 데 있었다.[18]

일차적으로 김창환은 한인자치기구인 경학사의 설립에 진력을 기울였다. 이주한 인사들이 공동으로 발기하는 형식으로 이루어졌다. 김창환은 윤기섭, 이회영, 이상룡, 이동녕 등과 함께 발기인으로 되어 있다.[19]

김창환 등은 독립군 양성의 일환으로 신흥강습소도 만들었는데 이때 그는 교관으로서 독립군 양성에 참여하게 된다. 원병상 수기를 보기로 하자

> 1911년 봄에 이역 황야의 신산한 곁방살이에서나마 구국 사업으로 일면 생취(生聚), 일면 교육이라는 두 가지 과제를 내걸고 출발하였다. 생취(生聚)로는 경학사(耕學社)를 창설하여 이주 동포들의 안착과 농업 생산을 지도하는 기관으로서 초대 사장에 이철영이 추대되고, 교육으로는 학술을 연마하여 군사 훈련을 주목표로 조국 광복에 중견 간부의 역군이 될 인재 양성을 하기 위해 '신흥강습소'가 창설됨으로써 초대 교장에 이동녕, 교감에 김달(金達), 학감에 윤기섭(尹琦燮) 교관에 김창환(金昌煥), 교사에 이갑수(李甲洙)·이규룡(李圭龍)·김순칠(金舜七)등이었고, 제3대 교장에 이광(李光)도 잠시 재임하였다. 이것이 곧 서간도 독립운동의 요람인 신흥무관학교의 전신이었다.[20]

즉, 김창환은 자치기관으로서 경학사를 만들고,[21] 독립군을 양성하기 위하

18 독립운동사편찬위원회, 『독립운동사』 5, 166쪽.
19 서중석, 『신흥무관학교와 망명자들』, 역사비평사, 2001, 94쪽.
20 『독립운동사자료집』 10, 12쪽.
21 경학사를 1912년 여름에 해산하였다고 하고 있다(신한민보 1940년 6월 13일 이동녕사력(3).

야 1911년 6월에[22] 농가 2칸을 빌어서[23] 신흥강습소를 만들 때, 군사교육을 담당하는 교관으로서 일하게 되었던 것이다. 당시 신흥강습소는 10여명의 아동과 청년을 모집하여 학과 본과(중학정도)와 특과(군사전문학) 교육을 실시하였다.[24] 위의 간부 명단에서 보는 바와 같이 군사교육을 담당하는 교관은 김창환 1인인 것이다. 신흥강습소는 토인 옥수수 창고를 빌려 개교하였다.[25]

1912년 가을, 서간도로 탈출해 나오는 동포의 수가 나날이 늘어가자 경학사는 발전적 해체가 되고 다시 부민단이 조직되어[26] 초대 단장에는 허혁許赫이 추대되었고, 2대는 이상룡이 되었다. 그리고, 교포들의 안녕 질서를 위한 자치 단체로서 교육의 쇄신과 행정 기구를 다시 정비하려는 중앙 기관을 추가가에서 동남쪽으로 90리 거리에 떨어진 영춘원永春源을 거쳐서 통화현 합니하로 옮기는 동시에 신흥강습소도 이곳으로 이전하였다.[27]

1913년 봄에 학교가 이전된 뒤 황림 초원에 수만 평의 연병장과 수십 간의 내무실 내부 공사는 전부 생도들 손으로 이루어졌던 것이다. 그리고 동년 5월에는 그동안 우리가 열망하던 교사 낙성식이 있었다. 그리고, '신흥강습소'란 이름도 '신흥무관학교'로 승격하였으니, 이는 우리 겨레의 일대 경사였고 독립운동 사업의 일보 전진이었다. 이로부터 통화현 합니하는 우리 독립군 무관 양성의 대본영이 되고 구국 혁명의 책원지로서의 새 면모를 갖추게 되었다.[28]

1913년 당시 재직한 교직원의 명단을 보면, 교장 여준, 교감 윤기섭, 후임교

---

22 신한민보 1915년 12월 23일 신흥강습소 정형(1).

23 위와 같음.

24 위와 같음.

25 위와 같음.

26 신한민보 1940년 6월 27일 이동녕사략(4)에서는 부민단이 1915년 봄에 교육회를 변경하여 부민단을 조직하였다고 하고 있다. 일본측 기록에는 1915년 富民團이라고 하였다가 1916년 扶民團 이라고 하고 주역은 통화 유하현 일대라고 한다(1916년 7월 17일 배일선인비밀단체상황 취조의 건).

27 『독립운동사자료집』 10, 13쪽.

28 위의 책, 14~15쪽.

감 이상룡, 학감 이광조, 후임 이규봉, 교사 이규봉, 교사 서웅, 교사 민화국(중국어 교사), 교관 성준용, 교관 김흥, 교관 이극(격검·유술 교관), 생도대장 김창환, 반장 원병상 등이었다. 원병상은 반장이었으므로 생도대장인 김창환에 대하여 많은 것을 보고 느꼈을 것으로 보인다.

당시 원병상은 여기서 3년간 전교 생도반장으로 복무하였다. 그가 기록한 교육훈련 부분을 보면 다음과 같다.

> 5. 교육 훈련학과로는 주로 보(步)·기(騎)·포(砲)·공(工)·치(輜)의 각 조전(操典)과 내무령(內務令)·측도학(測圖學)·훈련 교범(訓練敎範)·위수 복무령(衛戍服務令)·육군 징벌령(陸軍懲罰令)·육군 형법 (陸軍刑法)·구급 의료(救急醫療)·총검술(銃劍術)·유술(柔術)·격검(擊劍)·전략(戰略)·전술(戰術)·축성학(築城學)·편제학(編制學) 등에 중점을 두고 가르쳤다. 술과로는 넓은 연병장에 김창환 교관의 명랑 쾌활한 구령 아래 주로 각개교련(各個敎練)과 기초 훈련을 해 왔다. 야외에서는 이 고지 저 고지에서 가상적에게 공격전·방어전·도강·상륙 작전 등 실전 연습을 방불하게 되풀이하면서 이 산 저 산 기슭에서 '돌격 앞으로'를 외치던 나팔 소리가 아직도 귓전에 들려 오는 것 같다. 체육으로는 엄동 설한 야간에 파저강(婆猪江) 70리 강행군을 비롯하여 빙상 운동·춘추 대운동·축구·목판·철봉 등 강인 불굴의 신체 단련을 부단히 연마해 왔다.[29]

즉, 김창환은 교관으로서 연병장에서 학생들에게 군사훈련을 담당하였던 것이다. 신흥학교의 군사교육은 3·1운동이전에는 전 구한국 시대의 참령 양규열 ·부위 이장녕과 하사 김창환 등이 담임하여 한국의 구식 군사제도에 의하여 교수되었다. 그러나 3·1운동이후에는 당시에서는 최신식의 군사기술을 소유한 일본 사관학교 출신인 지청천·김경천과 조선보병대 출신인 김승빈金承斌과 또 얼마 후에 중국 운남군관학교 출신인 배천택裵天澤, 이범석李範奭 등이

29 『독립운동사자료집』 10, 23~24쪽.

신흥학교로 모여온 후에는 최신식의 군사기술에 의한 교육을 실시하였다.[30]

한편 신흥무관학교는 이후 시기는 분명하지 않지만, 윤기섭이 소장을, 김창환은 학감을 맡게 되었다. 『국민보』 1914년 4월 8일자를 보면 이를 짐작해 볼 수 있다.

> 중앙교육회의 죠직된 연원을 간략히 말하건대 셔간도부로 형뎨의 협력 일치한 결과로 최초에 신흥강습소를 설립하고 소쟝 윤긔섭 학감 김창환 등 제씨의 모험 분발하는 능력을 인하야 몇해의 셩샹을 지내오다가 작년 11월 14일에 이르러는 강습소를 유지할 목적으로 유지인사 49인이 회동하야 신흥교육회를 죠직하고 회쟝 리석씨 이하 각 임원을 션뎡하며 회원에게 매년 60전의 의무금을 쟉뎡한 후 금년 2월 5일에 뎨1회 뎡기총회를 열때에 회원은 벌써 4백명에 달하엿스니 석달 동안에 회원은 십배나 늘엇고 회금은 5백여원에 달한지라. 인하야 그 범위를 확쟝하기 위하야 회명을 즁앙교육회라 하고 각 임원을 션뎡하야 크게 활동하기를 준비[31]

아마도 이때는 김창환, 윤기섭 등이 신흥무관학교를 위하여 크게 기여한 때가 아닌가 한다. 신한민보 1940년 5월 30일자 〈윤기섭과 추당 김창환-신흥학교를 유지〉에 잘 나타나 있다. 약간 길지만 김창환을 이해하는데 큰 도움을 주므로 인용하면 다음과 같다.

> 서간도 혁명사업의 대본영인 경학사와 신흥학교의 창설은 이동녕 선생과 및 그 동지들이 하였고, 그후 신흥학교를 폐지할 경우에서 유지하여 9개년 동안 분투한 자는 윤기섭과 추당 김창환 두 건장이니, 오늘 우리가 이동녕 선생의 서간도 사업을 생각하는 때에, 선생의 서업을 도운이 두 건장을 공을 가리울 수 없는 것이다.
>
> 신흥학교는 가난한 가운데 잇해 반동안을 유지하고 4245년 여름에 이르러 할 수 없이 폐지하게 된 것은 두가지 큰 연고가 있으니 1. 동지 다수가 왜적에게 잡혀서

30 김승빈의 회고(독립기념관 원문 정보)中領(중국령)에서 進行된 朝鮮解放運動, 1958年 5月 2日에 김승빈한테 받은 자료. 朝鮮民族의 解放을 爲한 武裝的 鬪爭.

31 『국민보』 1914년 4월 8일자.(음력 3월 13일) 「신흥교우보를 위하야 즁앙교육회를 죠직」.

사로 돕는 힘이 적어지고, 2. 수토불복과 실농을 말미암아 먹고 살수 없는 형편에 학교 유지가 어려운 것이다. 이때 모든 동지들이 신흥학교 존폐문제를 의논하는 가운데, 누구나 비분 강계한 어조로 부르짖는 말이, "우리가 망국의 비통을 당한 후 경가파산하여 늙은이를 붙들고 어린이는 업고 강을 건너 북으로 온지 잇해동안 고생을 참으면서 악렬한 환경과 싸우다가 우리의 가장 요긴한 사업인 군사양성 기관 신흥학교를 유지하지 못하고 폐지한다면, 이난 즉, 우리의 강건년 목적을 잃어버리는 것이며, 서간도 경영의 실패를 선언하는 것이니, 경학사의 허명을 두어서 무엇하라", 드디어 경학사까지 해산하니 경학사의 해산이 즉, 서간도 한인 혁명단결의 해산이라. 그들은 본래 강철심장의 분투 건장이므로 눈물겨운 이 시각에 눈물은 뿌리지 않았지만은 회중의 광경은 참으로 비장이요, 침통이다. 이 회의에 처음부터 끝까지 참석한 25세의 청년 하나와 40세의 장년 하나 있으니 청년은 즉, 신흥학교의 교감인 윤기섭이요, 장년은 즉, 동교 교사 중 1인인 김창환인데 그는 본디 광무군인으로 동년 가을에 서간도 신흥학교에 와서 군사훈련을 담임한 교원이다. 그들이 백척간두에 일보를 나와서, 신흥학교 유지를 결정하고 이듬해 4246년 계축 춘기로부터 교사 생도가 용기를 떨쳐서 전도 개척에 분투할 적에 그 고생은 이간 붓이나 혀를 가지고는 다 기록할 수 없는 것이다.

윤기섭과 김창환이 9개년 동안 신흥학교 복무시대의 간난 상황을 회상한 가운데 이런 말이 있다.
"" 사흘을 굶으면서 매일 5,6시간 교수하고 또 5.6시간은 군사학을 번역하여 이튼날 과정을 준비하고 밭갈고 나무하고 밥짓고, 땅쓸고 빨래하고 목수 미장이까지 겸해서 7,8가지 잡무를 보았는데, 이틀까지는 여상하더니 제3일 저녁에는 현기증이 가끔나더라.
15일 동안 간 소금을 못먹어 보았는데, 7.8일 까지는 잘 가꾸어 기른 푸성귀 국맛이 여전하더니 그후부터는 맛이 점점 감해지더라,
겹옷을 입고 밀짚모자에 여름 신을 신고 칙설이 싸인 가운데 전투연습을 가르쳐보니 추위를 참지 못한 것은 없으나. 수족과 귀가 좀 시리더라
하절난 하학후에는 각급학교 언덕아래로 홀으난 강에 가서 입은 고이 적삼을 빨아널고, 맑은 물에 몸을 잠아두었다가 빨아 짤닌 옷을 거더입고, 오는 것도 또한 일종의 운치스러운 일더라"
이상이 서간도 혁명강계사 가운데 시려 있는 윤기섭, 김창환 두 건장의 분투생활이다.

위에서 보는 바와 같이, 김창환은 윤기섭과 함께 신흥무관학교가 어려운 시절 무관학교를 유지 발전시킨 대표적인 인물이었던 것이다. 특히 그는 현역 군인 출신이었으므로 독립군을 실질적으로 양성하는데 큰 기여를 한 것으로 보인다.

1919년 10월 16일 관동군 참모부 보통보普通報 제2호에[32] 따르면,

〈독립군 무기연습〉

통화현내 한족회에서는 목하 유하현 삼원포 은양(恩陽)학교와 합니하 신흥지(新興支)학교 생도로부터 신체건강한 학생 400명을 뽑아서 합니하에 있는 김창환이 주임이 되어 수명의 교사와 함께 군사교련 훈련에 임하고 있다. 이들 훈련생은 국제연맹회의 전후를 기해서 홍범도 등의 습격대와 상호응해서 도강하여 조선내지로 침입할 생각을 하고 있다

라고 보고 하고 있다. 이를 통해 3·1운동 이후에도 김창환은 지속적으로 학생들에게 군사훈련을 시켰음을 짐작해 볼 수 있다.

4. 서로군정서에서의 활동

1919년 3월 1일 국내에서 만세운동이 전개되었고 그 영향은 곧 만주 지역에도 미치게 되었다. 그리하여 1919년 4월 초순에는 유하현 고산자에서 독립전쟁을 실현할 군사 정부인 군정부가 이상룡 등에 의하여 기존 단체를 바탕으로 하여 조직되기에 이르렀다. 이상룡이 최고 책임자인 총재에 임명되고 여준이 부총재, 그리고 이탁이 참모장을 각각 담당하게 되었다.[33]

32 1919년 10월 16일 관동군 참모부 普通報 제2호.

33 李相龍, '행장', 『石洲遺稿』, 244쪽, 336쪽.

또한 군정부에서는 재만동포들이 자치 기관을 설치하고자 하였다. 그것은 이 기관을 통하여 독립전쟁을 효과적으로 전개하기 위한 인적, 물적 자원을 제공받기 위해서였다. 따라서 군정부에서는 1919년 4월 초순[34] 부민단, 자신계, 교육회 등을 중심으로 유하현, 통화현, 환인현, 집안현, 임강현, 해룡현, 등 각 현의 지도자들을 모아 한족회라는 재만동포의 자치 기관을 설치하도록 하였던 것이다.[35]

한족회에서는 재만동포에 대한 자치 활동을 효과적으로 전개하기 위하여 삼원포 시가의 남서에 본부인 중앙총부를 두고 그 최고 책임자로 군정부의 참모장인 이탁을 임명하였다. 그 밖에 분담 업무에 따라 암살대장, 헌병특무조장, 헌병조장, 서무사장, 사판사장, 학무사장, 재무사장, 상무사장, 군무사장, 외무사장, 내무사장, 검사감, 신문 주필, 편집자, 군자금 징수위원장등을 두어 재만동포의 치안, 재무, 사법, 행정 등을 담당하게 하였다.[36]

한편 군정부가 수립되었을 무렵 중국 상해에서도 역시 대한민국 임시정부가 수립되었다. 임시정부측에서는 서간도 지역에도 정부가 수립된 것을 알고 여운형을 군정부에 파견하여 임시정부에 통합할 것을 요청하였다. 이에 군정부에서는, 처음에는 반대하였으나 이상룡이 하나의 민족이 어찌 두 개의 정부를 가질 수 있겠냐고 설득하였다.[37] 그리하여 군정부에서는 1919년 12월 상해 임시정부의 명령에 의해 유하현 태평구太平溝 삼광학교三光學校에서 회의를 개최한 결과 군정부를 군정서로 개칭하였다. 아울러 보통 행정은 그대로 한족회

34 한족회는 1919년 3월 이탁의 발의로 1919년 3월 중 유하현 삼원보에 본부를 두는 한편 부하 수백명을 통화, 해룡, 유하, 흥경, 임강, 환인현 등에 파견하여 지부 46개소를 설치하였다는 기록도 있다(불령단관계잡건 재만주부 1920년 10월 1일, 한족회참조).

35 『독립신문』, 1919년 11월 1일자.

36 불령단관계잡건 재만주부 1920년 10월 1일 불령선인행동에 관한 건, 한족회. 이 자료에는 한족회의 연혁과 중앙 및 지방 간부들의 명단이 상세히 적혀 있다.

37 '행장', 『석주유고』.

란 명의를 사용하기로 하였다. 그리고 서로군정서는 중화민국 동삼성에 거주하는 한민족을 관할한다고 하였다. 아울러 기관으로서 독판부, 정무청, 내무사, 법무사, 재무사, 학무사, 군무사, 참모부, 사령부, 서의회署議會, 참모처, 군정분서軍政分署를 두었다. 군정서 중앙 임원으로는 독판부 독판 이상룡, 부독판 여준, 부관 이장녕, 정무청장 이탁, 내무사장 곽문, 법무사장 김응섭, 재무사장 남정섭, 학무사장 김형식, 군무사장 양규열, 참모부장 김동삼, 사령관 지청천을 임명하였다.[38]

한편 1919년 국내에서 3·1 운동이 일어나자 많은 애국청년들이 압록강을 건너 탈출하여 왔으며 이들은 대개 신흥중학에 입교하기를 원하였다. 그러므로 서로군정서에서는 확장의 시급함을 인정하고 즉시 유하현 고산자 하동河東 지역에 40여 간의 광대한 병사와 수 만평의 연병장을 부설하여 이들의 교육에 박차를 가하였다.

더구나 1919년 3·1운동 후에 일본육군사관학교를 졸업하고 일본군에서 활동하던 일본군 보병 중위 지청천, 기병 중위 김경천 등이 만주지역으로 망명해 이 학교의 교육에 참여함으로써 신흥중학은 날로 발전하였다.[39] 그리하여 1919년 5월 3일에는 학교이름을 신흥무관학교로 개칭하기에 이르렀다.[40]

1919년 3·1운동 이후 신흥무관학교는[41] 유하현 고산자에 2년제 고등군사반을 두어 고급간부를 양성하고자 하였다. 그리고 통화현, 합니하, 칠도구, 쾌대모자, 쾌당모자 등에는 분교를 두어 초등 군사반을 편성, 3개월간의 일반훈련과 6개월간의 후보훈련을 담당케 하였다.[42]

---

38 불령단관계잡건 재만주부 1920년 5월 1일 보고 간도지방 불령선인의 동정.

39 박환, 「시베리아의 항일영웅 김경천」, 『대륙으로 간 혁명가들』, 국학자료원, 2003.

40 원병상, 「신흥무관학교」, 『독립운동사자료집』 제10집, 독립운동사편찬위원회, 1983.

41 신흥무관학교에 대한 대표적인 저작으로 다음을 들 수 있다. 서중석, 『신흥무관학교와 망명자들』, 역사비평사, 2001.

42 위와 같음.

신흥무관학교에서는1920년 1월에 3개 학도대의 졸업생 중 성적이 우수한 자들로써 敎成隊를 조직하여 좀더 고급의 군사교육을 실시하고자 하였다. 그러던 중 1920년 6월에 중국 관헌이 일본의 강경한 교섭에 의하여 한족회 간부들에게 신흥학교의 위치를 일본의 정찰이 미치지 못하는 오지로 이전하라는 제의에 따라 교성대와 학도대의 학생 중 약 120명이 안도현安圖縣 삼인방三人坊으로 이동하였다.[43] 김창환의 순국기사에서 이 부분에 대하여 다음과 같이 언급하고 있다.

> 경술년 합방까지 된 후에는 서간도로 가서 신흥학교에서 군사교육사업에 종사하였고 삼일운동 이후에는 군사 운동에 진력하여 서로군정서의 요임을 띠고 군대를 영솔하고 백두산과 압록강 일대에서 맹렬히 활동하다가 일인의 직접 출병으로 인하여 서북간도에 있던 군대들이 모두 중동선 연안에 집합되었는데 여기에서는 김규식 김좌진 홍범도 이청천의 각 군대가 연합하여 다시 독립군을 편성할 때에도 선생이 역시 요임을 띠고 자유시까지 갔다가 러시아 군대에게 무장해제를 당한 뒤에는 다시 서간도로 돌아와 통의부 군대의 총 사령이 되어 활동하였다 그러다가 동족 간에 알력이 생겨서 살육까지 생기게 되매 드디어 직임을 사면하고북만에 가서 홍진 이청천 씨들과 함께 한국독립당을 조직하였던 바 九一八 만주사변 이후 무장동지를 영솔하고 이청천과 함께 중국의용군과 연합하여 각지에서 항일운동에 종사하며 고생을 많이 하였다 한다. 그러다가 선생은 수년전 모지에 와서 활동하고 있다가 불행히 병마에 걸려 한 많은 최후를 맞았는데 본국에는 그의 부인과 두 아들이 간곤한 생활을 하고 있다 한다.

그 후 1920년 10월 청산리전투 후 일본군들의 재만조선인들에 대한 탄압이 이루어지자 독립군 부대들은 러시아령으로 이동하기 시작하였다. 이때 김창환도 함께 부대를 러시아로 이동시켰다. 당시의 상황을 김승빈은 다음과 같이

43 김승빈의 회고(독립기념관 원문 정보) 「中領(중국령)에서 進行된 朝鮮解放運動」, 1958 年 5月 2日에 김승빈한테 받은 자료. 「朝鮮民族의 解放을 爲한 武裝的 鬪爭」.

기록하고 있다.[44]

> 원동으로 넘어오기 전에 독립군부대들의 연합이 실시되었는데 홍범도군대와 신흥학교 교성대와 조동식(趙東植)이 지휘하는 광복단의 부대들이 연합하여 대한의용군이 조직되었다.
> 대한의용군은 아래와 같은 환경에서 1920년 10월에 안도현 삼인방에서 조직되었다.
> 안도현 하(下)에는 조동식이 지휘하는 광복단의 독립군부대가 있었고, 또 그 해 5월에 신흥학교 교성대의 도수학생(徒手學生) 백여명이 삼인방과 양 강구(兩 江口)에 모여서 군사교육을 실시하고 있었는데 구월 말에 청산리의 전투에서 후퇴한 홍범도의 군대가 내착(來着)하였다. 홍범도군대에서 치료치 않고는 군무에 服할 수 없는 대원들을 제대하고 그의 무장을 도수(徒手)로 있던 신흥학교 학생들에게 넘기어 주기로 하고 上述한 각 부대를 연합하였다.
> 3개 부대의 연합으로 조직된 대한의용군의 병력은 약 사백여명이었는데 그로써 사령부와 삼개 중대를 편성하였다.
> 사령부는 총사령으로 홍범도, 부사령으로 지청천, 부관으로 姜南一[本名은 南相詢(남상순)], 부원으로 전대복(全大復)·박운봉(朴雲鳳)들이었고, 중대장으로서는 최상만(崔尙萬)·김창환·조동식 등이 임명되었다.이렇게 새로 군대를 편성하여 가지고 1920년 11월 초에 안도현을 출발하여 아령(러시아령)으로 향하였다.

한편 러시아에서 자유시참변을 겪은 후 만주로 다시 돌아온 김창환은 서로군정서가 재조직되자 이 단체에 소속되어 독립군 양성에 힘을 기울였다. 서로군정서의용대는 사령관 백광운白狂雲(본명 : 채찬) 및 이병철李炳哲·장창헌張昌憲·백설령白雪嶺 등의 과감하고 끈기 있는 활동으로 그 동안 일부 흩어졌던 장병을 재수습하고 또 노령 방면으로부터 무기도 구입하여, 도처에서 날뛰는 소위 민단民團·보민회保民會 등 적 앞잡이들의 준동을 분쇄하고 1922년 6월에 유하

44 김승빈 기록 독립기념관 원문 자료실 참조. 김승빈의 회고(독립기념관 원문 정보)中領(중국령)에서 進行된 朝鮮解放運動, 1958年 5月 2日에 김승빈한테 받은 자료. 「朝鮮民族의 解放을 爲한 武裝的 鬪爭」.

현의 옛 진영을 갖추게 되었다. 이에 추당 김창환을 총지휘관으로 맞이하여 크게 사기를 진작하게 되었다.

독립신문 1922년 7월 22일자에는 〈我軍界의 好人物〉이란 제목으로 서로군정서 총사령이 된 김창환을 높이 평가하고 있다.

軍政署附 義勇隊의 總指揮官 金秋堂氏

이번 우리 軍政署 義勇隊의 總指揮官으로 된 金秋堂先生는 일즉 舊韓國時代의 陸軍出身으로서 十餘年前 南滿洲에 渡하야 新興學校에서 教鞭을 잡은지 八九星霜에 教導에 熱心한 結果 七百餘名의 將校를 産出하엿던바 民國二年度에 教成隊를 率하고 安圖로부터 俄領까지에 出差하엿다가 以後 水陸萬餘里를 登山渡涉하야 지금 某地方에 至하야 我義勇隊의 總指揮官이 되엿는대 本來 軍人界에 對하야 熱達한 手腕이 잇는 이로서 이제 其任에 當하엿스니 그가 親히 指揮하는 軍隊에만 優好한 成績이 잇슬 뿐 아니라 一般 我軍人界에도 죠흔 影響이 잇슬 터이더라

1920년 이후 김창환의 행로는 독립신문에서 "民國二年度에 教成隊를 率하고 安圖로부터 俄領까지에 出差하엿다가 以後 水陸萬餘里를 登山渡涉하야 지금 某地方에 至하야"라고 있는 바와 같이 백두산 안도현에서 시작하여 러시아로 이동하였다가 다시 만주로 돌아오는 긴 여정이었다.

『한민』 15호(1937년 7월 30일자)는 「李靑天先生」의 해당 부분을 통하여도 충분히 짐작해 볼 수 있다.

본래 조국광복에 높은 뜻을 갖은 선생은 삼일독립선언 당년 오월에 현역군관을 내버리고 만주에 망명하여 신흥학교의 군사교관이 되었다가 이듬해에 학교를 교성대로 개편하고 대장이 되어 장교 양성에 전력하던 중 그 해 유월에 왜적이 동만과 남만에 대군을 출동하여 독립군 토벌과 한인학살을 여지없이 함으로 선생이 한국독립군 서로총사령이 되어 왜병(일본병)과 싸우면서 백두산 밑에 이르러 안도와 무송을 근거지로 정하고 그 김창환 장군과 함께 오백여 명 수용할 병영을 산림 속에 건축하고 독

> 립군을 양성하기로 하였다.
> 민국 이년 겨울에 정임군 총사령 홍범도 씨의 군대, 광복단군 총사령 조동식 씨의 군대, 신흥학교 필업생, 흥업단 노랑포수 등 천여 명을 연합하여 대한의용군을 편성하고 홍범도 씨는 총사령, 선생은 부사령이 되어 장백산 밑과 중동선 일대에서 왜적과 수십여 년을 싸웠다.
> 민국 삼년 봄에는 밀산과 호림 지경에서 청산리 싸움을 치루고 퇴각해 온 북로군정서 군대와 연합하여 대한독립군을 편성하고 정 부총재에 서일과 홍범도, 군사부장에 조성환, 참모장에 김좌진, 정부사령에 이장령과 김오석 제씨가 되고 선생은 러대장이 되어 아령(러시아령) 자유시에 들어가 다시 그곳 군대들과 연합하여 고려혁명군으로 개편하여 육칠천 명에 달하고 선생이 훈련총감이 되어 훈련하던 중 공산당 분규로 인하여 불행한 사건이 발생되어 동족전쟁이 일어나 많은 인명이 상하고 해산되었다.
> 민국 사년에는 이르쿠츠크에서 고려혁명군관학교를 설립하고 선생이 교장이 되어 육천여 명중 이백 명을 선발하여 군관훈련을 하다가 북경에서 아·일(러시아·일본) 양 공사간에 성립된 밀약에 의하여 군대와 학교가 다 해산되었다.(상세는 추후로)

라고 있음을 통하여 김창환의 행로를 짐작해 볼 수 있겠다.

5. 대한통군부와 대한통의부 총사령

대한통군부는 1922년 1월 당시 서간도 지역의 가장 큰 항일단체인 한족회·서로군정서·대한독립단 등은 연합하여 대한통군부를 결성하였는데, 김창환은 사령관으로 임명되었다.[45]

대한통군부는 1922년 6월 3일의 중앙직원회의에서 "문호를 대개방하고 각 다른 기관과 더불어 무조건으로 통일하되 일체 公決에 복종한다"는 것을 천명하고 타 단체에 위원을 파견, 가입을 교섭하였다. 이에 서로군정서의 의용대총

45 『독립운동사』 5, 427~428쪽.

지휘관 김창환은 7월 25일 의용대 지휘부의 결의를 촉구하는 유시諭示를 발표하였는데, 이날 의용대 제1중대장 백광운 등 18명이 참여찬성의 결의안을 제출하였다. 당시 김창환은 남만통일南滿統一 문제에 관해 본서에 보고하였으나 회답이 없자 7월 28일로 계획된 남만통일회南滿統一會를 연기시키고 자체적으로 참여를 결정하였다.[46]

드디어 1922년 8월 23일 군정서·대한독립단 등 이른바 8단團 9회會 대표 71명이 환인현桓仁縣 마권자馬圈子에 모여 통의부 결성 등 6개항을 결의하고 8월 30일 남만한족통일회장 김승만金承萬 명의로 발표하였다. 당시 간부는 모두 73명이었는데, 주요간부는총장 김동삼, 부총장 채상덕蔡相悳,사령장 김창환 등이었다.[47]

남만주지역 독립운동단체의 통합은 독립운동계의 큰 환영을 받았다. 『독립신문』 1922년 9월 30일자 「南滿各團體 大統一別報」에서도 환영하는 글을 실었다. 한편 대한통의부는 1923년 1월 15일 대한통의부 중앙의장 孫昊憲 명의로 간부를 발표하였다. 이는 독립신문 1923년 3월 1일자에 잘 나타나 있다. 군사부장이 양규열에서 이천민李天民으로 바뀌었다. 김창환은 의용군사령관 직책을 그대로 유지하고 있다.[48]

> 독립신문 1923년 3월 1일자 〈 大韓統義府의 第一回 中央議會 經過〉에서南滿에 在한 我大韓統義府에서는 總長代理 副總長 蔡相德氏의 名義로써 第一回의 中央議會를 召集하야 昨年 十二月二十九日부터 今年 一月八日까지 凡十一日間 桓西第○區○○○에서 會議를 行하고 決議된 事項을 지난 一月十五日 附大韓統●府 中央議會議長 孫昞憲氏의 名義로써 公佈하엿는대 몬져 同議會에 參席하엿던

46 박걸순, 「대한통의부 연구」, 『한국독립운동사연구』 4, 1990,

47 남만한족통일회 결의사항 및 직원포고문 입수에 관한 건(1922년 9월 22일), 남만한족통일회 결의 포고문 입수(1922년 10월 4일).

48 회의에 대하여는 다음 자료에 잘 나타나 있다. 대한통의부 중앙의회 의결문 공포(1923년 2월 21일).

人員은 左와 如하더라 (중략)一. 職員은 左와 如히 總改選하다 .總長 金東三, 民事部長 李雄海, 軍事部長 李天民, 財務部長 吳東振, 學務部長 李炳基, 高等査判長 玄正卿, 義勇軍 司令長 金昌煥

이는 통군부에서 통의부로 명칭을 변경함과 함께 군사활동과 한교자치를 더욱 강화한 것으로 볼 수 있다. 1923년 12월 일제가 조사한 의용군 편성내용을 보면 사령장 김창환, 副官 金昌勳 휘하에 대대단위로 편성되어 5개 중대 등으로 조직되었다.[49]

6. 의군부의 이탈과 김창환

1922년 8월, 남만주 방면의 각 독립운동 단체, 세칭 8단 9회가 통합하여 통의부의 성립을 본 것은 우리 독립운동계의 일대 성사가 될 수 있는 일이다. 그러나 그 동안 각지에 분립하였던 다수 단체가 통합되어 새 통일 기구를 구성한 만큼 거기에는 대표자들의 의견 차이도 있고 또 부서 편성에 있어서도 다소 무리한 점이 있을 수 있으며 여기에 따르는 분규도 없지는 않았다,

그 중에도 사령 부감에 선임된 전덕원全德元은 원래 유학자로서일찌기 을사늑약 때부터 혹은 국내 유림 지사들과 함께 서원에 유학소儒約所를 설치하고 늑약의 폐기 운동을 전개하며, 혹은 고향인 평안북도에서 의병을 일으킬 계획을 하다가 유배당한 바도 있었지만 경술국치 후에는 만주로 나가 활동하다가 3·1운동 후 대한독립단의 간부로 국내외를 통하여 항일 독립 전쟁에 앞장섰던 인물이었다. 따라서 통의부의 조직과 함께는 일부 신진 인사들과의 의견의 차이도 있었지만 또 부상의 직위에도 불만이 없지 않고 일부 노년층 인사들이

49 『독립운동사자료집』 10, 507~508쪽. 불령선인단 대한통의부에 관한 건(1923년 12월 24일).

그와 뜻을 같이 하여 처음부터 신조직에 불참하는 태도를 취하였으며 때로는 충돌도 일어나 선진 국장 김창의金昌義 등이 희생을 당하는 일까지 일어나니 분쟁은 격화될 수밖에 없었다. 따라서 전덕원 등은 이듬해 즉 1923년 2월, 환인현 대황구大荒溝에 모여 따로이 의군부를 조직하였다.

또 이와 때를 같이하여 유응하劉應夏·여순근呂淳根 등 전 한교회韓僑會 관계 인사 13명은 1월에, 통의부는 내분이 야기되고 신·구파의 대립 중에서 통일의 실현을 거둘 수 없기 때문에 태도를 선명히 하여 탈퇴한다는 선포문을 발표하고 따로이 대한군민부大韓軍民部를 조직하기도 하였다. 그리고 의군부에서는 융희隆熙 연호를 사용하고 통의부를 적대시하며 통의부에서 관할하던 각 지방을 점령하고 통의부 직원을 살해하는 등 극도의 반동적으로 나왔기 때문에 1923년 4월 통의부의 군사 부장 이천민은 의용군을 출동시켜 의군부를 토벌하는 등 결국은 동족상잔의 지경에까지 이르게도 되었다. 그러나 의군부 군은 우세한 통의부 군에 의하여 대개 제거되고, 전덕원 등 간부진도 포로가 되었는데, 여기서 지도자들의 각성으로 전덕원 등은 방면되고 이천민은 군사 부장을 사면하는 등 재수습이 단행되었으며 이듬해 즉 1924년 초에는 동천東川 신팔균申八均이 의용군 사령장의 직을 맡아 장병의 수습과 훈련을 담당하게 되었다. 그러나 그 해 6월에 신팔균이 왕청문汪清門 이도구二道溝 산중에서 사관들의 야외 연습을 실시하던 중 불의에도 중국 순경대 3백여 명의 습격을 받아 교전 중 전사하였기 때문에 전 광복군 총영장 오동진吳東振이 다시 뒤를 이어 군사 부장으로 사령장을 겸임하게 되었다.[50]

대한통의부에서 활동했던 정이형이 해방 후 작성한 그의 회고록인 『쌍공 정이형 회고록』[51] 「全德元 氏의 反統義府 理由와 그 事實」에 김창환의 면모를 살

50 『독립운동사』 5, 435~436쪽.
51 『雙公鄭伊衡回顧錄』, 국가보훈처, 1996. 필자가 해제를 담당하였다.

펴볼 수 있는 글이 있다. 이를 보면 다음과 같다.

全德元 씨가 왜 통의부를 반대하고 분열하여 나왔으며, 반대한 그 사실은 무엇인가? 우리는 사실의 진상을 알아야 문제의 초점인 시비를 판단할 것이다. (중략)그런데 全(전덕원)의 가장 主要한 目標人 高豁信(고활신, 고영랑)을 체포하지 못하자, 全(전덕원)은 '萬事 休矣'를 부르짖고 달아나기 시작한 것이다. 이 흉계에 희생된 것이 金昌義 선생이다. 高豁信(고활신, 고영랑)과 동 소에서 襲擊을 당하였는데, 高(고활신)는 교묘히 피하였고 金(김창희) 선생은 명중탄을 맞은 것이었다. 요컨대 光韓團(독립단)系의 인물들이 시대 청년은 많았으나 실제 무장군인이 配下에 없음을 알고 용이하게 해치운 후에, 各團 各派에서는 자기네의 희생만 없으면 骨突히 나서서 싸움까지는 안할 것이라고 생각하였던 것이다. 그러나 金昌義 선생의 犧牲으로 인하여 光復軍總營 吳東振系의 청년과 군인의 忿怒를 사게 되었다. 全(전덕원)은 이것을 두려워하여 북으로 북으로 도피를 획책하였다.
그러나 당시 總長府 秘書로 있던 高豁信(고활신, 고영랑)이 總長府의 印章을 가지고 西路軍政署系인 당시 司令長 金昌煥 선생을 찾아가서 사변의 뒷갈망을 잘 하려고 획책하였다. 그러므로 金昌煥(김창환)은 군인 一個 中隊를 領率하고 全(전덕원)을 면담하러 찾아갔다. 그러나 全(전덕원)은 군인 帶同을 불허하고 단독회견을 요구하였다. 이 회견이야말로 극적 회견인 것이었다. 婆堤(猪 : 주)江을 중간에 놓고 강 좌우에 양 군인이 대진하고 金昌煥(김창환) 선생이 단신으로 隨員 2~3인을 중간 연락망으로 두고 강을 건넌 것이다. 중간 연락원은 全(전덕원)과 金(김창환)의 一動一靜을 일일이 연락하게 되었다. 제일 첫째로 문제가 된 것은 김창환 선생이 차고간 총이었다. 전(전덕원) 씨측에서 김창환 선생의 권총을 해제하려고 하였으나, 김창환 선생은 "군인에게 무장은 생명인데 나에게 생명을 떼어놓고 오라는 말이냐" 하고 호통을 쳤다. 그리하여 결국 권총을 가진 채 김창환은 전(전덕원)씨와 상면하였다.

면담 도중에 全(전덕원)은 "권총은 왜 가져왔는가?" 하고 힐문하였다. 김창환 선생은 화를 내면서 "군인이 좌우에 가득하게 있는데 내가 권총을 가지고 있으면 누구를 쏜다는 말인가? 나의 총에는 탄환을 넣지도 않았다." 하고 권총을 내어보이게 되었다. 이것이 연락하는 사람들의 원방의 눈치로 관찰한 것만으로는 강 이쪽에 연락이 되었을 때에 "사령장이 총을 빼어든 것은 필경 교섭이 결렬되었다는 것을 의미하며,

사령장이 총으로 全(전덕원)을 쏘면 전의 군대는 가만 있을 이치가 없다. 사령장이 위태하다."는 억측과 오해 밑에서 군인 도강을 급히 명하였다. 한편 전덕원은 이쪽 군인들이 도강하는 것을 보고 곧 '金昌煥(김창환)이 면담을 요구하여 자기를 붙잡아 놓고 군인을 도강케하여 자기를 생금하려는 것'이라고 오해하고 곧 도피하여 버렸다. 金昌煥(김창환)은 자기 명령이 없이 도강한 것을 責하였으나 일은 벌써 터졌다.
그리하여 군인들은 군인들끼리 만나자고 연락을 취하고 곧 따라갔다. 장교들은 "우리가 한국의 독립을 위하여 생명을 내놓고 왜놈과 싸우려는 것은 우리의 동일한 공동목적인데 어찌하여 어리석게 一 個人 선생들의 편이 되어 동지간에 충돌할 필요가 없으니, 선생님네들이야 감투싸움을 하거나 세력싸움을 하거나 우리 군인들이 그의 이용가슴이 되어 팔다리 역할을 할 이치는 하나도 없으니, 우리 군인들끼리 만나서 해결하자."는 말로써 서로 만나기를 요구하며 前 西路軍政署(서로군정서) 군인들은 全派 獨立團(독립단) 軍人들을 자꾸 따라가서 興京縣 지방까지 갔다. 全(전덕원)은 또 다시 음모를 案出하였다. 소위 '승냥이골회견'이 극적으로 성립되었다. 이 兩軍相見에 있어서 全(전덕원)은 미리 획책하여 兩軍이 相互隊列 整齊케 하고, 접근한 거리에서 相見禮로 받들어 총을 하면 이 구령을 돌격암호로 사용하여 무심하게 받들어 총하고 서 있는 서로군정서 군인들의 무장을 빼앗으려는 계획을 세웠다.

全(전덕원)의 이 흉계는 무사히 성취되어 西路軍政署(서로군정서) 군인의 무장을 거의 빼앗았다. 오직 용감한 군인 몇 사람만이 도망하여 와서 진상을 보고하였다. 이래서 全(전덕원)이 비인도적 인간이라는 것이 폭로되었다. 그리하여 全(전덕원)을 同志道義上 容恕할 수 없는 인물로 評定하게 되었다. 그러나 그 때 인사들은 너무나 관대하고 너무 포용성이 후하고 너무나 자기희생 정신이 강하여 모든 것을 인내하고 동지 간에 다시 더 충돌이 없기를 희망하였다. 그래서 여러 선생들의 양보 또 양보로서 평화해결책이 승리하여 대표대회의 의견을 존중하고 있었던 것이다. 이 얼마나 위대한 지도자의 정신이며 以德報怨을 실천하는 성스러운 지도자의 도량인가. 참으로 우리는 금일에 와서 더욱 賞贊을 마지않는 바이다.

7. 김창환의 국민대표회의 참가

1921년 2월 국민대표회의가 주창되자 서간도에서는 1921년 5월 6일 이른바 액목현회의額穆縣會議를 통해 임시정부의 개조改造 등 5개항을 결의하였다. 또한 이듬해 5월 15일에는 환인현桓仁縣에서 국민대표회의의 남만촉성회南滿促成會를 발기하였고, 8월 2일 제2회 회의를 열어 17개 조항을 토의한 결과 통의부는 독립단·군정서·광복군총영·한교민단과 함께 그 임시경비를 공동부담하기로 하였다.

통의부는 중앙의회를 열어 국민대표회의에 백남준白南俊, 김이대金履大를 대표로 파견키로 하고 여비는 각호에서 2각角씩 부담키로 하였는데, 김창환도[52] 대한통의부 대표로 참석하였으며, 자격대표 심의를 거쳤다.[53]

통의부계는 국민대표회의에서 주도적 역할을 하였으나 여러 계파간의 아집으로 성과가 없자, 김동삼을 소환함으로써 국민대표회의와 절연하였고, 이를 유감으로 여겨 더욱 무장투쟁을 강화하였다. 또한 1923년 말 개최한 군사통일회의도 이러한 맥락 속에서 이해할 수 있다.[54]

1923년 2월 12일에는 상해에서 개최된 국민대표회의에 통의부 대표로 김이제金利濟와 함께 참석하여[55] 여러 대표들과 같이 민족의 주권확립, 독립운동 노선의 통일 등을 위하여 노력하였으나, 뚜렷한 효과를 보지 못하고 만주로 돌아왔다.

한편 상해에 간 김창환은 상해에 있는 인성학교 졸업식에 참석하여 지청천과 함께 축사를 하였다. 그가 신흥무관학교에서 오랜 경험을 쌓았기 때문일

52 국민대표회의 경과에 관한 건(1923년 3월 16일).

53 고경(高警) 제835호 아세아국 제3과 대정12년 3월 16일 국민대표회의 경과에 관한 건 2월 12일(제9일).
2월 12일 오후 1시 의장 김동삼(金東三)이 개회를 선포하였고 출석대표는 90인이었다. 대표자격 심사위원으로 정광호(鄭光好)가 등단하여 아래에 기록한 각 대표의 자격심사의 결과를 보고하고 통과하였다. ㄱ)부인단대표 이홍래(李鴻來), ㄴ)한국 의용군사대표 박춘근(朴春根), ㄷ)조선 천주교 청년회대표 곽연성(郭然盛), ㄹ)경상북도 지방대표 윤자영(尹滋英), ㅁ)대한통의부대표 김창환(金昌煥), 김이제(金利濟).

54 박걸순, 「대한통의부 연구」, 『한국독립운동사연구』 4, 1990.

55 국민대표회의 의사 상황 및 선언서(4) 선언서에 첨부된 대표명단.

것이다. 『독립신문』 1923년 7월 21자를 보면 다음과 같다.

> 上海에 在한 我仁成學校애서는 今年 第四回의 卒業式과 進級式을 지난 九日 下午二時 同地三一堂에서 擧行하엿는대 校長 都寅權氏의 司會로 卒業證書, 進級證書, 誠勤證書及賞品의 授與가 잇고 學校職員의 學事報告와 來賓中 李靑天, 金昌煥 兩氏의 祝辭가 잇고 閉式하엿은대 卒業生의 姓名은 左와 如하더라. 玄保羅(一三) 鄭興淳(一三) 金永愛(一三) 玉仁燮(一二)

또한 상해에서 1923년 8월 25일 26일 여러 동지들과 함께 수재구제발기회에 참여하여 발기인으로 참여하였다. 『독립신문』 1923년 9월 1일자 「上海에서도 水災救濟會發起」기사를 보면 다음과 같다.

> 本國同胞의 水害慘狀에 對하여 在외한 者로서도 同情의 意로써 此를 救濟치 안을 수 업다 하야 上海에 在留하는 人士中 金承學, 李始榮, 金九, 金東三, 金履大, 李裕弼, 呂運亨, 崔濬, 鄭信, 金昌煥 等 三十餘人이 지난 二十五日과 二十六日에 모혀 救濟會를 發起한 後 同發起人으로 委員會를 組織하고 다시 委員中으로부터 金承學, 李裕弼, 金九, 呂運亨, 崔濬 等 五人을 幹事로 推薦한 後 簡章을 制定하고 趣旨書를 發하기로 하엿는대上海와 밋 近接한 南京 其他 멧 곳의 在留同胞에게는 上海救濟會에서 救濟金을 募集하야 보내고 西北間島와 其他 遠隔한 地方에서는 各該地方에서 따로 募集하여 直接 國內에 送致하는 것이 便利하게 생각한다는바 同趣旨書와 簡章은 如左하더라

8. 정의부와 생육사에서의 활동

대한통의부에서의 불미스러운 행동으로 이 지역에서의 사람들에게 환멸을 느낀 김창환은 북만주로 이동하게 된다. 『한민』에 실린 다음 부분은 이를 짐작케 한다.

자유시까지 갔다가 러시아 군대에게 무장해제를 당한 뒤에는 다시 서간도로 돌아와 통의부 군대의 총 사령이 되어 활동하였다 그러다가 동족 간에 알력이 생겨서 살육까지 생기게 되매 드디어 직임을 사면하고북만에 가서 홍진, 지청천 씨들과 함께 한국독립당을 조직하였던 바 九一八 만주사변 이후 무장동지를 영솔하고 지청천과 함께 중국의용군과 연합하여 각지에서 항일운동에 종사하며 고생을 많이 하였다 한다. 그러다가 선생은 수년전 모지에 와서 활동하고 있다가 불행히 병마에 걸려 한 많은 최후를 맞았는데 본국에는 그의 부인과 두 아들이 간곤한 생활을 하고 있다 한다.

김창환은 1925년 길림吉林에서 통의부、길림민회吉林民會 등을 토대로 정의부가 조직되었을 때에는 재무위원으로 활약하는 한편[56] 동포사회의 치안확보 및 독립군의 국내 진격을 추진하였다.

정의부의 군대는 동포사회의 치안 확보와 독립군으로서 국내 진격을 통한 일제 세력을 공격하는 일이 주 임무였다. 만주의 독립군은 일반적으로 의용군이라 불리웠는데 정의부의 의용군은 김창환·지청천·오동진·이웅李雄·이진탁李振卓이 차례로 총사령 혹은 군사 위원장을 맡아 활약하였으며, 정이형·김창헌·양세봉·문학빈·이규성·장철호·안홍·김종원 등이 중대장 또는 유격 대장으로 직접 독립전선에 참가하고 있었다. 상비군으로서 8개 중대 및 헌병대와 민경대民警隊를 두어 1927년 현재 7백명 이상의 병력을 가지고 모젤과 뿌로닝 권총 그리고 소총 등으로 무장하고 있었다.[57]

한편 김창환은 1920년대 후반에는 북만주로 이동하였다. 그는 길림성 오상현 五常縣 충하沖河에 근거를 둔 생육사에 참여하였다. 생육사시절, 수원출신 염석주가 식량 등을 제공하였다.[58] 이 단체는 1929년 봄 김창환과 더불어 홍진洪震·황학수黃學秀·지청천·김좌진·이장녕·박일만朴一萬 외수명의 발기에 의하여

56 『독립운동사』 5, 498쪽.
57 『독립운동사』 5, 502쪽.
58 박환, 「수원출신 염석주와 만주 농장」, 『수원화성향토문화연구』 5, 2018, 196~203쪽.

창립된 것이었다. 그 취지는 표면 친목·殖産·수양을 목적으로 하는 것이라고 約章에 규정되어 있었으나, 실제는 상해 임시정부 국무령國務領을 지낸 홍진을 사장으로 하고 기타 간부는 모두 독립운동의 중심인물을 망라한 비밀 결사로서, 생산 저축을 장려하고 이에 따라 독립운동자금의 충실을 꾀하며, 나아가서는 혁명적 인재를 양성하기 위하여 조직된 것이었다.[59]

생육사는 1930년 2월 13일 길림현 춘등하春登河에서 제2회 정기 총회를 개최하고 제반 결의를 하였다. 이때, 총회의 상황은 다음과 같다.

> 생육사 제2회 정기 총회
> (1) 일시 : 소화 5년(1930년-필자 주) 2월 13일
> (2) 장소 : 길림성 吉林縣의 春登河 尹相甲 방
> (3) 출석자 : 楡樹 대표 김창환, 하얼빈 대표 李春基, 서란 대표 安一友, 반석대표 李煥, 길림대표 林福順.
> 이상의 외에 사원 간부 합계 13명.
>
> 결의 사항
> (4) 본사의 宗旨에 관한 단순한 의의는 재만 한교의 농노 해탈을 전제로 하는 범위에서 사원 각자의 경작에 충당할 수 있는 농지 매수를 최고 목표로 하는 備蓄組合을 실현하고자 하는 데 있다. 사원 자격은 누구를 막론하고 본사의 취지에 찬동하여 충실한 의무를 이행할자라는 취지를 내외에 성명하고 본사의 발전을 꾀하고 혹자의 오해와 중상을 타파한다.
> (5) 본사 규약 개정(개정의 주요한 것)
> 제5조 본사 부서는 다음과 같다. 사장 1인, 간사 약간인, 常務員 약간인.
> 제9조 5인 이상의 사원이 있는 곳에는 分社를 설치한다.
> (6) 공익 식산금 처리 규정 개정.
> (생략)
> (8) 본사 규약 개정에 의하여 간사 이하 총임원을 축소 개선한다.

59 『독립운동사자료집』 10, 488~489쪽.

간사 15명, 상무원 5명, 別記와 같이 선임한다.
(9) 前回의 결의에 의하여 우선 1백 90株를 常務會에 위임하고 올봄 안으로 농지 구입에 착수하기로 하여 하얼빈 부근에 있는 20향(農地狎租案)을 통과 실시할 것.
(10) 兩種 의무금 미납액은 각 분사에 대하여 독촉하고 음력 본월 말일 이내로 중앙에 납입토록 할 것(본항에 대하여는 4월 28일부 중앙 상무회로부터 각 분사에 독촉장을 냈다)
(기타 생략)
(11) 역원을 개선한 결과 피선자는 다음과 같다.
[중앙 집행 간사]
김추당(김창환–필자 주), 李金男·林偉堂·李白龍·尹佐衡·朴一萬·李宇貞·李章寧·黃学秀·朴振東·李青昊·穆永相·高勇武·金白(白舟)
[중앙 상무원]
이장녕·황학수·이백룡·이우정(이규채–필자 주)·박진동(사장은 홍진 유임함)
(앞의 결의에 따라 성명서를 발표한 바 내용은 생략함) [60]

위에서 보는 바와 같이, 김창환은 유수지역 대표로 참석하였으며, 중앙집행간사로 선출되었다.

9. 한국독립당 조직과 한국독립군에의 참여

1930년 북만주 위하현韋河縣에서 정신鄭信, 이장녕, 신숙申肅 등이 모여 한국독립당이 조직되었다.[61] 이 단체는一, 백의동포는 소련공산당에 속지 말라.一, 백의대중은 일치 협력하여 조국광복을 도모한다고 선언하고,一, 조선의 정치독립一, 조선의 경제독립一, 조선의 문화독립을 강령으로 결의했다. 조직은 정치부경제부문화부군사부,선전부,조직부 등 6부를 두고, 각 부는 5명의 위원으

60 『독립운동사자료집』 10, 490쪽.
61 『한민족독립운동사자료집』 43, 중국지역 독립운동 재판기록, 한국독립당 관련 이규채 사건 청취서(제2회).

로 조직하고, 위원장, 비서를 위원 중에서 호선했다. 그리고 위원장, 비서를 상무위원으로 하여 상무위원회를 조직하였다. 상무위원회는 당의 최고 의결기관으로 하고, 상무위원회에는 위원장 1명을 두고, 임기는 1년으로 하였다.

총회는 1년에 회씩 개최하고, 활동에 대한 토의 결정, 간부 선거, 개선 등을 하였다. 그리고 상무위원회에 집행위원회를 두고, 집행위원회는 집행위원장이 총리하고, 집행위원회는 상무위원회의 의결에 기초하여 사무를 집행하였다. 제1회 창립 당시 간부 부서는 정치부부장 홍진, 위원 李圭彩, 경제부부장 崔00, 문화부부장 신숙, 군사부부장 지청천, 참모장 이규채, 선전부부장 정신, 조직부부장 박관해朴觀海 등이었다. 그리고 집행위원회는 회장 홍진, 위원은 각부부장 및 이규채, 민무閔武, 이장녕, 집행위원장 비서 최악崔岳 등 총 31명이었다. 본부는 창립 후 얼마 후에 길림성 동빈현同濱縣으로 이전했다.[62]

김창환은 1930년 지청천 등과 함께 한국독립당을 창당하였다. 이는 『한민』 15호(1937.7.30)에 실린 〈이청천선생〉 글에 보인다.

> 李靑天(이청천) 先生
> 민국 육년에는 만주에서 십여 단체가 통일하여 성립된 대한정의부에서 선생이 중앙집행위원(후에는 위원장), 군사부장겸 조선혁명군총사령이 되었고 민국 십년에는 중동선 일대에서 홍만호 김추당 제등지로 더불어 한국독립당을 조직하고 당의 관할 밑에 한국독립군을 설하였는데 선생이 중앙상무위원으로서 군사위원장 겸 총사령으로 있다가 九一八사변이후 중국 항일구국의용군과 연합하여 동북 만주에서 백여 차례의 전쟁을 경과한 중 어느 때에는 선생이 총사령이 되어 장렬한 전적으로 한인의 위망이 원근에 크게 떨치었다(상세는 추후로)
> 민국 십육년에는 모처에서 백범 선생과 함께 군관양성에 종사하다가 후에는 한국민족혁명당 중앙상무위원 겸 군사부장이 되었고 금년 봄에 조선혁명당으로 개조된 후에는 중앙상무위원으로 있으면서 이번 임시정부 군사위원이 되었는데 당년이 오십

62 『한민족독립운동사자료집』 43, 중국지역 독립운동 재판기록, 한국독립당 관련 이규채 사건 청취서(제2회).

세이시다(사진은 이청천 선생)

라고 하고 있다.

1931년 9월 18일에 일제가 만주사변을 일으켜 만주를 공격하자 1932년 한국독립군은 중국의 항일반만군(抗日反滿軍)과 연합하여 큰 전과를 올렸는데 이때 그는 총사령 지청천을 도와 부사령을 맡아 큰 승리를 거두었다.[63] 『한민족독립운동사자료집』 43(중국지역독립운동 재판기록 1)한국독립당 관련 이규채사건, 이규채 청취서 제3회를 보면 다음과 같다.

(1) 한국독립군 부서

총사령 李靑天(池大亨)
부사령金秋堂(金昌煥)京城 출신, 당 六四세, 작년 九월에 李靑天과 남하하여 현재 南京에 있음.
참 모 李宇精(李圭彩)
참 모 申 肅(申泰痴)
회 계 韓荷江(韓東根)
대대장 吳翠松(吳光善) 京畿道 龍仁 출신, 금년 七월경에 남하하여 北平에 있을 것임. 당 四二세.
중대장 崔 檀(丹)舟(崔 岳)慶尙道 출신, 1932년 1월경에 귀화했음.
소대장 車 轍平安道 사람, 당 五五세쯤, 현재 아직도 滿洲에 있을 것임.
소대장 겸 군의 尹必韓大邱 출신, 당 五五세쯤, 아직 滿洲에 있을 것임.
소대장 李 艮京畿道坡州 출신, 당 三六세, 작년 11월에 남하하여 洛陽군관학교 학생으로 들어감.
소대장 公震遠(公興國)
대대 부관 安一淸 곧 安圭元

(2) 吉林省 자위연합군 제三군 부서

군 장 考鳳林(중국인)

63 『독립운동사』 5, 627쪽.

참모장 趙麟(중국인)
군수처장 吳純肅(중국인)
고 문 李青天(池大亨)
참 모 李宇精(李圭彩)[64]
찬 의 申 淑(申泰痴)
찬 의 金秋堂(金昌煥)

라고 하여, 김창환은 한국독립군 부사령겸 길림성 자위연합군 찬의로 활동하고 있음을 알 수 있다.

한국독립군에서의 김창환의 활동에 대하여 김학규는『독립운동사자료집』7 「혁명 운동의 회고 (하)」에서 다음과 같이 술회하고 있다.

> 9·18사변으로 일본이 동북 지방을 점령하자 그 이후부터 동북 지방 한인의항일운동은 새로운 시기로 들어가게 되어서 그들은 중국 의용군과 어깨를 겨누고 싸우면서 오늘에 이르렀다.
> 9·18 후에 동북 지방 한인 무장 항일군의 진상을 상세히 알고 있는 安一淸 씨는 당시 동북 지방 한인 독립군 중에 있어서 대적 작전에 참가하였다. 몇해 지난 뒤에 안씨는 西安에서 출판하는 ≪광복잡지≫ 중에 당시 독립군 작전의 경과를 서술하였는데 거기에 의하면, 9·18사변 발생 후 그해 11월 2일 동북의 한국독립당은 五常縣 大石河子)에서 긴급 중앙 회의를 소집하고 당시 결의한 것은,
> (1) 총동원령을 내려 각 軍區에서 군사 행동을 개시할 것.
> (2) 당의 공작은 군사 방면에 집중할 것.
> (3) 길림에 있는 중국 항일군 당국에 인원을 파견하여 합작을 서두르게 할 것.
> 동월 12일 한인 측에서는 신숙·남대관을 파견하여 길림에 있는 중국 항일 연합군 사령 丁超 및 軍長 楊文輝·考鳳林 등과 교섭케 하였다.
> 12월, 쌍방은 합작이란 중요한 조건을 의결하였는데, 그 요점은 중·한 양군은 어떠한 불리한 경우를 막론하고, 반드시 장기 항전을 맹세하여 결코 적과 타협치 않을 것이며, 동시에 中東路[하얼빈으로부터 소련 국경까지 연장한 중동선 철도]를 경계

64 이규채의 가출옥 서류에는 이규채의 전향서가 첨부되어 있다.

로 하여 중동로 서쪽 전선은 중국군이 담임하고 중동로 동쪽 전선은 한인군이 담임하기로 하였다.
계획이 이미 결정되자 한국 독립군은 依蘭에서 총 사령부를 성립하고 각처에 흩어져 있는 부대 정리를 개시하였는데 부서가 아직 채 미정이었을 때에 적 괴뢰군이 이미 1932년 2월 12일, 3로로 나누어 중동선 연변으로 대거 진격해 오매 중·한 연합군은 同賓·方正·의란 등지에서 선후로 적과 격전하였으나, 마침내 실패하였다.
한인군 총사령 이청천은 군대 1부를 인솔하고 흑룡강의 通河 지방으로 가서 휴식, 정리하였다.
그때에 독립당 총본부는 이청천 부대와 잠시 동안 연락이 끊어지매 곧 金昌煥을 추천하여 총사령을 대리케 하고 적 괴뢰군과 일면으로 작전하고 일면으로 군대를 훈련하였다. 선후로 쌍성현의 拉林場·永林屯 등지에서 괴뢰군 于煥章 부대를 격파하여 한인군의 성세를 다시 떨쳤다.
이후에 이청천 부대는 다시 한인군의 주력으로서 연락을 취하게 되었다.
한인군은 마침내 이청천을 총사령으로 임명하고 김창환을 부사령으로 임명하였다.
동년 말에 중·한 연합군은 2회에 걸쳐서 길림·흑룡 양성의 교통 중심지인 쌍성을 공략하여 함락시켰다.[65]

1932년 3월 2일 쌍성에 위치하고 있던 한국독립당 제3지부 간부 公心淵 등은 마침 쌍성에 머물고 있던 중앙간부 몇 명과 모아산帽兒山에서 비상연석회의를 개최하였다. 이 자리에서 부근 여러 곳에 사람을 보내서 병력을 증모하고 아군의 상황을 조사하기로 하였다. 이때 조경한·이규보李圭輔·안종선 등은 아성현의 영발둔永發屯에 파견되어 길림자위군의 고봉림 및 참모장 조린趙麟과 재합작의 방법을 논의하도록 하였다. 이 회동에서 양측은 의견의 일치를 보았다. 계속해서 영발둔에 머문 조경한과 이규보 등은 한인 교포가 많이 거주하고 있는 곳에 사람을 보내 동지들을 규합하고 부대를 수습·정비하였다. 그 결과 채 한 달이 되지 않아 사방에 흩어져 있던 동지들이 소식을 듣고 운집하여 이

65 『독립운동사자료집』 7, 「혁명 운동의 회고(하)」, 172~173쪽.

전과 같은 규모를 갖출 수 있게 되었다[66]

이에 따라 조경한·권오진 등이 거느리는 한국독립군의 한 부대와 합류한 김창환·이규보·공창준公昌俊·정남전鄭藍田·한해강韓海岡·차철車澈 등 일부 간부들은 1932년 5월 1일 阿城縣 大石河, 당지부 소재지이며 제1대대장 오광선의 농장에서 한국독립군 비상회의를 열고 "군사운동을 다시 정돈하되 대석하를 임시 중심지대로 정하여 이미 분산된 부대와 사병을 수습하는 한편, 신병을 계속 모집·훈련할 것" 등 4가지 사항을 결정하였다. 이밖에도 곧 사람을 파송하여 지청천 총사령 및 소속직원과 직속부대를 대석하로 맞아오도록 할 것, 처음 군사협정을 체결한 이두李杜의 군대는 행방을 알 수 없으므로 현재 대석하 부근에 주둔하고 있는 유력대 길림자위군 제7려 고봉림과 합작교섭을 전개할 것, 김창환을 부사령으로 추대하여 임시로 총사령의 임무를 대리하게 할 것 등을 결정하였다. 이후 조경한 등 '한국독립군 유격독립여단'은 지청천이 이끄는 한국독립군 부대에 합류하여 공동보조를 취하게 되었다.[67]

일제의 괴뢰국인 '만주국'이 1932년 3월 성립한 이후 탄압이 가중되는 상황에서 사실상 한국독립군은 해체상태에 빠졌고, 간부들은 다른 방도를 모색하기 시작했다. 한국독립군이 이처럼 곤경에 처해있을 때 관내에 있던 김구와 의열단을 이끌었던 김원봉 등은 1932년 4월 말 윤봉길 의거 이후 중국 국민정부의 지원을 받아 한인 청년들을 중국 군관학교에 입학시켜 군사교육을 실시함으로써 조국 독립전쟁을 위한 핵심인력을 양성코자 하였다. 이에 따라 중국정부는 중앙육군군관학교 洛陽분교에 '한국청년군사간부 특별훈련반'을 설치하고 만주에서 활동하고 있던 독립군의 주요 간부들과 청년들을 관내로 이동시

66 一靑, 「'九一八'後韓國獨立軍在中國東北殺敵略史」, 『광복』 2-1, 54쪽. 혁명공론 창간호, (4266년 7월 1일 발행) 東北特訊, 韓國獨立軍與中國義勇軍聯合抗日記實, 71쪽.

67 장세윤, 제51권 『1930년대 만주지역 항일무장투쟁』, 제4장 1930년대 재만 한국독립당·한국독립군의 항일무장투쟁, 한국독립군의 조직과 항일무장투쟁의 전개.

켜 교육시키려고 하였다. 이 계획에서 한국독립군 사령관 지청천이 교관 겸 책임자로 지정되었다.

김구의 군사훈련 계획은 1933년 10월 초순 이규보·오광선 등을 통해 한국독립군에 전해졌다. 이에 따라 10월 20일경 한국독립당 당수 홍진 및 총사령 지청천, 김창환 등 한국독립군 주요간부들과 병사 가운데서 선발된 군관학교 입학지원자 등 40여 명은 북경을 거쳐 낙양, 남경 등 중국 관내로 먼저 가게 되었다.[68]

남경으로 이동한, 김창환, 홍진 등 여러 동지들의 상황은 이규채 신문조서(3회)를[69] 보면 짐작해 볼 수 알 수 있다.

> 문 : 남경에서 교제한 인물 및 그 정황은 어떤가.
> 답 : 금년(1934년-필자주) 음력 六월 초순에서 말까지 20여 일 동안에 교제한 사람은 다음과 같다.
>
> (2) 金秋堂 곧 金昌煥(독립군 부사령) 전술한 작년(1933년-필자주) 음력 九월에 李靑天과 함께 남하하여 北平埠 城門內 小南街 宗帽胡同 一호 중국인 집에서 申肅과 함께 거주 중, 금년 음력 二월에 南京으로 가서 위 洪武路 尹琦燮의 집에서 동거하면서 신한독립당에 관계하고 있음.

10. 남경에서 윤기섭과의 재회: 신한독립당, 민족혁명당, 조선혁명당

남경으로 망명한 김창환은 그곳에서 신한독립당에서 활동하였다. 신한독립당은 1930년에 만주에서 결성된 한국독립당과 남경에서 1929년에 결성된 한

68 장세윤, 「한국독립군의 해체와 관내지역이동」, 『1930년대 만주지역 항일무장투쟁』, 한국독립운동사연구소, 2009.
69 이규채 신문조서 (3회).

국혁명당이 합당하여 결성한 독립운동 정당이다. 한국혁명당은 1929년에 민병철閔丙吉·윤기섭·성주식成周寔·신익희申翼熙 등을 중심으로 남경에서 결성된 정당이다. 당의 목표로 사상의 정화와 독립운동진영의 단결을 내세웠다. 한국독립당은 일제의 만주사변과 괴뢰 만주국의 건설로 인하여 만주에서의 활동이 곤경에 처하게 되다 1932년 11월에 본부를 北京으로 이전하고 새로운 활로와 당세확장을 위해 노력하던 중, 당시 남경에 본부를 두고 활동 중이던 한국혁명당과의 합당을 협의하였다. 그 결과 1933년 2월 25일에 한국독립당의 대표 홍진, 김원식金元植과 한국혁명당의 대표 윤기섭·연병호延秉昊가 남경에서 모임을 갖고 양당을 발전적으로 해체하고 신한독립당으로 합당하기로 합의하였다.

1933년 3월 1일에서 8일까지 개회된 대표자회의에서 당수에 홍진, 상무위원에 김상덕金尙德·신익희·윤기섭 등을 선임하고 당의 행동방침을 결정하였다. 신한독립당이 표방한 당의黨義와 강령을 보면, 먼저 당의에서 '본당은 민족주의를 기초로 하는 정권·생계·문화의 독립과 민주적 신건설을 완성하고 전세계 인류의 평등과 행복을 촉진한다'라고 민족주의에 기초한 민주국가의 건설을 목표로 하고 있음을 분명하게 밝히고 있다. 또한 강령에서는 '중앙집권제의 민주공화국을 건설할 것', '토지와 대생산기관은 국유로 하고 국가경영의 대작업을 실시할 것', '국민의 생산·소비 등 일체의 경제활동은 국가가 통제하고 재산사유권을 한정하고 생활의 평균을 확보할 것', '민족의 고유문화를 발양하고 국민의 기본교육과 전문인재양성을 국가가 부담할 것', '국민의 자유권을 보장하고 병역·조세·수학受學·취공就工 등의 절대의무를 여행勵行할 것', '국방자위상 채용하는 징병제와 국민무장제를 병행할 것' 등을 주장하고 있다. 토지와 대생산기관의 국유화 및 국가경영제, 생산·소비의 국가통제, 국민의 기본교육권 등은 1930년 상해에서 결성된 한국독립당의 당의에서 채택된 이후 대한민국임시정부의 지도이념이자 이후 각종의 독립운동전당에서 채택한 삼균주의의 기본 골격이었다. 신한독립당은 결성 이후 독립운동정당으로 활동하다가 1935년 7월 5일에 민족유일당으로 결성된 민족혁명당에 참여함으로써 해체되었다.[70] 이규채 신문조서(제五회) 에 보면,

> 문 : 한국독립당과 한국혁명당과 합병하여, 신한독립당을 조직했을 때의 간부는 누구누구였는가.
> 답 : 수령 洪冕熙, 간부 尹琦燮, 간부 延秉昊, 간부 金昌煥, 간부 金尙德, 간부 金源植
> 간부 成周植, 간부 廉雲同, 간부 王海公 등인데 부서나 그 이전의 간부 등 당원 수는 잘 모른다.
>
> 문 : 신한독립당의 목적은 무엇인가.
> 답 : 역시 대중운동에 의하여 조선을 일본 제국의 굴레에서 이탈시켜 완전한 독립을 도모하려고 한 것이다.[71]

라고 하여 김창환이 홍진, 윤기섭 등과 함께 신한독립당에서 활동하고 있음을 알 수 있다.

『한민족독립운동사자료집』 44 중국지역독립운동 재판기록 2, 남경중앙육군군관학교 전봉남(全奉南)사건(2) 전봉남 신문조서(4회)에,

> 一, 尹琦燮은 본명인데, 금년 50세쯤이며, 본적은 京畿道 長端郡 長道面 中里 1157번지인데, 普成전문학교 재교 중 대정 8년 사건에 연루되어 만주로 도주하여 한때 만주 산골에서 서당을 열고 있다가 그 뒤 상해로 와서 임시정부에 관계하고, 뒤에 남경으로 와서 신한독립당에 참가하여 재정부 위원장이 되었고, 민족혁명당으로 되어서는 중앙위원이 되어 있었다. 가족은 滿洲 유랑 중에 아내를 잃고, 10세

---

70 『독립운동사사전』, 신한독립당, 조범래 집필.
71 이규채 신문조서 (5회).

> 쯤이 되는 딸이 1인 있는데, 王海公에게 맡기고, 자신은 당본부 사무소에 金秋堂, 玄園, 安一淸의 三명과 있다가 민족혁명당이 되어서는 이 三인이 함께 南京城花露岡一호에 집을 빌려서 살고 있다고 작년 九월 초순경에 宋海山에게서 들었다.
> 一, 金秋堂은 본명이 金昌煥으로 금년 60세쯤인데, 京畿道 京城 이하 미상의 사람으로 들었다. 구한국시대의 사관학교 출신이라 한다. 滿洲에서 오래 있으면서 동북의용군에 참가했고, 李青天과 함께 南京으로 왔다고 하는데, 신한독립당의 간부이나, 어떤 임원인지 모른다. 민족혁명당이 되고서도 간부이나, 임원명은 중앙검사위원 후보위원인데 가족은 없다.[72]

라고 있음을 통하여 김창환이 지청천과 함께 남경으로 왔으며, 신한독립당에서 활동하고 있음을 알 수 있다. 아울러 윤기섭, 현원玄園, 안일청 등과 함께 당본부 사무소에서 살고 있음을 알 수 있다. 또한 민족혁명당이 되어서는 윤기섭 등 이들동지들과 함께 南京城 花露岡 1호에 집을 빌려서 살고 있었다고 한다.

1935년 여름 한국독립당·신한독립당·조선혁명당·의열단·미주대한인독립당 등이 통합하여 민족혁명당이 조직되자 김규식·양기탁·지청천·신익희 등과 협력하여 군사부 위원 및 중앙검사후보위원으로 활동하였으며,[73] 1937년 2월에는 현익철玄益哲·양기탁·이복원李復源 등과 합의하여 전당 비상 대표회의를 개최하고 한국민족혁명당이라고 하였다[74]가 뒤에 조선혁명당이라 개칭하고 독립운동을 계속하다가 이역에서 숨을 거두었다.

---

72 『韓民族獨立運動史資料集』 44, 中國地域獨立運動 裁判記錄 2, 국한문, 南京中央陸軍軍官學校全奉南事件(二)(國漢文), 전봉남 신문조서(4회).

73 朝鮮 "獨立"目的 "「韓國民族革命黨」組織"經過, 발행일 1935. 11. 30, 필자, 간행처 朝鮮總督府高等法院 檢事局 思想部.

74 『독립운동사』 4, 746쪽.

맺음말

김창환은 만주지역을 대표하는 항일무장독립운동가 가운데 한 사람이다. 그럼에도 불구하고 그는 우리의 역사 속에서 그동안 주목받지 못하였다. 그러나 사실 김창환은 구한말에는 대한제국의 군인 출신으로서 상동청년회에서 활동했고, 1910년대에는 만주로 망명하여서 신흥무관학교의 교관으로서 독립군 양성에 지대한 공헌을 한 인물이다. 이때 김창환은 윤기섭과 각별한 인연을 맺게 되었으며, 중국본토로 이동한 이후에도 윤기섭과 함께 활동을 계속했다.

김창환은 3·1운동 이후 만주지역의 대표적인 독립운동단체인 서로군정서, 대한통군부, 대한통의부, 정의부 등에서 무장투쟁의 선봉으로서 사령관으로서 활동한 인물이다. 그리고 만주사변이 발발한 이후에는 북만주 벌판에서 한국독립군의 부사령관으로서 사령관인 지청천 장군과 함께 반만항일투쟁을 전개한 독립운동가이다.

만주에서의 활동이 더 이상 어렵게 되자 김창환은 중국관내로 이동하여 독립운동을 지속적으로 전개하다 결국 남경에서 순국하게 된다. 만주 무장투쟁의 산 증인인 노혁명가는 조국의 독립을 보지 못한 채 외롭고 쓸쓸한 삶을 마감하였던 것이다.

결국 김창환은 대한제국의 군인출신으로서 만주로 망명하여 독립군을 양성하고 항일무장투쟁을 끝가지 전개한 참 군인의 표상이라고 할 수 있겠다.

제3부

잊혀진 숨은 주역들

1. 비운의 혁명가 이석영

머리말

일본외무성사료관에 소장되어 있는 불령단관계잡건(조선인의 부-재만주의 부 4, 불령자의 처분) 〈서간도 재주불령선인 조사〉에는[1] 1914년 당시 서간도 지역에서 활동하고 있던 독립운동가들을 조사한 일람표가 있다. 이 표에는 이시영, 이회영, 이석영, 이철영, 이호영 등뿐만 아니라, 당시 통화현, 유하현, 환인현 등지에서 활동하고 있는 독립운동가들을 나열하고 있다. 그 중 이석영에 대하여는 "항상 거주지에 머물러 학교와 재산을 총리하고 있다"고 서술하고 있다. 즉 이석영은 1914년 당시 통화현 합니하에 있는 신흥무관학교를 총괄하고 있던 인물이었던 것이다. 또한 1910년대 만주에서 독립운동을 우당 이회영과 함께 전개한 이관직李觀稙도 『우당 이회영 실기』에서, 이석영이 신흥무관학교 설립에서 차지하는 위상을 다음과 같이 높이 평가하고 있다.

> 선생은 신흥군관학교의 설립을 가장 먼저 앞장 서서 제창한 주인공이었다. 선생의 학교 설립을 실현하기 위하여 최초로 군사교육의 계획에 참여한 사람은 김형선, 이장녕, 이관직 등 세 사람이며, 또 선생의 학교 설립 요청에 의해 그 설립 및 유지비를 최초로 제공한 사람은 선생의 형인 이석영이다. 이것이 신흥군관학교가 설립된 진정한 사실인데, 근래 지사들이 자칭 설립자라고 분분히 서로 말하여 신흥군관학

1 不逞團關係雜件-朝鮮人의 部-在滿洲의 部 4, 문서번호 警高機發 제3049호, 문서제목 不逞者의 處分 수신자 寺內正毅(조선총독) 등 (발신일, 1914년 12월 28일, 수신일 1915년 1월 7일).

> 교의 주인공인 선생의 이름은 세상에서 매몰되었으니 진실로 애석한 일이다.
>
> 영석 이석영 선생은 우당 선생의 중형이다. 그 천품이 온후하고 志節이 순결하여 조정에서나 일반에서나 칭송을 받은 賢士大夫였다. 議政대신 李裕元의 양자가 되어 부유하고 호화로운 생활을 하면서 또한 애국애족의 사상이 풍부하였던 지사이다. 그가 국내에 있었을 때 생가 동생인 우당 선생이 공익을 위한 자금을 청하면 많고 적음을 마지 않고 대 주었는데, 이렇게 수년 동안 출연한 돈이 거액에 달하였다고 한다.
>
> 한일합방이 된 후에는 우당 선생과 한마음 한뜻이 되어 불사이군의 대의로 만주에 나가 살았다. 그는 만주에 나가 살게 된 뒤에도 많은 지사들의 여비를 제공하였고, 이동녕에게는 집과 땅을 사서 기부함으로써 만주 생활을 전담하였다.
>
> 그리고 신흥학교 창립시에도 우당 선생의 바라는 바에 따라 학교의 건축 설립 유지 등 제비용을 희사하였다. 그가 만일 학교의 비용을 내놓지 않았다면 우당 선생의 오랜 소원이던 군관학교도 설립하기 어려웠을 것이다. 그러니 그는 충철가요 공익가며 자선가였다.

위에서 보는 바와 같이 이석영은 신흥무관학교의 건립뿐만 아니라, 만해 한용운 등 독립운동가의 여비[2], 만주 생활비를 제공하기도 하였던 것이다. 우선 여비 제공 사례를 보면, 이회영의 부인 이은숙이 작성한 『서간도시종기』에,

> 만주에 오고 싶으면 미리 연락을 하고 와야지 생명이 위태치 않은 법인데, 하루는 조선서 신사 같은 분이 와서 여러분께 인사를 다정히 한다. 數朔을 留하며 행동은 과히 수상치는 아니하나, 소개 없이 온 분이라 안심은 못했다. 하루는 그분이 우당장께 자기가 回還하겠는데, 여비가 부족이라고 걱정하니, 둘째 영감(이석영-필자 주) 여쭈어 30원을 주며 무사히 회환하라고 작별했다. 수일 후 그분이 통화현 가는 도중에 굴라제 고개에서 총상을 당했으나 죽지 않고, 통화병원에 입원치료 중이라 하였다.

라고 있듯이, 여비 30원을 제공하고 있다. 이것은 하나의 예에 불과할 것임은

2 김광식, 「한용운의 만주행과 정신적인 독립운동론」, 『한국민족운동사연구』 93, 2017, 119~131쪽.

짐작하고 남음이 있다. 또한 『서간도시종기』에 따르면, 이석영은 이회영 부재 시 만주에서 집안의 생계비와 이회영 집안을 돌보는 일들을 전담한 것으로 보인다.

> 세월이 여류하여 육신 못 쓴지 4,5삭이 되니 갑갑도 하고 슬프기도 하였다. 더욱이 내 몸이 임의롭지 못하고 생활은 날로 어려워 둘째 댁에서 강냉이 몇 부대를 보내면 그걸로 지내 가니, 갖가지 답답한 말을 어찌 다 적으리오.

아울러 1934년 상해에서 이석영이 사망하자, 동아일보 1934년 2월 28일자 〈李石榮(潁石)씨 上海客窓에서 永眠, 北滿으로 滬寧으로 流浪, 卅年, 遺骸도 異域에 埋藏, 育英에 獻身〉에,

> 영석 이석영씨는 지난 16일 오후 2시에 상해 불조계 亞爾培路 徐家庫寓에서 향년 80을 일기로 서거하였는데, 씨는 경술년 자신의 재산 전부를 팔아가지고, 가족을 데리고 조선 땅을 떠난 후 30년 가까운 세월을 북만주와 북경, 상해등지로 유랑하며 파란중첩한 생활을 계속하다가 모진 병마에 걸리어 작년 겨울이래 신음하던 바, 그와 같이 세상을 떠났다는데, 임종시에는 동씨의 아우인 이시영씨도 딱한 사정으로 항주에 있게 되어 만나보지 못하고 쓸쓸히 영면하였다고 한다. 그런데 장례식은 지구의 도움으로 지난 20일 무사히 홍교로 공동묘지에 안장하였다고 한다.
>
> **〈육영에 헌신〉**
>
> 씨는 저동 重臣 李裕承의 차자로, 후에 가오실 대신 이유원씨에게 입계 하였다. 을유년에는 문과급제하야 한림 승지까지 지냈으나 갑오년에 조선의 풍운이 바야흐로 험악하게 되자 관계에서 은퇴하였다. 경술년 12월에는 재산을 전부 매각하여 전가족과 같이 만주 유하현 추가가로 이사하였는데 그곳서는 이동녕씨 등과 신흥강습소를 설립하여 정사년까지 재만동포의 육영사업에 노력하였다. 그 후 육영사업에 실패하고, 무진년에 상해로 이주한 후 금일에 이르렀다고 한다.

라고 있듯이, 이석영은 신흥무관학교 설립에 중요한 인물로서 보도되고 있다.

또한 1934년 2월 이석영이 사망하자[3] 한국국민당 기관지 『한민』 제3호(1936. 5. 25) 〈西間島 初期 移住와 新興學校時代 回顧記, 一記者〉에도, 〈李石榮氏의 功〉이란 제목이 마련되었다.

그럼에도 불구하고 이석영은 상대적으로 주목을 받지 못하였다. 이석영은 독립운동에 자신의 재산을 다 바치고도 문자 그대로 굶어 죽었다. 상해로 망명한 독립운동가들이 조국의 독립을 보지 못하고 생을 마감했을 때, 주로 프랑스 조계의 공동묘지에 묻혔다. 그리고 때에 따라서는 김가진 등 여러 독립운동가들의 성대한 장례식의 모습이 사진 속에 남아 있다. 조선의 거부이며, 고관이었던 이석영은 그곳에 땅 한 뼘 마련할 길이 없어 공동묘지에 버리듯이 묻히고 말았다.

1. 이석영의 가계와 조선에서의 관리 생활

송상도宋相燾의 『기려수필 騎驢隨筆』에서는 이석영의 집안에 대하여 다음과 같이 기록하고 있다.

> 이석영의 호는 영석으로 임진년 중흥공신 벡사 이항복의 후손이다. 판서 이유승의 차남으로 백부 이유원에게 출계하였다. 이유원은 바로 嘉吾室 대신이다. 이석영은 철종 을묘년(1851)에 서울 저동에서 태어났다. 을유년(고종 22년 1885년)에 과거에 급제하여 한림과 승지를 지냈다.

3 李夫人 別世.
故 李石榮氏의 夫人께서 上海에 있는 그의 족하 李圭鴻君(李始榮氏의 次男)의 宅에 依托하야 게시다가 老患으로 因하야 本月 11日에 不幸히 別世하셧는데 享年이 82歲이시다. 그는 末年에 崎嶇한 身勢로 지내시다가 終是 異域에서 도라가셧으니 實로 遺恨이 많으셨으리라 한다. 『한민』 제3호(1936. 5. 25).

『경주이씨대동보』 상서공파尙書公派[4]에 의하면, 이석영의 10대조는 임진왜란 때 공을 세운 백사白沙 이항복李恒福이며, 5대조인 오천梧川 이종성李宗城은 영조대에 영의정을 지내기도 하였다. 그리고 생부인 이유승李裕承은 고종 1년(1864년)에 증광문과增廣文科에 병과丙科로 급제, 고종 5년(1868)에 평안도 암행어사가 되었다. 그 후 여러 관직을 거쳐 대호군大護軍으로 재직 중, 1894년에 교정청校正廳이 설치되자 그 당상堂上이 되었고, 뒤에 우찬성右贊成·행이조판서行吏曹判書를 역임하였다. 이와같이 이석영의 직계 조상들 가운데에는 중앙의 고위 관직에 올랐던 인물들이 많았다. 그러므로 중국 본토에서 1920년에 이회영과 함께 무정부주의 운동을 했던 이정규는 그의 집안에 대하여,

> 선생의 가문은 오랜 家統을 지닌 三韓古家로서 10대조 백사 이항복을 비롯하여 많은 名臣·賢士을 조산으로 모시었다.[5]

라고 하였던 것이다.

이석영은 1855년 저동 중신 이유승의 둘째로 태어났으나 영의정을 지낸 가오실 대신 이유원(李裕元, 1814-1888)에게 양자로 입계하였다.[6] 이석영이 출계한 이유원은 조선 후기 영의정을 역임한 인물이다. 본관은 경주慶州. 자는 경춘京春, 호는 귤산橘山·묵농默農. 이조판서 이계조李啓朝의 아들이다. 1841년(헌종 7) 정시문과에 급제, 예문관검열·규장각대교를 거쳐 1845년 동지사의 서장관으로 청나라에 다녀와 의주부윤·함경도관찰사를 지냈다. 고종 초에 좌의정에까지 올랐으나 흥선대원군과 반목하여 1865년(고종 2)에 수원유수로 좌천되었다.

4 『慶州李氏大同譜』 尙書公派.

5 李丁奎, 『友堂李會榮略傳』, 19쪽.

6 「영석 이석영씨 상해 객창에서 영면」, 『동아일보』 1934년 2월 28일; 「상해 법조계서 이석영옹 장서」, 『조선중앙일보』 1934년 3월 1일.

그러나 그해 말 다시 영중추부사로 전임되어 『대전회통』 편찬의 총재관이 되었다. 1873년 흥선대원군이 실각하자 곧 영의정이 되었고, 영중추부사로 서임되었다.

1879년 영의정으로 있으면서 청나라 북양대신 이홍장으로부터 영국·프랑스·독일·미국과 통상수호하여 일본을 견제, 러시아를 방지하라는 요지의 서한을 받았다. 1880년 치사하여 봉조하가 되었으나 1881년 이유원의 개화를 반대하는 유생 신섭申欆의 강력한 상소로 거제도에 유배되었다가 곧 풀려났다. 1882년 전권대신으로서 일본변리공사 하나부사[花房義質]와 제물포조약에 조인하였다. 학문에도 능하여 『임하필기林下筆記』·『가오고략嘉梧藁略』·『귤산문고』를 남겼으며, 예서에 능하였다.

양자가 되기 이전까지의 이석영에 관해서는 별로 알려진 바가 없다. 이석영이 30 적으로 볼 때 상당히 늦은 나이라고 할 수 있다. 이석영이 양자로 입적하게 배경은 이유원의 아들 이수영李秀榮이 1875년 별시 문과에 급제한 후 사망하였기 때문이다.[7] 당시 80세였던 이유원은 제사를 맡길만한 아들이 있어야 한다는 사회적 관념에 따라 이유원은 아들 사후 10년 후인 1885년 1월 10일 인척인 이유승의 둘째인 이석영을 양자로 선택하게 된 것이다.[8]

이유원의 양자로 입적한 이석영은 1885년 9월 증광시 문과에 급제[9]한 후 두 차례 한림의 권점을 받았으며[10] 1887년 홍문록, 도당록에 추천되었다.[11] 또한

---

7 李秀榮은 풍증이 있었다. 1875년 별시과에 급제하였으며, 待敎를 지내고 세상을 떠났다.(『매천야록』 1권 上, '이유원의 파양').

8 이유원은 양손이 있었지만 파양하였다. 이와 관련하여 『매천야록』에서는 다음과 같이 기록하고 있다. "이유원은 아들 사후 양손을 맞이하였으나 그의 나이가 이수영의 처와 네다섯 살 차이밖에 안 되어 모자가 음행을 저지르고 말았다. 이에 이유원은 고종에게 아뢰기를, "신의 손자가 그의 어머니와 간통하였으니 양손을 파기해야겠습니다"라고 하였다."

9 『고종실록』 22권, 고종 22년 9월 15일.

10 『고종실록』 23권, 고종 23년 3월 24일; 고종 23년 10월 10일.

11 『고종실록』 24권, 고종 24년 7월 23일.

이해 대왕대비 팔순을 축하하는 경과정시 문과의 시관을 맡기도 하였다.[12] 이석영은 1897년 1월에서 3월까지 중추원 2등 의관을 역임하였으며,[13] 이후 1904년 4월 종이품으로 장례원 소윤에 임명되었다.[14]

즉 그는 1885년 급제 이후 조선의 관리로서 중요한 역할을 한 인물이었다. 그런 그가 1910년 경술국치 후 50대 후반 노구를 이끌고 동생들과 함께 만주 발판으로 정치적 망명을 단행하였던 것이다. 결코 쉽지 않은 결단이었을 것이다.

이석영은 1891년 동부승지,[15] 1903년 비서원승,[16] 1904년 장례원 소경[17] 등을 역임하였다. 이외에도 정언, 수찬 등도 역임하였는데, 정언과 수찬은 청요직으로 인품이 강직하고 학문도 상당하였을 것으로 추정된다.

관직으로는 종2품, 칙임관 4등까지 올랐으나 크게 이름을 남기지는 못하였다. 그가 관직에 크게 관심을 두지 않은 것은 동학농민혁명 당시 조선을 둘러싼 중국과 일본의 조선에 대한 지배권을 강화하려는 정세를 보았기 때문이었다. 이후 관직에 무의하게 보내다가 1905년 을사늑약을 전후하여 관직을 그만둔 것으로 보인다. 즉 1904년 이후 관직에 그의 이름이 더 이상 보이지 않고 있다.『기려수필』에서는 "公無意進就 遂辭歸不出世"라고 하여 벼슬에 크게 나아갈 뜻이 없어 그만두었다고 한 바 있다.[18] 이후 한동안 활동을 보이지 않던 이석영은 규장각 제학 조정희의 장례에 호상인으로 이름을 올린 정도였다.[19]

---

12 『한성주보』 1887년 4월 11일.

13 『일성록』 1897년 1월 18일 기사, 『고종실록』 건양 2년 2월 19일 기사 참조, 1897년 건양 2년 3월 8일 윤영기 등과 함께 의원 면관 기사가 있음, 『고종실록』 건양 2년 3월 8일조, 『관보』 건양 2년 3월 10일~11일조 참조.

14 『일성록』 광무 8년 3월 14일, 『승정원일기』 광무 8년 3월 14일, 『고종실록』 광무 8년 4월 29일 기사 참조, 『황성신문』 광무 8년 5월 3일, 참조.

15 『고종실록』 28권, 고종 28년 8월 29일.

16 『고종실록』 43권, 고종 40년 11월 8일.

17 『고종실록』 44권, 고종 41년 4월 29일.

18 『기려수필』, 「이석영」(1919); 국사편찬위원회 한국사데이터베이스(http://db.history.go.kr/).

19 『황성신문』 1908년 1월 8일.

황성신문 1908년 1월 9일자에 다음과 같은 기사가 있다.

> 故 종1품 규장각 제학 趙定熙씨가 숙환으로 1월 4일 하오 8시에 별세하셨는데 장례는 동월 12일(음 12월 초 9일)상오 6시에 南署詩洞 28통 9호 本第에서 발인하옵고(중략)
> 護喪人 친족 종질 법부대신 趙重熙, 정3품, 趙重愚, 정3품 趙重鼎 ,
> 族弟 奎章閣卿 趙同熙, 承寧府 總管 趙民熙,
> 인척 중추원의장 徐正淳 종2품 李石榮
> 융희2년 1월 7일 근백

조정희趙定熙는 본관은 양주楊州. 본명은 조정섭趙定燮. 조휘림趙徽林의 아들이다. 1863년(철종 14) 정시에 병과로 급제하여 한림·집례執禮를 지냈다. 그 뒤 1869년(고종 6) 동지 겸 사은사행冬至兼謝恩使行 때 정사 이승보李承輔·부사 조영하趙寧夏 등을 수행하여 서장관장령으로 청나라를 다녀왔다. 1872년 이조참의, 1880년 사간원 대사간을 지냈다. 1890년 이후 이조참판·사간원대사간·사헌부대사헌 등을 지냈다.[20]

한편 1908년 민영휘閔永徽와 한강에 있는 정자 천일정天一亭의 소유권 문제로 소송이 진행되었다는 기사가 게재되기도 하였다.[21] 이 천일사건은 패소하고 말았다.[22]

천일정은 지금의 용산구 한남동 459번지로, 고려시대 때에는 절이 있었던 곳이다. 때문에 천일정 주변으로 절터였던 흔적이 많이 남아있었다고 하며 강화의 쑥돌로 된 양길이 2.1m와 1.8m, 깊이 0.8m의 큰 돌연못이 남아있었다. 천일정은 김국광에 의해 처음 지어진 이후, 오성부원군 이항복李恒福의 소유가

---

20 조정희 [趙定熙](『한국민족문화대백과사전』, 한국학중앙연구원).
21 『황성신문』 1908년 12월 11일.
22 『황성신문』 1909년 4월 10일.

되었으며 그 후 두세 차례의 변천이 있은 후 한때는 민영휘閔泳徽의 소유가 되기도 하였다. 그러다 1950년 6·25전쟁 때 폭격을 맞아 없어졌고, 지금은 그 부근에 한남대교가 놓여 있다.

이석영의 양부 이유원은 천일정을 복원하였다. 이항복의 후손인 이유원은 젊은 시절 이항복이 꿈에 양벽을 찾아갔던 일을 기려 한강에 천일정을 지었다. 이유원은 한강의 압구정을 찾아가다가 강을 건너기 전에 우단雩壇의 미보촌(남산의 한 줄기인 응봉 아래의 마을)에 조그마한 집이 있는 것을 보았다. 이유원은 도성 안에 가지고 있던 집을 대신 주고 그 집을 구입한 후 수리해서 정자처럼 만들었다. 그리고 그 이름을 천일정이라 하였다. 하늘이 오행의 으뜸인 물을 낳는다는 [주역]의 뜻을 취한 것이다.

이유원이 이 정자를 세운 이유는 단지 주변 경치가 빼어났기 때문만은 아니었다. 그곳은 이항복이 꿈속에서 노닐었고 20년 후 집을 정해 살기까지 한 곳이었다. 게다가 1609년 중국 사신 웅극을 접대할 때 이곳에서 배를 띄우고 시를 지은 일도 있었다. 그래서 1845년에 후손들이 이곳을 유적지로 조성하고자 하였다. 이는 이유원 부친의 평생 소원이기도 하였는데, 이유원이 그 뜻을 이어 이항복의 옛 집을 사서 복원하고, 양벽정 역시 복원하고자 한 것이다. 종계서宗契序에 따르면, 이유원은 1861년 종중의 동의를 얻어 이곳에 이항복의 사판祠版을 걸고 천일정의 동쪽 건물에 영정을 봉안하였다. 이항복의 양벽정제명기와 양벽정팔경시도 함께 걸었다. 그리고 그 관리는 종손인 이유헌에게 맡겼다.[23]

그런데 황성신문,1908년 12월 11일자에,

---

23 [네이버 지식백과] 천일정터(문화콘텐츠닷컴(문화원형백과 서울 문화재 기념표석들의 스토리텔링 개발), 2010, 한국콘텐츠진흥원).

> 전승지 이석영씨가 보국 민영휘씨와 한강 天一亭사건으로 기소한다함은 前已게제어니와 재작일 지방재판소에서 원고 이석영씨는 19년전에 捧價賣渡한 사실이 確的하고 피고 민씨는 증거물이 自在하므로 이씨가 落科되어 판결서가 出하얏다더라.

라고 있고, 황성신문 1909년 4월 10일 〈이우낙과 李又落科〉에,

> 전승지 이석영씨가 輔國 민영휘씨와 天一亭 건으로 지방재판소에서 對質落科함에, 이씨가 控院訴에 申訴한다더니 該訴에 재판하여 이씨가 又爲落科하였다더라.

라고 있다.

이석영과 함께 천일정문제로 소송을 벌인 민영휘는 당대의 대표적인 인사였다. 민영휘는 1852년 5월 15일 서울에서 출생했다. 본관은 여흥驪興, 자는 군팔君八, 호는 하정荷汀이다. 초명은 민영준閔泳駿이었으나 1901년 4월 민영휘로 개명했다. 민두호閔斗鎬의 아들이다. 조선 말기에 판의금부사, 이조판서, 궁내부특진관 등을 역임하였으며, 대한제국기에는 육군부장, 헌병대 사령관, 표훈원총재, 신경봉공회 고문, 정우회政友會 총재 등을 지냈다. 일제강점기에는 대동사문회 회장, 모성공회 회장 등으로 활동하였으며, 자작 작위를 받았다. 1935년 12월 30일 사망했다.

이석영은 유학을 기초로 한 고종시대의 고급관료출신이었다. 그러나 그는 동생 이회영의 영향으로 점차 근대적인 사고를 갖기 사작한 것으로 보인다. 이은숙이 남긴『서간도시종기』에서 다음과 같은 회고가 있다.

> 무신년(1908년-필자주)은 지금으로부터 60여 년 전이 되니 얼마나 완고하리오. 학교도 희소하고 남자 아동은 한문이나 가르치고 재력이 넉넉한 가정은 선생이나 두고 글을 가르치는 시대라. 우당장(이회영_필자)이 규룡, 규학, 규봉, 규면, 규훈 다섯 종형제를 삭발해 입학시켰더니 둘째 영감(이석영_필자)께서 아우님를 꾸짖으셨다.

> 우당장은 웃으시면서 "형님, 시대가 시시로 변천하니 규준도 입학시켜서 바삐 가르쳐서 우리나라도 남의 나라처럼 부강해야지요" 영감께서는 아우님 말씀을 신용을 잘 하는 지라. 모든 친구들에게도 권하여 자녀들을 입학시키는 사람이 다수이러라.[24]

이은숙의 회고에 의하면, 이석영은 상당히 완고한 인물이었다. 당시 애국계몽으로 근대적 신식학교가 설립되어 근대학문을 받아들이는 상황이었지만, 이석영은 이를 수용하는데 반발하는 입장이었다. 동생 이회영이 자식들에게 신학문을 가르치기 위해 형인 이석영의 아들 이규준에게도 신학문을 배울 수 있는 기회를 주고자 하였던 것이다. 이석영은 신학문 수용을 처음에는 반발하였지만, 동생 이회영의 설명을 듣고 한 후 이내 이를 인정하고 아들을 신학문을 배우는 학교에 입학시켰다. 이는 이석영이 본질적으로는 보수적 성향을 지니고 있었지만 합리적인 것에 대해서는 수용할 줄 하는 인물이었음을 알 수 있다.

2. 만주로의 망명

1) 만주로의 망명계획과 재산 처분

1909년 봄, 서울 양기탁의 집에서는 신민회 간부들의 비밀회의가 개최되었다. 여기에는 이동녕李東寧·주진수朱鎭洙·안태국安泰國·이승훈李昇薰·김도희金道熙·김구金九 등이 참석하였다.[25] 회의의 주요 내용은 망국은 곧 결정적 사실이므로 서간도 지역에 독립운동기지를 건설하는 한편 무관학교를 설치하자는 것이었다.[26]

24 이은숙, 『서간도 시종기』(번역본), 일조각, 2017, 53쪽.
25 채근식, 『무장독립운동비사』, 대한민국공보처, 1949, 47쪽.
26 金九, 『白凡逸志』, 175~176쪽.

이러한 계획에 따라 신민회에서는 해외에 독립운동기지를 건설하기 위하여 서간도 지역을 답사하고자 하였다. 그리고 이회영·이동녕·주진수·이관직·장유순 등을 이 임무의 적임자로 선정하였다.[27] 이회영이 그 임무를 수행하게 된 것은 이상설과의 만남 속에서 해외에 독립운동기지를 설치할 것을 절실히 느끼고 있었기 때문이었다고 할 수 있겠다. 그 결과 1910년 7월경[28] 이회영과 이동녕·장유순·이관직 등 4명은 백지白紙 잔사로 가장하여 만주 지역으로 가서 독립운동의 거점을 물색하였다.[29] 그리하여 마침내 유하현柳河縣 삼원포三源浦 추가가鄒家街 지방을 선정하였다.[30] 아울러 안동현安東縣에서 500리되는 횡도천橫道川에 임시 거점을 만들었다. 그리고 이동녕의 친족 이병삼李炳三을 그곳에 거주하게 하여 앞으로 오게 될 동지들의 편리를 도모해 줄 것을 부탁하였다.[31]

이회영 등은 1910년 8월 하순에 만주 시찰을 마치고 귀국하였는데,[32] 이때는 이미 조선이 일제에 의하여 강점된 직후였다. 따라서 국내에서의 구국활동은 더욱 어려워지게 되었다. 이에 따라 신민회에서는 만주로의 이주를 적극적으로 추진하게 되었다.[33] 이에 이회영은 건영建榮·석영石榮·철영哲榮·시영始榮·호영護榮 등 여러 형제들의 동의를 얻어 만주로 망명하여 독립운동을 전개할 것을 결의하였다.[34] 그리고 비밀리에 이를 위한 제반 계획을 추진하였다.

우선 소유 재산을 방매放賣하여 이주 및 정착 자금을 마련하였다.[35] 특히 이회영의 둘째 형인 이석영은 자금 마련에 큰 도움을 주었다.[36] 그리하여 경기도

27 채근식, 『무장독립운동비사』, 47쪽 및 李恩淑, 『민족운동가 아내의 수기』, 17쪽.
28 社會問題資料硏究會, 『思想情勢視察報告集其の二』, 東洋文化社, 1976, 177쪽.
29 李觀稙, 『友堂李會榮實記』, 144쪽.
30 채근식, 『무장독립운동비사』, 47쪽.
31 李恩淑, 『民族運動家 아내의 手記』, 16쪽.
32 위의 책, 17쪽.
33 社會問題資料硏究會, 『思想情勢視察報告集其の二』, 178쪽.
34 李恩淑, 『民族運動家 아내의 手記』, 17쪽.
35 社會問題資料硏究會, 『思想情勢視察報告集其の二』, 179쪽.
36 李恩淑, 『民族運動家 아내의 手記』, 17쪽.

포천抱川 등지에 있는 만여 석의 재산과 가옥을[37] 모두 팔고 이를 독립운동 자금으로 충당하였던 것이다.[38]

당시 상황은 한국국민당 기관지 『한민』 제3호(1936. 5. 25) 〈西間島 初期 移住와 新興學校時代 回顧記〉에서 잘 살펴볼 수 있다.

新民會의 計劃

敵 日本의 併韓政策은 刻一刻으로 實現化하게 되여 韓國의 運命이 旦夕에 달린 이때에 當時 國內에서 救國運動의 全責을 지고 거의 全部의 精粹分子를 網羅하여 秘密結社로 되여있든 新民會에서는 將來의 大計를 爲하여 講究決定치 안을 수 없었다. 나라가 아조 亡한 뒤에는 不可不 運動의 根據地를 國外에 두어야 하겠고, 그 地點을 選擇하는 데는 國境에 連接되고 各項의 便益이 있는 西間島가 가장 適當하게 생각되엿다. 新民會의 幹部會議의 結果로 西間島의 한 地方을 選擇하여 거기에 同志들을 移住식히고 그리고 武官學校를 設立하여 武官을 養成하기로 決定하엿다.

그래서 李東寧氏를 西間島로 보내여 地點을 選擇하게 하였는데 이 使命을 맡은 李東寧氏는 庚戌年 7月(바로 合併되기 前)에 떠나 西間島 桓仁縣 等地를 視察하고 도라와 報告하엿다. 이때는 벌서 合併이 된 뒤임므로 急急히 同志를 移住식히기로 決定하고 爲先 根據地設定에 要할 資金을 내 노흘 사람을 求하였는데 同志中 李會榮氏와 그의 季氏 李始榮氏의 紹介와 勸告로 그의 仲氏 李石榮氏의 同意를 엇엇다. 그네 羣 兄弟 中에는 李石榮氏가 財產이 있엇는대 그는 일즉 科擧하고 仕路에 단니다가 國事가 글러짐을 보고 掛冠隱退하야 鬱憤이 지내던 터임으로 곳 應諾하고 全 財產을 傾하여 7兄弟의 全 家族을 다리고 西間島로 移住하기로 決定하엿다.

또한 1940년 6월 6일 『신한민보』에 실린 「이동녕사략」에서도 집작해 볼 수 있

37 이규창과 1988년 12월 2일에 가졌던 대담에서 청취.
38 李恩淑, 『民族運動家의 아내의 手記』, 17쪽 및 社會問題資料硏究會,『思想情勢視察報告集其の二』, 178쪽.

다.[39]

> 국내지사들이 운동의 기지를 국외에서 찾기로 방침을 정하고 4242년(1909) 기유년에 리동녕, 리회영, 장유순 등을 압록강 대안 서간도에 파견하였고, 그들이 서간도 류하현 대고산 아래에 있는 삼원포에 가서 중국인 추씨의 소유한 1단을 사놓고 곧 국내에 돌아와서 각지에 산지 활동하는 동지들과 비밀히 협의하여 자금 모집 교통만의 설치 열혈 청년의 징집과 파송 또 이민 자치 교육 흥업 등 모든 계획을 정하고 그 임무를 각기 분담하여 비밀히 준비하든 중에 경술합병의 대치욕을 당하여 첫째 설치할 맘이 급하고 또 더 있으면 국외로 나갈 길이 막힐 것을 보았다.
> 드디어 그에 정한 계획을 급급히 실행하여 그해 겨울에 제1차로 리동녕, 리석영, 리시영, 리회영 등 제형제와 장한 장유순 등 제형제와 리상용 리계동 등 형제들이 각기 그 가족을 거느리고 박경종, 주진수, 윤세복, 주병웅, 전오규 등 전가와 그들을 따라오는 평안 황해 경기 충청 경상 강원 제도의 유지와 기타 동포 백여가를 집단하여 위대한 포부와 희망을 가지고 눈물을 뿌려 고국산하를 리별하고 압록강을 건넜고 그이듬해 신해 봄에 류하현 통화현 회인현 등지에 자리를 잡고 위선 간황개척과 군사 활동을 위하여 식산흥업 교육과 및 자치를 목적한 경학사를 조직하고 아동과 청년 등의 조국 광복 교육과 훈련에 착수하여 류하현 추가가에 신흥강습소를 설립하니 이것이 유명한 신흥학교의 전신이더라.

이석영의 재산은 신흥무관학교의 초석을 닦는데 크게 기여하였다. 그 후 신민회 독립운동기지건설을 위하여 만주로 망명한 이상룡, 김대락, 임면수 등 수많은 동지들의 재산들이 신흥무관학교 설립과 유지를 위해 투자되었다. 그러나 워낙 많은 비용이 소요되는 사업이라 유지비용 등은 결국 그곳에 살고 있는 재만동포들에게 의존할 수밖에 없었다. 교육회 설립 등이 이를 반증해 주고 있다.

이석영의 재산 규모는 『서간도시종기』를 통해 일차적으로 짐작해 볼 수 있다.

39 『신한민보』, 「이동녕사략」, 1940년 6월 6일.

> 우리 시숙 영석장은 우당 둘째 종씨인데 셋째 종숙께 양자가셨다. 양가 재산을 가지고 생가 아우들과 뜻이 합하여서 만여석 재산과 가옥을 모두 방매해 가지고 경술년 12월 30일 대소가 압록강을 넘어 떠났다.

아울러 황현, 『매천야록』 권1의 다음의 기록이 단서가 된다.

> 이유원의 호는 귤산(橘山)이며, 양주(楊州) 가오곡(嘉梧谷)에 그의 별장이 있다. 그곳은 서울서 80리 떨어져 있다. 그러나 세상 사람들의 말로는 그 양주 별장에서 서울까지 80리길을 내왕하면서 남의 논두렁이나 밭두렁 길을 한 조각도 밟지 않고 서울로 올 수 있을 정도로 광대했다고 한다(裕元號橘山, 別墅在楊州之嘉梧谷, 距京師八十里, 時稱其所往來八十里, 皆其田畔路 , 不踏他人片地, 甚言其占田之廣也[40]

이유원은 서울에서 80리가 떨어져 있는 양주 별서에서 서울로 이르는 길에 남의 땅 한조각도 밟지 않고 내왕할 만큼 거대한 토지를 소유하고 있었다. 그의 별장에는 "정원 안에 숲을 꾸며 놓고 화석을 모아 놓았는데, 근세까지 이런 절경은 미처 구경조차 못할 정도의 것이었다"라고 황현은 서술하고 있다.[41]

왕현종교수의 「우당 이회영 일가 망명이전 재산 조사사업」(2011)에 의하면 이석영 일가가 처분한 토지는 대부분이 이석영 본인 소유였다. 그 규모는 명동, 남창동 일대 대지가 약 9,000여평, 농지가 최저 31만평에서 최고 90만평으로 추정되고, 임야가 161만평이었다. 이 조사에 의하면 6형제가 처분한 토지가 726필지에 2,668,335평 이라고 한다.[42]

『서간도시종기』에서는, 재산의 판매의 어려움을 다음과 같이 표현하고 있다. 이석영의 재산 판매의 경우도 이와 유사하였을 것으로보인다.

---

40 『매천야록』 권1, 갑오이전, 24~25쪽 참조.
41 윤경로, 「1910년대 독립군기지 건설운동과 신흥무관학교」, 『신흥무관학교와 항일무장독립운동』(발표문), 2011, 42~43쪽.
42 왕현종, "우당 이회영일가 독립운동 재산 조사사업" 결과보고, 2011, 3~42쪽.

8월 晦初間에 回還하여 여러 형제분이 일시에 합력하여 만주로 갈 준비를 하였다. 비밀리에 전답과 가옥, 부동산을 방매하는데, 여러 집이 일시에 방매하느라 얼마나 극난하리오. 그때만 해도 여러 형제집이 예전 대가의 범절로 남종, 여비가 무수하고 君臣座席이 분명한 시대였다. 한집안 부동산 가옥을 방매해도 소문이 자자하고 下屬의 입을 막을 수 없는데다 한편 조사는 심했다.

2) 만주로의 망명과 고난

국내에서 모든 준비를 마친 이회영 일가一家는 1910년 12월 말과 1911년 1월에 걸쳐 서간도 지역으로 망명하였다.[43] 이석영의 만주로의 망명 등에 대하여는 이은숙의 『서간도시종기』와 이정규가 작성한 『우당이회영약전』 등에서 살펴볼 수 있다. 특히 여기서 주목되는 것은 중앙의 고급 관리 출신이며, 양자로 나가 있던 50대 중반의 이석영이 동생 우당 이회영의 발의로 만주망명을 결심했다는 부분이다. 이것은 결코 쉬운 일이 아니었을 것임은 누구나 짐작할 수 있을 것이다. 동생에 대한 두터운 믿음과 신뢰가 없다면 불가능한 일이 아닌가 한다. 이정규가 작성한 『우당 이회영약전』에,

조국이 강제 합방을 당하고 나서 선생은 만주로의 망명을 서둘렀다. (중략) 선생은 먼저 건영, 석영, 철영, 시영, 호영 등의 6형제가 한자리에 모인 가운데, 형제 모두가 행동을 일치하여 만주로 건너갈 것을 발의하였다.(중략) 선생의 의견을 듣자 모두가 흔연히 찬동하였다. 그리하여 선생은 신속하고 은밀하게 대소가의 가산 처분을비롯한 출발의 채비를 하여 나갔다. 40여명의 대소가 가족들을 한데 묶어 비밀리에 행동하게 되니 봉건구태 그대로의 안락한 생활을 하던 가족들특히 부녀자들에게는 만주 황야의 개척민생활을 하기 위해 胡地行을 한다는 것은 꿈에도 생각하지 못한 일이었고, 참으로 혁명가인 선생만이 단행할 수 있는 용단이었다.

라고 있듯이, 이석영은 동생 이회영의 발의로 '오랑캐 땅'인 만주로 가기로 결

43 이은숙, 『민족운동가 아내의 수기』, 17쪽.

심하였던 것이다.

만주로의 이동상황은 한국국민당 기관지『한민』제3호(1936. 5. 25) 〈西間島 初期 移住와 新興學校時代 回顧記〉에서도 살펴볼 수 있다.

移住 初의 光景

李東寧氏는 다시 몬저 西間島로 가서 萬般의 準備하게 하고, 李始榮氏는 秘密裏에 가즌 計劃으로 諸般 準備를 週到히 하엿는데 土地는 歇價로 放賣하고 大家는 팔아 小家를 사고 小家를 팔아 貰집에 드는 等 그 浩繁하던 살림을 漸漸 縮小식혀서 及其也 出發 時에는 各隊를 分하여 各 停車場에서 몇 名식 따로 乘車하게 하고 車 中에서는 비록 小兒라도 서로 보고서 모르는체 하도록 미리 訓練을 식혓다. 이리하야 敵의 耳目을 巧妙히 避하야 國境을 버서나 安東縣에 닐으니 때는 庚戌年(合併된 해) 12月頃이다.

安東縣에서 朔餘을 留하다가 全 家族과 親戚 及 傭人 全部 59人을 10餘輛 大車에 태워가지고 目的地로 向하야 桓仁縣 恒道川에 닐으러 거기에 몬저 와서 살든 李東寧氏 宅에서 얼마동안 留하고 또 蓮花浦를 것처서 將次 因緣 깊을 柳河縣 三源浦로 옴겨가게 되엿다. 여기까지 함께 온 이는 張道順·張漢順 兄弟와 朱鎭洙氏가 있엇다. 간신히 萬接은 하여 놓앗으나 아직 整頓이 되지 못한데다가 國內로붙어는 亡國의 恨을 품고 西間島를 唯一한 活路로 알고 찾아오는 사람이 每日 5人, 10餘人이 連續하엿는대 그들은 勿論 手中에 一分錢이 없는 赤身들이고 또 可信不可信을 가릴 餘地도 없이 一體로 收容치 안을 수 없엇다. 本來 約束하기는 新民會의 信票가 있는 사람만 接濟하기로 하고, 또 資金도 源源히 調達하여 주기로 하엿으나 國內에 있든 新民會 幹部는 勿論이요 會員까지라도 全部가 敵에게 잡혓스니 그 約束을 施行할 수 없게 되엿음으로 그 全責을 먼저 移住한 이가 獨担하게 되엿다.

만주로의 이동 경로는 이회영의 부인 이은숙이 작성한『서간도시종기』를 통하여도 짐작해 볼 수 있다.

경술년(1910년) 7월 보름께 우당장과 이동녕, 張裕淳, 李觀稙 등 4분이 마치 白紙 장사같이 백지 몇권씩 지고 남만주 시찰을 떠났다. 그때는 신의주가 기차 종점이다. 압록강을 배로 건너 安東縣을 지나 남만주 여러 곳을 다니며 지리를 구경하려던 중이다. (중략) 안동현서 5백리 되는 橫道川으로 가셔서 임시로 자리를 잡고 석오 이동녕씨 친족 李炳三씨를 그곳으로 먼저 솔권하여 안정을 시키고, 앞으로 오는 동지들의 편리함에 대한 책임을 부탁하며, 糧米와 김장까지 여러 십 독을 준비하라고 부탁하였다.

또한 이석영의 망명과정(서울-신의주-안동현—환인현 횡도천)은 이관직의 『우당 이회영실기』를 통하여도 짐작해 볼 수 있다.

1910년말, 선생일행은 만주로의 장도에 올랐다. 신의주에서 동지 李宣九의 안내로 다른 동지가 경영하는 여관에서 하룻밤을 묵고 나서, 이튿날 첫 새벽에 적의 감시를 피하여 압록강을 건넜다. 40여명의 일가족이 어린이 노인 할 것 없이 얼음을 타고 참으로 十顚九倒를 다하였다. 이리하여 다행히 만주 안뚱현에 안찬하고나니, 비록 앞날의 위험이 이보다 백배나 많다 할지라도 적의 虎口를 벗어나게 되어 참으로 광명 천지가 열린 듯하여 감회가 새로웠다.

압록강 도강 상황은 『서간도시종기』의 다음과 같은 기록을 통해 짐작해 볼 수 있다.

신의주에 연락기관을 정하여, 타인 보기에는 주막으로 행인에게 밥도 팔고 술도 팔아싸. 우리 동지는 서울서 오전 8시에 떠나서 오후 9시에 신의주에 도착, 그 집에 몇 시간 머물다가 압록강을 건넜다.
국경이라 경찰의 경비 철통같이 엄숙하지만 새벽 3시쯤은 안심하는 때다. 중국노동자가 江氷에서 사람을 태워가는 썰매를 타면 약 2시간 만에 안동현에 도착된다. 그러면 이동녕씨 매부 李宣九씨가 마중 나와 처소로 간다. 안동현에는 우당장이 방을 여러 군데, 여러 동지 유숙할 곳을 정하여 놓고 구경만 넘어가면 준비한 집으로 가

있게 하였다.(중략)
우리 집은 나중에 떠났는데 우당장은 며칠 후에 오신다고 내가 아이를 데리고 떠났다. 신의주에 도착하여 몇시간 머물다가 새벽에 안동현에 도착하니 영석장께서 마중 나오셔서 반기시며 「무사히 넘어 다행히다」하시던 말씀 지금도 상상이 되도다.(중략)
27일에 국경을 무사히 넘어 도착하시니 상하없이 반갑게 만나 過歲도 경사롭게 지냈으나 , 부모지국을 버린 망명객들이 무슨 흥분있으리오. 그러나 상하없이 애국심이 맹렬하고, 왜놈의 학대에서 벗어난 것만 상쾌하고, 장차 앞길을 희망하고 환희만만으로 지내 가니 차호(嗟乎)라.

라고 있듯이, 먼저 이석영이 망명하고 다음에 우당 집안이 망망한 것으로 되어 있다. 아울러 이동경로와 망명 당시 상황은 『서간도시종기』에서 다음과 같이 기록하고 있다.

조국을 이별한 지 一望이 되는데, 무정한 광음은 송구영신의 辛亥가 되었다. 정월 초 아흐렛날에 임시로 정한 횡도촌으로 향하였다. 6형제 식구와 둘째 댁, 出嫁女息의 壻郞까지 데리고 와 마차 10여대를 얻어 일시에 떠났다.
안동현서 횡도천은 5백 리가 넘는지라. 입춘이 지났어도 만주 추위는 조선 大小寒 추위 比 치도 못한 추위이다. 노소없이 추위를 참고, 새벽 4시만 되면, 각각 정한 車主는 길을 재촉해 떠난다. 채찍을 들고 "어허!"소리하면, 여러 말들이 고개를 치켜들고 "으흥!"소리를 하며 살같이 뛴다.
우당장은 말을 자견自牽하여 타고 차와 같이 강판에서 속력을 놓아 풍우같이 달리신다. 나는 차안에서 혹 얼름판에서 실수하실까 조심되었고, 6,7일 지독한 추위를 좁은 차 속에서 고생하던 말을 어찌 다 적으리오. 그러나 괴로운 辭色은 조금도 나타내지 않았다.
종일 백 여리를 행해도 큰 快廛 아니면 백 여필이 넘는 말을 어찌 두리오. 밤중이라도 큰 쾌전을 못 만나면 밤을 새며 가는 때도 있었다. 우리나라에서는 귀가부인들이 이 같은 고생은 듣지도 못했을 것이어늘, 그러나 여필종부의 본의를 지키는 것이다.
갈수록 첩첩산중에 千峰萬壑은 하늘에 닿을 것 같고, 기암괴석 峰峰의 칼날 같은 사이에 쌓이고, 쌓인 백설이 은세계를 이루었다. 험준한 준령이 아니면 강판 얼음이 바위같이 깔린 데를 마차가 어찌나 기차같이 빠른지, 그 중에 채찍을 치면 화살같이 간다.

『우당 이회영실기』는 안동현에서 환인현 횡도촌으로의 이동과정을,

선생은 중국동지가 경영하는 뚱쥐(東聚)여관에서 전저족을 하룻밤을 묵게하고 , 이튿날 아침 화이련(懷仁)현 황따오촌을 향하여 출발하였다 눈과 얼음이 뒤덮인 산야에서 사오백리길을 헤쳐나가는데는 10여일이 걸려야 했다. 살을 에어내는 눈보라와 찬바람에는 헌헌장부도 그 고초를 이겨내기가 어려웠을 텐데 부녀자와 어린이 노인들에게는 어떠하였겠는가.

라고 하고 있다.『서간도시종기』에서는 횡도천에 대하여,

1911년 1월 초 9일 임시로 정한 횡도천으로 향하였다. 마차 10여대를 얻어 일시에 떠났다.
안동에서 횡도천은 5백리가 넘는지라. 입춘이 지났어도 만주 추위는 조선 대소한 추위를 비교할 수 없는 추위이다. 노소없이 추위를 참고, 새벽 4시만 되면 각각 정한 車主는 길을 재촉해 떠난다. (중략) 우당장은 말을 自牽하여 타고 차와 같이 강판에서 속력을 놓아 푸우같이 달리신다. (중략) 갈수록 첩첩산중에 천봉만학은 하늘에 닿을 것 같고 기암괴석 봉봉의 칼날 같은 사이에 쌓이고 쌓인 백설이 은세계를 이루었다(중략) 7.8일만에 횡도천에 도착하여 시량은 넉넉하나 5간방자에 60명 권속이 한데 모여 날마다 잔치집같이 큰 수런수런 수란하게 며칠을 지냈다.

라고 하고 있다.

아울러 환인현 횡도천 정착에 대하여,『서간도시종기』에서는 다음과 같이 언급하고 있다.

7.8일만에 횡도천에 도착하여 柴糧은 넉넉하나 5間 房子에 60명 권속이 한데 모

여 날마다 큰 잔치집 같이 수런수런 愁亂하게 며칠을 지냈다.
둘째 댁 식구와 우당장 식구가 먼저 유하현 삼원보라는 곳으로 가서 "장구히 유지도 하고 우리 목적지를 정하여 무관학교를 세워 군사양성이 더욱 급하다" 하시고, 신해년 정월 28일에 떠나게 되었다. *省齋丈* 도 단신으로 "두 분형님을 모시고 가서 자리를 정한다"고 같이 가셨다.

또한 이관직이 쓴『우당 이회영실기』에서도 횡도촌에서의 고초를 다음과 같이 표현하고 있다.

고난의 10일이 지나고 황따오촌에 도착하여 여장을 풀고 그곳에서 겨울을 나기로 하였다. 그들이 살게 될 몇간의 토담집과 겨우살이 준비의 정경은 참으로 옛날의 부귀를 갖추었던 호화로운 생활이 이젠 한바탕의 꿈으로 변하고 몰락하여 떠도는 망국유민의 처참한 모습 그것이었다.

3. 신흥무관학교의 설립과 이석영의 역할

1) 신흥강습소의 설립

이석영은 형제들과 환인현 횡도촌을 떠나 유하현 삼원포 추가가로 이동하였다.『서간도시종기』에,

유하현은 5, 6백리나 되는데, 2월 초순에 도착하였다. 鄒家街라는 데는 鄒哥姓이 여러 대를 살아서 그곳 지명이 추가가라 하는 곳으로 , 가서 3칸방을 얻어두 집 권속이 머물렀다. 이곳은 첩첩산중에농사는 강냉이와 좁쌀, 豆太고, 쌀은 2,3백리 나가 사오는데 제사에나 진미를 짓는다. 어찌 쌀이 귀한지 아이들이 저의들이 이름 짓기를 '좋다밥'이라고 하더라.

라고 있다. 신흥무관학교 출신인 원병상은 추가가에 대하여 다음과 같이 언급하고 있다.[44]

44 원병상,「신흥무관학교」,『독립운동사자료집』제10집, 독립운동사편찬위원회, 1983.

1. 독립 운동의 요람지인 추가가(鄒家街)

1909년 봄에 서울 양기탁(梁起鐸) 선생 댁에서는 안창호·이동녕(李東寧) 선생 이하 구국 운동의 선구자들로 조직된 비밀 결사인 신민회의 간부회의를 열고, 해외 독립 기지 건설과 군관학교 설치의 건을 의결하였다.
그리하여, 황해도 인 최명식(崔明植) 외 수인을 급파함으로써 현지를 답사해 본 뒤에 가장 적당하다고 인증되는 땅이 있다는 보고에 의하여 각 지방 대표에 비밀 통보가 전달되자, 각지의 우국 투사들은 조국의 조종이 되는 산인 저 백두산 서북으로 뻗어 나간 요동 반도를 향한, 여기서 조국의 광명을 찾으려고 실천에 옮기기 위한 제1착이 이석영(李石榮)·이철영(李哲榮)·이회영(李會榮)·이시영(李始榮)·이호영(李浩榮) 형제와 이상룡(李相龍)·이동녕(李東寧)·김동삼(金東三)·주진수(朱鎭洙)·윤기섭(尹琦燮)·김창환(金昌煥) 등이었다. 조국 광복의 큰 뜻을 품고 가권을 인솔하여 망명의 길을 떠나 구강(舊疆)에 찾아 들어갔으나 망국노(亡國奴)란 푸대접에 의지할 곳 없는 고아처럼 내일을 알 수 없고, 또한 앞길이 막연하기만 하였다.
그러나, 뜻이 있는 곳에 길이 있다는 신념에서 구국의 첫 본거지로서 봉천성 유하현 삼원보(三源堡) 서쪽 추가가(鄒家街)란 지방에 우선 정착하였다. 이 독립기지를 정하는 데에는 이회영 선생이 장유순 동지 등을 대동하고 종이 장사로 변장하고 천신만고하여 추가가를 물색 정착하게 하였으나 토민의 비협조 배타가 심하여 중국의 고위층을 북경으로 찾아가서 만주 지방관에게 소개를 받고 봉천 당국의 명령과도 같은 지령을 토관(土官)에게 전달하게 하는 등 피눈물 나는 노력이 있었다.
이 곳 추가가 서편에는 남산(藍山)이 하늘 높이 솟아 있고 북편에는 왕클령이라는 험한 준령이 가로 막혔으며 동남방에는 삼원보(三源堡)라는 조그마한 도시가 앞에는 유하현에서 통화현으로 통한 간선 통로가 놓여 있는 미개척된 산골짜기였다.

한편 원병상은 신흥강습소 설립에 대하여도 다음과 같이 언급하고 있다.

2. 신흥 강습소를 설립

슬프다. "창천이여 이 겨레를 살펴 보소서." 하며 비분 강개, 절치 부심하는 동지들이 운집한 뒤에 분연히 궐기하여 국권 회복을 단연 맹세하면서 기약없는 망망한 피안(彼岸)인 광복이란 벅찬 희망을 안고, 1911년 봄에 이역 황야의 신산한 곁방살이에서나마 구국 사업으로 일면 생취(生聚), 일면 교육이라는 두 가지 과제를 내걸고 출발하였다. 생취(生聚)로는 경학사(耕學社)를 창설하여 이주 동포들의 안착과 농업 생산을 지도하는 기관으로서 초대 사장에 이철영이 추대되고, 교육으로는 학술을 연마하여 군사 훈련을 주목표로 조국 광복에 중견 간부의 역군이 될 인재 양성을 하기 위해 '신흥강습소'가 창설됨으로써 초대 교장에 이동녕, 교감에 김달(金達), 학감에 윤기섭(尹琦燮) 교관에 김창환(金昌煥), 교사에 이갑수(李甲洙)·이규룡(李圭龍)·김순칠(金舜七)등이었고, 제3대 교장에 이광(李光)도 잠시 재임하였다. 이것이 곧 서간도 독립운동의 요람인 신흥무관학교의 전신이었다.

3. 토인 옥수수 창고 빌려 개교식

초기에 이 지방 토착민들은 신흥강습소가 왜인의 앞잡이라는 의혹으로 배척이 심하여 그들의 협조를 얻을 수 없었기 때문에 교사를 구할 수 없어 토민들의 옥수수 창고를 빌려 개교식을 거행하는 수밖에 없었다.

그리고, 그들의 의혹을 피하기 위하여 학교 명칭도 평범하게 강습소라고 붙였으나, 근본 목표가 구국 혁명 인지라 기실 내용적으로는 무관 양성을 시작하는 제1보의 출발이었다.

학교 이름 '신흥(新興)'이란 유래는 신민회(新民會)의 '신(新)'자와 다시 일어나는 구국 투쟁이라는 의미를 살려 '흥(興)'자를 붙인 것이다.

특히, 신민회를 강조한 것은 해외 독립 기지 설치와 무관학교 창설안이 신민회에서 나온 관계를 의미한 것이며, 기실 신흥무관학교는 신민회의 해외로 변형적인 연장이라고도 볼 수 있다. 따라서, 초대 교장으로도 신민회의 임원이던 이동녕이 취임하였다.

이 해 1911년 겨울 필자(원병상)가 17세의 홍안 소년으로 통화현에서 북쪽으로 1백 50여리 거리의 눈길을 헤치며 밀림이 하늘에 닿는 듯한 신개령(新開嶺)을 넘어 추가가(鄒家街) 우탕구란 곳에 우거하는 교장 이동녕 선생을 찾아가 강습소 입학을 지원했을 때, 선생은 반가이 맞아 주시면서 진학의 시급을 강조하고, 아울러 따뜻한 지도로 격려하시던 기억이 지금도 새롭다.

이 추가가는 관민간 대부분이 추씨네가 많이 살고 있어 그 지명을 추가가라고 불린다는 것이며 역시 그 지방 권력가이기도 하였다.

그리하여, 우리의 당면 필요하고 타개하여야 할 애로는 반드시 이 지방 유력한 추씨를 상대로 교섭하여 직접·간접 협조를 요청하지 않을 수 없었다.

이 해 12월에는 제1회 특기생으로 김연(金鍊)·변영태(卞榮泰)·성준식(成駿寔) 등의 유수한 애국 청년 40여 명이 배출되었다.

그러나, 이 해의 이주 동포들의 시련은 너무도 가혹하였다. 하늘도 무심하게, 고국에서는 볼 수 없었던 지난 겨울의 폭한이 던져 준 소위 수토병(水土病)이란 괴질이 이역의 개척 문턱에 접어든 우리에게 가공 가경할 상처를 남긴 외에도, 임자(壬子年 : 1912年)·계축(癸丑年 ; 1913年) 양년은 가뭄과 서리의 천재까지 겹쳐 동포들의 사활 문제인 농사의 치명적 실패는 학교 운영에도 직접적인 영향을 주어 심각한 재정난에 허덕이어 주로 이석영(李石榮) 선생의 사재에 의존하지 않을 수 없었다.

아울러 당시 상황은 한국국민당 기관지 『한민』 제3호(1936. 5. 25) 西間島 初期 移住와 新興學校時代 回顧記에서도 잘 살펴볼 수 있다.

新興學校事業

나라를 원수에게 빼앗기고 이를 다시 回復할 原動力을 培養하기 爲하야 設立되고 또 그만한 實力養成의 成績을 나타낸 이 新興學校가 처음에는 가즌 排斥을 받어가면서 『강낭우리』(貯穀所)에서 거적자리를 펴고 시작하던 그 苦心과 그 慘憺한 것을 回顧하니 實로 慷慨無量하다. 이러한 處地에서라도 兒童을 敎育하여야 하고 鬥士를 養成하여야 한다는 當時 그들의 한 조간 그 붉은 마음-그 뜨겁은 정성-그것밖에 그들에게는 아모것도 없엇을 것이다. 이 學校에는 普通敎育으로 하야 原班, 軍事敎育으로 하야 特別班을 두엇고, 當時에 校務를 擔任하엿든 이는 張志順·李圭鳳·張道順·李東寧(軍事科) 李景𦖘 諸氏라 한다.
三源浦에서 學校基礎를 일우워 가지고 그 後에는 三源浦에서 70里되는 哈蜜河(通化)에 옴겨가서는 土地도 사고 住宅과 校舍도 建築하야 基盤이 鞏固하여지고 規模도 擴張되엿는대 여긔서붙어는 呂準·尹琦燮·金昌煥·李靑天·梁奎烈·李世永等 諸氏들도 校務에 專力하엿으며 이 學校의 出身이 約 800名이라 하고 成俊永·金勳·吳光鮮 이런 이들이 다 그 學校의 出身이라 한다. 滿洲 其他 各 方面에서 活動한 鬥士 中에는 이 學校 出身이 가장 만엇을 것이다. 이러한이만치 敵 日本도 이 學校를 여간 嫉視한 것이 안이다. 新民會에서 그런 計劃만 세우고 아직 學校의 基礎도 잡이기 前이지만은 寺內總督 暗殺事件으로 新民會員들을 잡아다 놓고는

『너희가 西間島에 武官學校를 設立하고 武官을 養成하엿다가 美·日戰爭이 되는 때에는 獨立戰爭을 하려 하엿지』하고 每名에 一律的으로 審問하엿다. 이러한 學校가 民國 3年 日人의 滿洲 出兵으로 因하야 廢校가 되엿으니 그 遺恨됨을 무엇에 比하랴.

서간도 지역으로 망명한 지사들은 1911년 여름에[45] 유하현 삼원포 추가가에서 민단적民團的인 성격을 띤 자치기관으로서 경학사耕學社를 조직하였다.[46] 그 목적은 농업을 장려하고 교육을 실시하는 것이었다.[47] 이는 독립운동기지 건설의 기초 작업으로서 우선 농업을 발전시켜 재만한인의 경제생활을 풍요롭게 하려는 것이었다. 아울러 민족교육도 실시하고자 하였다. 이러한 목적을 추진하기 위하여 경학사에서는 내무·농무·재무·교무 등 4개 부서를 두었다. 그리고 사장社長에는 이상룡, 농무부장 장유순, 재무부장 이동녕 등이 활동하였으며, 이회영은 그 중 내무부장을 담당하여[48] 재만한인사회의 행정 및 치안유지에 주력하였던 것이다.

한편 경학사 안에 교육기관으로서 신흥강습소를 설치하였다.[49] 교명을 '신흥新興'이라고 한 것은 신민회의 '신新'자와 다시 일어난다는 의미에서 '흥興'자를 붙인 것으로 신민회의 구국투쟁정신을 계승하려는 것이었다. 그럼에도 불구하고 학교 명칭을 강습소라고 한 것은 중국토착민들의 의혹을 피하기 위해서였다.[50] 그러나 신흥강습소는 사실상 독립군을 양성하기 위한 무관학교였다.

신흥강습소에는 본과와 특별과의 두 과정이 있었는데, 본과는 보통중학 과

---

45 李相龍, '滿洲記事', 『石洲遺稿』.

46 朴永錫, 「日帝下 在滿韓人의 獨立運動과 民族意識-耕學社의 設立經緯와 그 趣旨를 中心으로-」, 『韓民族獨立運動史研究』, 一潮閣, 1982, 186~190쪽.

47 李觀稙, 『友堂李會榮實記』, 156쪽.

48 위와 같음.

49 이은숙, 『민족운동가 아내의 수기』, 24쪽.

50 원병상, 「신흥무관학교」, 『독립운동사자료집』 제10집, 독립운동사편찬위원회, 1976, 12쪽.

정으로서 장도순·윤기섭·이규봉李圭鳳과 중국인 모某씨 등이 교사로 활동하였다. 특별과는 군사학을 전수하는 과정이었는데 김창환金昌煥·이관직·이장녕李章寧 등이 그 교육을 담당하였다.[51] 그들은 모두 구한말에 군인으로서 대일항쟁을 전개하였던 인물들이다.[52] 그러므로 학생들은 그들로부터 우수한 군사교육을 받았을 뿐만 아니라 민족의식도 형성할 수 있었다고 보여진다.

한편 신흥강습소의 재정은 이회영의 권유에 따라 그의 형인 이석영에 의하여 상당부분 충당되었다. 이관직의 『우당 이회영실기』에,

> 그는(이석영) 만주에 살게 된 뒤에도 많은 지사들의 여비를 지급하였고, 이동녕에게는 집과 땅을 사서 기부함으로써 만주 생활을 전담하였다. 그리고 신흥학교 창립시에도 우당선생이 바라는 바에 따라 건축 설립 유지 등 제 비용을 희사하였다. 그가 만일 학교 설립의 자금을 내놓지 않았다면 우당선생의 오랜 소원이던 군관학교도 설립하기 어려웠을 것이다.[53]

라고 있음을 통하여도 알 수 있는 일이다. 이은숙의 『서간도시종기』에도

> 둘째 영감(이석영)께서는 항상 청년들의 학교가 없어 염려하시다가 토지를 사신 후에 급한 게 학교라 춘분후에는 학교 건설을 착수하게 선언하시고 지단 여러 천평을 내놓으시고 시량까지 부담하시고 아우님 오시기를 기다리셨다.(중략) 우당장은 학교 간역도 하시며 학교이름을 신흥무관학교라 하였다. 발기인은 우당 이회영씨, 석오 이동녕씨, 해관 이관직씨, 이상룡씨, 윤기섭씨, 교주는 영석 이석영씨, 교장은 이상룡씨였다.

라고 하여, '교주'라고 언급하고 있다.

---

51 이은숙, 『민족운동가 아내의 手記』, 24~25쪽.

52 이관직(『大韓帝國官員履歷書』, 490쪽), 이장녕 · 김창환(李康勳, 『獨立運動大事典』, 東亞, 1985, 591~592쪽, 292~293쪽).

53 李觀稙, 『友堂李會榮實記』, 176쪽.

그러나 이회영 등이 추진한 독립운동기지의 건설 계획은 뜻대로 잘 실현되지는 않았다. 1911년 가을에 큰 흉년이 들어 경학사가 해체되게 되었던 것이다.[54] 하지만 이회영 등은 1912년에 다시 풍년이 들자 동년 가을 새로운 한인 자치기구인 부민단扶民團을 조직하였다.[55] 이 단체의 설립 목적도 역시 경학사의 그것과 동일한 것이었다.[56] 다만 그 본부가 경학사의 경우 유하현 삼원포 추가가에 있었던 데 반하여 부민단은 통화현 합니하哈泥河에 설치되었음에 차이가 있을 뿐이다.[57] 그런데 그것은 전자에 비하여 후자가 독립운동기지로서는 더욱 적합하다는 판단에 의해서였다. 추가가는 지리적으로 교통이 편리하여 사람의 왕래가 잦아 일제에 쉽게 발각될 염려가 있는 데 반하여,[58] 합니하는 지리적으로 고립되어 이러한 약점을 보완할 수 있었기 때문이다.[59]

2) 통화현 합니하 신흥학교

신흥무관학교 출신인 원병상은 합니하에 대하여 다음과 같이 언급하고 있다.[60]

> 1912년 가을, 서간도로 탈출해 나오는 동포의 수가 나날이 늘어가자 경학사(耕學社)는 발전적 해체가 되고 다시 부민단(扶民團)이 조직되어 초대 단장에는 허혁(許蒜)이 추대(2대는 李相龍)되었다. 그리고, 교포들의 안녕 질서를 위한 자치 단체로서 교육의 쇄신과 행정 기구를 다시 정비하려는 중앙 기관을 추가가에서 동남쪽으로 90리 거리에 떨어진 영춘원(永春源)을 거쳐서 통화현 합니하(哈泥河)로 옮기는 동시에 신흥 강습소도 이곳으로 이전 하였다.

54 채근식, 『무장독립운동비사』, 49쪽.
55 부민단의 조직시기에 대하여는 다양한 의견이 있다.
56 위와 같음.
57 元秉常, 「新興武官學校」, 13쪽.
58 金承學, 『한국독립사』, 독립문화사, 1965, 351쪽.
59 원병상, 「신흥무관학교」, 『독립운동사자료집』 제10집, 14쪽.
60 원병상, 「신흥무관학교」, 『독립운동사자료집』 제10집.

제2단계 전성기

1. 신흥의 제2 기지 합니하(哈泥河)

이 곳은 동남쪽에는 태산 준령인 고뢰자(古磊子)가 하늘을 찌를 듯 일왕(一徃) 30리 거리로 우뚝 솟아 있고 북쪽에는 청구자(靑溝子)의 심산 유곡이며 남서쪽에는 요가구(鬧家溝)의 장산 밀림이 둘러싸인 그 사위의 준험은 일부당관 만부막개(一夫當關 萬夫莫開)라 할 수 있는, 신비경 같은 이 지역에 파저강(波瀦江) 상류인 일위대수(一葦帶水) 합니하 강물이 압록강을 향해 흐르고 있어 생도들에게 유진무퇴(有進無退)의 자연 교훈이 갖추어진 이 강 북쪽 언던 위에, 신축한 고량대하(高樑大厦)의 병영사가 마련되어 각 학년별로 넓직한 강당과 교무실이 생겼다. 아울러 부설된 내무반 내부에는 사무실 편집실·숙직실·나팔실(喇叭室) 식당 취사장·비품실 등이 구별되어 있고 낭하에는 생도들 성명이 부착된 총가(銃架)가 별도로 설치되어 있다. 1913년 봄에 학교가 이전된 뒤 황림 초원에 수만 평의 연병장과 수십 간의 내무실 내부 공사는 전부 생도들 손으로 이루어졌던 것이다. 삽과 괭이로 고원지대를 평지로 만들어야 했고, 내왕 20 리나 되는 좁은 산길 요가구 험한 산턱 돌산을 파 뒤져 어깨와 등으로 날라야만 하는 중노역이었지만, 우리는 힘드는 줄도 몰랐고 오히려 원기 왕성하게 청년의 노래로 기백을 높히며 진행 시켰다.
이 교사 건축 공사에는 전기 이석영 선생의 재력과 생도들의 총력적인 노력 봉사가 절대적인 힘이었다.
그뿐 아니라, 그 교사 앞 45도로 기울어진 경사 언덕 아래 인접되어 있는 이석영 선생댁에서는 고국에서 단신 탈주해 나오는 돈 없는 생도들에게 다년간 침식 제공도 아끼지 않았고 학교 유지에도 정신적, 물질적으로 그 뜻이 지극히 크고 높았었다.

이 때 당시, 이 곳 드넓은 황야에는 하루 종일 걸어도 백의 민족을 만나 보는 일이 극히 드물었다. 그러나, 불과 수년 안에 어느 산마루, 산골짜기에도 우리 교포들의 발자취가 안 간 곳이 없었고 울창한 밀림 속에도 오두막, 움집들이 들어서지 않은 곳이 없게 되자, 이것을 본 토민들은 상부의 지시라는 구실 아래 물물 상통을 거부하면서 우리를 축출한다고 위협했고, 더우기 청장년의 학교 교육은 오해의 대상이 되있다.

그리하여, 부민단(扶民團)에서는 애국 기관 및 각 단체와 회의를 열고 연장 운동을 전개하기로 결의하게 되었다.

"나의 동포 잃었으니 이웃 동포 내 동포요."
"나의 형제 잃었으니 이웃 형제 내 형제라."

이러한 억지 표어를 내 걸고 대의(大義)를 위하여 일치 단결하였다. 그리고, 의복·모자·신발 등을 그들과 똑같이 일체 변장함으로써 상호 친교 운동을 적극 추진해 왔다. 그 성과가 매우 좋아서 배척의 선풍으로 긴장했던 교포들의 불안은 점차 줄어들었다.
여기 한 가지 특기하고 싶은 것은 그들 토착민의 안중근 의사에 대한 숭모와 염원이었다. 우리 동포를 그처럼 배척하면서도 그들은 안 의사의 의거 이야기만 나오면 저 말단 농민들까지도 고개를 숙이며 찬사를 아끼지 않는 것이었다. 우리 선열의 뿌린 피가 이 민족의 가슴에까지 생생하게 살아 남은 것을 볼 때마다 눈시울이 뜨거웠다.

즉, 이석영은 "이 교사 건축 공사에는 전기 이석영 선생의 재력과 생도들의 총력적인 노력 봉사가 절대적인 힘이었다. 그뿐 아니라, 그 교사 앞 45도로 기울어진 경사 언덕 아래 인접되어 있는 이석영 선생댁에서는 고국에서 단신 탈주해 나오는 돈 없는 생도들에게 다년간 침식 제공도 아끼지 않았고 학교 유지에도 정신적, 물질적으로 그 뜻이 지극히 크고 높았었다."라고 표현할 정도로 큰 기여를 하였던 것이다.

한편 이석영의 동생 이회영은 독립군 근거지를 통화현 합니하로 이전하고자 토지매매의 허가를 얻기 위해 중국지방 당국과 교섭하고자 하였다. 이때 비용 역시 이석영이 상당 부분 지원한 것으로 보인다.

4. 시련: 중국인의 배척과 마적으로부터의 고난

이석영은 만주로 이동하여 중국인의 배척으로 일단 고생을 하였다. 『한민』 3

호 당시 상황은 한국국민당 기관지 『한민』 제3호(1936. 5. 25) 〈西間島 初期 移住와 新興學校時代 回顧記〉에서도 잘 살펴볼 수 있다.

中國人의 排斥

第一着으로 5·60名 人口가 多數한 大車에다가 泰山같은 짐을 싯고 온 것만으로도 中國人들이 놀나게 된데다가 每日 連續不絕히 오는 壯丁이 將次 그 數를 모를 지경이 되니 中國人이 一大恐怕을 늣겨서 排斥運動을 닐으켜 家屋과 食糧의 不賣同盟을 하엿다. 그래서 人命이 重하여 간신히 食糧을 엇어 산다 하드라도 市價보다 2·3倍를 더 주지 안으면 안되게 되엿다. 食糧은 高價만 주면 或時 엇어 살 수 있지만은 居處할 곧은 別道理가 없엇다. 그래서 附近에 얼마던지 있는 材木을 찍어다가 自作家屋을 建築하기로 하고 壯丁들이 器具를 마련하여 가지고 伐木에 着手하였다. 中國人들은 이것을 보고 더욱 큰 일이나 난 줄 알고서 會議를 하고 馬車 100台에다가 韓人 全部를 실어서 境外로 逐出하기로 決定하엿다. 그러고 본즉 不得已 家屋建築은 中止하고 간신한 諒解 下에 驅逐을 緩和식혀놓고는 農家에서 貯穀用으로 草幕(강낭우리) 지어둔 것을 利用하여 거기에 居處도 하면서 거기에서 兒童敎育을 시작하엿다. 中國人들이 처음에는 우리를 한 그 地方이나 擾亂하게 할 危險分子로만 알엇다가 차츰 두고 본즉 그들은 그 排斥과 艱苦한 中에서도 敎育에 置重하는 것을 보고서야 비로소 諒解가 되여 그제붙어는 집도 빌려주고 各方으로 便宜를 보아주엇다.

또한 『서간도시종기』에서도,

우리 안목에 그곳 사람은 인간 같지 않고, 무섭기만 하게 보이는데, 그 사람들은 우리가 일본과 합하여 저희 나라를 치러 왔다고 저희들끼리 모여 수군거린다. 그곳에도 순경은 있는데, 그곳에서는 순경위 지서장을 노야라고 한다. 추가네 어른인 순경노야가 유하현에 고발하기를

"이왕에는 조선인이 왔어도 남부여대로 산전벅토나 일궈 감자나 심어 연명하며 근근이 부지하였다. 그런데 이번에 오는 조선인은 살림차가 수십대씩_짐차로 군기를 얼

마씩 실어오니 필경 일본과 합하여 우리 중국을 치려고 온게 분명하니 빨리 까우리(高麗人)를 몰아내 주시오"

이해는 신해년 3월 초순이다. 하루는 대문 밖이 요란하고 말소리가 나더니 난데없는 중국 군인과 순경 수삼백명이 들어와서 우리 세간을 조사하니, 망명객의 세간이 무엇이 壯하리오. 행리 몇 개씩 일일이 조사한다. 그중에대장 5, 6명이 같티와서 말을 하나 피차 불토이라. 피차 필담으로 서로 통하니, 우리 보고"너의 나라로 도로 나가라"하는 걸 우리가"우리는 왜놈의 노예 노릇하기 과연 어려워서, 마치 아우가 형의집 찾아오듯 하였거늘, 조선과 중국으 형제제국으로 생명을 의지하려고 불원천리하고 왔는데, 도로 가라고 하니 어느 곳으로 가리오"하며 필담이 처량하거늘 그제야 대장들이 악수를 하며 "쾌히 유지하라"하고 간후 부터는 동종은 하나 기옥과 전답은 매치 아니하니 어찌 하리오.

라고 하고 있다.

한편 마적에 의해 고초를 겪기도 하였다. 만주지역에는 마적이 많았다는 것은 주지의 사실이다. 1920년대 동아일보기사에서도 종종 볼 수 있다.

동아일보 -輯安 馬賊猖獗 서당까지 폐쇄(1921.4.27)

평안북도 자성군(平北慈城郡) 건너편 중국 집안현(輯安縣)에 근일 마적이 횡행하야 인심이 흉흉하며 부호들은 모다 가산을 정돈하야 가지고 피란을 하는 중인대 마적은 량식과 탄약이 업서서 곤란한 결과 서당(書堂)에 통학하는 부호의 자뎨를 다려가고 금전을 강청하기를 계획하야 자조 량가자데를 붓들어가고자 함으로 드듸여 서당(書堂)을 닷치게 되엿다더라(자성뎐보)

동아일보 -馬賊의 巢窟 輯安縣(1921.4.30)

근일 도두 떼의, 마적이 출몰 즁
두목 손길황(孫吉黃)이가 거느린 마적 팔십명은 지난간 십일에 아라사식 오련발총과 중국식 군총을 휴대하고 집안현 추피구(輯安縣 鍬皮溝)에 침입하야 동디 부호 렴청룡(廉靑龍)과 하모(夏某) 두명을 잡아가고 렴청룡에게는 오천원,하모에게는 칠천원을 내이라 요구하고 십이일에 전긔 두명을 잡아가지고 산골속으로 도망하얏스며 도목 왕청상(王淸祥)의 부하 칠십명도 역시 십삼일에 동현 텬교구(天橋溝)에 부호 왕모(王某)의 집을 습격하야 현금 팔백원과 아편 일백륙십원어치를 강탈하얏는대 집안현 일대는 지금 마적의 소굴이 되엿스나 관헌은 이를 진정할만한 힘이 업고 인심이 흉흉하다더라

동아일보 -馬賊討伐의 中國巡防軍隊(1921.5.25)

수효는 륙천이상이나, 도뎌히 당할수 업다고
본년 일월이래로 마적을 토벌키 위하야 동변진수사(東邊鎭守使)의 명을 밧아 봉황성(鳳凰城)에 근거를 두고 각디에 출동을 하든 중국순방병의 수효는 임의 유하현(柳河縣)에 일쳔 오백명, 관뎐현(寬甸縣)에 이쳔 오백명, 환인현(桓仁縣)에 일천 삼백명, 집안현(輯安縣)에 오백 팔십명인대 합계가 륙천오백여명에 이르러 매우 우세한 모양이나, 그 성적은 매우 미약하야 도로혀 마적단에게 압두를 당하는 현세로 임의 마적의 칼에 원혼이 된 군인이 이백 여명에 이르렀스며 가장 한곳에서는 마적을 토벌코자 나아갓든 군인이 도리혀 마적단으로 다라난 일도 비일비재임으로 현상으로는 마적을 토벌할 가망은 아즉 긔야지 못하겟다더라(자성뎐보)

동아일보 -對岸馬賊 被害 집안현이 가장 만허(1921.7.30)

륙월 중에 압록강대안의 마적에게 피해를 당한 회수는 집안현(輯安縣)에 이십회가 뎨일만코, 림강(臨江) 댱백(長白) 두현의 각삼회와 통화(通化)현의 일회 등, 기타 각디의 회수를 통합하면 합계 이십칠회에 이르럿는대 그 피해통계는 조선사람의 살해된 수가 두명이요, 중국사람의 잡히어간 수효가 칠십 이명이요, 현금이 이만이쳔백십원이요, 소가 네 마리이며, 그외에도 중국경비대영문을 태워 바린 일이 잇다더라

동아일보 -南滿은 馬賊의 天下(1923.1.15)

삼쳔명 부하를 다린 소준자, 각처로 츌몰하며 략탈무쌍
최근 마적의 활동은 점점 심하야 만주일대는 실로 불아나한 상태에 잇는대 소준자(小俊子)란마적의 두목은 仁義軍이란 일홈으로 부하 이천칠백삼십여명을 거느리고, 이통현(伊通縣)디방을 습격하고 물건과 금전을 무수히 략탈하얏스며...

위의 기사들에서 살펴볼 수 있는 바와 같이 1920년대 남만주지역에는 마적들이 창궐하였고, 부호나 그의 자제들을 납치하여 돈과 재산을 빼앗는 일을

하였던 것이다. 『독립신문』 1919년 9월 18일자 〈尹琦燮氏 放釋〉에,

> 西間島 新興學校를 爲하야 平生의 努力을 들이던 尹琦燮氏는 數月前에 馬賊의 强襲을 受하야 捕去되야 四十餘日의 苦楚를 當하다가 數日前에 鳩山子에 無事히 到着하다

라고 있듯이, 후대의 기록이기는 하나 윤기섭이 마적에게 납치되기도 하였던 것이다. 또한 마적들은 한인들을 다수 살상하기도 하기도 하였다. 북로군정서 총재였던 서일의 자결은 이와 밀접한 관련이 있다. 『독립신문』 1921년 12월 6일자 〈獨立軍總裁 徐一氏 自戕〉의 다음과 같은 기사가 참조된다.

> 興凱湖附近에서 軍務를 整理하다가 九月二十八日 紅衣賊에게 包圍되여 그 部下와 村民이 慘殺되는 것을 보고 呼天號地하다가 悲壯한 最後를 遂함
> 大韓獨立軍總裁 元軍政署總裁 徐一氏는 지난 九月二十八日 密山縣 興凱湖邊 一村家에서 部下士卒과 村民이 胡匪의 亂에 慘殺되는 것을 보고 憤然히 呼號하다가 마츰내 自殺하엿다더라
>
> **當時의 光景**
>
> 氏는 武裝軍人 十二名을 率하고 前記 一村家에 駐在하야 軍務에 關한 書類를 整理하고 잇던바 突然히 本年 九月二十八日에 胡匪一隊가 該村落을 包圍하고 攻擊하야 村人을 虐殺하며 財物을 掠奪하는 故로 그의 部下十二義士가 그들로 더부러 奮戰하다가 衆寡不敵되여 맛츰내 沒死한지라. 山上에서 此悲慘한 光景을 眺望하던 氏는 엇지할 줄을 모르고 呼天號地하다가 因히 自戕하야 悲狀한 最後를 遂하엿는대 그의 統制하던 軍署에서 此驚報를 接하고 來하야, 그의 遺體를 收葬한 後에 곳 總裁代理를 補選하야 軍務를 進行中이더라.

이러한 기사들을 통해 볼 때, 당시 서울에서 온 부호 이석영이 마적들이 목표가 된 것은 당연한 귀결이 된 것이 아닌가 한다.

1913년 10월의 일이다. 안동사람 김대락金大洛의 『백하일기白下日記』에,

1913년 10월 27일

듣자니, 哈密河의 이석영이 강도에게 붙잡혀 갔는데, 그 부인은 총에 맞아 죽을 뻔하였고, 그 집 일꾼은 또 머리뼈에 맞은 탄환을 뽑아냈다고 한다. 두렵고 두려운 일이다.

라고 간단히 언급하고 있다. 보다 구체적인 이야기는 『서간도시종기』에서 찾아볼 수 있다.

10월 20일(1913년)오전 4시쯤 되어 마적 떼 5, 6십명이 총을 들고 들어오는 것을 마침 내가 용변을 보러 갔다가 그 총에 좌편 어깨를 맞아 쓰러지고 , 둘째 댁 영감(이석영)(은 마적에게 납치 당하였으니 이 같이 답답하고 흉한 일이 또 있으리오. (중략) 날은 차고 밝아지고 도적들은 달아났다.
21일 오후에야 의사와 함께 군대들도 와서 의사는 나를 치료하고 군대는 영석장 모시러 산으로 갔다. (중략) 한편 영석장 모셔간 도적놈들이 그때 학생들을 데리고 갔는데 다시 그 학생들이 영석장을 모시고 오니 오시는 길로 내게 들리셔서 나를 위로하였다.
(중략)만주인들을 영석장을 존경하기를 "만주왕"이라고 까지 명칭하였는데 저의 나라가 문명치 못하여 도적들이 사면으로 횡행하야 영석장을 모셔갔다하니 저위 군대에서 저를 미안하게 생각하여 백여명 군대가 출동하였다.

이회영의 아들 이규창李圭昌과 그의 부인 정문경(쌍공 정이형의 딸)등은 김명섭 박사와의 면담에서 이은숙여사로부터 들을 이야기들을 다음과 같이 구술하고 있다.[61]

61 면담일시 · 장소: 2001년 11월 25일, 12월 1일, 12월 15일 · 국민문화연구소
1차: 2001. 11. 25(일) 장소: 국민문화연구소
참석자: 김명섭, 이규창, 정문경(구술자 부인), 이문창

김명섭: 선생님이 1913년 만주 통화현(通化縣) 삼원보(三源堡) 합니하(哈泥河)에서 나셨죠. 만주에서 태어나자 죽을 고비도 넘기셨잖아요. 마적단도 오고….

이규창: 그렇죠. 이게 마적단 때문에 이렇게 된 것 아냐(얼굴 입술부분을 손으로 가리키며)… 내가 그렇게 알아. 마적단 때문에 얼굴이 이렇게 된 거야.

구술자 부인(정문경): 밟혀서 죽을 뻔했대요. 5개월 된 아긴데. 어머님은 총 맞아서 왼손 피가 흐르고, 오른 손으로 댕기려니 마적단 발 밑으로 기어 가드래요. 밟혔으면 죽었지요. 어머님은 피를 흐리고 실신하셨다가 깨어나니까 어린애가 그렇게 되었다고… 도문인가 김규식 박사 누님이 병원을 하셨대. 그래 거기 가서 고치려 갔다구 그랬다구….

이규창: 아휴, 팔자가 그 모양이야…허허 그렇기 땜에 누가"왜놈한테 징역 12년을 살았으니까, 얼굴이 이렇게 된 거냐" 하는데 그건 아니고. 나는 모르거든, 나는 어려서 당했기 때문에 모르거든. 우리 어머니가 아니라구(그러셨다 – 면담자). 마적단 때문이라고…

이문창 : (어머니 이은숙 여사가 쓴–면담자) 『서간도 시종기』에 그 내용이 나오거든.

이규창: 그러니까 도리가 없다고… 참 팔자가. 아주 갓난아기에 그랬으니까. 생각하기에 따라 왜놈한테맞고 고문당해서 그런게 아니냐 하는데, 그런 건 아니고. 사실은 도둑놈들 땜에.

구술자 부인 : 마적단도 그냥 마적단이 아니고. 여기서(국내에서–면담자) 우리 집안에서 갔으니까 첨에는 왜놈 앞잡이로 왔으니까 재산도 많을 거이라고 오해를 해가지고. 그러니까 둘째 아주버니(이석영–필자)가 가서 얘기하니깐 다시 돌려주고 그랬더래요. 그때 달구지로 물건 싣고 가는 게 10리길은 되었드래요. 그러니 중국선 대단한 것 아니야. 그러니깐 이건 암만해도 왜놈 앞잡이 온 거니 재산도 많을 거라, 우리나라 독립군들이 무슨 재산이 있어 그리 싣고 갔겠어요. 그러니까 마적대들이 의심하고 습격한 거래요.

그때 둘째 아버님(이석영–면담자)이, 붙들려 간 이석영이 문답으로 했으니까, 그러니까 "아이구, 그럼 우리가 왜놈으로 싸우는 동지니까, 우리가 이래서 쓰겠느냐"하고 그 다음날 돌려주었대요.

그 다음부터 수월했나봐요. 어머님은 항상 그 얘기를 하시면서… 근데 그때 아버님은 안 계셨어. 저 양반이 1913년 3월생 이니까 한 5개월이 되었다니까. 한 음력 10월달 일거에요. 아버님(이회영-필자주)이 그때 블라디보스톡에서 한국으로 들어 오셨다는데. 어떤 책에는 직접 한국에 들어오셨다고 하고. 블라디보스톡에서 이상설 선생을 만나고 상해 들렀다가 국내로 들어오셨다고 들었거든, 어머님한테. 그게 수월하고. 그러니깐 아버님은 안 계시고. 둘째 아버님은 계시고,

5. 이석영과 백하 김대락

이석영은 이상룡의 처남인 김대락과도 일정한 연계가 있었던 것으로 보인다. 김대락의 본관은 의성義成, 자는 중언中彥, 호는 비서賁西이다. 만주에 들어가 백두산 기슭에 산다는 뜻에서 백하白下라는 별호別號를 사용하기도 했다. 1845년(헌종 11) 지금의 경상북도 안동시 임하면 천전리에서 우파愚坡 김진린金鎭麟의 장남으로 출생하였다.

김대락은 1845년 안동에서 세가 좋았던 천전川前: 내앞 마을에서 태어나 퇴계학맥을 계승한 정재 류치명의 문하에서 수학한 조부 김헌수, 숙부 김진기, 족숙 김흥락의 문하에서 성장하였다. 이들은 모두 안동의 대유학자였으며, 특히 김진기는 개항기 안동의 대표적인 위정척사 운동가였고, 서산 김흥락은 안동의 전기 의병을 지휘하였던 인물이다. 이렇게 김대락은 좋은 집안의 장자로서 집안의 대소사를 돌보며, 구학문으로 일가를 이루는 수구적 삶을 66년 동안 살아왔다. 그러나 그의 인생 여정 후반기는 변화의 시기였고, 지식인으로서 향당의 안정된 삶에만 안주할 수는 없었다. 변화의 바람은 가까이에서 불었다. 1907년 마을에 근대식 학교인 협동학교가 설립되었고, 상투를 자른 젊은 청년들이 모여들었다. 그리고 이들은 나라의 장래를 걱정하며 신학문의 필요성을 일관되게 주장하였다.

처음에는 이들을 강하게 비판하던 김대락은 1909년 초 노유老儒로서는 하

기 힘든 일대 전환의 길을 선택하였다. 그는 협동학교의 신교육이야말로 '시조지의時措之宜' '시중지도時中之道'라고 인식하기 시작했다. 그리고 그 깨달음은 곧 실천으로 연결되어 자신의 집을 협동학교 교실로 제공하고, 협동학교의 확장에 노력하였다. 그의 이러한 변화는 안동의 향중은 물론 영남에 새로운 바람을 불러일으켰다.

김대락은 1910년 나라가 멸망하자 또 한 번 고된 길을 선택하였다. 일가를 이끌고 만주 망명길을 선택한 것이다. 그의 만주 망명은 자정적自靖的 성격이 강한 망명길이었다. 일본이 지배하는 조선, 즉 도道가 무너진 세상으로부터 멀리 떠나 자정의 삶을 지향하겠다는 의리론적義理論的 대응이었다. 김대락은 망명 후 다시 한 번 사상적 진화를 보여주었다.

1911년 윤6월 12일에 작성한 신흥학교 「권유문」에서는 사상적으로 한층 진일보한 김대락의 인식을 읽을 수 있다. 서양의 문명과 새로운 조류에 대해 '사회진화론'에 입각하여 강자인 서양이 동양을 지배하는 것을 당연하게 받아들였다. 그러면서도 서양을 배우되 나라를 빼앗긴 특수한 상황에서 유가의 정신인 '사생취의捨生取義'의 도리 정신으로 국혼은 지켜야 한다는 유가儒家로서의 본질적 취지는 변함없이 고수하고 있었다.

이러한 성격은 1913년 「공리회 취지서」에도 일관되게 흐르고 있다. 김대락은 삼원포의 한인 단체였던 경학사가 무너지고, 갖가지 생활고로 어려운 처지에 놓인 삼원포 사회에 새로운 조직이 필요하다는 것을 절감하고 공리회를 조직하였다. 그런데 김대락이 지향했던 자치단체는 '도와 덕'이 중심이 된 유교적 이상 사회이면서 '새로운 자유와 평등'의 시대관이 담긴 대동 사회였다. 이것이 바로 김대락이 꿈꾸었던 '만주 망명 한인 사회'의 모습이었다. 이처럼 김대락은 만주 망명 후 줄곧 청년들에게 민족의식을 불어넣고, 이주 한인들의 안정된 정착을 위해 노력하다가, 1914년 12월 10일 삼원포 남산에서 사망하였다. 저서

로는『백하일기』가 있다.[62]

김대락의『백하일기』에 이석영관련 기록이 몇 개 보이고 있다.

1911년 5월 22일 맑음

이석영의 집에 가서 우황 2푼을 사왔다.

9월 13일 맑음

이석영, 張錫膺이 와서 점심을 먹었다.

11월 14일

이석영공 하고만 한참 동안 이야기를 나누다가 결국은 그것도 무료하여 그만두었다.

12월 14일

낮에 李石榮과 哲榮, 시영, 張道淳, 宋德奎가 와서 보았다.

1913년 10월 27일

듣자니, 哈密河의 이석영이 강도에게 붙잡혀 갔는데, 그 부인은 총에 맞아 죽을 뻔하였고, 그 집 일꾼은 또 머리뼈에 맞은 탄환을 뽑아냈다고 한다. 두렵고 두려운 일이다.

위의 백하일기 기록 속에 이석영과 김대락의 만남이 단편적으로 언급되고 있다. 이석영이 자신의 형제인 이철영, 이시영 그 외에 장석응, 장도순, 송덕규 등과 김대락을 방문하고 있다. 이석영과 함께 한 인물은 장석응, 장도순, 송덕규 등이다. 이들은 어떤 인물들일까?. 장도순은 신흥무관학교 교무를 담당한 인물이다.[63]

한편『백하일기』에 보면, 김대락이 이석영에게 우황을 구입하고 있다. 이석영

62 김대락에 대한 대표적인 연구로는 강윤정교수의 것들이 있다.
63『한민』3호 참고.

과 김대락은 서로 많은 대화를 나누었다.

맺음말 : 이석영의 향배와 이회영과 이석영 형제의 비극.

1) 따뜻한 인간 이석영

우당 이회영의 부인 이은숙이 홍역으로 고생할 때, 시숙인 이석영은 극진한 진료를 하며, 밤새 방 밖에서 지켜보고 있었다. 아울러 이석영은 이회영 부재시 만주에서 집안의 생계비와 이회영 집안을 돌보는 일들을 전담한 것으로 보인다.『서간도시종기』에서 이를 짐작해 볼 수 있다.

1) 계축년(1911년-필자) 10월 15일은 존구(尊舅)생신일이라. 큰댁에 가 虛拜하고, 16일은 셋째 시숙 생신아라 그날 지내고, 곧 둘째 댁을 다녀서 집으로 오려고 하니, 둘째 댁 영감께서 "추운데 어린 것 데리고 좀더 머물렀다 가라 "하시기에 그대로 머물렀다.

2) 세월이 여류하여 육신 못 쓴지 4,5삭이 되니 갑갑도 하고 슬프기도 하였다. 더욱이 내몸이 임의롭지 못하고 생활은 날로 어려워 둘째 댁에서 강냉이 몇 부대를 보내면 그걸로 지내 가니, 갖가지 답답한 말을 얼찌 다 적으리오.

3) 영석장 회갑이 을묘년(1915년)12월 초사흘인데 당신 아우님 被捉시에는 생신말 내지도 못하게 하시더니 아우님 무사히 나온 후에는 "이제는 내 회갑 차려라. 우당도 올 것이니, 차려 먹자"고 하시던 말씀 지금도 삼삼히 들리는 듯하다.
영감께서 생신이 임박할 무렵해서 매일 아우님 기다리시던 정을 어찌다 받드리오

4) (1916년) 나는 둘째 댁에서 규숙 남매를 데리고 홍역을 시키는데 나는 무슨 신수로 27세까지 홍역을 아니하다가 설상가상이라고 나마저 홍역을 하였다(중략) 거기에다 갖은 악질에 걸려서 둘째 댁 영감께서는 나 있는 방 밖에서 밤을 세우시며 증세를 보아가며 약을 쓰시면서 어찌나 염려를 하시었던지 나중에는 토혈까지 하시었으니, 어찌 죄송하지 않으리오,

2) 1918년 이석영의 상황과 그 이후

1910년대 신흥강습소를 설립하는데 크게 기여한 이석영의 1918년 당시 상황은 다음의 일본측 정보기록을 통해 짐작해 볼 수 있다. 특히 이 기록에서 주목되는 것은 이석영의 재산에 대한 일본측의 구체적인 기록이다.

> 자산으로는 현재 신흥학교 부지, 1천원 이외에, 토지 2,800원과 商金 등을 합해서 넉넉잡아 1만원이 있다

이석영이 독립투쟁에 쾌척한 재산이 어느 정도였는지는 명확하지 않다. 이덕일의 「근대를 말한다」(2012)에 의하면 6형제 일가의 전 재산을 정리해 마련한 자금이 40여만 원이었다. 이 40만원의 출처는 이규창의 「운명의 여신」 40쪽이다. 당시 쌀 1섬 가격이 3원 정도였던 사실에 비추어 현재가치가 대략 600억원이었다라고 한다.(황원섭논문) 이와 비교하면 1918년 당시의 이석영의 재산은 1만원 정도이므로 크게 축소되었다고 할 수 있을 것이다.

아울러 이 기록에 따르면, 이석영은 재산이 점차 줄어 생계를 유지하기 위해 기름장수와 곡식매매업을 한 것으로 되어 있다. 아울러 1919년 봄 건강상의 이유(류미치스, 천식 등)로 산간벽지를 떠나 심양 등지로 이동할 계획을 세우고 있었다.[64]

64 不逞團關係雜件-朝鮮人의 部-在滿洲의 部 8, 문서제목 鴨綠江方面 支那領 情況彙報, 발신일 1919년 2월 01일. 압록강방면 중국령정황휘보, 이시영일족의 동정에 관한 건(첩보). 통화 동궐거주 이경식은 1918년 12월 23일 합니하 신흥학교 제5회 졸업식에 참석한 다음, 이시영의 형 이석영 등을 방문하고 견눈한 것을 첩자에게 전달한 것은 다음과 같다. 이시영은 현재 북경 방면에 거주하고 있다는 것은 사실인 것 같으나, 어느 곳인지는 불명이다. 합니하의 李家는 이시영의 두 번째 형인 이석영이 주재하고 있다. 이시영의 큰형(이건영-필자주)과 3째형(이철영?)과 마지막 동생(이호영?, 신흥학교 회계계)은 함께 거주하고 있으면서 油房과 곡물매매를 경영하고 있다. 이석영은 60여 세의 고령인데다가 류마치스와 천식으로 고생하고 있는데, 오래 동안 산간벽지에 있는 것을 바라지 않아, 내년(1919년-필자주) 봄 봉천 또는 봉황성 방면 및 산해관 이남의 적당한 곳을 선택하여 이전할 심산이다. 자산으로는 현재 신흥학교 부지, 1천원 이외에, 토지 2,800원과 商金 등을 합해서 넉넉잡아 1만원이 있다. 이시영의 동생 李夏

「연계여유일기(燕薊旅遊日記)」는 음력 1920년 12월 20일부터 1921년 4월 27일까지의 기록인데, 이상룡이 북경 군사통일회의에 참석하기 위해 북경을 여행하면서 쓴 여행 일기이다. 여기에 이상룡이 상해로 가는 길에 심양의 이석영을 만난 기록이 보인다. 이를 보면 다음과 같다.

▧ 연계여유일기燕薊旅遊日記

내가 만주에 우거한 지 10여 년이 되는데 그 동안 문을 닫고 집안에만 거처하느라 발길이 닿은 곳은 안도와 관전·환인·통화·유하·해성·훈춘·반석·화전의 9현이 고작이다. 산천과 인물, 성시城市와 누관의 승경에 이르러서는 요녕성遼寧省 심양瀋陽과 길림성吉林省 장춘長春 같은 곳조차 한 번도 유람한 적이 없었다. 북경은 더구나 이곳 중국의 수도이다. 멀리는 계주와 연경[薊燕], 가까이는 요나라·금나라·명나라·청나라의 황제가 있던 서울로 지극히 번화한 곳이라 더욱 눈을 상쾌히 하고 흉중을 시원하게 열어주기에 충분한 곳이다. 그러나 다만 이역 땅에 곤궁히 우거한 처지에 스스로 관광에 나설 자료가 모자라니, 한갓 앉은뱅이의 꿈만 수고롭게 꾸어 온 지가 여러 해였다.
경신庚申(1920) 섣달 보름에 성준용成駿用 군이 연경에서 돌아와 군사통일촉성회軍事統一促成會의 취지를 전하였다. 거기다 우당友堂 이회영李會榮과 우성又醒 박용만朴容滿의 의사를 전하는데, 여비를 보내며 초청하는 뜻[具盤纏要速]이 매우 간절하다. 이때는 서북간도西北間島의 적경이 아직 사그라지지 않아 길림과 화전 사이에 적의 주구猘狗가 득실거릴 때다. 내가 또한 성명이 일반에 드러난 상태요, 수염과 외모가 남과 유달라 집안에서도 편안히 코를 골며 잘 수가 없는 상황이었다. 식구와 아이들이 자주 피신하기를 권하는데다 각 단체의 통합은 또한 내가 일찍이 힘을 기울이던 일이었다. 이에 북경을 유람해 볼 계획을 세운다.(중략)
1921년 정월 7일우당友堂(이회영의 호)과 우성이 연경으로부터 어서 출발하라는 편지를 보내오다(.『국역석주유고』)

榮(이회영-필자주)은 현재 京城에 있고, 이시영은 형제 중 이회영을 가장 신용하므로, 일이 있을 때에는 이회영과 상당하여 결정한다. 그러므로 이씨일가 이주당시는 재만선인의 패자를 꿈꾸고, 교육사업 또는 배일사업 또는 有志의 원조 등에 아낌없이 금전을 투자한 것과 달리 지금은 궁핍하게 되어, 최근에 이르러서는 전전으로 사업에 냉담해졌고, 다만 실업방면에 노력하기에 이르렀다.

위의 기록을 통하여 이회영과 이상룡이 가까운 관계임을 짐작해 볼수 있다. 아울러 북경으로 향하는 길에 이상룡은 심양에 있는 이석영의 집에 가서 숙박할 정도로 동지적 관계였음을 아래의 기록을 통하여도 살펴볼 수 있다.

> 10일동틀 무렵 봉천에 내려서 인력거를 불러 영석永石 이석영李錫榮을 방문하였다. 이별한 후에 어떻게 지내는지 대략 묻고 이틀 밤을 잠을 자지 못한 관계로 심신이 고단하여 침구를 달라 하여 눈을 붙였다. 잠깐 사이에 해가 저물었다. 영석의 아우 의당毅堂 이철영李哲榮이 그 백씨 건영建榮과 함께 찾아와 오랜 회포를 풀었다. 저녁 후에 소서문小西門에 나가서 중국의 경봉선京奉線 기차를 탔는데, 기차의 속도가 빨라 시간이 얼마 걸리지도 않아 신민둔新民屯에 도착하였다. 일찍이 박연암朴燕巖(연암은 박지원의 호)의 『열하일기熱河日記』를 보니 이런 대목이 있었다. "왕상령王祥嶺 아래 작은 샘이 있었다. 우리나라 사신이 연경으로 갈 때 그 곁에 유숙하니, 샘물이 일행을 위해 저절로 솟아나는데, 물맛이 달고 훌륭하였다. 회로에 들러보니 여태 차고 넘는 모습이 그대로였다. 일행이 그 샘에서 갈증을 풀고 막 그곳을 지나가자마자 곧바로 말랐다. 중국인들이 그것을 기이하게 여겨 고려정高麗井이라고 불렀다." 소위 왕상령은 아마도 봉천과 신민둔 사이에 있을 것이나, 밤차에 초행이라 물어서 찾을 길이 없으니 안타까울 뿐이다.(『국역석주유고』)

3) 두 형제의 비극: 이석영과 이회영

이회영의 아들 이규창과 그의 부인 정문경(쌍공 정이형의 딸)등은 강남대 김명섭박사와의 면담에서 이은숙여사로부터 들을 이야기들을 다음과 같이 구술하고 있다.[65] 이석영의 아들 이규서가 이회영을 밀고하여 죽음에 이르게 하였던 것이다.

> 구술자 부인(정문경) : 제가 들은 얘기 대강 말씀드릴께요.

65 면담일시·장소: 2001년 11월 25일, 12월 1일, 12월 15일·국민문화연구소.
1차 : 2001. 11. 25 (일) 장소: 국민문화연구소.
참석자: 김명섭, 이규창, 정문경(구술자 부인), 이문창.

둘째 아버님(이석영-필자주) 아들 있잖아요. 태공이(太公), 관명이 규서(圭瑞). 근데 둘째 아버님은 재산을 많이 가지고 계셨잖아. 형님은 블라디보스톡으로 가고….근데 그 양반이 2-3살 많은가 봐요.

하루는 저 양반이(이규창-필자주) 구덩이를 파더래요. 식구들이 많잖아요. 그래서 "계백아 계백아, 땅은 왜 파니"하니까, "여기에다 태공이 묻으려고 한다"고 하니 모두 놀래 가지고…. 둘째 아버님(이석영-필자주)한테 얘기했을 것 아냐. 둘째 아버님한테 그 애는 기가 막히게 귀하게 여긴 아들이니까. 그래 이 양반 불려가서 매를 호되게 맞았대요.

"왜 묻으려고 하니"물었더니, 그때 서간도에는 쌀밥이 없잖아요. 독립군들이 가서 개간해서 농사를 지어야 쌀이 생기지. 메 수수, 좁쌀, 옥수수 그런 것밖에 없고 쌀 농사를 지을지 몰라서 쌀이 없대요. 둘째 아버님(이석영-필자주) 진지상에는 흰쌀밥이 있고, 태공이는 귀한 아들이니까 갖다 먹고. 저 양반은 먹고 싶은데 하나도 없으니 "너는 먹고 나는 안 주느냐" 어려서부터 원한이 생기니까, 갖다 묻는다고 그랬다고. 어머님이 항상 얘기했어요. '하얀밥 하야밥' 이라 했어요. 그때 어리니까 쌀밥을 먹고 싶은데, 항상 옥수수 아니면 애들이 먹기 힘들죠. 어머님이 "그랬단다" 하시고, 말하시길 "근데 그 녀석이 끝내 우리한테 해를 끼쳤단다"고 하시더라구요.

이문창 : 그럼 둘째 아주버님(이석영-필자주) 자제 분이 몇 있으셨어요 ?

구술자 부인 : 형제분이에요. 규서, 그 위에 규준[66]. 그 양반은 독립운동 다물단(多勿團). 둘째만은 너무 보호해서 키웠는지, 나중에 북경 가서 마약을 먹었어요. 그래서 상해가서 거류민단장(이용로-면담자)에 가서 포섭되어 돈을 받아서 아버님 가시는 거 밀고했잖아요. 그러니까 구덩이 묻는다더니, 그게 이상하게 되었지요. 의미가 이상하게 되었지요, 허허…

김명섭: 규서가 위입니까? 선생님보다…

구술자 부인 : 나이가 위지요. 그러구 인물도 잘 생겼대요. 해공(신익희)선생 형수님 딸 옥순이라구요. 그 댁에서는 태공이 그렇게 된 것을 별로 안 좋아하거든요. 이 양반이 밀고해서 당했다고 착각을 해서 그런지 안 좋아해요. "우리오빠 참 잘 났다구"요. 끝내는 가서 좋지 않게 되었지요.

근데 해몽을 하는데, 저 양반이 김성수(김지강-면담자)씨 하고 정화암 선생하고 가서 얘기를 하면서, 규서 그 양반을 유인해서 오게, 유자명 선생이 있는 입달학원, 거기가 언덕이 있는 공원이 사람이 안 다니는가 봐요. 그리로 오라고, 안내해주고

66 신흥교우보 2호에는 이규준의 글 〈秋夜講武有感〉이 실려 있다.

왔대요. 사실인지 아닌지 모르잖아요. 직접 보지 못했으니.
근데 그 날밤 꿈을 꾸니까 그 양반(태공-면담자)이 꿈에 나와 가지고 "규호야, 내가 참 잘 못했다" 머리를 산발하고 왔드래요. 몸이 오싹해서. 꿈에 나오고 보니 "진짜 당했구나, 진짜 형이 그랬구나".
그 이튿날 다들 만났을 거 아니에요. 이 양반이 제일 어리고 다들 선생님들이니까. 말씀은 다들 안 하셔도 표정을 보면 다 알거 아니에요. "아이구 이거 당했구나". 둘째 아버님(이석영-필자주)이 "너하고 같이 나갔는데 없어졌다, 행방불명됐다"고. 그러니깐 둘째 아버님도 무어라 말씀할 수 없으셨지. 어떻게 할 도리가 없지 뭐. 결과는 그렇게 되었으니.
근데 아버님(이회영)이 그냥 (만주로) 떠났어야 하는데, 둘째 아버님 뵈러 갔다가… 둘째 아버님한테 태공이는 귀한 아들이니까, 항상 곁에다 두었으니… 이 양반 (당시 상해)거류민단장 이용로 있잖아, 그 앞잡이 돈을 쓰니깐 뭐든지 정보를 가서 일러야 돈을 받을 것 아냐, 마약 먹어야 하니까 돈이 많이 필요했을 거야. 엄항섭씨 처남 그 양반하고 둘이 같이 다녔대요. 둘이 다 당했거든요. 혼자도 아니고. 그러니까 아버님이 (만주로) 가신다고 하니까 그걸 금방 찌른거야, 이용로한테. 아버님이 상해 부두 떠나실 때 아무도 알리지 않고 그냥 떠났어야 하는데. 혼자 떠나셨는데, 어떻게 아느냐, 둘째 아버님한테 인사하고 떠난 거, 단서는 그것밖에 남을 데가 없으니.
이 양반(이구창-필자주) 부두에서 엎드려 아버님한테 하직 인사하고 오는데 기가 막히더래요. 그때가 아마 1932년 겨울이지요. 19살쯤 되었겠네요.

2. 독립군 연락소 객주 : 임면수

머리말

필동 임면수林冕洙는 구한말 수원지역의 대표적인 계몽운동가였다. 근대학교인 삼일학교(三一學校)의 설립자 중의 1인으로 학교 교육에 매진하는 한편, 수원지역 국채보상운동을 주도하였을 뿐만 아니라, 기호흥학회 수원지부 평의원으로도 활동하였던 것이다. 그러나 조국이 점차 일제에 침탈당하자 그의 국권회복에 대한 의지는 수원지역사회에 한정되지 않았다. 그는 좀 더 큰 꿈을 갖고,좀 더 많은 사람들을 바탕으로 조국을 구하기 위하여 자신의 활동지역을 서울로 이동하게 하였다. 그의 발걸음이 자신의 신앙의 중심축인 서울의 상동교회와 상동청년학원으로 옮기게 된 것은 그의 성향으로 보아 자연스러운 귀결이라고 할 수 있다.

상동청년학원에서의 공부와 활동은 필동 임면수에게 있어서는 큰 변화였다. 전덕기목사를 통하여 그리고 이동휘, 이회영 등 상동교회와 상동청년학원을 중심으로 움직이는 수많은 지사들과의 만남은 그의 항일운동의 반경을 수원, 경기도를 벗어나 전국, 나가가 해외로 눈을 돌리게 하였던 것이다. 특히 임면수는 상동교회를 통하여 그의 신앙심은 더욱 굳어졌고, 그의 민족의식은 더욱 단단해지고, 민족운동은 더욱 치열하게 전개되게 되었던 것이다.

1910년 일제에 의해 조선이 강점되자 독립운동기지 건설을 위하여 1911년 2월 만주 서간도 환인현(桓仁縣) 횡도천(橫道川)[1]으로 망명하였다. 그의 이러한 계획은 상동청년학원에서 함께 한 동지들이 만든 신민회의 해외독립운동기지 건설의 일환으로 이루어졌을 것으로 보인다.

만주로 망명한 임면수는 1910년대 경학사, 부민단 등에서 활동하였다. 그의 경학사에서의 활동 기록은 별로 나타나고 있다. 다만 경학사가 해체된 이후 부민단에서의 활동, 특히 1916년도 활동이 일본측 기록에서 집중적으로 보이고 있다. 이들 자료들을 바탕으로볼 때, 만주지역에서의 임면수의 활동은 지역적으로는 통화현을 중심으로 교육활동, 객주업을 통한 독립군의 상호연락 및 지원활동, 결사대 활동 등으로 나누어 볼 수 있을 것 같다. 즉, 임면수는 통화현 합니하에 개교한 제2의 신흥무관학교인 양성중학교(養成中學校) 교장으로서 독립군 양성에 기여하였다. 1910년대 중반에는 객주업을 하면서, 부민단의 결사대에 속하여 활동하였다. 3·1운동에도 임면수는 결사대 활동을 전개하는 한편 일제의 간도출병으로 독립운동이 위축되자, 통화현에서 해룡현海龍縣으로 근거지를 옮겨 항일투쟁을 전개하다 일제에 의해 체포 투옥되었다.

지금까지 임면수에 대한 연구는 필자에 의하여 처음으로 개척적으로 진행되었다.[2] 임면수에 대한 기초적인 인적사항과 구한말 수원지역을 중심으로 계몽운동, 1910년대 만주에서의 항일운동 등이 그것이다. 본고에서는 이를 바탕으로 만주지역에서의 임면수의 활동을 보다 깊이 있게 다루어 보고자 한다. 특히 기존의 논고에서 임면수에만 초점을 맞추어 살펴봄으로써 임면수를 지나치게 미시적으로 살펴본 장단점이 있었다. 이에 본고에서는 만주지역 한인 독립운동이라는 전체적인 시각에서 임면수의 독립운동을 그의 주변 상황과, 그의 동지들과 더불어 함께 파악하면서 검토해 보고자 한다. 이를 통하여 임

1 懷仁縣 恒道川, 회인현 興道川으로도 불리웠다.
2 박환, 「필동 임면수의 민족운동」, 『수원역사문화연구』 3, 2013.

면수의 역사적 위상을 보다 객관적으로 밝혀 볼 수 있지 않을까 한다.

1. 만주로의 망명 배경: 상동청년학원에서의 민족의식 확대와 동지들과의 교류

상동청년학원은 1905년 상동교회에서 설립해서, 운영한 중등부 과정의 교육기관이다. 상동교회 전덕기목사는[3] 초등교육기관인 공옥여학교와 공옥남학교 외에 중등부 과정의 청년학원을 설립하였다. 1904년 10월 미국교포 강천명姜天命이라는 사람이 그 때 돈 5원을 교육사업에 써달라고 부쳐옴으로써 학교 설립이 이루어졌다. 학교가 개학한 때는 1905년이었다. 전덕기 목사는 이 청년학원을 통하여 구국운동에 헌신할 인재를 양성하고 투철한 민족정신을 키워주기 위하여 신앙교육과 함께 다양한 교육을 실시하였다. 교육내용은 한글보급운동·국사강의·외국어강의·군사훈련·신문화 수용과 전파·지도자의 자기 수양(종교훈련) 등을 가르쳤다.

상동청년학원을 통한 한글보급운동은 주시경周時經을 중심으로 활발히 전개되었다. 주시경은 1907년 7월 1일부터 상동 청년학원 학생들을 대상으로 여름방학을 이용하여 하기 국어강습회를 열어 국문법을 교수하였다. 그 교수 내용을 보면, 음학音學·자분학字分學·격분학格分學·도해학圖解學·변성학變性學·실용연습의 6과를 교수하였다. 또한 매주 일요일마다 주일예배 후 오후 2시부터 2시간 정도 정기적으로 상동청년학원 내에서 국어의 중요성과 과학성을 강조하며 가르쳤다. 1907년 11월부터 1909년 12월까지 상동청년학원 안에 국어야학과를 설치하고 국어문법을 가르쳤다. 또한 한국사와 한국지리, 그리고 교련시간을 강화하여 학생들에게 민족의식과 역사의식을 고취시켜 독립정신을 함

3 한규무, 「전덕기의 애국계몽운동」, 『나라사랑』 97, 외솔회, 1998.

양하는데 주력하였다. 특히 교련시간에 학생들은 목총을 메고 군가를 부르며 북소리에 맞추어 행진하였다고 한다.[4]

임면수의 상동청년학원에서의 공부에 대한 기록은 만주에서 독립운동을 전개한 허영백許英伯장로가[5] 작성한 임면수의 비문에 있다. 비문을 보면 다음과 같다.

> 당시 구한말 선생은 뜻한 바 있어, 수원에서 서울로 상경하였다. 상동감리교회 안에 설립되어 있는 청년학원에서 영어와 일어와 측량을 공부하면서 기독교에 입교하였다. 상동청년학원은 상동교회의 담임목사 전덕기 목사가 설립하였다. 당시 이곳은 기독교 중견인물들의 집합소이며 애국자들의 총 집합소였다. 임면수는 서울에 유학하면서 교회와 독립협회가 주최하는 강연회니 토론회니 정부탄핵 연설장이니 강습회니 빠짐없이 따라다니며 식견을 넓히고 인격 향상에도 노력하였다. 특히 강화에서 사학을 30여처나 설립하고 독립교육에 매진하고 있는 이동휘씨의 감화를 많이 받았다. 그리하여 선생은 국가민족의 항로를 계몽하고 선도하는 지침이 오직 교육부터라는 것을 절감하고 행리로 돌아와 신교육을 개척하고자 하였다.[6]

임면수가 감리교 계통의 기독교인이었던 점, 신민회의 일환으로 추진된 만주 독립운동기지 건설 계획에 따라 이주한 점, 만주에서 상동청년학원 관계자들과 함께 활동한 점 등을 통해 볼 때 임면수가 상동청년학원에서 공부하였을 가능성은 큰 것으로 보인다,

1905년 화성학교를 졸업한 임면수는 국권회복에 관심을 갖고 서울로 상경

4 이명화, 「상동청년학원」, 『한국독립운동사사전』, 독립기념관, 2004; 이승만, 「샹동청년회의 학교를 셜시홈」, 『신학월보』, 1904. 11; 송길섭, 『민족운동의 선구자 전덕기 목사』(상동교회 역사편찬위원회, 1979); 기독교 대한감리회 상동교회, 『상동교회일백년사』(1988); 한규무, 「상동청년회에 대한 연구」, 『역사학보』 126, 1990; 한규무, 「1900년대 서울지역 민족운동 동향」, 『한국민족운동사연구』 19, 1998.

5 『이강일기』(독립기념관 소장)에 허영백 장로에 대한 기록이 다수 등장하고 있다. 허영백은 1920년대 초 서간도지역에서 활동하였다.

6 『삼일학원65년사』, 삼일학원, 1968, 79~80쪽.

하여 상동청년학원에 다닌 것 같다. 이것은 임면수의 생애에 있어서 가장 큰 변화를 가져오는 계기가 된 것이 아닌가 한다. 특히 감리교 기독교 신자였던 그에게 있어서 상동청년학원은 큰 자극제가 되었던 것이다. 또한 기독교인이며 민족주의자였던 이동휘李東輝는 그의 민족의식형성과 활동에 큰 감동을 주었던 것으로 보인다.

이동휘는 주지하는 바와 같이, 함남 단천端川사람으로기독교인으로서 계몽운동가였다. 그는 아전 이승교李承橋의 아들로 1891년경 18세때 군수의 시중을 드는 통인通人으로 있다가 상경하여 1895년 한성무관학교漢城武官學校에 입학·수학한 뒤 육군 참령參領까지 진급하였으며, 1902년부터는 강화도江華島 진위대장鎭衛隊長으로 활동하였다. 1906년 계몽운동에 투신하기 위해 군직軍職을 사임한 뒤, 강화도에 보창학교普昌學校를 설립하는 한편, 대한자강회大韓自强會의 결성에도 관여하는 등 민족주의 교육과 구국계몽운동에 적극 노력하였다. 1907년 광무황제의 강제 퇴위와 군대의 해산으로 대한제국이 준식민지화하자, 군동지였던 연기우延基羽·김동수金東洙 등과 함께 강화도에서 의병을 일으켜 투쟁할 것을 모의하였으나, 광무항제의 해아밀사건海牙密事件에 관련된 혐의로 일경에 피체·유배되어 옥고를 치르던 중 미국인 선교사 벙커의 주선으로 그 해 10월 석방되었다. 석방 후 1908년 1월경 서북학회西北學會를 창립하는데 참여하는 한편, 이동녕李東寧·안창호安昌浩·양기탁梁起鐸·이갑李甲 등과 더불어 비밀결사 신민회新民會를 조직하여 계몽운동과 항일투쟁을 전개하던 인물이었다.[7]

1907년 4월에 창립된 비밀결사 신민회에 청년회 출신자들이 발기인으로 참여하여 신민회의 주요 인적 기반이 되어 새로운 활동을 모색하였다. 엄격한 회원 자격 심사를 거쳤던 신민회에 청년회원인 이동녕·이동휘·전덕기·김진호·김창

7 반병률, 『성재 이동휘일대기』, 범우사, 1998.

환·여준·이관직·이시영·이준·이필주·이회영·정재관·조성환 등이 참가하고 있음을 볼 때 당시 상동청년회원들의 신임과 명망을 엿보게 한다. 일제의 탄압이 강화되자 상동청년회원 중에는 국내에서의 항일 투쟁의 한계를 느끼고 미주·만주·노령 등지로 이주하는 이들이 많았다. 1904년 무렵에는 박용만과 이승만은 미주로, 1906년 이상설·이동녕·정순만 등은 북간도 용정에 국외 최초의 민족주의교육학교인 서전서숙을 운영하였고, 그후 우덕순·김희간·이동녕·이상설·정순만 등은 러시아 블라디보스토크로 가서 민족운동을 전개하였다.

1911년 김창환·여준·이관직·이동녕·이시영·이회영 등은 서간도西間島로 이주하여 삼원보三源堡의 독립운동기지인 경학사耕學社와 사관양성소인 신흥강습소新興講習所를 설립하였으며, 정재관과 이동휘·장지영 등은 북간도 최대의 민족교육학교인 명동학교의 운영에도 참여하였다. 이처럼 상동청년회 인물들은 국외로 망명하여 독립운동 기지를 개척하고 각 교민 이주사회에 독립운동 단체를 결집하고 민족의식을 고취시키는 큰 역할을 하였다. 1910년 강제병합이 이루어지고 일제에 의해 '105인 사건'이 조작되어 애국지사들에 대한 대대적인 검거가 이루어졌을 때, 신민회에 가담하여 활동 중이었던 상동청년회 출신자들도 큰 고통을 치루었다.

2. 만주로의 망명

1) 피눈물로 고향 산천 수원을 떠나 만주 환인현 횡도천으로

을사보호조약이 체결된 이후, 일제의 침략이 더욱 노골화하던 1907년, 서울에서 안창호·양기탁·이회영 등을 중심으로 신민회라는 비밀 결사단체가 조직되었다. 이 단체에서는 1909년 봄에 일제에 의하여 한국의 멸망이 거의 확실시되자 국내에서의 민족 운동은 거의 불가능하다고 판단하였다. 그러므로 서울 양기탁의 집에서 이동녕·주진수·안태국·김구 등이 참석한 가운데 비밀 간부 회의를 개최하고 해외에 독립 기지를 건설할 것과 군관 학교를 설치할 것에 대하여 의논하게 되었다. 그 결과 서간도 지역의 한 지점을 택하여 그 지역에 동지들을 이주시키고 무관학교를 설립해서 독립군을 양성하기로 결의하였다.

임면수는 1910년 일제에 의해 조선이 강점되자 이 소식을 듣고 아연 질색하여 애통한 나머지 서울로 올라와 비밀히 신민회에 가입하고 양기탁씨 집에서 열리는 구국운동회의에 참여하여 신민회의 공결公決과 지시에 따라 모국을 떠나 만주에서 독립군을 양성하고자 하였다. 이에 그는 삼일학교를 나홍석羅弘錫에게 위탁하였다. 임면수는 극비리에 가족을 이끌고 1911년 2월 봉천성 환인현 횡도촌으로 망명하여 그곳에서 독립운동을 시작하였다.[8]

1911년 2월 추위가 아직 다 가시지 않은 늦겨울에 임면수는 부인 전현석과 함께 만주로 망명하였다. 수원에서 기차를 타고 신의주로, 신의주에서 다시 기차를 타고 단동으로 또는 신의주에서 하차하여 몰래 안동으로 건너갔을 것이다. 1910년 겨울에 만주로 망명한 우당 이회영의 부인 이은숙李恩淑은 당시 상황을 자신의 회고기, 『민족운동가 아내의 수기-서간도 시종기』(정음사, 1979)에서[9] 다음과 같이 기록하고 있다.

> (1910년) 8월 晦初間에 回還하여 여러 형제들이 일시에 합력하여 만주로 갈 준비를 하였다. 비밀리에 전답과 가옥, 부동산을 放賣하는데, 여러집을 일시에 방매를 하느라 이 얼마나 極難하리오. 그때만 해도 여러형제 집이 예전 대가의 범절로 남종여비가 무수하고 君臣座席이 분명한 시대였다. 한 집안 부동산 가옥을 방매해도 소문이 지자하고 下屬의 입을 막을 수 없는데다 한편 조사는 심했다. (중략) 팔도에 있는 동지들께 연락하여 1차로 가는 분들을 차차로 보냈다. 신의주에 연락기관을

8 허영백, 『광복선열 고 필동김면수선생약사』, 1963년 2월 25일.

9 다음의 책도 이와 관련하여 참조된다. 구술 허은, 기록 변창애, 『아직도 내 귀엔 서간도 바람 소리가』, 민족문제연구소, 2010.

정하여 타인보기에는 주막으로 행인에게 밥도 팔고 술도 팔았다. 우리 동지는 서울에서 오전 8시에 떠나서 오후 9시에 신의주에 도착, 그 집에 몇시간 머물렀다가 압록강을 건넜다.
국경이라 경찰의 경비 , 철통같이 엄숙하지만, 새벽 3시쯤은 안심하는 때다. 중국 노동자가 江氷에서 사람을 태워가는 썰매를 타면, 약 2시간만에 안동현에 도착한다. 그러면 이동녕씨 매부 이성구씨가 마중나와 처소로 간다. 안동현에는 우당장(우당 이회영-필자주)이 방을 여러군데 , 여러동지들 유숙할 곳을 정하여 놓고 국경만 넘어가면 준비한 집으로 가 있게 하였다.

위에서 보는 바와 같이, 임면수도 수원에서 재산을 처분하고, 수원에서 기차를 타고, 신의주로, 신의주에서 다시 압록강을 건너 안동현으로 이동하였을 것이다. 그때 압록강을 건너 나라를 떠나는 임면수지사의 마음이 오직하였겠는가. 서울의 우당 이회영,[10] 안동의 석주 이상룡,[11] 백하 김대락[12] 등 여러 동지들은 여러 일가친척들이 함께 이동을 하였지만, 필동 임면수는 부인 전현석과 더불어 홀연히 고향 산천 수원을 떠나 만주 대륙으로 향하였던 것이다.

압록강을 건너 안동현으로 이동한 임면수는 횡도천으로 향하였다. 이곳이 우당 이회영 등 신민회계열이 임시 거처로 정한 곳이였기 때문이 아닌가 한다. 이은숙의 기록을 다시 보기로 하자.

임시로 정한 횡도천으로 향하였다(중략). 안동현에서 횡도천은 500라가 넘는지라 . 입춘이 지났어도 만주 추위는 조선 大小寒 추위 比 치도 못하는 추위이다. 노소없이 추위를 참고 새벽 4시만 되면, 각각 정한 車主는 길을 재촉해 떠난다. 채찍을 들고 〈어허!〉소리 하면 여러 말들이 고개를 치켜들고 〈으흥!〉소리를 하며 살같이 뛴다. (중략) 갈수록 첩첩산중에 천봉만학은 하늘에 닿을 것 같고, 기암괴석 봉봉의 칼날

10 박환, 「이회영과 그의 민족운동」, 『만주한인민족운동사연구』, 일조각, 1991.
11 안동독립기념관편, 『국역 석주유고』, 2008.
12 안동독립운동기념관편, 『국역 백하일기』, 2011. 백하 김대락의 경우 1911년 1월 6일 서울을 출발하여 임면수와 마찬가지로 신의주, 안동, 항도천, 삼원포로 향하였던 것이다.

> 같은 사이에 쌓이고 쌓인 白雪이 은세계를 이루었다. 험준한 준령이 아니면 강판 얼음이 바위같이 깔린 데를 마차가 어찌나 기차같이 빠른지, 그중에 채찍을 치면 더욱 화살같이 간다.

이은숙의 기록을 통하여 당시 안동현에 도착한 임면수 부부가 환인현 횡도천으로 이동해 가는 모습을 상상해 볼 수 있다. 산천을 보며, 추위를 느끼며, 자신의 미래에 대하여 여러 것을 고민해 보았을 것이다. 또한 망설임도 계속되었을 것이다. 이은숙은 안동현에서 7-8일만에 횡도천에 도착하였음을 다음과 같이 술회하고 있다.

> 7-8일만에 횡도천에 도착하여 柴糧은 넉넉하나, 5간 房子에 60명 권속이 한데모여 나라다 큰 잔치집 같이 수런수런 愁亂하게 몇일을 지냈다.

횡도천은 멀리 고구려의 수도였던 졸본성이 바라 보이는 곳이다. 졸본성의 웅장함을 바라보며 임면수는 옛 영광을 새롭게 부활시킬 것을 굳게 다짐하였을 것이다. 횡도천은 고구려의 옛 터였을 뿐만 아니라, 환인현성에서도 멀리 떨어지지 않아 교통이 편리한 곳이다. 다만 계곡은 깊지만, 넓지 않아 독립운동가들 다수가 정착하기에는 그리 좋은 곳은 아니라고 판단된다.

1999년에 횡도천을 답사한 박환교수는 그의 저서 『만주지역 항일독립운동 답사기』(국학자료원, 2001) 351쪽에서 다음과 같이 서술하고 있다.

> 횡도천은 지도상에 나타나지 않아 환인현 현성에 들어와 물어물어 갈 수밖에 없었다.(중략) 횡도천까지는 험한 높은 산길의 연속으로 환인현성에서 2km정도 떨어져 있었다. 鳳鳴山의 新嶺 고개를 거쳐 산으로 40분 정도가니 첩첩 산중 속에 횡도촌이 나타났다. 산골짜기 아래 있는 마을로 지금은 일부 한족마을 50호 정도만 남아있고, 모두 환인저수지(일면 훈강저수지)에 잠겨 있었다. 이 저수지는 지금부터 30-40년전에 생겼으며, 당시 전체 500-600호 정도 중에 우리 동포 100호 정도

가 살았다고 한다.

이곳 횡도천에는 독립운동가들이 다수 거주한 것으로 보인다. 강화도의 학자 李建昇 등도 있었다. 이건승은 1910년 12월 1일 압록강를 건너, 12월 7일부터 이곳에 우거하였다.[13] 1911년 5월에 망명 온 朴殷植도 1912년 3월까지 대종교 3대교주가 되는 尹世復의 집에 거처하였다.[14] 윤세복은 1911년 음력 2월 만주로 망명하여, 동년 음력 5월에 환인현에 동창학교를 설립하여 민족의식 고취에 기여하였다.[15] 그리고 경북 안동의 석주 이상룡도 도착하였다.[16]

2) 유하현 삼원포로의 이동과 정착

만주로 망명한 임면수 역시 우당 이회영 등 동지들과 함께 행동하였을 것으로 보인다. 우당 이회영 등 신민회 동지들은 무관학교를 설립하고 군사를 양성하기 위하여 유하현으로 이동하였을 것으로 보인다. 우당 이회영은 1911년 1월 28일 유하현으로 향하였다. 이 부분에 대하여 이은숙은 다음과 같이 구술하고 있다.

> 유하현은 5,6백리나 되는데, 2월 초순에 도착하였다. 鄒之家라는 데는 추가성이 여러 대를 살아서 그곳 지명이 추지가라 하는 곳으로, 가서 3간방을 얻어 두집 권속이 머물렀다. 이곳은 첩첩산중에 농사는 강냉이와 좁쌀, 두태고, 쌀은 2, 3백리 나가 사오는데 제사에나 진미를 짓는다. 어찌 쌀이 귀한지 아이들이 저희들이 이름짓기를, 〈좋다밥〉이라고 하더라.[17]

---

13 이은영, 『20세기 초 유교지식인의 망명과 한문학-서간도 망명을 중심으로』, 2012년 성균관대학교 한문학과 박사학위 청구논문, 18~19쪽.
14 이은영, 앞의 논문, 237쪽.
15 조준희, 「단애 윤세복의 민족학교 설립 일고찰」, 『선도문화』 8, 2010, 99쪽.
16 정병석, 「일제 강점기 경북 유림의 만주 망명일기에 보이는 현실인식과 대응-백하일기와 서사록을 중심으로」, 『민족문화논총』 58, 2014, 99쪽.
17 이은숙, 위의 책, 20쪽.

한편 경북 안동의 석주 이상룡, 그의 처남 안동의 김대략 등도 앞을 다투어 그곳에 도착하엿다. 김대락의 경우 1911년 4월 10일에 도착한 것으로 기록되고 있다.[18]

1911년 봄에 만주 유하현 삼원포 추가가에서 자치기관으로서 경학사를 만들고,[19] 독립군을 양성하기 위하야 1911년 6월에[20] 농가 2칸을 빌어서[21] 신흥강습소를 만들었다. 그런데추가가는 지리적으로 교통이 편리하고 人馬의 왕래가 잦아 독립 운동 기지로서는 적당하지 못하였다. 반면에 통화현 합니하는 동남쪽으로는 고뢰산古磊山이 30리 거리에 있고, 북쪽으로는 청하지淸河子의 심산 유곡이 있으며 남서쪽으로 폐가동閘家洞의 장산밀림長山密木이 펼쳐져 있는 준엄한 곳이었다. 그러므로 신흥강습소를 합니하로 이전하였다. 합니하로 이전한 신흥강습소는 교직원 및 학생들의 노력 봉사로 1913년 5월에 교사 낙성식을 갖고 학교 명칭을 '신흥중학'으로 개칭하였다.[22]

1913년 봄에 학교가 이전된 뒤 황림 초원에 수만 평의 연병장과 수십 간의 내무실 내부 공사는 전부 생도들 손으로 이루어졌다. 그리고 동년 5월에는 그동안열망하던 교사 낙성식이 있었다. 이로부터 통화현 합니하는 우리 독립군 무관 양성의 대본영이 되고 구국 혁명의 책원지로서의 새 면모를 갖추게 되었다.[23] 신흥중학교는 1914년에 거듭되는 천재天災로 인하여 그 운영이 어렵게 되었다. 그러므로 둔전병제도를 통하여 학교의 재정을 충당하고자 하였다.

임면수는 만주지역의 상황이 열악해 지자, 동포들을 순방하면서 신흥무관

18 정병서, 「일제 강점기 경북 유림의 만주 망명일기에 보이는 현실인식과 대응-백하일기와 서사록을 중심으로」, 『민족문화논총』 58, 2014, 96쪽.
19 경학사를 1912년 여름에 해산하였다고 하고 있다(신한민보, 1940년 6월 13일, 이동녕사력(3).
20 신한민보, 1915년 12월 23일, 신흥강습소 정형(1).
21 위와 같음.
22 박환, 「만주지역의 신흥무관학교」, 위의 책, 328~331쪽.
23 허영백, 『광복선열 고 필동임면수선생약사』, 1963년 2월 25일.

학교 유지비를 염출하기 위해 영하40도 되는 한파 적설을 무릅쓰고 썩은 좁쌀 강냉이 풀나무 죽으로 연명하면서 군사훈련비를 조달하기에 심혈을 다하였다.

3. 부민단에서의 독립운동

1) 扶民團은 어떠한 단체일까?

1910년대 서간도西間島지역에서 조직된 재만 한인의 자치기구이자 독립운동단체. 1912년 가을에 조직되었으며, 통화시엔通化縣을 중심으로 한 서간도일대에서 독립운동 기지를 건설하고 독립전쟁을 위한 준비를 전개하였다. 1911년 경학사耕學社가 해체된 후 재만 한인사회에서는 한인사회의 자치와 산업의 향상을 지도할 새로운 조직의 필요성을 절감하였다. 이에 1912년 가을[24], 독립운동가들은 경학사를 바탕으로 하여 부민단을 조직하였다. 부민단의 뜻은 '부여의 옛 영토에 부여의 후손들이 부흥결사復興結社를 세운다'는 것이었다. 본부는 통화시엔 합니하哈泥河에 두었으며, 초대 총장은 의병장 허위許蔿의 형인 허혁許赫이 맡았으며, 곧 이어서 이상룡李相龍이 선임되었다.

부민단에는 서무·법무·검무檢務·학무·재무 등의 부서가 있었으며, 중앙과 지방의 조직이 마련되어 있었다. 중앙에는 단장 1인과 각 부서 주임을 두었으며, 지방에는 천가千家 및 큰 촌락에 조직되며 천가장千家長 1인을 두었다. 구區에는 약 1백가百家로 구단區團을 설치하여 구장區長 혹은 백가장百家長 1인을 두었다. 그리고 패牌에는 10가호家戶에 패장牌長, 혹은 십가장十家長을 두었다. 1914년 류허시엔 부민단의 경우 현縣 내를 4개구로 나누어 제1구 부민단은 대사탄大沙灘에, 제2구 부민단은 대화사大花斜에, 제3구 부민단은 대두자구大肚子溝에

24 설립 시기에 대하여는 이견이 있다.

그 소재지를 두었다. 한편, 제4구 부민단의 경우 존재는 확인할 수 있으나 소재지는 알 수 없다.

그리고 각 구 부민단은 관할하는 지역과 호구·인구 수 등이 있었는데 제1구는 선인구仙人溝 등 18개 지역으로 총 250호에, 1,372명의 인원을 관할하고 이었으며, 제2구는 소만구小灣溝 등 16개 지역으로 514호, 2,731명이었다. 그리고 제3구는 고산자孤山子 등 7개 지역으로 172호에 760명을 관할하였으며, 제4구는 대탄평大灘平 등 8개 지역으로 38호, 160명을 관할하였다. 그리고 각 구의 임원은 구단마다 고문·단총리團總理·검찰장·갑장·패장·검찰원·십장什長 등을 두었다. 그 중 단총리는 단칙團則을 총괄하고 민사형사상 사무를 담당하였으며, 검찰장은 형사의 업무를 장악하였다. 그리고 도검찰은 부내部內의 요소要所에 배치되어 사고를 사찰하는 역할 등을 담당하였다. 부민단 제1구의 경우 고문 이탁李拓, 단총리 남상복南尙福, 검찰장 이동희李東熙, 도검찰 박치서朴致瑞, 갑장甲長 이광선李光鮮 그리고 패장 2명, 검찰원과 십장 각 1명씩을 두었다. 제2구 부민단의 경우는 고문 왕삼덕王三德, 단총리 방기전方基典, 도검찰 안병모安炳模, 갑장 장승납張承納·박명초朴明楚·권중열權重烈, 십장 변석윤邊錫允·신양재辛陽材·한응천韓應天·안희전安熙典 그리고 패장과 검찰원을 주요 부락에 4명씩 두었다. 또한 부민단 제3구는 단총리를 곽무郭武가 담당하였으며, 다른 간부의 명단은 알려져 있지 않고 있으며, 부민단 제4구 경우도 그 임원을 알 수 없다.

부민단의 표면적인 사업은 재만 한인의 자치를 담당하고 재만 한인사회에서 발생하는 일체의 분쟁을 재결裁決하는 것과 재만 동포들을 대신하여 중국인 또는 중국관청과의 분쟁사건을 맡아서 처리해주는 것, 재만 한인 학교의 설립과 운영을 맡아 민족교육을 실시하는 것 등이었다. 그리고 이러한 활동의 궁극적인 목표는 재만 한인의 토대 위에 독립운동기지를 건설하고, 독립전쟁을 위한 준비를 하는 것이었다. 한편 부민단에서는 신흥강습소新興講習所를 통하여 독립군의 양성에도 힘을 기울였다. 그러나 신흥강습소의 이러한 활동은 그 지역의 토민들의 오해의 대상이 되었다. 이에 부민단에서는 "나의 동포 잃었으니 이웃 동포 내 동포요", "나의 형제 잃었으니 이웃 형제 내 형제라" 라고 하는 표어를 내걸고 토민들에게 양해를 구하였다. 그리고 의복, 모자, 신발 등을 토민들과 똑같이 입고 변장함으로써 상호 친교 운동을 적극 추진하였다. 그 결과 토민들의 배척은 진정될 수 있었다. 또한 부민단에서는 신흥강습소의 졸업생을 주축으로 하여 신흥학우단新興學友團을 조직하여 독립전쟁을 준비하였으며, 1914년 이후에는 백두산에 백서농장白西農庄이라는 독립운동 기지도 건설하여 항일투쟁에 만전을 기하였다.

그 후 부민단은 1919년 3·1운동이 전개될 때까지 재만 한인의 자치기구이자 독립운동단체로서 그 사명을 다하였다. 부민단은 1919년 4월 초순에 군정부軍政府가 성립된 것을 계기로 부민단의 모체 위에 한족회韓族會가 조직되자 발전적인 해체를 단행하였다.[25]

2) 독립군의 연락소: 객주업 운영

만주지역에서 부민단원으로 활동할 때,임면수에 대한 기록은 거의 임필동이란 이름으로 등장하고 있다. 불령단관계잡건 재만주부 1914년 12월 28일 〈불령자처분〉자료의 별첨자료 〈서간도재주 불령선인조사〉 총 54명 중에 보면 임면수는 다음과 같이 기록되어 있다.

在住地:통화현
원적지: 경기 수원
성명: 林弼東

25 박환, 「부민단」, 『독립운동사사전』, 2004.

연령추정: 50
비고: 객주업을 하는 유력자[26]

표에는 통화현, 유하현, 환인현, 해룡현 등지에 총 54명의 독립운동가가 거주하는 것으로 되어 있다.[27] 이를 보면 다음과 같다

통화현 합니하: 이시영 6형제(李始榮, 이회영, 이석영, 이철영, 李時榮, 이호영), 여준, 윤기섭, 김창환, 이규봉, 이동녕, 김동삼, 강모??, 장한순 3형제(장한순, 장유순, 장도순), 김형식
통화현 청구자: 권중엽
통화현 고랍자: 권중철
통화현 대항도자: 정승철
통화현: 이계동, 조중세, 김필순, 이태준, 임필동, 김상준,
통화현 추가가: 방기전, 김칠순, 이윤옥, 김창무, 이시중, 왕삼덕, 안동식, 이상룡
통화현 쾌당모자: 최시명

유하현 남산천: 김대락, 주진수, 申모
유하현: 임화동,
유하현 이미: 배인환, 배용택
유하현 삼원포: 방일의, 유창근

해룡현 간포: 이상희, 이봉희, 이준형, 이승휘, 이문희
환인현(회인현) 항도천: 홍승국, 조택제, 김윤혁, 홍참판, 정참판, 윤창선

위에서 보는 바와 같이 1914년 당시 독립운동가들은 주로 통화현, 유하현, 해룡현, 환인현 등지에서 활동하였음을 짐작해 볼 수있다. 그 중 통화현 합니하에 거주하는 인물이 다수이나, 임면수는 통화현에 거주하는 것으로 되어 있다.

26 국사편찬위원회, 『한국독립운동사자료』 39, 중국동북지역편 1, 2003, 481쪽.
27 국사편찬위원회, 『한국독립운동사자료』 39, 480~482쪽.

독립운동가 총 54명 중 대부분이 신흥학교 관련 학자 및 교사들이다, 임면수처럼 객주업에 종사하는 인물은 모두 5명이다. 통화현의 이계동(李啓東, 충청도인, 50세, 객주업으로서 유지자), 이시중(李時中, 평안도인 36-7세, 객주업유지가), 최시명(崔時明, 평안도인 42-3세, 객주로서 유지자), 회안현 항도천의 洪承國(42-43세, 충청도인)등이다. 그 중 임필동만을 "유력자"로 표현하고 있는 것이다,

임면수의 부인 전현석 여사는 수시로 찾아드는 별동대 특파대원의 식사를 하루에 5.6차례씩 밥을 지어야 했고, 각인각색의 보따리와 총기를 맡으며, 챙겨주어야 하는 혁명투사의 아내로써 그 고역이란 말로 표현할 수 없을 정도였다고 한다. 그녀는 독립의 어머니라고 불리웠을 정도였다.[28] 임면수의 비문에는 다음과 같은 기록이 있다.

> 그 당시 독립운동자로 선생댁에서 잠은 안 잔이가 별로 없고, 그 부인 전현석 여사의 손수 지은 밥을 안먹은 이가 없었으니 실로 선생댁은 독립군 본영의 중계 연락소이며, 독립운동 객의 휴식처요, 무기보관소요, 회의실이며 참모실이며 기밀 산실이었으니

위의 기록은 임면수가 객주업을 운영할 당시의 모습을 생동감있게 짐작해 볼수 있는 표현이 아닌가 추정된다.

임면수의 객주업 활동은 다음의 중화민국 4년, 1915년 만주 통화현 당안관 자료에서도 찾아볼 수 있다.

> 통화현공서 공함 제 호
> 중화민국 4년 10월 16일
> 합니하 한인학당의 근래 동향조사에 대한 비밀보고에 관한 건

28 『삼일학원65년사』, 82쪽.

령에 쫓아 조사, 확인한 상황을 보고 올립니다.

동변도윤 겸안동교섭원東邊道尹兼安東交涉員의 지시에는 안동주재 일본영사의 서한에 의하면, 조선총독부 평양지방법원 검사가 보낸 정함正函에는 현재 통화현 본방本邦 거민 즉 조선인 의성잔(義成棧) 및 기타 4명에 대한 심문 사항 초본을 보내니 조사 처리하기 바란다고 하였다. 이에 본 서류를 교섭서를 통해 현에 전달하였으므로 상세히 조사하여 보고하라고 하였습니다.
본령을 받들어 소장은 본소 행정 股員 두봉명杜鳳鳴에게 명하여 조사, 보고하도록 지시하였는데 그의 보고에 의하면 명령에 쫓아 현성의 남관南關지방에 내려가 상세히 조사하였는 바, 한인 임필동林必東은 확실히 그곳에 의성잔을 개설하고 주숙과 한민들의 내왕을 생리生理하고 있었으며, 일찍 중화민국 3년(1914년-필자주) 즉 일본 대정 3년 9,10월간에는 한인 강원섭康元燮, 김영윤金永胤, 오택의吳宅儀, 장병훈張炳勳 등 4명이 주숙한 적이 없으며 기타 상황도 없었음(결여)... ...

라고 있어. 임면수가 통화현에서 의성잔이라는 객주를 운영하고 있음을 짐작할수 있다.

3) 부민단에서 결사대로 활동

임면수가 독립운동가로서 여관업에 종사하였음을 일본외무성문서 불령단관계잡건 재만주부 〈1916년 8월 5일자 배일선인 비밀단체 상황취조의 건〉을 통하여서도 짐작해 볼 수 있다.

부민단에서는 1916년 3월 16일 회의결과 독립운동가들의 근거지가 날로 위험해지고 있다고 판단하였다. 이에 200명으로 구성된 결사대(일명 山獵隊)를 편성해서 통화현에 일본영사관 분관 설치를 강력히 반대하고자 하였다. 이 계획의 일환으로 이미 7-8명은 통화현 시가에 잠입하였다. 일본측 정보기록에서는 임면수를 그중 1명으로 파악하고 있다. 즉 "일찍이 통화현 동관대가東關大街 거주의 여관영업자, 경기도 수원부생 임필동林必東은 이러한 종류의 무리"라고 언급하고 있다.

「불령단관계잡건」 재만주부 1916년 9월 9일자 재안동영사가 일본외무대신에게 보낸 〈재만조선인비밀결사취조의 건에 대한 회답〉에도 임면수가 언급되고 있다. 본 자료에서는 "당지(통화현)의 배일자 중 유력자인 결사대원 임필동(林必東, 林弼東이라고 쓰기도 한다)"라고 표현하고 있어, 1916년 당시 임필동이 통화현 지역의 유력 항일운동가임을 짐작해 볼 수 있다.

4) 양성중학교 교장으로 활동

양성중학교는 通化縣 哈呢河 南溝四岔에 설립한 기독교계 학교이다. 처음에는 대동大東중학교로 불리다가 신흥학교新興學校로 잠시 개칭한 뒤, 다시 1915년 4월에 양성중학교로 개명하였다.

양성중학교는 수업료를 징수하지 않았고 공비公費는 각자 각출하는 방식으로 운영되었다. 학생의 연령은 주로 15세에서 18세였다. 교과목은 중등교과 산술·국어문전·고등소학 독본·신정 산술·최신 고등학 이과서·교육학·대한신지지·초등윤리학·신선박물학·중등산술·신선이화학·유년필독·보통경제학·윤리학교과서·대한국사·사범교육학·신편화학·중등용기법·중등생물 등이었다.

서북간도지역에서 전개된 교육구국운동은 독립전쟁론에 기초한 독립운동의 한 방향에서 이루어졌다. 그러므로 학교 운영자들은 독립전쟁을 수행하기 위한 독립군을 양성해야될 중차대한 목적이 있었기 때문에 민족교육의 여러 과목 중에서도 특히 국사교육을 중시하였다. 서북간도 민족학교에서 사용한 역사교과서는 구한말에 편찬된 망국사·건국사·국난극복사 등의 교재를 이용하였다. 양성학교의 국사교과서로 사용한『유년필독』은 1907년 현채에 의하여 발간된 아동용 역사교과서인데 그 내용은 인문·지리까지 포함하고 있으며, 국민의 권리·본분 등이 강조되었고, 일제에 의해 압수된 출판물 중 가장 많은 부수를 차지하였다.

서간도에 경학사耕學社를 설립한 이상룡李相龍을 비롯하여 박은식·신채호·김교헌 등이 서간도 지역에서 역사를 담당했던 사실을 고려해 볼 때 당시 각 학교의 역사교육은 애국계몽운동 계열의 영향을 받았던 것으로 보인다. 양성중학교의 교장은 임필동林必東이었으며, 교수校首 이세영李世英, 교사는 차정구車貞九·김장오金長五·사인식史仁植·이문학李文學·신기우申基禹·윤진옥尹振玉, 재무감독은 이동녕李東寧이었다.

한 연구자는 신흥무관학교가 일제에 노출되는 것을 피하기 위해 다른 이름을 사용했으며, 신흥무관학교에 대한 교육내용과 주요 정보를 은폐하는 과정 속에서 다른 이름으로 불리웠을 가능성을 조심스럽게 제기하고 있다. 따라서 이러한 견해를 참고한다면, 양성중학교는 신흥무관학교와 사실상 같은 학교였을 가능성도 전혀 배제할 수는 없다.[29]

임면수는 1910년대 중반 만주 통화현 합니하에 설립된 민족학교인 양성중학교 교장으로 활동하였다. 일찍이 1909년 수원에서 삼일학교의 교장으로서 근대민족교육을 실천했던 경험이 큰 도움이 되었을 것으로 보인다. 양성중학교는 처음에는 대동중학교에서 출발하여 신흥학교로 교명을 개칭하였다가 다시 양성중학교로 개명하였다. 그가 교장으로 일했던 양성중학교에 대하여는 강덕상편, 『현대사자료』 27 조선 3, 160~161면(1916년 12월 조사)에 잘 나타나 있다.

養成中學校
哈泥河 南溝 四岔
排日主意
1915년 4월 양성이라고 개칭

29 김은경, 「양성중학교」, 『독립운동사사전』.

교장 임필동
校首 李世英
교사 車貞九, 金長五, 史仁植, 李文學, 申基禹, 尹振玉, 재무감독 李東寧
기숙생21, 통학생 41학생 연령 15세부터 28세까지

중등교과산술, 國語文典, 高等小學讀本, 新訂산술, 最新高等學理科書 교육학 大韓新地誌 초등윤리과, 新選박물학, 중등산술 新選理化學, 幼年必讀, 보통경제학, 윤리학교과서 대한국사, 사범교육학 新編화학 中等用器법 중등생리학
종래의 유지법을 일변해서 생도의 公費 등은 각자 지불하게 하고 단지 수업료는 없음
처음에 대동중학교라고 칭하다가 후에 신흥학교라고 고쳤다가 다시 양성중학교라고 개칭

양성중학교는 합니하 남구 4차에 위치하고 있었다. 합니하의 경우 1910년대 전반기 신흥무관학교가 설립되어 민족교육의 산실로서 그 역할을 다하고 있던 항일운동의 요람이었다. 아울러 교수로 일하고 있는 이세영과 재무감독 이동녕 등은 신흥무관학교의 실질적인 중심인물들이었다. 이로 볼 때 양성중학교는 제2의 신흥무관학교라고 할 수 있을 것이다.

양성중학교에서는 학생들에게 국어문전, 대한신지지, 대한국사, 유년필독 등을 통하여 한글, 한국사, 한국지리 등을 가르쳐 민족의식 고취에 기여하고자 하였다.

5) 3·1운동 시 임면수의 무장활동

통화현 지역에서는 1919년 3월 12일 금두화락金斗伙洛의 금두화교회에서 기독교인과 한인청년회가 주도하는 가운데, 쾌당모자快當帽子 부근에서 한인 400여 명이 만세를 부르며 시위운동을 전개한 것으로 시작되었다. 금두화락 시위운동에서는 일본 밀정노릇을 해 왔던 계성주를 붙잡아 반역죄로 평결한

다음 3일 뒤 처단하였다. 한인청년회는 독립운동자금을 모금하는 등 본격적인 독립운동을 시작하였으며, 20일까지 운동이 지속되었다. 그러나 이 지역에서는 일제와 중국 관헌의 집중적인 경계와 단속이 심하였기 때문에 대규모 시위운동으로 발전하지는 못했다. 따라서 이 지역 시위운동 주도자들은 서간도 각지에 파견되어 3·1운동을 촉진하였다. 유하현 삼원포, 통화현 합니하 지역의 부민단원·기독교인·학생들은 압록강 방면 이주 한인촌, 국내 등 각지에 연락하여 태극기를 게양하고, 오인반五人班 등 독립운동의 하부조직을 만들게 하였으며, 각지에서 독립운동축하회와 독립운동비를 각출하는 등 서간도 독립운동을 새롭게 활성화시켰다.

4월 들어 통화현 쾌당모자, 금두화락 부락민들은 총기구입과 700벌의 피복을 제조하고, 군사훈련을 하였으며, 우마를 징발하고, 군사비를 거출하였다. 금두화락의 오성범吳成範은 170명의 무장대를 이끌고 4월 10일 압록강 연안의 헌병대를 습격하고자 집안현 동취보 흑소자구에 집결하였다.[30] 당시 임필동의 무장활동은 『한국민족운동사료』 3(국회도서관, 1979), 368~369쪽에 다음과 같이 잘 나타나 있다.

> 독립운동에 관한 건(1919년 4월 29일)
> 압록강방면 義州대장보고
> 2. 渭原분견소 관내 대안
> 1)
> 통화현 金斗伙洛 배일선인 吳成範 이하 170명의 일단이 (총기가 소지한 자 많음) 압록강 대안에 배치한 헌병을 습격하려고 4월 10일경 집안현 東聚堡 黑沙子溝(楡樹林子 북방 11리)에 첩자를 보내어 강안의 동정을 엿보게 하고, 빈번히 습격방법을 획책 중이라고.

30 국사편찬위원회, 『신편 한국사』 47권, 일제의 무단통치와 3·1운동 중 서간도지역의 3·1운동.

> 2)
> 통화현 快當帽子 거주 名簿 갑 尹德培
> 통화현 旺淸門 거주 임필동
>
> 이들은 동지 약 6백명(무기 소자자 많음)과 더불어 4월 12일 경 집안현 雲芝溝(通溝의 북방 13리)부근에 와서 시기를 보아 통구로 진입하여 조선인조합 총지부와 주재 일본순사 및 江對岸 헌병을 습격할 목적으로 준비 중이라고

라고 있는 바와 같이, 임필동은 1919년 4월 통화현에서 집안현으로 이동하여 집안현의 일본순사, 친일조직인 조선인조합 총지부[31] 등 뿐만 아니라 국경을 지키고 있는 헌병들도 습격하고자 하는 적극성을 보이고 있다. 그중 특히 집안현 조선인지부는 太平溝에 1916년부터 조직되어 1921년 당시에는 총 11개소가 설치되어 친일활동을 전개하고 있었다.[32]

한편, 1919년 3·1운동이후 만주지역에도 수많은 무장독립운동단체들이 조직되었고, 활발한 국내진공작전을 전개하였다. 이에 일본군들은 1920년 간도로 출병하여 만주지역에 있는 독립운동가들을 체포 학살하는 만행을 자행하였다. 이때 임면수도 해룡현 북산성자北山城子에서 일본군 토벌대에 체포되어 중국에서 추방되었던 것이다. 즉, 임면수는 정일택, 한원기, 이용도과 함께 1920년 6월 12일 밤 해룡현 북산성자 삼도가에 살고 있는 김강의 집에서, 김강의 부재중에 그 지역의 일본경찰관 및 그 부근에 거주하는 친일 조선인 등을 암살하고 남만철도연선에 거주하는 동지와 기맥을 통하여 아편의 밀수입을 통한 이익으로 상해임시정부에 송금하려는 협의로 체포되어 조선으로 추

31 김주용, 「1910-20년대 남만주 친일조선인단체연구」, 『한국독립운동사연구』 24, 2005. 1925년 이후 일본 인동현 부영사였던 나혜서의 남편 김우영은 안동현에 본부를 두고, 재만주 어용친일단체로 알려진 조선인회의 조직과 활동을 지원하였다(전갑생, 「청구 김우영의 '정치적 활동'과 나혜석」, 『나혜석연구』2, 2013, 149쪽).
32 김주용, 위의 논문, 323쪽.

방당하였던 것이다. 여기서 주목되는 것은 임면수가 1919년 3·1운동이후에도 지속적으로 일본경찰 및 친일조선인을 처단하는 작업을 전개하고 있었다는 점이다. 아울러 군자금을 마련하기 위하여 아편의 밀수입을 추진하고 있던 점도 주목된다. 당시 아편의 경우 만주지역에서도 한인들이 다수 이를 거래하였으며, 러시아 연해주 우수리스크 등지에서도 한인들에 의하여 다량의 아편이 재배되고 거래되고 있던 상황이었다.[33] 특히 주목되는 점은 임면수가 군자금을 마련하여 상해임시정부에 송금하려는 협의로 체포되었다는 점이다. 이는 임면수가 상해임시정부를 지지하는 인물이었음을 보여주는 것이라고 볼 수 있다. 즉 기독교 사상을 가지고 있던 임면수는 공화제 정부를 내세우는 대한민국임시정부를 지지하는 인물로서 추정된다.

일제에 의해 체포된 임면수는 철령鐵嶺으로 압송되어 가던 중, 한국인 경찰 유태철柳泰哲의 도움으로 중국인 여관에서 번잡함을 틈타 탈출에 성공하였다. 낮에 숨고 밤에 걷는 일정으로 14일만에 길림성 이통현伊通縣 고유수孤楡樹 한인 농촌 마을에 도착할 수 있었고, 그곳 박씨 집에 은둔하였다. 그 후 장춘을 거쳐 부여현에 도착하여 안승식安昇植의 도움으로 그의 집에서 겨울을 날수 있었다. 그러나 1921년 2월 경 길림시내에 잠입하여 활동 중 결국 밀정의 고발로 길림영사관에 체포되었다.[34]

임면수는 평양감옥에 압송되어 고문과 매로 전신이 마비된 후에야 비로소 고향으로 돌아 올 수 있었다.[35] 그러나 고향 수원에는 거처할 방조차 없었다. 결국 1930년 11월 29일 56세의 나이로 순국하였다.[36]

---

33 박강, 「러시아 이주 한인과 아편문제-우수리스크시 부근지역을 중심으로」, 『한국민족운동사연구』 53, 2007.

34 허영백, 『광복선열 고 필동임면수선생약사』, 1963년 2월 25일.

35 허영백, 『광복선열 고 필동임면수선생약사』, 1963년 2월 25일.

36 『삼일학원65년사』, 83쪽.

맺음말

구한말 상동청년학원에서 활동한 임면수는 1910년 일제에 의해 조선이 강점되자 독립운동기지 건설을 위하여 1911년 2월 만주 서간도 환인현 횡도천으로 망명하였다. 그리고 그곳에 개교한 양성중학교 교장으로서 독립군 양성에 기여하였다. 1910년대 중반에는 부민단의 결사대에 속하여 활동하였으며, 3·1운동 이후 일제의 간도출병으로 통화현에서 해룡현으로 근거지를 옮겨 항일투쟁을 전개하다가 일제에 의해 체포,투옥되었다.

임면수는 구한말에는 수원지역을 중심으로 계몽운동을 전개하였고, 1910년대에는 만주에서 항일운동을 활발히 전개하였던 인물이었다. 수원출신으로서 수원에서 활동하다 만주로 망명하여 활동한 독립운동가로서 임면수의 민족운동은 각별한 의미를 갖는다. 그동안 그런 유형의 인물은 별로 발견되고 있지 않고 있기 때문이다. 아울러 그는 일어학교 출신으로서 일본어에 능하였음에도 불구하고 국내외에서 활발한 독립운동을 전개하였다는 점에서 높이 평가된다.

제4부

기록과 기억

1. 일본군 장교 출신 김경천과 지청천

-회고록에 나타난 신흥무관학교 이미지

머리말

3·1운동이후 만주로 망명하여 신흥무관학교 교관으로 활동했던 김경천과 지청천의 수기를 통하여 신흥무관학교에 대하여 알아보고자 한다. 일본육사 출신인 김경천의 회고록인 『경천아일록擎天兒日錄』과 지청천의 일기인 『자유일기』가 그것이다.

김경천과 지청천은 한국독립운동사에서 무장투쟁을 상징적으로 보여주는 대표적인 인물들이다. 이들은 함께 만주로 탈출했으며, 함께 신흥무관학교에서 활동한 인물들이다. 그러나 김경천은 시베리아 벌판에서 고혼이 되었고, 지청천은 광복군을 거쳐 해방후 귀국하였다. 이들 눈에 비친 신흥무관학교는 어떤 모습이었을까? 최신식 일본교육을 받은 김경천, 지청천의 눈에 비친 그 모습은 안타까움 그 자체였을런지 모른다. 그러나 이국땅 망명지에서 조국을 찾고자 훈련받은 생도들은 우리가 잊지 못할 영웅들인 것이다.

1. 『경천아일록』에 보이는 신흥무관학교와 김경천

김경천은 지청천과 함께 3·1운동후 만주로 망명하여 신흥무관학교 교관으로 활동한 인물로 널리 알려져 있다.[1] 최근 발굴된 김경천의 『경천아일록』에[2] 지

---

1 박환, 「시베리아의 항일운동가 김경천」, 『대륙으로 간 혁명가들』, 국학자료원, 2003.

2 김경천, 『경천아일록』, 학고방, 2012.

금까지 알려지지 않은 내용이 있어 소개하면 다음과 같다.

(3·1운동 당시-필자주) 청년회관에 있을 때도 知友들이 나에게 칼을 빼시요, 이제는 별수 없으나 칼을 빼시요하며 여럿이 권한다. 여러 붕우의 말대로 내가 칼을 빼자면, 서간도 북간도 아령 3곳으로 出奔하는 문제다. 나 자신도 국외에 臥薪 한지 15년에 오늘날을 기다렸다. 또 나의 책임인가 한다. 天賦의 識分이다. 나를 빼고 적당한 자가 없음을 나도 안다. 연일 회의가 나의 정원에서 있었다. 마침 李應俊, 池大亨二君이 來到하였다. 더욱 일이 결행을 요구하게 된다. 池君은本意로 응낙하며, 外地로 出奔하게 되나, 李君은마지 못하여 대답하는 것이다.

즉, 김경천은 지청천과 함께 망명하기 전 사직동에 있던 자신의 집 정원에서 망명 논의를 진행하였음을 알 수 있다. 또한 김경천의 『경천아일록』의 기록을 통하여 1919년 6월 당시 신흥무관학교 분위기를 짐작할 수 있을 것 같다.

우리(지청천 김경천 등-필자주)의 고난이 끝이 있어 약 15일만에 봉천성 유하현 고산자 대두자에 있는 서간도 무관학교에 도착하여 南一湖君家에 정착하였다. 본 무관학교는 본년 3월까지 보통교육을 실시하였다가 독립선언이후로 그것을 전폐하고 군사학을 시작함이니 매우 모든 일에 유약하더라. 胡人家에 차입하였고, 방 건축도 하는 중이더라. 학생은 내지로서 독립선언 한 이래로 일인의 압박으로 인하여 出境한 청년과 서간도 각지에서 온 사람이 모두 200명이 될락말락하다. 이것으로 세계 강국의 하나가 되는 일본을 대적코자 함은 너무도 小하더라. 그러나 남만주에 있는 우리 힘이 原弱하다. 그러므로 적을 대적하는 것은 불가능이다. 더구나 지방 주민이 가난하므로 이에 더 요구할 도리가 없다.
나보다 몇일 먼저 도착한 申英均씨가 있다. 씨는 경성 무관학교 2회 출신이요. 사람됨이 군인적 군인이므로 우리 국가에 難得之人이니드라. 새로 온 사람이 우리 3인(지청천 김경천 신영균-필자주)이 되자 옛날부터 교육하던 사람들이 자연 우리를 실어하여 그 사이에 자연 학생까지도 신구의 구분이 생기니 우리 民性이 실로 가련하다. 이러하므로 충분한 교육도 못하고 사고에 사고로 인하여 분파가 많이 생겼다. 남일호씨는 오직 공평하게 사무에 헌신하드라. 오호라 내가 동포를 위하여 일점의

> 사사로움도 없이 자기의 安平을 불구하고 처자의 哀訴를 돌아보지 않고, 위함한 행동을 가지고 북쪽 땅으로 왔더니, 금일에 이르러 보니 너무도 世人은 냉냉하도다. 본 학교에 원래부터 있던 사람들은 지식도 없고 主心도 없으면서, 명예와 주권(변변치도 않은 주권)을 가지고, 우리를 일종의 기계로 사용하고자 한다. 자기들의 능력이 능히 나를 기용할만 하면 모르겠다. 하지만은 그들은 군사학은 물론 보통학도 모르는 愚夫요, 인격도 없나니라. 소인배의 행동으로 옛날에 온 학생들을 우리에게 반항토록 추키는 일도 있다. 이와 같이 우매한 지방, 인민을 아지 못하고 나는 너무 중요시함이 나의 부족이다. 나는 생각한다. 이 모양으로는 도저히 최후최대한 목적을 못실행하리라 한다. 이상과 같으므로 학과며, 기타 모든 것이 無爲하게 세월을 보냄도 있다.

즉, 김경천 등 일본 무관학교 및 일본군에서 활동하다 조국의 광복을 위하여 청운의 꿈을 갖고 만주로 망명한 이들에게 신흥무관학교의 당시 모습은 안타까움 그 자체였을 것은 자명한 것이라고 할 수 있다. 더구나 마적의 출몰 등은 군사교육을 실시하는데 또한 큰 장애가 되었던 것으로 보인다.『경천아일록』에 다음과 같은 기록이 보인다.

> 거기다가 마적의 襲來가 많다. 만주의 賊이 부대를 지여가지고 각 도시라도 백주에 습래하여 여러 萬金을 奪去하며, 혹 人子人女를 수용하여 산중에 웅거하여 大金을 징수하며 인가에 들어가면 豚牛의 종자도 아니 남긴다. 그 무리는 작으면 수십이며, 크게는 기천이라. 소위 官兵이란 것은 방관적이요. 오히려 월급이 지체되면, 총을 가지고 도적이 된다. 올 여름에 고산자 무관학교에 2번이나 야간에 내습하여 학생, 교사 몇 명을 잡아갔다. 어떤 학생은 그 적과 格투하여 다치기도 하였다. 이러하므로 군사교육은 자연히 충실치 못하였다.

한편 이러한 어려움 속에서도 김경천은 한민족으로서의 자부심과 자긍심을 갖게 되었던 것 같다. 바로 신흥무관학교 근처에 고구려 무덤들이 있어 우리의 역사에 대한 인식들을 갖게 되었을 것이다. 특히 일본에서 공부한 김경천, 지청천 등에게 있어서 고구려 유적들은 큰 감동으로 다가 왔을 것으로 보인다.『경천아일록』에 다음과 같은 기록이 보인다.

> 孤山子에는 孤山이라는 一獨山이 있어 그 산 남쪽 경사에 우리나라 사람의 古冢이 많다. 이는 틀림없이 고구려왕조의 유적인가 하노라. 田野에서 石造한 방아확, 古器 등이 근년에는 얻은 것이 많다. 大韓民이 다수가 移入한 이래로 사적이 분명하다 한다. 또한 만주인도 말하기를 한인이 만주를 回有하자는 吉兆라고 한다. 우리 역사를 보아도 이 만주는 본시 우리의 영토가 분명하다. 漢唐이후로 점차로 요동 만주를 빼앗겼다. 현재 우리가 이땅에서 활동함에 우리 선조가 이미 웅거하던 그 後蹟을 밟고 있다. 枯木이 生花하는 격이라고 한다. 그런데 나의 의문이 많다. 아눈분에게 고하니, 이 넓은 만주지방에 살던 우리 부여족이 엇지 되고, 현재는 그 분묘만 남았는가, 압록강을 넘었나?, 胡族에동화하였나, 다른 지방으로 이주하였나, 우리 역사가의 연구를 기대하노라

1919년 6월에 만주로 망명한 김경천 등은 가을이 되기 전에 압록강을 넘어 국내로 진격하고자 하는 꿈을 이루기를 기대하여 신흥무관학교에서 항일운동을 전개하고 있던 것 같다.『경천아일록』에 다음과 같은 기록이 보인다.

> 여름이 다가고 초가을이 올려고 한다. 여러 유지들은 낙엽이 떨어지면 군사행동이 불리하니 무기를 준비하여 가지고 압록강을 한번 넘기가 소원이라 한다. 나도 그러하게 생각하나 현재의 형편으로는 압록강은 고사하고 개천도 못건너겠다고 생각한다. 그러나 이에 무기문제가 생겨 혹은 무송현으로 가자하며, 혹은 러시아령으로 가자고 한다. 회의한 결과로 러시아령 니코리스크로 가기로 하였다. 위원을 정하니 나와 신영균 두사람이다.

위에서 보는 바와 같이 신흥무관학교가 독립전쟁을 추진하기 위해서는 무엇보다도 무기의 구입이 급선무였다. 그러므로 무기에 정통한 김경천과 신영

균을 러시아로 파견하기로 결정하였던 것이다. 다만 지청천은 신흥무관학교에 계속 남아 학교와 운명을 같이하게 된다. 지청천이 신흥무관학교에 계속 남게 된 것은 신식 군사훈련을 받은 두 사람 이 모두 자리를 비울 수 없는 상황과, 학생들에 대한 애착과 현지 독립운동가들과의 적응문제 등이 언급될 수 있을 것 같다.

2.『자유일기』에 보이는 지청천과 신흥무관학교

지청천은 일본 육군사관학교 출신으로서 일본군을 탈출하여 식민지시대 항일무장투쟁을 이끈 대표적인 인물로 널리 알려져 있다.[3] 그의 항일운동의 전체적인 모습은 광복군총사령부 정훈처에서 발행한『광복』제1권 제1기(1941)에 잘 나타나 있다.

이청천(李青天) 장군의 약력

자는 백산(白山), 경성인, 현재 53세, 25세 일본 육군 사관학교 보병과를 졸업, 일본군에서 복무했다. 대위의 신분으로 청도(青島)의 역에 참가하였으며, 후에 군대를 나와 요녕성(遼寧省) 유하현(柳河縣)에 이르러, 한인이 설립한 신흥군사학교에 교직원으로 일했다. 34세 고려혁명군 사관학교 교장에 임명되었으며, 정의부 중앙 집행위원에 임명되었으며, 군사부장 겸 조선의용군 사령을 겸하였다. 군사를 거느리고 압록강 연안 각지에서 전투하였으며 9.18후 한국 독립군 군사령으로 임명되었다. 동북의 항일군을 연합하여 공동 작전을 벌였으며, 길림성(吉林省) 왕청현(汪清縣)에서 독립운동을 계속하면서 무덤을 도굴하려는 일본군을 전멸시켰다. 1933 년 낙양 군사학교의 초빙에 응하여 한국인 군관들을 훈련시키고, 아울러 조선혁명당 군사부장과 임시정부 군무부장, 한국독립당 중앙 집행위원 겸 훈련부 주임을 맡았다.

3 박환,「만주에서의 항일무장투쟁과 지청천」,『만주지역 한인민족운동의 재발견』, 국학자료원, 2014.

위에서 보는 바와 같이, 지청천은 만주로 망명한 이후 신흥무관학교 교관, 자유시 참변 이후에는 고려혁명군 사관학교 교장, 1920년대 중반에는 정의부 중앙집행위원, 군사부장, 의용군 사령관, 1930년대 전반기에는 한국독립군 사령관, 조선민족혁명당 군사부장, 1940년대에는 임시정부 군무부장, 한국독립당 중앙집행위원 등으로 활동하였던 것이다. 즉, 그는 중국지역에서 1920년대부터 40년대에 이르기까지 20여년에 걸쳐 중국에서 전개된 항일무장투쟁의 대표적인 지도자이다.[4]

1935년 11월에 중국 杭州에서 결성된 민족주의진영의 대표적인 독립운동정당인 한국국민당의 기관지인 『한민』 15호(1937. 7. 30)에서는 지청천의 망명과 신흥무관학교에서의 활동 부분에 대하여는 다음과 같이 간단히 언급하고 있다.

> 본래 조국광복에 높은 뜻을 갖은 선생은 삼일독립선언 당년 오월에 현역군관을 내버리고 만주에 망명하여 신흥학교의 군사교관이 되었다가 이듬해에 학교를 교성대로 개편하고 대장이 되어 장교 양성에 전력하던 중

지청천 장군의 망명이전 상황과 망명과정 등에 대하여는 지청천 장군이 쓴 『자유일기』[5] 1951년 3월 1일자. 1952년 3월 1일자, 1953년 2월 16일자 등에 잘 나타나 있다. 그 중 1952년 3월 1일자를보면 다음과 같다.

> 나는 이때에(3·1운동시-필자 주) 천도교의 손병희씨와 연락하고 재일 우리 유학생을 지도하고 있었다. 3월 1일 이후로 일본당국의 나에 대한 감시는 더욱 심하여졌다. 4월 중순 경 현역장교의 직을 帶한 채로 압록강을 넘어 만주로 망명할 때까지도

4 지청천장군의 개인 이력에 대하여는 신한민보에서도 2회에 걸쳐 자세히 보도하고 있다. 홍언찬, 「이청천사략」, 신한민보, 1940년 10월 24일자 및 1940년 11월 7일자.

5 자유일기 원본은 현재 독립기념관에서 보관하고 있는 것으로 알려져 있다.

혁명의 길을 찾노라고 苦心慘憺하였다.

지금까지 자료들에는 지청천의 망명 후 신흥무관학교 도착과 그곳에서 느낀 점들, 활동 등에 대하여는 기록들이 보이고 있지 않다. 다만 1951년 11월 1일자『자유일기』에서 훈련 당시의 일단을 짐작해 볼 수 있다.

어 국제구락 오후 6시 쾌락한 가운데 창가 등 여흥이 있을 새, 나는 이십여년전 백두산 북록에 신흥학교생 훈련시 作歌한 시조를 吟詠한다. 여차

백두산 천지변에 칼을 집고 우뚝서서
조국강산을 바라보니 기쁨보다 눈물겨워
언제나 千兵萬馬 거느리고 짓쳐볼까 하노라.

2. 러시아 혁명가 윤철규의 회고 : 독립단과 신흥학교

한인사회당에서 활동한 독립운동가 이인섭이 1955년 1월 15일 극동지역에서 독립운동을 전개한 윤철규를 방문하고 들은 회상담과 카자흐스탄에서 사망한 황욱 회상담을 정리한 내용에 보면, 신흥무관학교에 대한 것이 있다. 〈독립단과 신흥학교〉가 그것이다. 내용은 대부분 윤철규에 의존한 것으로 보인다.

윤철규에 따르면, 신흥학교의 설립계획은 울진 사람 주진수가 주도적으로 한 것으로 되어 있다. 여러 가지 검토가 필요하겠지만, 윤철규가 울진출신이었던 점이 혹시 이러한 주장의 근거가 되는 것이 아닌가 한다. 아래의 기록 중 흥미로운 점은 신흥무관학교 졸업생들의 향배이다. 윤철규 등이 러시아지역에서 활동하였던 만큼 신흥무관학교 출신들의 러시아지역에서의 활동을 살펴볼 수 있는 대목들이 엿보인다. 그 중 하바롭스크에서 조직된 한인사회당 적위군으로서의 활동 등은 새로운 대목이다. 앞으로 신흥무관학교 학생들의 향배는 보다 다양하게 검토될 필요가 있을 것으로 보인다.

獨立團(독립단)과 新興學校

1955년 1월 15일에 尹哲奎(윤철규) 동지를 방문하고 들은 회상담과 Кызылорда(크즐오르다)에서 사망하신 黃旭(황욱) 선생의 회상담에서 기록한 자료.

1907년에 한국에서 왜놈들 강압으로 7조약(한일신협약)을 체결하게 되자 조선 신사계와 유식한 유교 또는 이전 귀족들 가운데는 구국반일운동이 해내·해외를 물론하고 봉기하였다. 그런데 그 운동은 두 가지 방향으로 진행되었다. 하나는 무장을 손에 쥐고 의병을 일으켜서 무력으로 조국을 침범하는 일본제국주의를 무력으로 반항하자는 의병운동이고, 하나는 외지에 나가서 우선 미개한 조선 동포들을 개명시켜서 애국심과 배일운동을 전개하자는 신사들이었다.

그래서 조선해방운동은 처음부터 최후까지 두 가지 방향으로 전개되었다. 그리고 지방을 따라서 그때 운동자들의 행동강령이 서로 다른 것을 엿볼 수 있다. 다수 의병운동은 평안도 출신이고 문화독립운동은 함경도·三南 출신이었다.

1907년이었다. 충청도인 이전 귀족 이동녕(이동녕, 父 영해부사, 형 이회령 평양감사, 형 이시형 경상감사)이 솔선하여 많은 재정을 모집하여 가지고 중국 당시 봉천성 유하현에 당도하여 유하·통화·회인·관전·해룡府 기타 부근 지방에서 토지 2/3를 돈을 주고 샀는데, 四百日耕에 달하였다. 그리고 북경정부에 교섭하여 "韓族會"라는 자치기관을 조직하고 청년들을 양성하게 되었다. 白雲先生 주진수의 설계로 新興學校를 設하고 청년들을 교양하기 시작하였다(토지값이 한 밀니온 400천).

조선이 일본제국주의자들에 강제 합방(강제병탄)이 된 후에 그 지방에는 강원도 울진 등지 유지인사들이 모여들고 합방시 108人의 감금되었던 중 한 사람 양기택(양기탁, 平南 江西人)·조맹선(平南 何川人) 기타 평안도 인사들이 모여들기 시작되어서 그 지대는 三南사람들(충청도)·강원도·평안도 신사들과 애국청년·빈농민들이 이주하게 되었다.

그 후 민족해방운동은 두 가지 노선으로 분립하게 되었다. 사관학교를 조직하여 가지고 청년들을 예비군인-장교로 양성하였다가 有期한 기회에 독립군운동으로써 日兵과 싸워 독립하자고 주장하는 조맹선·양기택 제씨 평안도 출신들과 연합된 강원도 울진 인사들 尹哲奎(윤철규) 기타, 단지 실력만 양성하되 먼저 학교를 설하고 청년들을 교양하는데 반일정신으로 明養하고 외국과 교제하여서 무장적 충돌이 없이 독립하자는 李東寧(이동녕) 기타들이 주장이었다.

조맹선은 처음 "正義會"(그 후 정의부)를 조직하고, 소비에트라는 궁벽한 지방에다가 "백서농장"이라는 둔전제를 設하고 그 안에 사관학교를 조직하였다. 결과 이동녕 기타가 경영하는 "新興學校"에서 졸업한 청년들은 다수가 정의회 사관학교로 와서 공부하게 되었다. 한족회에서는 다수한 청년들을 잃어버리고 불평을 두게 되었다. 그러나 몇 해 후에 사관학교에 중심하고 집합한 학생들이 수천명에 달하였다.

1917年 러시아에서 大 십월 사회주의 혁명이 성공되자 그들은 소련에 있는 조선인

공산당원들과 연락을 맺어 가지고 안으로 두 진영으로 갈라지게 되었다.
1918년 봄에 원동 Хабаровск(하바로프스크) 시에서 개최되었던 조선인 해외정치 망명자회의에 이동녕·양기택(양기탁) 기타 인사들이 참가하였다. 그 회의는 당시 원동 소비에트 인민위원회 외교총장이고 당시 Хабаровск(하바로프스크) 러시아사회민주노동당(다수파) 책임비서이던 김 알렉산드라 베들옴운나(김 알렉산드라 페트로브나) 지도하에서 발기되고 진행되었다.
회의 결과에 러시아 다수파들과 같이 행동강령을 하여서 조선 혁명운동을 사회주의 혁명으로 발전시키자는 人士들 이동휘·유동렬 기타가 韓人社會黨(한인사회당)을 조직하고 이동녕 기타 조선인 자체로 조선독립운동을 진행하겠다고 주장하여서 소황령(소왕령, 니콜스크, 우수리스크)에 가서 文昌範(문창범)이가 당시 결성하던 韓族總會(한족총회)와 결탁하고 헤어졌다.

그리되어서 양기택(양기탁)은 이동휘·유동렬 기타와 상론하고 한인사회당 당원으로 출세하지 아니하고 마치 중립자의 태도를 가지면서 중국에 돌아가서 열성분자인 교원 사관학생 전부를 차츰차츰 기회를 보아서 Хабаровск(하바로프스크)에 열리는 한인 사관학교로 보내고 나중에는 자기와 기타 간부도 같이 Хабаровск(하바로프스크)에 이전하여서 대대장 1,000명을 양성하자고 비밀리에 약속하고 양기택(양기탁)은 떠나가게 되어서 처음으로 보냈던 학생 4~50명이 우수리 전선에 나가서 "한인사회당 적위군" 명의로 전사하였다. 최명옥은 당시 북경에 있다가 사관학교 교원으로 Хабаровск(하바로프스크)로가 잠시 흰파(백위파)한테 占領된 후에 당도하였다. [만일 국민전쟁이 아니었다면 그 곳 사관학교 기타 전부가 Хабаровск(하바로프스크)로 왔을 것이다.]

1919年 3·1운동 후에 조맹선은 자기가 지도하는 단체를 "獨立團(독립단)"이라고 稱하였다. 그리고 비밀 편지를 써서 윤철규 동지를 俄領(러시아령) 연해주에 있는 이동휘나 홍범도를 방문하게 하였는데 이동휘는 海三(블라디보스토크)에서 만나고 홍범도는 취풍 다어재골서 만났는데, 이동휘나 홍범도는 獨立團(독립단)군대 전부를 俄領(러시아령)으로 이전시키라고 의견이 동일하여서 편지 回答을 주니 윤철규는 住地에 돌아갔다. 조맹선은 그에 동의하고 먼저 300여명을 노동자 葉담배-아편따는 일꾼으로 가장하고 윤철규가 영솔하여 가지고 俄領(러시아령) 연해주 Гродеков(그라데코프) 구역에 당도하여 당시 그 지방 조선인 총회장 최태령에게 맡

기고 도로 넘어가서 남은 군인들을 두 부대로 나눠 와서 300여 명은 Эхо(에호)에 와서 留하다가 俄領(러시아령)으로 차츰 옮기게 하고 그 나머지는 Харбин(하얼빈)까지 이전시키고 윤철규 동지는 柳河에서 日軍에게 체포되었다가 그 해 10月에야 망명 도주하였다.
당시 독립군 사령관은 최영호이었다(그는 강원도 울진인, 이전 서울 兵丁이고 의병이었다). 윤철규가 체포되자 최영호는 떠나서 無故히 俄領(러시아령) Гродеков(그라데코프)구역에 當到하여서 장재村으로 들어가는 中路에서 당시 그 지방에 있던 소위 "義軍團(의군단)"이라는 명칭을 가지고 있던 최이준·홍진우·주대윤(曲靑人)·신우경·한봉섭 등 음모로 암살을 당하고 군인들은 해산을 당하여서, 수십명 이종학 기타는 홍범도군대로 가고, 신용걸 기타는 血誠團(혈성단)에 갔다가 수청에 가서 영웅적으로 올킨市에서 전사하고 나머지 다수는 이만(달네레친스크) 등지에서 "獨立團(독립단)" 군대로 다시 출전하였다.
遠東에 소비에트주권이 수립된 후에 최영호를 암살하는데 참가하였던 김가·馬重哲(마중철)·朴仁[(박인)치따] 기타 13人이 잡혀 처단을 당하였다. 양기택(양기탁)이는 1920년 경에서 日軍에게 체포되었다.

1958년 6월 25일 г.Андижан(안디잔 시)에서 썼음.
"中領(중국령)에서 進行된 朝鮮解放運動"과 같이 硏究하면 좋겠소.

한편 1958년 6월 윤철규가 신흥무관학교 출신 김승빈에게 보낸 편지에도 신흥무관학교 관련 내용들이 들어 있다. 이 내용은 위에 인용한 내용과 유사하다.

獨立團|| 尹哲奎(윤철규) 회상담(토지값이 한 밀이온 800천이었다)

1910年 합병(강제병탄, 한일강제병합)시에 105인사건에는 양기택(江西人)·김도희(天도교)·최남선·尹致治(윤지치)·김九가 있었다. 그들은 1914年에 출옥하였다. 중국 봉천부 유江(유하-필자 주) 通化, 회人, 관田, 해룡府 기타 지방토지 2/3가 조선인 소유였다. 1907년경에 충청도 귀족 이동녕(이동녕, 영해府吏子, 그의 兄 이회령은 平양감吏, 리시령 慶尙감사인데 그들이 財程을 가지고 와서 400垧月 토지를 매득하고 중국 북경정부와 교섭하여 白面先生 주진수와 同行하여 新興學校를 設하고 韓族會를 設立하고 청년을 육성하였다.

그 후 그 지방에는 평안도·강원도 울진 사람들이 모두들 그 시작하면서 我氣를 운전하는데 평안인 양기택·趙맹善(조맹선, 平南 价川人) 등이 有勢하였다. 趙맹善(조맹선)은 무관을 육성하여야 조선독립을 한다고 주장하고 李東령(이동녕)은 人只只 교육사업하자고 하여서 서로 의견이 不同되었다. 그래서 趙맹善(조맹선)이는 正義會를 설립하고(그 후 正의府)사관학교를 '白서農장'에 설치하고, 소베태라는 지방에다가 둔전병제를 設하였다. 그 안에는 軍政署·韓族會 기타 各部가 有하였다. 당시 李東寧(이동녕)이 조직한 新興學校에서 졸업한 청년다수는 슬그머니 조맹선 독립단에 와서 사관학교를 졸업하고 둔전제에 복종하여 士官속成團을 마친 학생이 천여명에 달하였다. 1917年 십월혁명 후 그들은 俄領(러시아령)과 연락을 취하였다. 1918年에 하바로프스크에서 韓人社會黨 조직에 참여하였던 양기澤 동지는 ●●●● 이東輝(이동휘)와 相編하고 獨立團學生主部를 하바로프스크 사관학교로 보내기로 밀約하고 돌아갔다.

1919年 3·1운동 후 나는 조맹善(조맹선)에 비밀 편지을 가지고 俄領(러시아) 海參(블라디보스토크)에 와서 李東輝(이동휘)를 만나고, 추풍에 가서 洪範圖(홍범도)를 만난 결과 그들은 독립단 군인 전부를 俄領(러시아)으로 移전하라는 명령을 주니 나는 돌아가서 300여명을 데리고 Гродеков(그라데코프)에 와서 당시 구역 총회장 崔●烈(최●열)이에 맡기고 돌아 나가서 두 번째 군대 300여명을 Зхо(예호)로 臨時의전시키고 기타 오백여명을 하얼빈까지 의전시키고 왜놈들에게 체포되었다가 그 해 十日쯤에야 해放되었다. 당시 군隊 사령관은 강원도를 ●人 이전 서울 兵丁이 의병출신인 崔영호였다. 그는 떠나서 俄領(러시아) Гродеков(그라데코프) 지방에 당도하자 그 지방에 所謂(義勇團)이라는 崔이준·●진우·朱룡륜(北●人)·신우경·한봉섭 등 ●●로 암살을 당하고 군인들은 해산되었다. 그 후 소비에트 주권에서는 그의 혐의자 김哥·馬重哲(마중철)·朴仁(박인, 치타) 그他 13명을 잡아 처단하였다. 양기택은 1920年에 일본에 체포되고 전부 해산되었다. 당시 그 지방은(南滿) 경상·평안·경기·충청·황해·강원도인들이 다수였다.

25 유월 1958年 ●원
27/viii 김승빈에 보냈다. 첨부.
김남윤·한봉섭, 1961년 6/ix 정서.

3. 한국국민당 기관지 『한민』 : 서간도 초기이주와 신흥학교시대 회고기

한국국민당 기관지 『한민』 3호(1936년 5월 25일)에서는 〈서간도로의 초기 이주와 신흥무관학교〉에 대하여 처음으로 기록을 남기었다. 이 기록은 이석영의 부인 별세, 서간도의 지위, 신민회의 계획, 이주초의 광경, 중국인의 배척, 신흥학교 사업, 이석영의 공 등으로 나누어 체계적으로 서술하여 신흥무관학교의 전체상을 파악하는데 큰 도움을 주고 있다. 이를 통하여 1930년대 한국국민당계열 독립운동가들이 바라본 신흥무관학교상을 짐작해 볼 수 있다.

李夫人 별세

故 李石榮氏의 부인께서 상해에 있는 그의 족하 李圭鴻君(李始榮氏의 次男)의 택에 의탁하야 게시다가 노환으로 인하야 본월 11일에 불행히 별세하셧는데 형년이 82세이시다. 그는 말년에 崎嶇한 신세로 지내시다가 終是 이역에서 도라가셧으니 실로 遺恨이 많으셨으리라 한다

서간도 초기 이주와 신흥학교시대 회고기-일 기자(一 記者)

서간도의 지위

중국 동삼성에는 우리 백만명의 동포가 거주하는 곳이다. 그중에도 吉林省과 遼寧省에 만이 사는대 長白山을 界限하야 그 이동을 북간도라 하고 그 이서를 서간도라 칭하나니 북간도에는 우리 동포의 이주한 연대가 비교적 좀 일넛으나 서간도는 경무년 이전까지만 해도 300리에 1戶, 500리에 1戶도 잘 안되엿다. 그러다가 경무년 이후붙어 벗적 늘어서 오늘에는 거의 內地나 다름없는 感이 있게 되고 그 황야가 모

도 우리사람의 손으로 개척되엿다. 이곳 이주동포 중에는 본국에서 적에게 구박되여 口腹을 위하여 몰녀간 이도 居半이지만 우리가 나라를 적에게 빼앗긴 후에 적의 치하에서는 하루도 살기를 원치 아니하여 이곧으로 흘러나와서 復國運動을 닐으키려 한 이가 또한 대부분이다. 그래서 기미운동 이후에 이곧을 土台로 하야 각종 운동을 맹렬히 진행하엿거니와 장래에 우리의 整個的 활동을 행할 곧도 역시 이곧이다.

그러한 중요성을 가진 이 서간도가 처음에 어떠한 동기로 이주가 되엿으며 이곧에 주력적 사업으로는 무엇이 있엇든가가 본 문제에서 말하랴는 것이다. 中年에 와서는 각종의 단체와 기관과 사업과 활동이 만엇지만은 始初에 있어서 거의 만주운동의 기본적이오 원동력이라고 할 것 중의 하나로는 新興學校를 들지 안을 수 없고 이것을 드는 데는 新民會의 관계를 자연 말하게 된다.

신민회의 계획

적 일본의 併韓政策은 刻一刻으로 실현화하게 되여 한국의 운명이 旦夕에 달린 이때에 당시 국내에서 구국운동의 全責을 지고 거의 전부의 정수분자를 망라하여 비밀결사로 되여있든 신민회에서는 장래의 大計를 위하여 講究決定치 안을 수 없었다. 나라가 아조 망한 뒤에는 불가불 운동의 근거지를 국외에 두어야 하겠고, 그 지점을 선택하는 데는 국경에 連接되고 각항의 편익이 있는 서간도가 가장 적당하게 생각되엿다. 신민회의 간부회의의 결과로 서간도의 한 지방을 선택하여 거기에 동지들을 이주식히고 그리고 무관학교를 설립하여 무관을 양성하기로 결정하엿다.

그래서 이동녕씨를 서간도로 보내여 지점을 선택하게 하였는데 이 사명을 맡은 이동녕씨는 경무년 7월(바로 합병되기 전)에 떠나 서간도 桓仁縣 등지를 시찰하고 도라와 보고하엿다. 이때는 벌서 합병이 된 뒤임으로 급급히 동지를 이주식히기로 결정하고 위선 근거지설정에 要할 자금을 내 노흘 사람을 구하였는데 동지 중 李會榮氏와 그의 季氏 李始榮氏의 소개와 권고로 그의 仲氏 李石榮氏의 동의를 엇엇다. 그네 羣 형제 중에는 李石榮氏가 재산이 있엇는대 그는 일즉 과거하고 仕路에 단니다가 국사가 글러짐을 보고 掛冠隱退하야 鬱憤이 지내던 터임으로 곳 응락하고 전재산을 傾하여 7형제의 전 가족을 다리고 서간도로 이주하기로 결정하엿다.

이주 초의 광경

李東寧氏는 다시 몬저 서간도로 가서 만반의 준비하게 하고 李始榮氏는 비밀리에 가즌 계획으로 제반 준비를 주도히 하엿는데 토지는 歇價로 방매하고 大家는 팔아 小家를 사고 小家를 팔아 貰집에 드는 등 그 浩繁하던 살림을 漸漸 縮小식혀서 及其也 출발 시에는 각대를 분하여 각 정거장에서 몇 명식 따로 승차하게 하고 차 중에서는 비록 소아라도 서로 보고서 모르는체 하도록 미리 훈련을 식혓다. 이리하야 적의 이목을 교묘히 피하야 국경을 버서나 安東縣에 닐으니 때는 경무년(합병된 해) 12월경이다.

安東縣에서 朔餘을 留하다가 전 가족과 친척 及 傭人 전부 59인을 10餘輛 大車에 태워가지고 목적지로 향하야 桓仁縣 恒道川에 닐으러 거기에 몬저 와서 살든 李東寧氏 宅에서 얼마동안 留하고 또 蓮花浦를 것처서 장차 인연 깊을 柳河縣 三源浦로 옴겨가게 되엿다. 여기까지 함께 온 이는 張道順·張漢順 형제와 朱鎭洙氏가 있엇다. 간신히 萬接은 하여 놓앗으나 아직 정돈이 되지 못한데다가 국내로붙어는 망국의 한을 품고 서간도를 유일한 활로로 알고 찾아오는 사람이 매일 5인, 10여인이 연속하엿는대 그들은 물론 수중에 一分錢이 없는 赤身들이고 또 可信 不可信을 가릴 여지도 없이 一體로 수용치 안을 수 없엇다. 본래 약속하기는 新民會의 信票가 있는 사람만 接濟하기로 하고, 또 자금도 源源히 조달하여 주기로 하엿으나 국내에 있든 新民會 간부는 물론이요 회원까지라도 전부가 적에게 잪혓스니 그 약속을 시행할 수 없게 되엿음으로 그 全責을 먼저 이주한 이가 獨担하게 되엿다.

중국인의 배척

第一着으로 5·60명 인구가 다수한 大車에다가 泰山같은 짐을 싯고 온 것만으로도 중국인들이 놀나게 된데다가 매일 連續不絕히 오는 장정이 장차 그 수를 모를 지경이 되니 중국인이 一大恐怕을 늣겨서 배척운동을 닐으켜 가옥과 식량의 不賣同盟을 하엿다. 그래서 人命이 重하여 간신히 식량을 엇어 산다 하드라도 市價보다 2·3배를 더 주지 안으면 안되게 되엿다. 식량은 高價만 주면 혹시 엇어 살 수 있지만은 거처할 곧은 별도리가 없엇다. 그래서 부근에 얼마던지 있는 材木을 찍어다가 自作家屋을 건축하기로 하고 장정들이 器具를 마련하여 가지고 伐木에 착수하였다.
중국인들은 이것을 보고 더욱 큰 일이나 난 줄 알고서 회의를 하고 마차 100태에다가 한인 전부를 실어서 경외로 축출하기로 決定하엿다. 그러고 본즉 부득이 가옥건

축은 중지하고 간신한 양해하에 구축을 완화 식혀놓고는 농가에서 貯穀用으로 草幕(강낭우리) 지어둔 것을 이용하여 거기에 거처도 하면서 거기에서 아동교육을 시작하엿다. 중국인들이 처음에는 우리를 한 그 지방이나 요란하게 할 위험분자로만 알엇다가 차츰 두고 본즉 그들은 그 배척과 艱苦한 중에서도 교육에 치중하는 것을 보고서야 비로소 양해가 되여 그제붙어는 집도 빌려주고 각방으로 편의를 보아주엇다.

신흥학교사업

나라를 원수에게 빼앗기고 이를 다시 회복할 원동력을 배양하기 위하야 설립되고 또 그만한 실력양성의 성적을 나타낸 이 신흥학교가 처음에는 가즌 배척을 받어가면서 『강낭우리』(貯穀所)에서 거적자리를 펴고 시작하던 그 苦心과 그 참담한 것을 회고하니 실로 강개무량하다. 이러한 處地에서라도 아동을 교육하여야 하고 두사를 양성하여야 한다는 당시 그들의 한 조간 그 붉은 마음-그 뜨겁은 정성-그것밖에 그들에게는 아모것도 없엇을 것이다. 이 학교에는 보통교육으로 하야 原班, 군사교육으로 하야 특별반을 두엇고, 당시에 교무를 擔任하엿든 이는 張志順·李圭鳳·張道順·李東寧(軍事科)·李景爀 諸氏라 한다.

三源浦에서 학교기초를 일우워 가지고 그 후에는 三源浦에서 70里되는 哈蜜河(通化)에 옴겨가서는 토지도 사고 주택과 교사도 건축하야 기반이 공고하여지고 규모도 확장되엿는대 여긔서 붙어는 呂準·尹琦燮·金昌煥·李青天·梁奎烈·李世永 等 諸氏들도 校務에 專力하엿으며 이 학교의 출신이 약 800명이라 하고 成俊永·金勳·吳光鮮 이런 이들이 다 그 학교의 출신이라 한다. 만주 기타 각 방면에서 활동한 투사 중에는 이 학교 출신이 가장 만엇을 것이다. 이러한이만치 적 일본도 이 학교를 여간 嫉視한 것이 안이다. 신민회에서 그런 계획만 세우고 아직 학교의 기초도 잡이기 전이지만은 寺內總督 암살사건으로 新民會員들을 잡아다 놓고는 『너희가 서간도에 무관학교를 설립하고 무관을 양성하엿다가 美·日戰爭이 되는 때에는 독립전쟁을 하려 하엿지』하고 每名에 일률적으로 심문하엿다. 이러한 학교가 民國 3年 日人의 만주 出兵으로 인하야 폐교가 되엿으니 그 遺恨됨을 무엇에 비하랴.

李石榮氏의 功

서간도 이주의 선진자-그중에도 신흥학교의 유일한 공로자가 李石榮氏인 것을 아는 이가 매우 듬은 듯하다. 그의 공을 가히 알만한 이들도 그의 공을 세상에 공포치 안는 것 같다. 그는 누거만의 재산 전부를 가져다가 移住同胞接濟에와 신흥학교 경영에 전부 탕진하고 말엇다. 그는 본래 국내에서 累代簪纓巨族으로 호화로운 생활을 하다가 망국의 한을 품고 고국을 떠나 이역에 와서 재산 전부를 없시하고 나종에는 지극히 곤궁한 생활을 하면서도 一毫의 원성이나 후회의 기색이 없고 태연하야 長者의 풍이 있엇을 뿐이다.

말년에 飢寒에 쫄니다가 2년 전 상해 一隅에서 無異於 굼머 도라가시다싶이 되신 이가 그처럼 공로 만흔 李石榮氏인 줄을 아는 이가 몇이나 되는지? 또 금년 5월 11일 상해 그의 족하 집에서 역시 가련한 신세로 도라가신이가 그의 家長을 따라 서간도에 와서 榮貴하든 몸으로써 親手로 독립군의 밥을 지어 먹이고 옷을 지어 닙이든 李石榮氏의 부인인 것을 아는 이가 몇이나 되는가? 그의 長者 圭駿氏는 다물단 단장으로 잇다가 年前 石家莊에서 작고하엿다. 당시 擧家하야 서간도에 이주한 7형제분은 이러하다.

李健榮(肯梧, 84, 生存)
子 圭龍·圭鉉·圭勛
李石榮(穎石, 82, 作故)
子 圭駿 死亡, 圭瑞 失蹤
李允榮(毅堂, 74, 作故)
子 圭鵬·圭麟
李會榮(友堂, 70, 3年 前 大連敵獄에서 作故)
子 圭鶴·圭虎·圭男
李始榮(省齋, 68)
子 圭鳳·圭鴻
李韶榮(無號, 62, 作故)
未亡人(在上海)
李護榮(無號, 在北方)
子 二(끝)
(국사편찬위원회, 『대한민국임시정부자료집』 35권 소재)

4. 조선민족혁명당 기관지 『앞길』 : 혁명성지순례

1935년 7월 5일 남경에서 창당된 조선민족혁명당에는 의열단·한국독립당·신한독립당 등 독립운동세력이 참여하였다. 당의黨義에서 "혁명적 수단을 통한 일제 침략세력의 박멸, 정치·경제·교육평등에 기초한 민주공화국의 건설 등"을 제시하였다. 당강黨綱에서는 "기본권 보장, 대규모 생산기관과 독점적 기업의 국유화, 토지의 국유화 및 농민 분배 등을 통한 민주집권제의 도입"을 결정하였다.

선전 및 기관지로 『민족혁명당 당보』, 『민족혁명』, 『우리들의 생활』, 『반도』, 『앞길』 등을 발간하였다. 그 중 『앞길』 <혁명성지순례>에 신흥무관학교에 대하여 총 11회에 걸쳐 수록하고 있어 조선민족혁명당의 신흥무관학교에 대한 평가와 인식에 큰 도움을 주고 있다. 특히 『앞길』 제10호(1937년 5월 3일)에서는 신흥무관학교가 어려움에 처했을 때, 윤기섭과 김창환의 노고가 컸음을 강조하고 있다. 이는 『한민』에서 이회영 6형제를 강조하는 것과 비교되는 부분이라고 볼 수 있다. 아울러 『앞날』 내용을 검토를 볼 때, 윤기섭의 회고가 기자의 글 작성에 도움을 준 것으로 보인다.

다만 현재 『앞길』은 5호(2), 6호(3), 7호(4), 10호(7), 13호(10), 14호(완) 등만이 남아 있어 전체적인 모습을 이해하는데는 일정한 한계가 있다. 특히 <혁명성지순례>(1)이 없는 것이 아쉽다. 앞으로 발굴되기를 기대한다.

한편 1930년대 중후반에 한국국민당과 조선민족혁명당의 기관지에서 각각 신흥무관학교에 대하여 비중있게 다루고 있는 점은 주목된다. 이것은 당시 신흥무관학교가 갖는 역사적 위상을 짐작케 하는 것이라고 판단된다. 즉, 다양한 독립운동세력들이 서로 경쟁적으로 신흥무관학교의 정통성을 계승하고 있음을 밝히고자 하고 있는 듯하다.

1. 『앞길』 제5호(1937년 3월 29일)

▣ 革命聖地 巡禮

間島 新興學校回憶 - 1,000餘名 朝鮮健兒가 復讎의 劍을 갈던 곳(2)

祖國光復의 偉大한 事業을 準備 實行함을 自期하며 革命靑年과 群衆을 養成 訓練한 責務를 自任한 指導人物인 그 先生네가 全 家族을 거느리고 새 策源地로 移住함을 얼핏 보고, 잘못 生覺하면 큰 失策이며 또 避亂을 兼하여 爲함이 아닌가 하는 疑惑도 없지 아니하리라마는, 그네들은 當時 社會程度에 있어서 內外國의 情勢에 매우 通達하고 新舊交替時期의 諸般社會相의 長短點을 잘 理解하는 先覺者들이엇다. 區區한 自己 家族의 安全을 爲하는 避亂을 兼코지 함도 아니오, 또 그 自身의 行動에 累됨이 없지 아니할 것도 잘 아는 바이엇다. 그러나 그분 네가 그와 같이 擧家移住함은 두 가지의 큰 決心과 苦衷이 있는 것이엇다. 첫째는 自己네가 祖國光復의 大業을 成功키 前에는 차라리 異城의 怨魂이 될지언정 敵의 羈絆과 蹂躪下에 있는 故土를 다시 밟지 않고져 함이며, 둘째는 自己네의 多情하고 사랑하는 父母, 兄弟, 妻子들이 얼마 동안 이나마 敵 日本의 奴隷됨을 참아보지 못하겟는 까닭이엇다. 이 얼마나 鞏固한 決心이며 沈痛한 移住이냐. 그러므로 그네들은 비록 草野蒙昧하고 ㅁ瑟荒凉한 異域(30年 前 西間島의 現狀이다)에서 扶老携幼하고 無雙한 困苦를 當하면서 旅裝도 다 풀기 前에 그와 같이 赤誠熱心으로 豫定한 計劃의 初期를 開始함이엿다.

하늘에는 헤아리지 못할 風雨가 있는 것과 같이 사람의 일에도 뜻 아니한 걱정이 있다. 이것이 큰 事業을 맡은 이에게 주는 自然의 訓練이라면 自然도 그대로만이 아니라 그 무슨 神秘한 뜻이 있지 않은가 하는 느낌이 없지 아니하다. 그 周密한 計劃, 그 純眞한 赤誠, 그 大無畏의 行動, 一片丹心으로 오즉 祖國光復의 事業進行에만 獻身邁進하는 그분네의 첫 거름의 앞에 두 가지의 큰 障礙가 닥치어서 困

苦 위에 한 層더 큰 困苦를 주엇고, 進行初步의 劈頭에 한 큰 挫折을 받게 하엿으니, 그 하나는, 敵 日本의 所謂 朝鮮總督 寺內正毅 暗殺陰謀事件의 發露이오, 또 하나는 土着住民인 淸人의 排斥事件이엿다.

所謂 寺內正毅 暗殺陰謀事件이란 것은 强盜 日本이 所謂 日韓合併條約을 勒締하여 朝鮮民族이 長久하게 하여오던 國家生活의 一切을 破滅 蹂躪한 卽後로 한 거름 더 나가서 全國에 남아있는 愛國志士와 光復運動의 領導者들을 一網打盡하여 그 運動의 뿌리를 뽑고 强壓의 威力으로, 全 朝鮮民族을 慴服코저 하는 陰謀로, 機會만 엿보고 있던 中, 이事件의 發露를 憑藉하여 百方 耕織하여 4244年(1911년-필자주) 辛亥春間붙어 數年을 걸치어 野獸의 本能的 獰猙行動을 發露하여 內外의 耳目을 驚動케 한 一大 疑獄事件이라. 지금까지 朝鮮民族의 深刻한 印象이 새롭은지라. 다시 悵惶하게 말할 것도 없거니와 이 事件으로 말미암아 國內에 있어서 西間島 經營의 各 事務를 分擔進行하던 各 同志들은 敵에게 擧皆 被捕되어 資金의 調達 , 交通網施設, 優秀靑年의 徵集派遣의 其他 一切 計劃과 進行의 根柢까지 破壞되여, 事業施設이 中斷되고, 先頭部隊로 渡來한 指導者인 그네와 그네들을 追隨하여 移住한 其他 同胞들은 獨立無援의 悲境에 빠지엇다.
그러한 中, 土着淸人의 排斥事件이 또 잇달어 이어 突發하엿다. 이것이 비록 土着人의 蒙昧와 流浪同胞의 無知와 처음 보는 多數 移住人의 行色들로 말미암아서 일어난 謠言으로서 生긴 것이나, 이것이야말로 참 뜻밖이라. 孤立無援의 悲境을 當한 그네들은 進退兩難의 窮境에 빠지엇으니, 그 困苦의 狀況이야 어찌 붓으로 그 萬一이나마 形容할 수 있으랴. 몸소 그 맛을 못 본 이는 到底히 豫想키도 어렵울만 하엿엇다. (계속)

2. 『앞길』 제6호(1937년 4월 5일)

▣ 革命聖地巡禮

間島 新興學校 回憶 - 1,000餘名 朝鮮 健兒가 復讎의 劍을 갈던 곳(3)

原來 西間島라는 一帶地方은 淸朝의 發祥地로서 數百年間 封禁되엇던 龍崗, 처음에는 白頭山 西南山脈의 基源을 指稱함이엇으나 그 後 ㅁ禁官의 糊塗로 그 山脈의 千餘里間의 大韓을 總稱하게 되엇음의 地域이라. 人民의 住居를 不許하여

山野가 荒蕪한대로 나리어오다가, 淸朝의 末葉에 이르어 山東 直隷(今 河北)·河南 等 省의 貧窮民이 漸漸 移住함을 짧아서 若干의 山野가 開拓되고, 10數縣의 縣治를 設置하엿으나, 人口은 極少하고, 交通은 阻塞하고, 政治는 頹蔽하여, ㅁ子(所謂 馬賊)는 到處에 跳ㅁㅁㅁㅁㅁ와 奸商(所謂 大粮戶)은 細窮民의 膏血을 搾取할 뿐, 文化의 開發은 度外로 視하므로, 人民은 擧皆 蒙昧하여 비록 革帶水인 鴨綠江 하나를 隔한 隣國이언마는, 그의 國名 좇아 바로 알지 못하고, 힌옷 입은 韓國人을 보면 오즉 꿔린(高麗)라고 불러서, 姓金哥는 '진꿔리', 姓李哥는 '리꿔리'라 할 뿐이오, 韓國人의 衣冠文物이 어떠한지도 모르는 터이니, 어찌 그 政治의 變局을 알 수 있으랴.

그러한 中, 그 時期까지에 그 一帶地方에 暗密히 移住한 農民과 流浪하는 若干의 同胞가 있엇으나, 모두다 맨 상투바람에 수건만 동이고, 동저구리 바람으로 단니는 분네만 보던 그네들은, 이 힌옷 입은 꿔리로서 衣冠이 整齊하고 容貌와 擧止가 端止한 多數한 男女老幼가 數十國의 大小車(이 大車와 小車는 그 ㅁㅁ 滿洲地方의 唯一한 交通器具인데, 그 制式은 우리나라의 소달구지와 같은 笨重한 二輪車이다. 所謂 大車는 4.54 乃及 6.54의 馬이나 노새로 끌게 하는데, 貨物運輸에 쓰며, 間或 乘座도 하고, 小車는 1.24 乃至 2.34의 馬이나 노새로 끌게 하는데, 車우에 가마같이 휘帳을 둘러서, 全혀 乘用에 쓰며, 間或 輕使한 貨物을 運輸함에 쓰기도 하는 것이라. 그런데 이것들도 氷凍期外에는 거의 廢用되는 것이라)로 1隊, 1隊式 前進하매 土人들은 오즉 驚異 또는 疑懼한 눈으로 어떠한 큰 富者나 富貴한 大官들의 行動인줄만 녀기는데, 더구나 手巾 동이고 流浪하는 無識한 同胞님네는, 이 主人들에게 無責任한 말로 그네들을 가르치어 韓國의 富者이오, 高貴한 大官들이 오는 것이라 하매, 謠言이 漸次 일어나서 或은 꿔리 '의금(임금-필자주)'이 나라를 日本에게 빼앗기로 좇기어 오는 것이라고 하며, 或은 '꺼리'의 逆賊을 李完用의 兄弟 中에서, 日本의 傀儡로 ㅁㅁ한 兵器를 暗藏하고, 滿洲까지 侵奪하려고 오는 것이라고 하는 別別 流ㅁ이 돌아단니게 되매, 無識하고 腐敗한 地方官憲들은 一方으로는 疑訝도 하며, 一方으로도 賄賂도 期望하고, 軍隊을 調動하여, 爲先 ㅁㅁㅁ·柳河縣·三源浦 等地에 先着한 이들의 寓所를 包圍搜索하며, 或은 陸續前進하는 이들을 各 中華에서 ㅁㅁ하야, 道中 炭館에서 滯留彷徨케 되엿다. 그러나 無根의 謠言은 事實이 證明하는 바이라. 大ㅁ을 臨하는 것과 같은 氣勢로 對하든 無知한 軍警은 事實의 無根임을 目睹하고, 또 우리의 領導者들의

誠懇親知한 규明에 依하여, 誤解는 적이 풀리고, 各地의 交ㅁ遮 ㅁ니어서 後續部隊가 陸續히 目的地에 거의 集中게 되엇다.
그러나 그 者들은 그 心中에 은근이 바라든 賂物도 한 가지 엇지 못하엿음으로, 탈잡을 거리가 없어 外面으로는 事情을 表示하엿으나, 가만히 住民을 誘惑·恐喝하여 家屋의 出ㅁ·柴糧·油鹽·蔬菜들의, ㅁ易, 품군의 雇傭, 耕作地의 賃貸를 禁止케 하고, 甚至於 豫先ㅁ置하엿든 土地까지도 實主를 恐喝하여 畢竟은 還退케 하엿다(계속).

3. 『앞길』 제7호(1937년 4월 12일)

▣ 革命聖地 巡禮

間島 新興學校 回憶 - 1,000餘名 朝鮮 健兒가 復讎의 劍을 갈던 곳(4)

이 困境을 當한 數百人의 移住同胞는 할 수 없이 高額의 貰金으로 十數間의 數屋을 租得하여 老弱 婦女들로 雨雪을 僅避케 하고, 一部의 壯丁은 '허깐'과 空'강낭장자'(강낭이삭을 貯藏하는 우리나라 '원두막' 같은 木柵庫間이나 雜粮과 豆ㅁ를 貯藏하는 土窟 等)에서 起居하며 十數里 外의 山村으로 다니며, 2~3倍 高價 柴粮을 僅僅히 購入하여, 그날 그날의 糊口를 할 이엇다. 이러케라도 購買한 粟은 住民들의 먹지 못하게 된 썩은 것임으로 아무리 3~4次 우리어낸 後에 지은 밥이라도, 그 썩은 惡臭가 코를 찌를뿐더러, 貌樣과 끈기는 惶송한 말이나마 豚糞과 恰似하엿고, 所謂 飯饌이란 것은, 鹽水에 졸린 大豆 又는 '메주콩'에 소곰 느어 찡은 急造制 국뿐이엿다.
그러나 如斯히 寢食에 極度의 困難을 當하는 數百의 男女老幼는 1人이라도 怨色이 없고 오직 將來의 目的達成의 希望과 自信만이 있엇을 뿐이다. 不少한 農民들은 비록 農土를 借得하지 못하여, 모두다 失農하엿고, 若干의 携帶하엿던 金額은 全部 消費되엿으나 서로 扶助하며 서로 激勵하여가며, 배우는 이 배우고, 가르치는 이는 가르치어, 秋毫도 懶怠함이 없스며, 領導者인 先輩네는 移住同胞의 安頓과 指導에 盡忠하는 一方으로, 土着人의 覺醒과 淸國革命黨의 聯絡에 盡力하여, 漸漸 排斥의 風潮를 消散케 하고, 同情의 心經를 誘發케 하엿다. 그네들의 苦心慘憺의 勞力은 참으로 局外人의 미히 느끼지 못할 바가 만으리라.

이와가치 1年餘를 至極困苦와 奮鬪하며, 堅靭不拔의 努力으로 內外 兼顧하면서, 4245年(1912年 卽 中華民國 元年)壬子 春間에 이르러서는, 우리의 領導者네와 訓練밧던 健兒들은 武裝을 完備하고 中國革命軍에 直接 參加하여 先鋒隊의 任務를 自擔하여, 兵不血刃하고 柳河縣 佔領에 成功의 光輝를 나타내엿다. 이것이 비록 韓國 光復健兒의 한 자그마한 初試驗이엇으나마, 中國革命軍의 欽佩 附近一帶와 住民의 驚歎을 바다, 비로소 地方有志의 厚한 同情과 一般 土人의 깊은 信任을 받아, 前途의 曙光을 엇게 되매, 적이 自慰와 愉快를 느끼게 되엿엇다. 이와같이 두 가지 難關 中, 土人의 排斥인 한 難關은 突破하엿을 뿐 아니라, 도로혀 그네들의 歡迎과 幇助를 엇엇으며, 又 復國運動에 끗까지 奮鬪努力하다가, 敵의 無雙한 强壓으로 含淚亡命하는 이, 敵의 臣妾되믈 부끄럽게 여기어, 率家出國하는 이, 敵의 搾取와 侵奪로 生業을 잃고 男負女戴하여 流離飄泊하는 이들의 聞風渡來하는 同胞가 不絕히 移住하니, 資金의 調達만 如意하게 되엿으면, 豫定한 計劃대로 經營하게는 되엇으나, 不幸히도 敵 總督의 暗殺陰謀事件이란 疑獄事件은 去益 擴大되어, 國內 同志와의 交通聯絡이 頓絕되메, 이 難關의 突破는 到底히 다시 엇지할 일이 없게 되고 말앗다.

그러나 그네들은 一方으로는 土着 大粮戶의 山野荒地(間或 墊地)를 租得하여 移住同胞로 開墾奠接케 하며, 一方으로는 耕學社의 發展과 新興講習所의 整頓擴張에 專心努力하엿다. 新興講習所는 처음에 移住人士의 中道廢學한 子弟와 聞風集合된 靑年들의 無事閒遊함을 愛惜히 여기어 그 愴ㅁ한 中에도 爲先 應急施設한 것이라. 그럼으로 그 內容의 設備는 아모것도 없엇다. 租得한 頹農幕 1間은 自炊의 '부억'을 삼고, 남은 2間은 急造 바루우에 날집을 펴고 삿자리를 깔고, 또 삿자리를 間막아 數區로 나누어 敎室과 寢室로 兼用하고(이때에 이것이 禮拜堂도 되고 公會堂도 되엇다), 學生들은 삿자리 우에 앉아서 무릎 우에 空册을 놓고 筆記하며 배우엇고, 敎師는 口述 又는 筆記를 하여 주엇다(계속).

4. 『앞길』 제10호(1937년 5월 3일)

▣ 革命聖地 巡禮

間島 新興學校 回憶 - 熱血 健兒 屯田制로 羣山秋月에 讀兵書(7)

이때에 會衆은 悲憤慷慨한 語調로 부르짖엇다. '우리들이 亡國의 悲痛을 當한 後

에 傾家破産하고 扶老携幼하면서 渡江北來 以來 2年間에 含苦茹辛하면서 惡劣한 環境과 惡戰苦鬪하다가 우리의 最要事業인 獨立軍 養成의 機關이 新興學校를 維持 發展치 못하고 이제 廢止하게 되엇으니, 이는 卽 우리의 渡江한 目的을 잃은 것이며, 西間島 經營의 失敗와 無望을 宣言함이니, 耕學社의 虛名은 두어서 무엇 하느냐'하고, 卽時 耕學社조차 解散하고 말앗다. 이때의 이 悲壯沈痛한 光景이야말로 이로 形言할 수 없엇다.
新興學校의 前途 興廢에 對하여 極大한 關心을 가지고 緊張한 態度로 이 會議에 끝까지 參席한 25歲의 한 靑年과 40歲의 한 壯年이 있엇다. 이 靑年은 곳 新興學校의 校監인 尹琦燮氏이며, 壯年人士는 同校 敎師의 1人인 秋堂 金昌煥氏이다(金昌煥氏는 同年 秋間에 京城으로붙어 渡來하신 한 退役軍人인데, 新興學校의 敎務를 分擔한 先生이다). 이 決議와 이 光景을 본 尹琦燮氏는 泰然히 일어나서, 堅決한 決心과 壯重한 氣槪로 會衆에 宣布하여 말하되, "나는 여러분의 이 新興學校 廢止와 耕學社의 解散의 悲壯한 決議에 對하여 極히 痛心하는 바이요, 우리가 多年間 苦心 計劃하고 2年餘間 此地에서 險惡한 環境과 惡戰苦鬪하여 오던 이날에 이와 같은 決議를 하신 여러분의 心臟이야말로 조각조각 찢어지고 마듸마듸 끊어지는듯 하심을 잘 아는 것이요. 그러나 우리는 百尺竿頭에 一步를 更進하는 餘勇이 있어야 하고, 우리가 비록 不意의 打擊과 環境의 惡劣로 因하여 豫定한 計劃대로 實現하기는 不能하게 되엇다 할지라도, 우리의 이 西間島 經營의 前途가 아조 無望한 것은 아니요. 그러므로 여러분이 비록 이러한 決議를 하엿을지라도 나는 이 新興學校 하나만은 나의 全 生命을 犧牲할지라도 긔어히 維持하고 發展케 하기를 自擔하오. 그러한즉 여러분은 各各 心力이 자라는 限까지 도으심을 바라오."하고 氏는 이 廢止하기로 決定한 新興學校의 繼續, 維持, 發展의 全責을 自擔하엿다.

이에 金昌煥先生은 滿腔의 熱誠으로 尹琦燮氏의 宣言에 讚同하여 말하되 "우리의 有力한 同志의 多數는 비록 敵에게 俘虜되엇으나, 남아있는 同志가 적지 않고 또 亡國의 큰 恥辱을 씻으려고 우리를 隨從하여 渡來한 愛國의 同胞가 적지 않으며, 또는 不絶히 渡來하오. 그리하고 此地의 環境을 볼지라도, 먼저 오신 여러분 同志들의 奮鬪 努力으로 이만콤 開拓하여 놓앗는데, 至今 移住同胞의 全體가 비록 飢餓에 呻吟할지라도, 이제 이 西間島 經營의 失敗를 宣布하고 손을 뗀다면, 이것은 前功이 可惜할뿐 아니라, 이미 渡來한 同胞와 繼續 不絶히 渡來하는 同

胞와 靑年學生에게 落望을 줄 뿐이며, 우리의 本來 目的에 相異하는 것이니 ,이 것은 우리가 참아 못할 것이오. 우리의 至今 處地는 비록 할 수 없는 苦境에 빠졋으나, 우리의 前途는 오즉 光明이 있을 뿐이오. 나는 비록 無識하고 鹵莽한 武夫의 하나이나, 아즉까지는 나의 體力이 健康하니, 이 體力이 堪當할 수 있는 때까지는 이 新興學校를 爲하여 尹琦燮君과 함께 그 責任을 分擔하겟소. 尹琦燮君, 君은 學校안에 있어서 校務의 處理와 學生의 敎導訓練에 專力하시오. 나는 밖으루 돌아다니면서 學校經費의 募捐과 學校支持의 應援者 獲得에 專力하리다 하고 그 決心과 勇氣를 表白하엿다.

이 두 분의 힘 있는 表示를 드른 會衆은, 그 悲壯한 氣分 中에서도 各各 絕叫하되, '우리의 慘淡經營하여 오다가 不幸히 顚覆되엿든 우리 敎育機關인 新興學校는 이 두 同志의 犧牲的 決心과 忠勇한 負責으로 다시 일어서게 되엿다. 우리는 비록 飢餓에 呻吟할지라도 各自 心力이 밎이는 데까지 도아보자'하고, 그 悲壯失望하던 中에서도, 적이 自慰의 心懷를 가지고 이 耕學社의 最終會議를 마치엇다. 이 會議가 끝나자 卽時 尹琦燮· 金昌煥 두 先生은 學校로(이 新興學校 있는 通化縣 哈泥河와 柳河縣 鄒家街는 그 相距가 70餘里이다) 도라와서, 이 會議의 結果를 苦待하든 敎職員과 學生 全體에까지 이 事實을 報告하고, 이어서 新興學校의 前途 發展과 西間島 經營의 成就는 卽 우리 師生 自身의 全體 血誠에 달리엇음을 드러서, 至誠懇側히 說明하고, 各自 自由의 再決心을 求하엿다. 이 誠懇한 說明을 드른 數十 健兒인 學生 全體는 衆口一聲으로 前途 開拓의 自任을 盟誓하매, 그 堅固한 決心과 英勇한 氣魄은 如何한 障礙이라도 一蹴粉碎하기에 어려움이 없을만 하엿다.(계속)

5. 『앞길』 제11호(1937년 5월 10일)

▣ 革命聖地 巡禮

間島 新興學校 回憶 - 熱血 健兒 屯田制로 羣山秋月에 讀兵書(8)

이에 尹琦燮· 金昌煥 兩氏는 다시 校職員을 整頓하여 李哲榮(校長), 尹琦燮(校監), 金昌煥· 成俊用· 李圭鳳· 金基東(以上 敎師) 諸氏로 校務를 分擔케 하고, 師生 一同이 協力一致하여 春期 開學準備에 極力 奮鬪하매, 惡風暴雨와 驚濤駭浪에

顚遼되엇든 新興學校는 다시 間島社會의 一大支柱로 屹然 不動히 서게 되엇다.
翌年(4246年-1913년 필자주)癸丑 春期부터는 師生 一同이 그 決心한 새 勇氣와 새 精神으로 前途 開拓에 協心 奮鬪하엿다. 그리하야 金昌煥先生은 各地로 도라다니며 日常 經費의 募捐도 하며 學校維持 讚成者도 徵求하며, 尹琦燮先生은 校內에 있어서 敎育과 經理의 一切 責任을 負擔하고 諸 敎師를 督勵하여 學生訓練에 專力하여 或은 敎室에서 學科를 敎授하며 或은 敎練場에서 敎練을 實施하며, 學術科를 마친 餘暇에는 敎舍 寄宿舍와 校具, 炊飯具들을 修理 補充하는 木手도 되고 미장이도 되며, 或은 菜蔬를 가꾸는 ㅁ圃丁도 되며, 或은 一般 學生을 다리고 開荒하는 農夫도 되고, 採薪하는 樵夫도 또는 暫時間을 더러서 軍事學의 翻譯編찬에 從事하는 編譯員도 되어, 早晨부터 夜中까지 可謂 百土의 使役을 一身으로 兼行하엿다. 그러나 移住하는 모든 同胞들은 新開拓地에 依例있는 水土不服 及 其他 各種 疾病, 氣候의 寒冷, 生疎한 地方의 土壤의 性質과 氣象의 變動 及 其 耕作法에 서투른 諸種故障으로 失農 或은 歉收로 因하여, 生活安定이 不可能하므로 모두다 學校를 援助할 마음은 넉넉하나 物質을 補助할 能力은 極히 貧弱하므로, 學校 生計도 따라서 그 艱難이 莫甚하엿다.

記者가 近間 尹琦燮先生에게 드른 그때, 그 學校에서 격근 艱苦狀況 中, 이러한 2·3句의 말로써 그 一般을 可히 想像할 수 있엇다. 그 先生은 距今 26年 前부터 以來 9個年間 新興學校 服務時代의 艱難狀況 回想談中 이러한 말이 있다. '3日間 굶으면서 每日 5·6時間 敎授와 7·8雜務를 보앗는데 2日間까지는 如常하더니 第3日晩間에는 眩氣가 좀 나더라. 15日間 간을 못 먹어보앗는데, 7·8日까지는 잘 가꾸어 기른 푸성기 국 맛이 如前하더니, 그後부터는 맛(味)이 漸減하더라. 겹옷을 입고 밀집帽子에 여름 신을 신고 積雪中에서 戰鬪演習을 實施하여보니 추위를 忍耐못할 것은 없으나 手足과 귀(耳)가 좀 시리더라. 夏節날 下學 後에는 가끔 學校 언덕 下로 흐르는 江에 가서 입은 고이 적삼을 빠라 널고 그것이 마르기를 기다리면서 맑은 물에 몸을 씻다가 빠라 말린 옷(衣)을 거더 입고 오는 것도 一種의 운치스럽더라'고 하시더라. 그때 諸 先生들이 이러한 것을 격어감은 그 精神으로는 勿論 臥薪嘗膽의 實踐이리라마는 그 實質의 情況으로는 西間島社會의 經濟情勢의 驅迫이엿다. 그러나 그네는 오즉 至誠뿐이며 勇氣뿐이며 希望의 信뿐이엿다. 그네는 眞實로 間島社會의 支柱이엿으며 間島運動의 開拓者이며 播種耕耘者이엇다. 尹琦燮·金昌煥 두 先生의 至誠奮鬪로 數年을 支持하여 오매 學生은 漸漸

增加하여가고 學校는 加一層 뿌리가 바키엿다. 이때에 內地로서 老少의 指導者들이 漸次 渡來하엿으니 그 中 許性山, 呂準, 李沰, 金東三, 李震山, 崔中山, 南廷燮 諸 先生은 가장 奮鬪 努力하든 人士이다. 이에 爲先 新興學校 維持 讚成者를 糾合하여 敎育會를 組織하고 學校의 經營 發展에 協力할새, 呂準先生은 學校校長으로, 南廷燮先生은 學校 經理로, 李沰先生은 敎育會 會長으로 各各 就任되어 一致 努力하매 學校의 前途는 漸次 曙光이 빛이엇다.

耕學社가 解放되매 李東寧, 李會榮, 張裕淳, 李始榮, 金榮璿, 金衡植, 朴元根 諸氏는 或은 俄領 沿海州로, 或은 北滿 中東線 附近으로, 或은 奉天으로, 或은 內地로 各各 散布하여 互相 聯絡하매, 初志貫澈에 努力하엿으나 間島經營에는 何等의 助力을 주지 못하엿고, 其餘의 指導者들은 各各 鄕里, 親戚, 宗教 等의 親疎同異와 農作地 承租의 便否를 딿아서 附近 各縣에 散居케 되고, 그後 數年間 陸續不絶히 移住하는 同胞들도 亦是 先住者의 引導로 各各 自身의 關係를 딿아 部分部分히 集居케 되매, 各縣 各地에 自然的 部落이 漸次 形成케 되고 移住同胞의 總數는 數千戶에 達하게 되엇다. 이에 各 指導者들은 이 數千戶 移住同胞의 統一 指導와 各 部落 兒童의 敎育을 爲하여 自治團體組織의 必要를 切感하게 되엇다.(계속)

6. 『앞길』 第13호(1937년 5월 24일)

▣ 革命聖地 巡禮

間島 新興學校 回憶 - 熱血健兒 屯田制로 羣山秋月에 讀兵書(十)

4252年(1919년-필자주) 己未 3月初에 各團體代表 會議를 柳河縣 孤山子에서 開하든 中에서, 3·1運動의 報道와 獨立宣言文이 來到되매, 代表全體는 歡喜와 興奮中에서 盛大한 祝賀式을 行하고, 會議를 急速進行하여 各團體를 一切 解消하고, 韓族會로 改組하며 自治行政을 專力케하고, 一方으로는 軍事에 關한 最高機關으로 西間島軍政府를 組織하고, 軍令과 軍政을 統轄하여 軍事活動의 準備에 專力케 하엿다. 이때야말로 實로 10年間 刻苦 堅忍하면서 奮鬪養成하여 오든 數千健兒의 英勇한 威力을 한번 試驗할 時機에 臨하엿다. 그리하여 비록 軍費와 武器는 缺乏하나 오즉 赤誠과 熱血로 全間島의 住民들은 軍事活動準備에 一致 勢力하매 그 進行은 可謂 1日 千里之勢로 進展되엇다.

3·1運動은 5,000年 歷史를 繼繼相承하여 오든 祖國을 異族日本에게 强奪當한

後 10年間 切齒痛恨하며 雪恥光復코져 日夜苦心하든 朝鮮民族의 劃期的 運動이라. 그리하여 內地同胞의 徒手搏敵이 壯烈한 運動에 應하여 滿洲와 俄領의 數百萬 僑胞들은 兵力으로써 敵을 殲滅코저 武裝隊伍의 編成 訓練에 專力하엿다. 이에 新興學校는 間島社會의 中心이 되어 10年間 努力養成한 千餘의 軍人을 基本삼고, 또다시 內地로서 陸續渡來하는 熱血靑年과 本地에서 農具를 던지고 일어나는 農村壯少年 等 4, 5百人을 募集하여 6個月을 一期식 삼고, 3個 處所에 分部 訓練하엿다. 第1部는 約 200名을 選拔하여, 柳河縣 孤山子 本校에서 尹琦燮, 成俊用 先生이 負責(校長 李世永先生은 軍政府職務에 奔忙함으로 尹琦燮先生의 校長의 職務를 代理하엿다) 訓練하고, 第2部 約 200餘人은 通化縣 哈呢河 原校舍(地主中國人 張九卿先生이 無償貸供하엿다)에서 梁圭烈氏(武官學校出身으로서 韓國時代의 將校인데, 數年前부터 新興學校에서 敎務을 擔任하엿다)로 負責訓練케 하고, 第3部 約 100餘人은 通化縣 快當子에서(孤山子本校에서 約 170里, 哈泥河帽에서 約 100里되는 通化縣 南方) 金昌煥先生으로 負責訓練케하고, 軍政府에서는 作戰軍의 編成 及 其作戰에 關한 計劃과 後方策源地의 防禦準備와 軍費 及 武器의 調達에 專力하엿다.

此時에 上海로서 大韓民國 臨時政府의 成立과 10個條의 臨時憲章의 發布의 報道가 到達되자, 西間島軍政府에서는 '한나라의 獨立運動에 當하여 數個의 政府가 同時에 各地에 併立함은 곳 運動의 統一指導와 또는 友邦의 援助를 盡得함에 極히 不利한 바이라'하여 李沰· 王三德(尹琦燮先生이 代表로 先任되엇섯으나 그는 校務에 專力코져하여 代表를 辭免한 까닭이다) 兩氏를 代表로 삼아, 上海에 派送하여 臨時政府와 協議한 結果, 軍政府를 西間島 軍政署로 改組하고, 軍事上 切實한 聯係를 取케 하엿다. 이리하여 軍事의 準備를 着着進行中, 同年 夏間에 日本으로서 李靑天· 金擎天(다 敵日本의 軍隊에서 服務하든 現役 將校로서 3·1運動 後에 脫走渡來하여 光復運動에 參加하기로 한 이), 內地로서 申八均(韓國時代의 將校), 上海로서 李範奭· 裵天澤(다 雲南講武堂學校 畢業生) 諸氏가 來投함으로, 李靑天· 金擎天· 李範奭 諸氏는 新興學校에서, 裵天澤· 申八均 諸氏는 軍政署에서 服務케 하엿다.

[訂正]

本文續 第9號 上欄 第31行 '數萬餘戶의 移住民을 統轄하엿다'의 下에 下記 1段이 印刷部의 過誤로 脫落되엇기 玆에 添入訂正함.

이와 같이 各區域에 自治行政이 實施되며 小學校와 勞働夜學이 蔚興하게 되매 新興學校는 그 4,5年間 訓練하엿든 數十靑年의 鬪士를 選發하여 各區域學校의 教育任務를 分擔케하고, 이 教育機關을 中心 삼아, 一方으로는 農隙과 夜間을 利用하여 農村靑年에게 軍事訓練을 實施하며 一般住民에게 軍人情神을 普及시키며, 一方으로는 村民을 誘導扶腋하여 自治行政을 協助케 하고, 一方으로는 新興學校의 卒業生으로 新興學友團을 組織하여 教師 成俊用(玄圍)先生(學友團長을 兼任)의 直接 指導下에서 將校團의 責任을 負하고, 各區域에서 軍事訓練을 받은 靑年들의 組織指導에 專力하여, 軍의 編成 訓練 及 其軍事行政의 基礎를 奠定하엿다.

7. 『앞길』 제14호(1937년 5월 31일)

▣ 革命聖地 巡禮

間島 新興學校 回憶 - 熱血健兒, 屯田制로 羣山秋月에 讀兵書(完)

이에 西間島의 軍事進行의 聲勢가 날로 높아가매, 敵日本은 內地 各處에서 일어나는 運動大衆의 虐殺屠戮에 瘋狂屠突하는 中, 一方으로는 滿洲에서 일어나는 獨立軍의 進攻을 爲하여 爲先 當地官憲에게 新興學校의 解散과 獨立運動의 禁止를 嚴重交涉하며, 一邊으로는 直接으로 出兵進攻 氣勢를 보이게 되엿다. 그러나 間島에서 10年間 忽痛準備하든 軍民全體와 內地에 悲絕壯絕한 鬪爭을 하다가 渡來한 靑年勇士들은 敵을 一擧에 殲滅할 決心과 勇氣가 充溢함으로, 조곰도 忌憚 動搖함이 없이 一意奮鬪하엿다. 淸朝末葉의 腐敗한 政治로 由한 人民의 不平을 代抱하고 落草한 綠林豪客의 抑强規約하던 義俠의 本色을 全失하고 掠奪만을 專事하는 滿洲馬賊은 新興學校에 武器와 金錢이 豊富히 貯藏되여있다는 風設을 聞하고, 此를 掠奪코저 各幇(馬賊의 集團)은 제각금 來襲하려 한다는 情報가 日夜로 報到되매, 一般學生 그 中 더욱 滿洲馬賊은 殺人如麻한다는 傳說만을 드른 內地로서 新渡한 學生들은 밤에 잠을 자지 못하여 健康이 害롭고 心緖가 棲屑하여저서 學術의 訓練에 不少한 障碍을 받게 되매, 校長代理 尹琦燮先生은 此를 憂慮하여 學生에게 訓誨하되 馬賊의 目的은 物質掠奪에 있고 人命殺害에 있는 것이 아니니 우리가 不幸히 그들의 襲擊을 當할지라도 若干의 物質損失은

當할지라도 生命의 危害는 없을 것이요. 萬一 그들과 衝突을 始作한다면, 우리는 그들 防禦에 餘念이 없게 될지라. 이는 우리의 目的하는 일에 莫大한 損失을 받을 것이요. 또 設使 若干의 物質損害를 當하거나 身體의 傷害를 받는다 할지라도, 大無畏의 精神을 가지고 敵日本을 殲滅코저 勇往邁進하는 우리로서 고만한 風說의 影響을 받아 心緖가 棲屑하고 健康을 自損함은 우리의 取할바가 아니니, 各自 安心하고 學術科에 專心專力하여 所期한 目標를 向하여 一意 邁進하자고 鼓勵하매, 全體 學生은 다시 泰然鎭定되여 學術練習에 日夜盡力하엿다.

是年夏間에 馬賊의 夜襲을 突遭하여, 尹琦燮先生과 敎師 1名, 學生 3名이 人質로 被綁되엇다가 約 1週間만에 4人은 逃脫回校하엿고, 尹琦燮先生만은 馬賊에게 拘禁되여 돌아오지 못하엿다. 이러한 中, 校內에서는 一部學生과 幾個 敎師의 血氣的 過誤로 一大事變이 生起여서 校長 李世永씨는 免職査判을 當하고, 若干의 敎師와 學生은 畏罪逃避하고, 倭敵은 此事變을 機會삼아 直接干涉코저 하매, 其餘學生은 各自 散去하고, 學校는 不得已 自動閉鎖되여 不少한 曲折을 當하게 되엿다. 賊窟에 拘禁되여 이 事情은 阻隔되고 日夜苦刑을 當하다가 40餘日만에 놓이여 돌아온 尹琦燮先生은 비로소 이 情景을 보고 非常이 痛心하엿다. 그러나 學校는 一時라도 停止할 수 없다하며, 이에 學校隊長 成俊用先生과 議論하고, 곳 軍政署에 要求하여 또 卽時 학생 100餘人을 募集하여 그 해 年末까지 訓練을 맞이엿다. 그러나 賊勢는 더욱 侵襲되여 間島에서도 軍士訓練을 從前과 가치 繼續하기 不能하게 되엿다.

4253年(1920년-필자주) 庚申 初에 軍政署는 그 訓練方針을 변更하여 爲先 卒業生中 數百人을 選拔하여 敎成隊를 編成하여 哈泥河에 集中訓練케 하고, 成俊用先生(尹琦燮先生은 臨時議政院 議員으로 被選되어 上海로 갓다)을 代表로 北間島에 派送하여, 一方으로는 第 2收容地를 選定케 하고, 一方으로는 北軍政署(金佐鎭, 李章[東]寧, 玄天默, 徐一 等 諸氏가 3·1運動後부터 汪淸縣地方에서 士官養成所를 設立하여 數百人의 軍人을 養成하며 軍政署를 組織하여 軍事準備에 專力하엿다) 及 其他 獨立運動 機關을 聯結케 하엿다. 이에 成俊用先生은 同僚 數人을 다리고 北間島로 向하다가, 白頭山 밑 安圖縣에 至하여, 第2 收容地를 擇定하고 北軍政署에 至하여 彼此合同行動하기를 約定하고, 其他 各機關과 聯絡을 取케하고, 回來 復命하매, 同年 初秋에 敎成隊는 安圖縣으로 移屯케

하고, 成俊用先生은 北軍政署와 合同行動을 實現키 爲하여 곳다시 北間島로 向하엿다. 이리하는 時에 敵兵은 西北 兩間島에 直接侵入하여 無慘한 大虐殺과 放火를 隸行하엿고, 西北間島의 各 獨立軍의 大部分은 白頭山 밑으로 各自 集中되엿다.

北間島에 侵入한 敵軍은 다시 白頭山에 集中된 獨立軍을 侵冠하며, 各獨立軍은 協同進擊하여 敵軍을 數次 大破하엿으나, 그러나 衆寡가 넘우 懸隔하고, 또 積雪嚴寒에 被眠, 裝具 及 其 給養의 缺乏으로, 그곳에서 支持하기 不能함으로, 不得已 後方으로 一時 退却하게 되엿다. 그리하여 各獨立軍은 聯合하여 大韓獨立軍을 編成하여 中東鐵路 以北 吉林東北地方으로 移動하엿다가, 4254年(1921년-필자주) 辛酉에 俄領沿海州로 移入하여, 蘇聯의 援助로 俄領에 있는 獨立軍과 함께 黑河(自由市)에 集中되엿다. 그러나 不幸히 이곧에서 所謂 黑河변을 當한 後, 그 一部는 다시 滿洲로 各自散回하여 各地에 潛在하여 繼續活動하엿고, 其他 一部는 西部 西伯利亞 일크즈크까지 轉入하엿다. 그러나 이도 또한 倭敵의 交涉과 蘇聯의 對日政策에 依하여 蘇聯에게 解散의 羞辱을 當하엿다. 嗚呼라 國人의 哀痛이여, 일마다 失敗이며, 到處에 羞辱이로다. 그럼에도 不拘하고 所謂 運動者中에 殘殺, 破壞, 陷害 等 反革命의 行爲를 敢行하는 者가 아즉가지 不絕하니, 이 亡國奴의 아픈 멍에는 언제나 벗어 버리게 되겟느냐! 이것이 참으로 痛哭할 일이로다. 이와가치 初次의 西間島 經營은 10年間 奮鬪의 結果, 預期한 目的은 이루지 못하엿으나, 扶民團-韓族會의 勵精盡治로 滿洲 僑胞의 自治團體의 經營은 滿洲僑胞에게 軍人精神普及, 武裝隊伍의 基幹을 세우엇고, 따라서 그들은 內外 各地에 散處하여 獨立運動에 烈烈한 犧牲이 되엇으며, 또는 犧牲的 奮鬪를 繼續하고 있는 이가 적지 않이하다. 이는 우리 運動 前途에 한줄기의 힘이며, 이는 우리 運動史上에 한부분의 빛이다.(『대한민국임시정부자료집』 37, 2009)

5. 중국측 당안자료

신흥무관학교 자료는 회고기, 문집, 그리고 일본측 정보기록들이 주요한 것으로 활용되고 있다. 중국 당안관 자료 역시 주목할 것임에도 불구하고 그동안 거의 활용된 적이 없다. 특히 신흥무관학교가 위치한 통화현 당안자료는 1915년 당시 합니하에 있던 무관학교와 그 주변 상황을 이해하는 데 도움을 준다. 아울러 기존의 기록에 등장하지 않는 이회영 육형제 중 이호영의 등장과 수원출신 임면수가 운영한 객잔 의성잔의 등장은 신선함을 더해주고 있다. 또한 일본측의 요청에 의해 신흥무관학교의 실태를 조사하고 있는 중국측의 입장도 살펴볼수 있어 큰 도움이 된다.

1. 통화현공서 공함 제 호(1914. 10, 16)

중화민국 3년(1914년) 10월 16일
합니하 한인학당의 근래 동향조사에 대한 비밀보고에 관한 건

령에 쫓아 조사, 확인한 상황을 보고 올립니다.
동변도윤 겸안동교섭원東邊道尹兼安東交涉員의 지시에는 안동주재 일본영사의 서한에 의하면, 조선총독부 평양지방법원 검사가 보낸 정함正函에는 현재 통화현 본방本邦 거민 즉 조선인 의성잔(義成棧) 및 기타 4명에 대한 심문 사항 초본을 보내니 조사 처리하기 바란다고 하였다. 이에 본 서류를 교섭서를 통해 현에 전달하였으므로 상세히 조사하여 보고하라고 하였습니다.
본령을 받들어 소장은 본소 행정 股員 두봉명杜鳳鳴에게 명하여 조사, 보고하도록

지시하였는데 그의 보고에 의하면 명령에 쫓아 현성의 남관南關지방에 내려가 상세히 조사하였는 바, 한인 임필동林必東은 확실히 그곳에 의성잔을 개설하고 주숙과 한민들의 내왕을 생리生理하고 있었으며, 일찍 중화민국 3년(1914년-필자주) 즉 일본 대정 3년(1914년-필자주) 9,10월간에는 한인 강원섭康元燮, 김영윤金永胤, 오택의吳宅儀, 장병훈張炳勳 등 4명이 주숙한 적이 없으며 기타 상황도 없었음(결여)... ...
조사에 의하면 김찬종金燦鐘 김봉기金鳳基란 사람은 없었습니다. 그리고 유하현 지사 공서의 서한에는 경찰사무소 및 각단에서 올린 종합 비밀보고에 의하면, 산하 소속 제3보위단 지방에는 현재 한민들이 밤이 되면 한곳에 모여 군사체조를 조련하고 있으며 사술邪術에 젖어 양철洋鐵을 사람과 말, 총기 등 모양으로 잘라놓고 저주하고 있는데 고산가孤山街 가면 양철 기름통貯油桶은 한인들이 구입하며,2탄지방에는 이미 쾌총快銃)과 동포銅炮 등을 운반하여 왔다고 말하고 있었습니다. 그리고 두목은 한인 김파金波이며 총기관은 합니하 남쪽의 고려학당에 설치하였는데 때때로 2,3탄 교련(불명)... 한인 남녀 모두가 농사를 버리고 일하지 않으며 한문서적韓文書籍 등을 읽고 있다고 하였습니다.

이에 근거하여 조사하여 보니 한인들은 중화를 존중하여 모신지 이미 천백년이며 일한합병 후 떠돌다가 이곳에 온 자들인데 그들에 대한 거처는 평등하게 대하는 것이 인정을 다하는 것이라고 생각되며 상술한 보고에서 말하는 상황은 조금도 그 움직임이 없었음을 알 수 있었습니다.
그러나 그들의 종지宗旨가 무었인지는 아직 명확하지 않으므로 계속 증거를 조사하라고 명령하였습니다. 그리고 총기관이 있는 합니하는 귀측의 관할지방에 있으므로 우리산하 정탐들이 월경하여 탐방하는 것이 불편하며 또한 진상을 밝히기에도 용이하지 않으므로 바라건대, 서류에 기재된 각 내용에 대하여 상세히 조사해주기 바란다고 하였는데 합니하에 한국인 김파가 있는지 없는지, 그리고 고려학당에 이러한 기관을 설치하였는지 또한 이곳 거류한인들이 특별한 거동이 있는지 없는지를 조사하는 것은 외인들이 동난을 음모하는 것으로 이는 국제교섭과 연계되는 중대한 사건임으로 신속히 답복하여 처리할 수 있기를 바란다고 하였습니다.이에 해당 소장은 적당한 대원을 선발, 파견하여 서류내에 제기된 각 사항들에 대하여 확실히 조사한 후 즉시 회보하라고 명하였습니다. 명을 받고 본소 한어번역원 도종현陶宗顯과 6구 경단을 보내어 비밀리에 조사하도록 하였는데 그들이 조사보고한 데 의하면 명을 받고 합니하지방에 가 엄밀한 조사에 착수하여 우선 목창木廠을 살펴보았는데 그 후 발병이 발생하여 길 걷기가 힘들어 당지의 장가점張家店에 주숙하였다 합니다. 장가점은 한인학당에서 불과 강 하나를 사이에 두고 있었습니다.

그날 밤 바로 해당학당 한인 이호영李浩永이 본 점에 와 술을 사고 있었는데 그와 한어韓語로 한담하였습니다. 그의 말에 의하면 그는 한국 왕경인씨韓國王京人氏이며 현재 나이 33세이며 형제로는 7명이 있는데 일찍부터 이곳에 거주하였다. 큰 형은 집에서 놀고, 둘째 형 이영석(이석영-필자주)李永石, 셋째 형 이철영李哲榮은 원래 조선 관원이었으나 지금은 본인과 함께 이곳 학당을 관리하고 있다고 하였습니다. 그리고 번역원은 화인(중국인-필자주)인데 어찌하여 한어에 정통 한가고 물어 이전에 한국에서 오래동안 장사를 하였다고 답하였습니다. 그런데 오래동안 이야기를 나누었으나 그의 의심을 살 것 같아 학당의 종지에 대하여서는 문의하지 못하였습니다.

그런데 다행하게도 한인 이호영은 통역원에게 그들 학당을 참관할 것을 요청하였습니다. 이튿날 그곳에 가 모든 것을 상세히 조사하였는데, 학당 교원들은 실로 환영을 표하였습니다. 이곳에는 도합 육간6間으로 된 초가집草房 두 채가 있었는데 한 채는 숙사이고 한채는 강당이었으며 학생은 도합 63명이었습니다. 그들이 읽고 있는 서적들을 검열해보니 모두 중한中韓 각국의 역사 및 지리에 관한 것이었는데 대부분 한문서적漢文書籍이었고,한어韓語로 된 서적 한 권이 있었으나 역시 한인역사에 관한 것이었습니다. 다른 상황은 발견하지 못하였습니다.

그리하여 한인 이호영에게 장래 학생들이 졸업한 후 어떤 활동을 하느냐고 문의하자, 그는 그들은 망국의 눈물을 머금고 이곳에 피난하여 왔으므로 자제들에게 흥망의 역사를 가르쳐 알릴 뿐 각자는 여전히 나름대로 생계를 도모할 것이며 다른 의사는 없다고 하였습니다. 그리고 통역이 현재 통화에는 일본영사관이 설치되어 있어, 무릇 한민이라면 금후 통일적인 보호를 받을 수있을 것임을 알려주자 그는 영사관이 설치되던 말던 자신들과는 아무런 관계가 없다고 말하나 기색을 보아서는 매우 분노해하는 것 같았습니다. 또한 해당 학당에는 교수와 학생을 제외하고 별도로 한인장정들을 모집하여 문묵文墨을 연습하고 있었는데 이를 가르켜 그들은 노동이라고 하였으며 개학전 농망기여서 해산시켰다가 현재 다시 모집하려 하는데 좀 수상한 곳이 있었습니다.

해당 학당을 상세히 조사하여 보니 김파金波란 사람은 없었으며 양철을 훔쳐 사람과 말 모양으로 만들지 않았고 암암리에 사술邪術을 연습한 일도 없었습니다. 이곳이 필경 총기관인지 아닌지는 증거가 없기에 아직 확정하기 어려우나 본 사건이 중대함으로 재차 부근에서 이상이 없는지를 비밀리에 조사하였습니다. 그리고 제6구 구관 왕복순王福順 역시 상술한 내용과 같은 보고를 올렸습니다. 이에 계속 상세히 조사할 것을 명하였으며 제6단에서 보고가 올리오기를 기다려 별도로 보고 올리는 외 먼저 상술한 내용을 비밀리에 보고 올리오니 감독께서 심의하시기 바랍니다.

통화현 감독 번님께 삼가 올립니다.
통화현 경찰소장 강존청(인)

2. 통화현서 공문(1915. 4. 29)

한교韓僑 이호영李護榮 등 한교학당학생 운동회개최에 관한 청시請示 보고

중화민국 4년(1915년-필자주) 4월 29일 문건번호 총 416호
경찰사무소에서 제4구 구관의 보고를 현공서에 전해 올림

청시 보고를 올립니다.

중화민국 4년(1915년-필자주) 4월 26일 경찰4구 구관 정경춘程慶春이 보고에는 금년 4월 23일 현속 훈양보訓養保 한교 이호영, 이규봉李圭鳳이 전일 합니하哈泥河 사립학당은 모두 한교학생으로서 그중 중학자격 학생은 60여 명이고, 소학자격자는 20여 명 도합 80여 명인데, 교장 여준呂準은 금년 6월 2일 즉 을묘년(乙卯年: 1915년 필자주) 4월 20일에 이밀二密 횡도하자橫道河子 횡호두橫虎頭 만구자灣溝子 합마하蛤螞河 강산崗山 이도구二道溝 금두화락金斗伙洛, 유하현 삼원보(三源堡) 등 처 한교학당 각 학생들을 소집하여 운동대회를 소집하고자 보호를 간청하였다는 상황을 구區에 보고하면서 시행여부에 대한 지시를 청시한다고 하였습니다. 이에 그에게 지시를 기다리라고 명함과 동시에 통화현공서에 보고를 올리오니 심의하시기 바랍니다.

통화현경찰사무소 소장 강존청江存清 (인)

3. 통화현지사공서 제28호(1915. 4. 29)

올린 보고는 숙지하였음. 이밀二密, 횡도하자橫道河子, 횡호두橫虎頭, 만구자灣溝子, 합마하蛤螞河, 강산崗山, 이도구二道溝, 금두화락金斗伙洛 등 처에 한교학교가 몇 개나 되며, 학생수는 얼마인지 각 구에 신칙하여 상세히 조사, 확인한 후 보고하기 바란다. 이에 명하는 바이다.
중화민국 4년(1915년) 4월 29일
지사 번(藩)

삼가 보고를 올립니다.

소장은 전일 제4구에서 이호영 등이 각 처 학교들이 운동대회를 개최하고자 하니 준가 여부를 청시한 보고는 이미 올린 바 있습니다. 이번 중화민국 4년 4월 19일 감독이 내린 지시에는 이밀二密, 횡도하자橫道河子, 횡호두橫虎頭, 만구자灣溝子, 합마하蛤螞河, 강산崗山, 이도구二道溝, 금두화락金斗伙洛, 유하현 삼원보三源堡 등 처에 구경 한교학교가 몇 곳에 있으며, 학생수는 얼마인가를 각 구에 명하여 상세히 조사, 확인한 후 보고하기 바란다고 하였습니다. 본령을 받고 즉시 각 구에 명하여 조사하였는데 적교보迪教保 합마하자에는 한교학교 1개소, 학생 19명이며, 승교보承教保 대도령구大都嶺溝에는 학교 1개소 학생 30명, 대도령구大都嶺溝에는 학교 1개소 학생 6명, 숭교보崇教保 금두화락 북구에는 학교 1개소 학생 25명, 금두화락 서두西頭에는 학교 1개소, 학생 13명, 솔교보率教保 제대구提臺溝에는 학교 1개소,학생 12명, 고력묘자高力廟子에는 학교 1개소, 학생 13명, 경취보慶聚保 이도구 서차西岔에는 학교 1개소, 학생 29명, 준양보遵養保 만구자에는 학교 1개소, 학생 11명, 횡호두에는 학교 1개소, 학생 21명, 횡도하자에는 학교 1개소, 학생 36명, 훈양보(訓養保) 노지구(0枝溝)에는 학교 1개소 학생 85명 도합 한교학교 12개소 학생 300명입니다. 조사해보니 이외에는 학교가 없습니다. 이에 보고를 올리오니 심의하시기 바랍니다.

통화현공서에 삼가 올립니다.
통화현경찰사무소 소장 강존청(인)

4. 보고-신흥강습학생에 관한 건(1915. 8. 10)

중화민국 4년(1915년) 8월 10일
도윤이 일본영사로부터 조선인 강원섭 등 부건에 기록된 각항 사항에 대하여 조사를 요구한 서한을 확인 비준한 건

현속 합니하 신흥강습소에 대하여 상세히 방문 조사한데 의하면, 강원섭康元燮 등 다수인은 모두 이곳에 온 적이 없으며, 이곳의 사람들은 모두 그들을 모른다고 하여 어떻게 조사하여야 할지 모르겠습니다.
다만 명령을 받고 신흥강습소에 대하여 조사하여 보니 본 강습소는 민국 원년(1911년 필자주) 7월에 성립하였으며, 의무義務 교장에는 여준, 교감에는 윤기섭尹琦燮이다. 교사로는 김창환金昌煥, 성준용成駿用 등이 있으면 이들이 전문으로 조선인민 자제들을 가르치고 있다. 입소하는 학생자격은 10살 이상 25세 이하로서 반드시 신체가 건강한 자만이 합격되며,입교 후에는 수신, 국문, 외국어, 창가, 지리, 수학, 역사, 박물학, 물리학, 화학, 도화, 체조 등 과목을 가르치며, 졸업 연한은 3년으로 정하고 학비와 식비 등 비용은 없었고 모든 비용은 전부 학생들이 자부담으로 되어 있었습니다.
본 학교 학생은 민국 3년(1914년-필자주) 즉 대정 3년부터 현재에 이르기까지 도합 80명이었으며 학교의 학생 명단부를 검사해보아도 역시 강원섭 등 이름은 없었습니다. 그러나 본 사건은 교섭과 관련됨으로 다시 주변을 통하여 상세히 조사해 보았으나 모두 보지 못하였다고 하였습니다. 소장이 재차 조사해도 별다른 점이 없으므로 감독님께 보고 올리오니 심의하시기 바랍니다.
통화현공서에 삼가 보고 올립니다.
통화현 경찰소장 강존청(인)

제5부

졸업생들
: 기나긴 독립전쟁의
영웅들

졸업생들의 활동과 신흥무관학교의 역사적 위상

머리말

신흥무관학교는 1911년 6월 만주 유하현 삼원포에서 신흥강습소로 출발한 이후 유하현,통화현 등 여러 지역에서 학교를 개교하여 독립군 양성에 크게 기여하였다. 그 결과 신흥무관학교 졸업생인 원병상이 1911년 추가가 제1회 졸업생에서부터 1919년 11월에 이르기까지 본교, 분교, 지교를 통들어 그 졸업생수가 3천 5백명에 달할 것으로 추산할 정도로 많은 수의 독립군을 배출하였다. 그리고 이들 졸업생들은 그 이후 국내외 항일운동의 중추적인 역할을 담당하였던 것이다. 1930년대 중국 지역에서 활동한 독립운동 단체인 韓國國民黨의 기관지『韓民』3호(1936. 5. 25)에 실려있는「西間島 初期 移住와 新興學校時代 回顧記」에,

> 만주 기타 각 방면에 있어서 활동하고 있던 투사 중 이 학교 출신이 가장 많은 수를 차지하고 있어서 일본에서도 이 학교를 질시했다.

라고 있듯이, 신흥무관학교의 출신들은 日帝를 물리치는 데 큰 역할을 하였던 것이다.

그러므로 학계에서도 일찍부터 신흥무관학교에 주목하여 많은 성과가 이루어졌다.[1] 특히 2011년에는 신흥무관학교 설립 100주년을 맞이하여 그 연구성

1 박환,「만주지역의 신흥무관학교」,『만주한인민족운동사연구』, 일조각, 1991; 서중석,『신흥무관

과들이 집대성되기도 하였다.[2] 그렇다고 하여 신흥무관학교의 모든 것이 밝혀진 것은 아닌 것 같다. 신흥무관학교 졸업생들의 활동에 대하여도 깊은 천착이 이루어지지 못한 것 또한 사실이다.

신흥무관학교 졸업생들의 졸업 후 활동상에 대하여 살펴보고자 한다. 해방 전의 경우는 중국에서 활동한 인물, 국내에서 활동한 인물, 공산주의 활동을 한 인물 등으로 나누어 밝혀보고자 한다. 해방 후의 경우는 대한민국이나 북한에서 활동한 인물에 대하여 알아보고자 한다. 가능하면 그동안 밝혀지지 않은 인물들의 활동을중심으로 살펴보고자 한다.

1. 신흥무관학교 폐교

1919년 3·1운동 이후 일제는 만주 지역에서 활동하고 있는 독립군을 '토벌'하여야만 조선에 있어서의 지배체제의 안정을 이룩할 수 있다고 판단하였다. 그러므로 만주 지역에 일본군을 출동시켜 독립군을 '토벌'하고자 계획하는 한편 중국 관헌에 압력을 가하여 한국인의 독립운동을 방해하고자 하였다. 이에 대하여 석주 이상룡은 중국측에 협조를 구하고자 하였고, 그 내용의 일단을 다음 자료를 통해 짐작해 볼수 있다.

유하현 지사에게 바치는 정문呈柳河縣知事文

사람이 극도로 애통하게 여기는 것 중에서 나라 없는 것보다 절실한 것이 없고, 선비가 깊이 근심하는 것 중에서 교육을 잃은 것보다 큰 것이 없습니다. 저희들은 학문이 얕고 식견이 짧은 사람들로서 우수하면 승리하고 열등하면 패배하는 국면을 만

학교와 망명자들』, 역사비평사, 2001.

2 『신흥무관학교와 항일무장독립운동』, 신흥무관학교 100주년 기념 학술회의, 신흥무관학교 100주년 기념사업회, 2011; 독립기념관, 『한국독립운동사연구』 40, 2011. 12. 한시준, 김태국, 김주용의 논문이 실려 있다.

나, 4천년 역사가 땅속에 묻히고 2천만 동포가 지옥에 빠지게 되었습니다. 그리하여 토지와 인민이 이미 나의 소유가 아니고 생명과 재산이 이미 남의 유린을 당하다 보니, 온갖 죽을 고비를 넘기고 살아남았어도 몸을 의지할 곳이 없어 한 가닥 살 길이라고는 오직 대국大國을 바라보게 되었을 따름입니다.

대개 중中·한韓 양국은 국토가 강 하나만을 사이에 두고 있어 절로 순망치한脣亡齒寒의 형세가 있습니다. 족계族係는 뿌리가 하나로서, 평소에 형제兄弟의 우의가 있었습니다. 만약 외군外軍의 침략을 당하게 되면 군대를 정비하여 원조하였고 혹여 거듭된 기근을 만나게 되면 미곡米穀을 덜어서 구호하였습니다. 어찌 옛날에만 그러했고 지금은 유독 그렇지 않겠습니까? 그래서 친척들을 이별하고 묘소를 버리면서 손을 끌어 강을 건넜던 것이니, 6·7년 이래로 저희 민족이 동성東省으로 이주한 자가 수만 인에 가깝습니다. 민적民籍에 편입되어 백성이 됨으로써 다행히 물고기가 그물에서 벗어나게 되었고, 토지를 개간하여 생활을 꾸림으로써 거의 피곤한 새가 편안히 깃들일 수 있게 되었습니다. 고어古語에, "사람으로서 가르침이 없으면 금수에 가깝다."고 하지 않았습니까? 하물며 나라가 망해서 떠도는 우리 민족이 만약 교육을 받지 못한다면 어떻게 생존경쟁[物競]의 세계에서 스스로 존립하기를 기대할 수 있겠습니까?

그러나 중국의 학교에서 가르침을 받고자 하여도 언어가 통하지 않고 학비를 계속 대기가 어렵습니다. 형편상 할 수 없이 생활이 극도로 어려운 와중에서도 의식衣食을 절약하고 찬조贊助를 받아 사사로이 학교를 설립해 후진을 교육하였습니다. 비록 인허認許를 청한 적은 없었으나 관료官僚들의 찬조가 또한 많았습니다. 이는 대국이 너그러이 구휼해주는 은혜와 동족이 함께 장려하는 의리 덕분입니다.

올해 3월에 저희 나라가 독립獨立을 선언한 이래로 원수 같은 이웃 나라의 학대가 더욱 심해지니, 자유를 속박하고 행동을 감금하는 것은 오히려 작은 일에 속합니다. 충량忠良한 사람을 살해하고 무고한 사람을 도륙하며, 가옥을 헐거나 태우고, 재화를 약탈하는 경우에 있어서는, 그 잔인한 행위를 입으로 말할 수 없고 참혹한 정상을 눈으로 차마 보지 못할 정도입니다. 이런 정상情狀은 동·서양의 신문新聞에 자세히 실려 있으니, 삼가 생각컨대 각하閣下께서도 열람하시고 또한 반드시 측연하게 여기셨을 것입니다.

그들이 동성東省의 한족韓族에 대해서는 정책이 더욱 험악하여, 기어코 혈유孑遺의 교민들이 만주滿洲의 경내에서 편안히 살지 못하게 하려고 했습니다. 그리하여 마침내 몰래 간세奸細한 무리들을 시켜서 유언비어를 퍼뜨렸는데, 그 중에는 "한교가 바야흐로 군대를 기르고 군사를 모집하여 동성을 노리고 있다."라거나, "교민이 장차 모월某月 모일某日에 모진某鎭을 습격하려고 한다."는 말도 있습니다. 아아, 저들의 속임수가 여기에 이르러 극에 달하였습니다.

각하께서는 한번 깊이 생각해 보십시오. 저희들이 가족을 이끌고 만 리 길을 와서 실낱같은 목숨을 보존하고자 하면서 이런 참람한 생각을 가질 수 있겠습니까? 수중에 한 푼의 돈도 없어 조불여석朝不慮夕[3]하는 처지에, 과연 이런 능력을 가질 수가 있겠습니까? 그러나 시호삼전市虎三傳[4]이면 듣는 이들이 쉽게 혹하는 법이니, 촌민村民들은 옳다고 믿었고 관서官署에서는 가능성이 있다고 의심하였습니다. 그리하여 마침내 인원을 파견하여 조사하였으나 무슨 일을 조사해 내었으며, 장정을 동원하여 수색하였으나 무슨 물건을 수색해 내었습니까? 도로의 행인들이 불편해하고 농상農商의 사업이 장애를 받았을 따름입니다. 진실로 이와 같이 하고자 한다면 지난날 대통령大統領께서 부조部照를 반급頒給하여 유민을 거두어 위무해주고, 강기요康琦遙가 국회에 전보電報를 보내 한국의 독립을 도운 것은, 그 후의厚意가 과연 어디에 있는 것입니까?

신흥학교新興學校로 말씀드리자면 이는 저희들의 중등학당中等學堂입니다. 소학小學의 설립이 거의 수십 개소를 넘다보니 매년 졸업을 하는 사람이 통틀어 백여 인이나 됩니다. 소학을 마치고 나면 중등교육을 받지 않을 수 없는데, 이 때문에 전대 청淸나라 선통宣統 연간에 이 학교를 제2구區의 추가가鄒家街에 설립하였고, 2년 후에 통화현通化縣 합니하哈泥河로 이전하였다가, 올 봄에 위치가 적절하지 않다

3 조불여석朝不慮夕: 아침에 저녁 일을 미리 예측할 수 없다는 뜻으로, 형세가 위급하거나 군박한 것을 가리킨다. 진晉 나라 무제武帝 때 이밀李密이 조모祖母 유씨劉氏의 봉양을 위해 벼슬을 사양하면서 올린 진정표陳情表에 "조모 유씨가 마치 해가 서산에 이른 듯 숨이 곧 끊어질 지경이니, 목숨이 위태롭고 얕아서 아침에 저녁 일을 예측할 수 없습니다[朝不慮夕]." 하였다.

4 시호삼전市虎三傳: 시장에 호랑이가 나타났다는 말을 세 번 전해 듣는다는 뜻으로, 사실이 아닌 말도 여러 번 듣게 되면 사실로 믿게 된다는 것을 의미한다. 전국시대 위魏 나라 방총龐葱이 태자와 더불어 한단邯鄲에 볼모로 가면서 위왕魏王이 참소하는 말로 인해 자신들을 의심할 것을 염려하여 시장에 나타난 호랑이에 대한 소문을 비유로 든 것에서 나온 말이다. 『한비자韓非子』「내저설상內儲說上」

는 이유로 제3구의 고산자孤山子로 옮겨 왔습니다. 그 성격과 역사는 이와 같습니다. 그리고 체조體操 한 과목은 곧 세계 만국의 소·중학당小中學堂에서 통용되는 것으로, 교내의 물품과 서류는 경서警署에서 이미 사람을 파견하여 조사하였으며, 구區의 관원 또한 친히 와서 검사하였으므로 그 사이에 의심을 일으킬 만한 것이 없습니다.

그런데도 이제 듣기로 관령官令으로 장차 이 학교를 해산하고자 한다고 합니다. 오호라, 하늘이 망국亡國의 교민僑民으로 하여금 영원히 생존경쟁의 현장에서 도태되게 만든다면 모르겠으나, 만약 일시동인一視同仁[5]의 사랑이 있다면, 어찌 타향을 떠도는 사람들에게 이 한 학교 정도를 허용하지 않을 수 있겠습니까?
대국이 이미 우리 무고한 사람들을 불쌍히 여겨 토지 조세와 가옥 임대에 모두 은혜로운 조치를 취해주셨습니다. 그런데 유독 중등교육은 허가하지 않아 새로 자라나는 자제子弟들로 하여금 지식을 계발啓發하지 못하게 한다면, 이는 공화共和의 선정善政에 흠결欠缺이 있는 것이 아니겠습니까? 삼가 바라건대 각하께서는 특별히 성념盛念을 베푸시어 이런 사유를 간곡하게 성공서省公署에 아뢰어 주소서. 그리하여 우리 신흥학교가 영원히 존속을 보장받고 한인의 종자가 소멸되는 것을 면하게 해 주신다면, 천만다행이겠습니다.(『국역석주유고』)

결국 일제는 1920년 5월 상순에 동삼성순열사東三省巡閱使 장작림張作林에게서부터 봉천·길림에서 한국독립군에 대한 중일간에 합동 수사를 전개할 것을 허락받았다. 그리하여 봉천성 내의 일본인 경찰 간부를 수사반장으로 하는 중·일 합동수사반을 편성, 서간도 일대에 대한 검거행위를 시작하였다. 이에 이 지역의 대표적인 무장독립운동 단체인 서로군정서도 동년 7월 오랜 근거지인 유하현을 떠나 안도현安圖縣으로 이동하는 사태가 발생하였다.[6] 물론 이러한 상황의 변화 속에서 신흥무관학교도 예외일 수는 없었다.[7]

5 일시동인一視同仁: 차별 없이 대하여 똑같이 사랑한다는 뜻으로, 당唐나라 한유韓愈의 『원인原人』에, "성인聖人은 동일하게 보고 똑같이 사랑한다[一視而同仁]."라고 하였다.
6 독립운동사편찬위원회, 『독립운동사』 5, 1973, 372~373쪽.
7 원병상, 「신흥무관학교」, 『독립운동사자료집』 제10집, 30쪽.

이와 더불어 설상가상으로 신흥무관학교의 교직원 및 학생에 대한 마적들의 납치사건이 자주 발생하였다. 1919년 7월 하순에는 유하현 고산자에 있는 신흥무관학교 본교의 교감인 윤기섭, 교관 박영희 이하 학생 수명을 마적이 납치하여 가는 사태가 발생하였던 것이다.[8] 무관학교에서는 백방으로 이들의 구출을 위하여 노력하였다. 그 결과 동년 9월 하순에 삼원포에 있는 한족회 본부로부터 소양小洋 300자參百子와 화기포花旗布(大幅木綿) 일반一反을 제공받고 이를 마적에게 상납하고서야 이들을 구해낼 수 있었다.[9] 또한 1919년 9월 18일자 『독립신문』(上海版)에,

> 多年 西間島 方面에 在하야 만은 努力을 쓰시던 南一湖氏家에 馬賊이 突入하야 放銃襲擊하고 新興學校生 徐相洛氏와 隣家에 雇用하는 사람까지 捕去하였다고 (下略)

라고 있듯이, 마적이 신흥학교 학생인 서상락徐相洛을 납치하여 간 사건이 발생했던 것이다. 이리하여 신흥무관학교에서는 마적의 납치 및 습격에 전전긍긍하게 되어 학생 및 교직원의 사기가 저하되었다.

아울러 이른바 윤치국치사사건尹致國致死事件이 발생하였다. 이 사건은 고산자에 있는 본교本校에서 학생들간에 윤기섭에 대한 배척문제로[10] 파벌이 대립되어 서로 싸우게 되고 나아가 한족회, 서로군정서는 물론 재만동포들 간의 파벌 대립으로까지 확대되어 편싸움이 벌어져 이 와중에서 동교 졸업생인 윤

8 앞의 책, 30쪽; 金正明, 『朝鮮獨立運動』 Ⅱ, 原書房, 1967, 886쪽.

9 金正明, 『朝鮮獨立運動』 Ⅱ, 886쪽.

10 그 밖에 윤치국치사사건의 원인에 대해 尹致國과 許湜이 醉中詰難으로 구타한 것이 말썽이 나 학생 다수가 격분하여 타살했다는 설(金承學, 『韓國獨立史』, 353쪽)과 孤山子의 신흥무관학교 학생들이 여관에 있는 哈泥河 신흥학교 졸업생인 尹致國에게 여행의 용무를 묻자 그 응답이 불손하자 밀정의 혐의로 죽였다는 설이 있음(金正明, 『朝鮮獨立運動』 Ⅱ, 886쪽).

치국이 희생당한 사건이다.[11] 이 사건으로 교장·교감·교직원 등이 모두 한족회에서 査判을 받아 교직원 상당수가 공석이 되었다.[12]

즉, 일제의 만주 독립군 '토벌'과 마적의 습격, 윤치국치사사건 등으로 인하여 결국 1920년 8월에 신흥무관학교는 폐교되고 말았다.[13] 최후 수단으로 지청천이 교성대를 조직하여 이들을 이끌고 백두산 지역으로 이동하여 재기를 모색하였으나 결국 실패하였던 것이다.[14]

2. 졸업생들의 활동

다음으로는 신흥무관학교 폐교 후의 졸업생들의 활동상에 대하여 주목해 보자. 졸업생들의 활동지역을 보면 주로 만주·중국본토 등지로 나누어 볼 수 있다. 학교의 위치가 만주였으므로 이들의 대부분은 만주 지역에서 활동하고 있다.

그들이 활동했던 대표적인 무장독립운동 단체로는 서로군정서와 북간도 지역의 북로군정서를 들 수 있다. 전자는 한족회의 군사조직으로서 권계환權啓煥·김동진金東搢·김중한金重漢·김철金鐵·김우권金宇權·김하성金河成·김학규金學奎·박명진朴明鎭·백기환白基煥·백광운白狂震·신용관辛容寬·오광선吳光鮮·이덕수李德秀·이병철李秉鐵·현기전玄基甸 등이 여기에 가담하여 일하였다.[15] 이러한 현상은 신

---

11 朴永錫, '日帝下 滿洲·露領地域에서의 民族獨立運動一事例硏究~北路軍政署 獨立軍兵士 李雨錫의 活動을 중심으로', 『日帝下 獨立運動史硏究』, 一潮閣, 1984, 133~134쪽.

12 金承學, 『한국독립사』, 353쪽.

13 元秉常은 그의 手記「新興武官學校」32쪽에서 신흥무관학교가 1919년 11월에 폐교되었다고 하였다. 그런데 독립신문(上海版) 1920년 2월 3일자에는 신흥무관학교 4기 졸업식을 1920년 1월 30일에 거행하였다는 기록이 보인다. 그러므로 폐교 년월에 관한 것은 氏의 착오가 아닌가 한다. 지금 현재로서는 일제의 서간도 독립군 토벌이 1920년 7월에 본격화됨을 고려해 볼 때 1920년 8월에 폐교되었다는 설(金承學, 『한국독립사』, 353쪽)이 좀더 타당할 듯 하다.

14 원병상, 「신흥무관학교」32쪽.

15 權啓煥(金承學, 『韓國獨立史』(下), 82쪽), 金東植(독립유공자공훈록편찬위원회, 『독립유공자

흥무관학교가 서로군정서의 소속 무관학교였기 때문일 것이다. 후자에는 강화린姜化麟·김춘식金春植·박영희朴寧熙·백종열白鍾烈·오상세吳祥世·이진강李震崗·최해崔海 등이 교관으로서 활동하였다.[16] 이들이 훈련시킨 독립군들이 청산리독립전쟁을 승리로 이끈 주역이었던 것이다.[17] 아울러 김경준金京俊·김중한金重漢 등 많은 수의 신흥무관학교 출신들이 이 전쟁에 참여하였던 것이다.[18] 그 밖에 만주지역의 대한통의부·정의부·신민부·국민부 등 주요 무장독립운동 단체에서 활동하였다.

중국 본토 지역에서 주목되는 단체는 의열단과 임시정부 산하의 광복군이다. 의열단은 의열투쟁을 전개한 대표적인 무장 단체로서 활동한 인물로는 단장인 김원봉金元鳳을 비롯하여[19] 강세우姜世宇·권준權晙·김옥金玉·박태열朴泰烈·배중세裵重世·서상락徐相洛·신철휴申喆休·윤보한尹輔漢·이성우李成宇·이종암李鍾岩·이해붕李海鳴·최윤동崔允東·한봉인韓鳳仁·한봉근韓鳳根 등을 들 수 있다.[20] 광복군에 참가한 인물로는 권준權晙·김학규金學奎·신동열申東烈·오광선吳光鮮 등을 들 수 있다.[21]

공훈록』 4, 국가보훈처, 1987, 278쪽), 金重漢(『독립유공자공훈록』 4, 596쪽), 金鐵(『한국독립사』(하), 99쪽), 朴明鎭 · 白基煥(『독립유공자공훈록』 4, 682~683쪽), 白狂雲 · 辛容寬 · 吳光鮮 · 李德秀 · 李秉鐵 · 玄基甸(『韓國獨立史』(下), 160쪽, 173쪽, 191~192쪽, 243쪽, 289~290쪽, 304쪽).

16 원병상, 「신흥무관학교」, 『독립운동사자료집』 제10집, 30~31쪽. 金春植(독립운동사편찬위원회, 『독립운동사』 5, 175쪽), 吳祥世 · 朴寧熙 · 白鍾烈 · 崔海 · 李雲崗(『독립유공자공훈록』 4, 752~753쪽, 658~659쪽, 691~692쪽, 956쪽, 822~823쪽), 姜化麟(金正明, 『朝鮮獨立運動』 Ⅱ, 967~975쪽).

17 원병상, 「신흥무관학교」, 『독립운동사자료집』 제10집, 30~31쪽.

18 金京俊(金正明, 『朝鮮獨立運動』 Ⅱ, 969쪽), 金重漢(『獨立有功者功勳錄』 4, 969쪽).

19 金元鳳(『무장독립운동비사』, 53쪽), 독립운동사편찬위원회, 『독립운동사자료집』 10, 1976, 1088쪽.

20 權晙 · 朴泰烈 · 申喆休 · 李海鳴(『韓國獨立史』(下), 83쪽, 148~149쪽, 178쪽, 223~224쪽), 韓鳳根(독립운동사편찬위원회, 『독립운동사자료집』 11, 1976, 92쪽, 392쪽, 397~399쪽), 李鍾岩 · 尹輔漢 · 徐相洛 · 韓鳳仁 · 姜世宇 · 崔允東 · 李成宇(이종범, 『義烈團 副將 李鍾岩傳』, 광복회, 1970, 55~67쪽), 裵重世 · 金玉(독립운동사편찬위원회, 『독립운동사』 6, 1975, 108쪽), 吳光鮮(『獨立有功者功勳錄』 4, 744~745쪽.

21 權晙 · 申東烈(『한국독립사』(하), 83쪽, 177쪽), 金學圭(『韓國獨立史』(下), 99쪽, 독립운동사편

이처럼 신흥무관학교 출신들은 학교가 폐교된 이후에도 만주·중국본토 등지에서 활발히 독립운동을 전개하였던 것이다.

3. 새롭게 밝혀지는 졸업생들

신흥무관학교 폐교 후의 졸업생들의 활동 중 최근 새롭게 밝혀진 부분들에 대하여 주목해 보자. 졸업생들의 활동 지역을 보면 주로 만주·중국본토, 러시아, 국내 등지로 나누어 볼 수 있다. 학교의 위치가 만주였으므로 이들의 대부분은 만주 지역에서 활동하고 있다. 그중 이병철의 경우를 판결문을 통하여 살펴보기로 하자

본적 평안북도 자성군 자하면 청동(淸洞)
주소 중국 봉천성 임강현 홍토작(紅土雀)
무직 이병철(李秉鐵) 25세

대정 8년 음력 4월 27일 이미 사 놓았던 조(粟)를 운반하려고 중국 간도 통화현에 갔던 바 동 지방의 한족회(韓族會) 총관 권병무(權秉武)의 권유에 따라 부득이 동년 음력 5월 6일 통화현 합니하(哈泥河) 신흥학교(新興學校)에 입학하고 동년 8월 20일경에 이를 졸업하고 그 후 동년 음력 9월 10일경 중국 유하현 삼원포에서 학우단(學友團)에 가입하고 동년 10월 4일경 만주 서로군정서(西路軍政署)의 명에 따라 제2연대 제2대대 제4중대에 편입되어 중대장 신광재(申光在)의 부하가 되어 그의 명령에 따라 중국 집안현 대청구, 추피구, 석호구 지방에서 군자금을 모집하고 또 중대의 사무에 종사 중, 소집에 응하여 대정 9년 음력 1월 5일경 통화현 합니하에서 특별 강습을 받고 동년 음력 3월 5일경 교성대장(敎成隊長) 지청천의 명에 의하여 중국 통화현 통동 지방에 주재하는 중대장 신광재에게 서류를 전달하고 동지에 체제중 발병하여 1개월간 체류 중, 독립군을 토벌한다는 말을 듣고 중국 임강현 홍토애통구의 이병수(李秉洙)의 집으로 옮겨 피난하는 한편 병을 치료하고 대정 10년 음

찬위원회, 『독립운동사』 6, 1975, 108쪽), 吳光鮮(『독립유공자공훈록』 4, 744~745쪽).

> 력 2월 15일까지 그 집에 체재하였다. 동년 음력 2월 16일 중대원의 임시회의에서 피고는 중대부 내무반장에 선임되어 그 사무에 종사하였다.[22]

라고 있는 바와 같이, 이병철은 신흥무관학교 졸업후 신흥학우단에 가입, 다음에 서로군정서에서 활동하였던 것이다. 이병철의 경우는 신흥무관학교 졸업생들의 졸업후의 일반적인 행로가 아닌가 추정된다. 이 학교를 졸업한 원병상은 그의 회고록에서 본교 졸업생들은 교칙에 따라 모교가 지정해주는 임무에 2년간 의무적으로 복무해야 한다. 그밖에 교포학교의 훈도로 근무하기도 하였다[23]라고 하고 있는 것이다.

신흥무관학교 출신으로 대한민국임시정부에서 활동한 인물들로는 우선 황일청黃一淸을 들 수 있다.[24] 그는 안중근의 딸인 安賢生의 남편이다. 신흥무관학교를 졸업한 그는 1919년 6월 상해에서 구국모험단을 조직하였고,[25] 1920년 2월에는 대한민국임시정부 군무부 참사에 임명되어 육군사관학교 교관으로 활동하였다.[26] 1921년 1월에는 만주 봉천에서 군자금 모금 활동을 전개하였으며, 1935년에는 상해에서 한국독립당원으로 활동하였다.[27] 그러나 1941년 중국 소주에서 교민단 단장으로 일하였다고 전해지기도 한다.

신흥무관학교를 중퇴하고 대한민국임시정부 특파모금원으로 활동한 인물도 있다. 대표적인 인물로는 엄준嚴俊과 유득신劉得信을 들 수 있다. 대한민국임시정부 특파모금원 엄준은 군자금 모금 중 동대문경찰서에 체포되었고,[28]

---

22 『독립운동사자료집』 10, 1036~1038쪽.

23 원병상, 「신흥무관학교」, 『독립운동사자료집』 10, 242쪽.

24 『독립운동사자료집』 10, 33쪽.

25 『독립운동사자료집』 7, 1180쪽.

26 『한국민족운동사료』(중국), 151쪽. 『한국독립운동사자료』 2(국사편찬위원회), 176쪽.

27 『사상정세시찰보고서』 1, 249쪽.

28 엄준 즉, 嚴雨龍의 경우는 『한민족독립운동사자료집』 36(독립군자금모집 5) 검사신문조서(국한문) 문서제목 嚴雨龍 신문조서에서 살펴볼 수 있다.

유득신도 다음날 세브란스병원 내에 피신중 체포되었다. 엄준은 평안도 신흥군新興郡 사립영신학교私立永春學校를 졸업 후 역시 신흥무관학교에 입학 중퇴하였고, 유득신은 배재학당 졸업 후 유하현 고산자 신흥무관학교에 입학하였다가 중퇴하였다.[29] 엄준(엄우룡)은 왕기서王基西, 김봉원金鳳源, 윤세주尹世柱 등과함께 1919년 9월 10월에 걸쳐 평양에 잠입하여 독립운동 자금 및 독립군을 모집하기도 하였다.[30]

한편 신흥무관학교 출신으로 중국공산당에서 활동한 인물들도 있다. 김훈(양림)과 김산 등이 그 대표적인 인물들이다. 하얼빈에 위치하고 있는 동북열사기념관에서는 김훈을 양림이라는 이름하에 그의 사진을 크게 전시하고 있다. 아울러 그의 부인 이추악李秋岳의 항일역사와 그녀가 작곡한 음악도 역시 전시하고 있다. 양림에 대한 역사는 우리 측 기록과[31] 약간 차이를 보이고 있다. 우선 생몰연도를 1898-1936년으로 보고 있다. 아울러 운남 강무당 입학시기를 1921년 6월로 보다 구체적으로 언급하고 있다. 1925년 중국공산당에 가입하여 황포군관학교 교관이 되었으며, 1927년에는 소련에 파견되어 공부한 것으로 되어 있다. 1930년에는 중국공산당 만주성위 군사위 서기로 일하였으며, 1932년에는 요녕성 반석현에 이르러 항일투쟁을 전개하였고, 1937년 7월에는 江西 중앙변구에서 활동하였으며, 1934년 10월에는 장정개시때, 홍군간부단 참모장에 임명되었다. 그리고 1936년 2월 황하를 건너는 전투를 하던 중 순국하였다고 한다.[32]

---

29 『한민족독립운동사자료집』 36(독립군자금모집 5)에 실려 있는 경찰신문조서(국한문) 문서제목 劉得信 신문조서(1921.1.17)에서 유득신에 살펴볼 수 있다.

30 『독립운동사자료집』 9, 366~367쪽.

31 『독립유공자공훈록』 12, 국가보훈처, 1996년, 519~521쪽.

32 민족문화대백과사전에는 〈양림 [楊林]〉이라는 항목하에 다음과 같이 기술하고 있다.
출생-사망 1901년~1936년, 중국공산당원. 평북 출신. 본명은 김훈이며 양녕, 피스더라고도 불렸다. 1932년 가을, 강서성 중앙소비에트 구역으로 전임된 뒤 1934년 1월에 열린 소비에트 제2차 대표회의에 참가하였다. 그 해 10월 홍군이 장정을 시작할 때 중앙군사위원회 간부단

신흥무관학교 출신들은 만주와 인접한 러시아 연해주지역에서도 활발한 항일운동을 전개하였을 것으로 보인다. 대표적인 인물로는 허승환許承煥(1893-1938)을 들 수 있다.[33] 그는 경남 통영 항북 출신으로 1910년대 신흥무관학교를 졸업하였다. 1922년 10월 러시아 군대에 의해 무장해제당한 독립군 부대들을 수습해 고려혁명군을 조직하고 특립대장으로 활동하였으며,[34] 1923년 4월경에는 고려혁명당 결사대장으로 활동하였다.[35] 1937년 6월 17일 스탈린에 의해 일본 밀정혐의로 체포되어 동년 6월 29일 총살당하였다.[36]

신흥무관학교 학생들의 활동으로는 국내에서의 활동도 들 수 있다. 문상직文相直은 신흥학교 군사과를 졸업후 안동현에서 표적으로는 곡물상을 영위하면서 독립운동에 정진하였다. 그는 1919年 8月 곡물상을 폐점하고 신흥학교 학우단에 가입하여 국내 주요 관공서를 폭파하여 독립목적을 달성하려고 1919年 9月18日 대구에 도착하여 동지인 동지同地 서영균徐榮均 송정득宋貞得과 협의하고 폭탄을 제조하려다 체포되었다.[37]

다음으로는 신형섭申亨燮의 경우를 들 수 있다. 그는 만주에서 활동후 국내에 파견된 대한통의부 특파원들을 지원하였다.[38] 고등경찰요사에는 〈24. 申亨燮 사건〉이라는 제목하에 다음과 같이 기록하고 있다.

참모장이 되었고, 1936년 2월 15군단 75사 참모장이 되었다. 1936년 2월 22일 황하를 건너는 작전을 진행하다 복부에 총상을 입고 죽었다.

33 허승환에 대하여는 불령단관계잡건 재시베리아부와 이인섭수기류(독립기념관 소장)에 다수 언급되고 있다.

34 불령단관계잡건-재시베리아부, 서노령에서 고려혁명군의 해산에 관한 건(하얼빈 총영사관, 1924.11.9)

35 『동아일보』, 1923년 4월 25일자.

36 러시아 삼일문화원, 『스탈린시대(1934-1938년) 정치탄압 고려인 희생자들』 9, 241쪽.

37 『고등경찰요사』 〈44. 암살음모단 사건〉.

38 『고등경찰요사』 신형섭사건.

본적 : 경북 영천군 영천면 교촌동 18
주소 : 중국 奉天省 開原 역전
신형섭(28세)
위의 자는 前 폭도들의 수괴 申東曄의 장남인데, 항상 조국의 광복을 몽상하여 1918년 3월 가족동반으로 중국 奉天 開原縣 淸河溝에 이주하였다. 때마침 그곳 지방의 불령조선인 등에 의해 신흥무관학교新興武官學校가 설립되자, 거기에 입학하여 1919년 12월에 졸업하자 곧 북만주군정서 소속으로 불령운동에 종사하던 중 그 단체가 해산됨에 따라, 1923년 5월경 조선에 돌아와 대구부 시장 북쪽 거리에서 상업에 종사하였다. 그 후 다시 만주로 건너갔다가 그해 10월경 또다시 조선에 돌아온 것을, 본도 경찰부에서 발견하여 조사했다. 그 결과, 그자는 그해 5월 조선에 와있을 당시에, 군자금 모집을 위해 조선에 들어온 대한통의부 특파원 李東健으로부터 자동권총 3정·실탄 100발과 군자금수령서 등의 은닉을 부탁받고 이를 승낙하여 자택의 한 방에 넣어 보관하고 있었다. 다음달 6월 상순경, 역시 대한통의부 특파원이고 전에 무관학교 재학 중의 동창생이며 본적이 본도 안동군 남후면 수상동인 李宣雨 곧 李德淑(이동건의 부하이고 영덕군 창수蒼水사건의 범인으로 1923년 9월에 체포되어 신병은 이미 송치하였다)이 찾아왔다. 그리하여 이동건이 몰래 맡겨둔 권총과 실탄을 이덕숙에게 주고 그들의 자금모집 모의에 관여하는 등 여러 가지 편익을 도모한 것이 판명되어, 1924년 12월 19일 총포·화약류 단속령 위반으로 이 사건을 검사국에 송치하였다.

김성국金成國은 국내에서 군자금 모금 활동을 전개하다 대구에서 체포되었다. 평양에서 출생한 김성국은 5살때부터 서간도에 거주하던 중 19세에 신흥강습소를 졸업하였다. 그후 그는 만주와 러시아에서 독립운동을 전개하던 중 1920년 10월 일제의 간도 토벌로 신흥무관학교의 운영이 어렵게 되자 군자금을 마련하기 위하여 1921년 11월 말일경 평양에 도착하여 동지로부터 미국식 권총을 마련하였다. 이후 그는 서울에서 군자금 모금 활동을 전개하는 한편 대구로 가 활동 영역을 넓히고자 하다가 대구검사국에 체포되어 징역 3년에

처해졌다.[39]

이외에도 신흥무관학교 출신들은 국내에 잠입하여 독립운동을 전개하기도 하였다. 권원하, 김종엽 등은 신흥학교 출신으로 경북 칠곡 등지에서 군자금 모집을 위한 활동을 벌였다.[40]

한편 이시영, 지청천, 이범석 등 신흥무관학교 설립자 및 교관으로 활동한 인물들은 대한민국정부의 주요 요직에서 활동하였다. 이들 외에 신흥무관학교 출신자로서 해방 후 대한민국정부에서 활동한 인물로는 다음을 들 수 있다.

김훈金勳은 1901년 경기도 부천군富川郡 소래면蘇萊面 계수리桂壽里 출생이다. 그의 학력을 보면, 평안북도 건중농장학교乾中農蠶學校 졸업, 유하현 신흥무관학교 졸업, 켄터키주 애스베리대학 예과 졸업, 시카고시 크레인그대학 경제학과 졸업, 상항시桑港市 남리감리교역자南美監理敎役者 지도강습 수료로 되어 있다. 해방 전 중국·인도·프랑스를 경유 도미, 시카고西北大學 토지경제연구실에서 도시 및 농촌토지이용학을 연구하고, 시카고 한인학생회 회장, 시카고市에서 무역회사 중역, 상항시 동양다도매회사東洋茶都賣會社 전무를 역임하였다. 1934년 귀국, 1934년 만주 안동에서 곡물가공회사 상무, 제2차 세계대전 후 고향에서 과수원을 하였으며, 해방후상공부 장관, 대한석탄공사 총재를 역임하였다. 좀더 구체적으로 살펴보면, 해방후 농상부農商部 행정과장, 한미협회韓美協會 이사 및 영어학교 교장, 미군정청 농무부 차장, 견미교육사절단遣美敎育使節團으로 6개월간 농업상업방면 기술원·공장·시험장 등을 견학하였다. 1947년 군정장관 보좌관, 1948년 8월 기획처 차장, 1949년 기획처장, 1950년 상공부 장관(국무위원), 1952년 대한석탄공사 총재, 1953년 시드니 총령사, 1957년 필리핀주재 전권대사, 1958년 필리핀주재 특명전권대사를 역임하였다.[41]

---

39 김성국 판결문, 대구지방법원 1921년 7월 18일 〈간도사관학교를 出한 김성국은 遂逮捕〉.

40 『고등경찰요사』 〈무관학교 학생모집사건〉.

41 국사편찬위원회, 한국근현대인물자료, 김훈.

배헌裵憲은 1896년 전라북도 이리부裡里府 주현동珠峴洞 출생이다. 그는 1913年 만주신흥무관학교를졸업하였다. 다년 상업에 종사하였으며, 상공회商工會 전라북도 상공회의소 부회장, 이리부청裡里府廳 고문, 이리중학원裡里中學院 이사장을 역임하였고, 1948年 제헌의원(지역구 전라북도 이리시裡里市, 소속정당 무소속) 으로 당선되었다. 2대 국회의원 선거에 대한국민당으로 입후보했으나 낙선되었다.[42]

해방후 북한에서 활동한 인물도 있다. 미군정에서 조사한 〈대한민국임시정부 주요 지도자들의 간단한 개인 이력〉에 보면 성주식에 대하여 다음과 같이 기록하고 있다.

이름 : 성주식(JOO-SIK SUNG, JOO-SIK SIRNG, Sŏng Chu-Sik,Sŏng Chusik)
나이 : 56세
원 주소 : 온양, 충청남도
교육 : 만주에 있는 한국독립군 양성기관인 신흥무관학교를 1910년 졸업
정치이력 : 1919년 한국의 자유를 되찾기 위한 노력을 계속하기 위해 상해 남부로 이주. 1935년 조선민족혁명당을 조직하고 상임집행위원회 위원이 됨
현재 지위 : 대한민국임시정부 국무위원회 위원[43]

즉, 성주식은 신흥무관학교 출신으로 대한민국임시정부 국무위원으로 활동하였던 것이다. 그는 8·15해방 후 귀국하여 1945년 8월 반일운동자원호회 위원장이 되었다. 김원봉과 함께 민족통일전선의 결성에 노력했으나 결렬되자 임시정부 중심의 비상국민대회에서 탈퇴하여 1946년 조선민주주의민족전선에 참가했다. 조선민족혁명당의 조직부 책임자를 지냈으며, 1947년 5월 조선민

42 국사편찬위원회, 한국근현대인물자료, 배헌.
43 국사편찬위원회, 『대한민국임시정부자료집』 26. 2008.

족혁명당의 후신인 인민공화당의 중앙부위원장이 되었다. 그뒤 북한으로 가서 1948년 8월 실시된 선거에서 제1기 최고인민회의의 남한대표 대의원으로 선출되었으며, 9월에는 최고인민회의 상임위원회 위원이 되었다. 1949년 6월 조국통일민주주의전선 중앙위원이 되었으며, 1957년 8월에 제2기 최고인민회의 대의원(함남 신창), 9월에 최고인민회의 상임위원회 위원에 재선되었다. 1959년에 사망한 것으로 알려져 있다.[44]

맺음말-역사적 위상

신흥무관학교는 1911년 만주 유하현 삼원포 추가가에서 신흥강습소로 출발하여 1920년 폐교되기까지 3천여명이나 되는 독립군을 배출한 독립군 사관학교였다. 이 신흥무관학교는 일제강점기 국내외의 모든 항일무장투쟁의 뿌리가 되었다는 측면에서 더욱 높이 평가할 수 있을 것이다.

더불어 신흥무관학교는 특정 단독세력이 아니라 이석영, 이회영, 이시영 등 6형제, 안동의 이상룡, 김대락, 김동삼 등과 경기도의 여준, 윤기섭, 임면수, 김창환, 충청도의 이동녕, 이세영, 이장녕 등 신민회 계열의 다수의 인사들이 전체적으로 동참하여 이룩한 독립운동가들의 단합의 상징적 결과물이라는 측면에서도 그 역사적 의미가 크다고 판단된다. 특히 재정적인 어려움이 봉착하였을 때에는 수많은 동포들의 노력과 힘과 땀방울이 신흥무관학교를 유지 발전시키는 원동력이 되었던 것이다.

신흥무관학교에서는 생도들에게 군사교육과 정신교육을 실시하였다. 특별히 주목되는 점은 신민회의 정신을 계승하여 공화주의적 정치이념을 바탕으로 한, 민족의 군대, 공화주의 지향의 군대를 만들고자 하였다는 것이다. 신흥

44 국사편찬위원회, 한국근현대인물자료, 성주식.

무관학교에서 배출한 수많은 독립군지도자들이 비록 국가건설론에는 차이가 있었지만, 기본적으로 국민을 위한 군대가 되기 위해 노력했다는 점 역시 중요한 의미를 갖는다.

신흥무관학교 출신들이 주로 활동한 지역은 만주지역이었다. 졸업 후 신흥교(학)우단, 서로군정서 등이 일반적인 형태였던 것으로 보인다. 그러나 그들은 서간도지역에만 그치지 않고 북간도에 있는 북로군정서에서도 활동하였다. 특히 북로군정서에는 교관으로 다수의 인물이 파견되어 독립군 양성에 기여하였다. 그리고 그들이 양성한 독립군들이 바로 청산리, 봉오동전투 등 수많은 독립전쟁 승리의 견인차 역할을 하였던 것이다. 또한 중국본토에서는 대한민국임시정부, 광복군, 의열단 등에서 활동하였으며, 러시아 연해주에서 독립군으로 활동하였고, 국내에 파견되어 군자금 모금 활동도 전개하였다. 한편 이념적으로는 사회주의 계열에 참여한 인물들도 있었다. 명실공히 신흥무관학교는 항일운동의 뿌리로서, 해방전에는 독립전쟁의 원동력이, 해방이후에는 대한민국 나아가 미래의 통일한국 건설의 밑거름이 되었던 것이다.

신흥무관학교 재학생 및 졸업생 일람표

번호	성명 (異名, 號)	졸업 연도	출신지	활동지	활동단체	비고
1	姜京遠					
2	姜南鎬			만주	신흥교우단	
3	康大鉉	1914				
4	姜東浩			만주	聚源昶 교포학교	
5	康保衡	1914	전남	만주	백서농장	
6	姜世宇			중국	의열단	
7	康世鉉		전북			
8	姜一秀	1911	서울	만주	신흥학우보 편집부장	
9	姜宗根					
10	姜泰熙		평북			
11	姜韓年 (姜翰年)	1913	전라도	만주	신흥학우단 재무부장	
12	姜翰演	1911				
13	姜化麟 (姜華麟, 姜化仁)			만주	북로군정서 사관학교 교관	
14	姜熙奉		경북			
15	桂龍甫 (桂龍輔)	1914	평북 평북	만주 만주	신흥중학 교관 신흥무관학교 교관	
16	高元成					
17	高昌國					
18	權啓煥 (石闌)	1919	경북	만주	부민단·東德有限公司·서로군정서헌병소대장	1912년 망명
19	權寧祚		경북			
20	權元河 (權世衡)	1920		만주 국내	군정서(1920) 조선일보지국장	

번호	성명 (異名, 號)	졸업 연도	출신지	활동지	활동단체	비고
21	權元華					
22	權晙 (權重煥)	1919	경북 상주	만주	의열단	1919년 망명
				중국	임정내무차관 武漢地區僑胞宣撫團長·광복군5지대장	1924년 (황포군관학교 졸업)
23	權重鳳	1913	경북 안동			
24	權泰斗	1914	경남			
25	權泰元		경남			
26	權赫柱					
27	金敬達	1914		만주	백서농장	
28	金庚烈					
29	金京俊			만주	북로군정서	
30	金顧洛		경북			
31	金碁鉉		평북			
32	金圭鶴					
33	金奎烔 (金仁海, 權仁秀)	1914	평북 선천			3·1운동(宣川)
34	金岐伯					
35	金基豊	1914	평남 평양 (강원)	만주	농민호조사 신흥교우단	
36	金老植				신흥교우단	
37	金魯元			만주	신흥학우단	
38	金達					
39	金道泰		평북 정주			
40	金東山			만주	신흥학우단·조선혁명군	
41	金東植	1914	평남 평양	만주	서로군정서·백서농장	
42	金鍊 (金煥, 金致精)	1911	평북 강계	만주	대한독립단	
43	金萬鉉		평북			
44	金文權	1915				

번호	성명 (異名, 號)	졸업 연도	출신지	활동지	활동단체	비고
45	金奉律 (金望太)		경남	만주		
46	金鳳聖 金鳳聖			국내 만주		
47	金鳳源		평남 강동	만주		
48	金思錫		평남			
49	金社淳		경북 안동			
50	金相德					
51	金石	1911	평남	만주	신흥학우단 초대단장	
52	金成國 (金聖國, 金鴻海)		평북 의주	만주	통의부	
53	金成魯		경북	만주	신흥무관학교 교관	
54	金聲魯	1919	경북 안동	만주	한족회	
55	金省三		평북			
56	金晟胤					
57	金聖峻			만주	한족회	
58	金聲泰	1914	경북			
59	金世洛	1914	경북			
60	金世鍾	경북 경주		만주	서로군정서	
61	金順益					
62	金陽烈					
63	金鍊洙	1914				
64	金永範					
65	金永允		평남			
66	金榮璿		경기도 장단	만주	대종교· 임시정부 국무부위원	
67	金永澈	1914				
68	金玉			중국	의열단	
69	金容奎					
70	金用萬			만주		

번호	성명 (異名, 號)	졸업 연도	출신지	활동지	활동단체	비고
71	金宇(友)權	1919	경상도	만주	서로군정서 의용대 중대부장교	
72	金宇鉉		경상도			
73	金元鳳		경남 밀양	중국	의열단·민족혁명당·조선의용대·임시정부국무위원	황포군관학교 졸업
74	金銓		평남 개천			
75	金正魯		경북			
76	金正白		평북 철산	만주		
77	金鍾燁					
78	金俊英					
79	金俊永		서울			
80	金重漢 (춘산, 金大洪)	1919	경북	만주	서로군정서·북로군정서	1919년 망명 1949년 육군 소위 임관
81	金昌艮		평남			
82	金昌道		경북			
83	金昌道	1919	평남 대동	만주	태극단	1919년 3월 평양에서 만세 운동 참가
84	金昌武		평안도	만주	한족회	광복후 공산주의자에게 피살
85	金昌海	1914	평남			
86	金昌華					
87	金千洙		쓰취분 (러시아)	만주	자위단(만주 東寧縣)	
88	金天益	1918	평남 평원	만주	조선혁명당	
89	金鐵 (金泰圭)	1914	경북	만주	서로군정서·한족회·정의부	청산리전투 참가
90	金春培 (金文白, 文相直)		경북 고령	만주	國民府	
91	金春植 (金春勳)	1915		만주	북로군정서 교관	

번호	성명 (異名, 號)	졸업 연도	출신지	활동지	활동단체	비고
92	金治道	1914	평북			
93	金致殷					
94	金治殷		평남			
95	金河成		평북 강계	만주	서로군정서의용대	
96	金夏永					
97	金學奎 (白波)		평남 평원	만주 중국	서로군정서 조선민족혁명당	
98	金漢聖			만주	조선혁명군	
99	金勳	1914	경기도 부천			미국
100	金興	1911		만주	신흥학교 교관	
101	盧東奎					
102	盧善敬	1918	황해도 송화	국내 만주	조선국민회(1918) 대한독립단(1919) 柳河縣 大石灘學校	盧伯麟의 子
103	盧義馬俊 (盧義俊)	1914	평남 평양			
104	盧弘植		황해도 송화			
105	董萬楨	1914	경남			
106	睦然昌		경기도			
107	睦榮昌					
108	文穆鎬	1914	경북			
109	文碧陂		평북			
110	文相直				신흥학우단	
111	文一民 (文逸民, 文熙錫)		평남 강서	만주 중국	한족회·대한청년단연합회 정의부 임시정부임시의정원·한국노병회· 한국독립당	
112	文任鉉	1919				
113	文庭鎬					

번호	성명 (異名, 號)	졸업 연도	출신지	활동지	활동단체	비고
114	文昌淑 (金石山, 金基準, 金勝淑)	1919	황해도 신부	만주	군정서·참의부	3·1운동참가 (新溪)
115	文昌鎬	1914	경북			
116	文享淳	1919	평남 안주	만주	국민부	
117	朴龜					
118	朴奇男	1914	경기도			
119	朴達俊		경북			
120	朴道俊 (應峯)	1919	경남 거창	만주	三源浦駐在임시정부제 1군정서경비대	
121	朴敦緖	1913	경기도			
122	朴明鎭 (朴義熏, 胡山)	1919	경북 영덕	만주	대한통의부·서로군정 서·한국독립당	
123	朴相勳	1914	충북	만주	백서농장	충남 공주 (출신지)
124	朴秀萬	1914				
125	朴寧熙 (朴章燮, 朴斗熙, 朴寧燮)	1914	충남 부여	만주	북로군정서·신민부·신 흥무관학교교관	
126	朴鏞傑 (朴容傑)		평남 개천	만주	만주	3·1운동 참가
127	朴容九					
128	朴元國		평남 강동	만주		
129	朴元鎭					
130	朴元煥					
131	朴義烈 (朴河山, 朴世鎭)	1917	경북 영덕	만주	부민단·대한통의부· 정의부	
132	朴壯熙		충남 연기	국내	대한광복회	육군대위로 전사(6·25)
133	朴正善			국내		
134	朴遵					

번호	성명(異名, 號)	졸업연도	출신지	활동지	활동단체	비고
135	朴重武					
136	朴翠山					
137	朴泰烈(朴宗植, 朴棕植, 朴棕梧, 朴元達, 朴元植, 朴大郁, 朴雲瑞)	1918	황해도 은율	만주 중국	대한청년단연합회·의열단·한족회·광제청년단·광복군총영	
138	潘化正	1914	경북			
139	裵信煥	1914				
140	裵仁煥	1914				
141	裵重世(梁建浩)			중국	의열단	
142	裵憲	1913	전북	만주	신흥학우단 토론부장	제헌의원
143	白狂雲(蔡煥)		충북	만주	서로군정서·참의부	
144	白基柱		평북			
145	白基煥(白振天, 金重星)	1919	평남 평양	만주	서로군정서·모험단	
146	白汝範		평남 정주	만주	흥사단·한국독립당	3·1운동 참가(江界)
147	白鍾烈		경기 장단	만주	한족회·북로군정서 교관·신민부·신흥중학 교관	
148	卞守鎭(卞榮泰)	1911	서울			
149	邊昌國					
150	徐耆錫		서울			
151	徐丙熙	1913	서울		신흥교우단	
152	徐相洛	1919	경북 대구	중국	의열단	독일유학
153	徐相文					
154	徐雄	1911		만주	신흥중학 교관	
155	成宇永					

번호	성명 (異名, 號)	졸업 연도	출신지	활동지	활동단체	비고
156	成周寔	1911	충남 온양	중국	조선민족혁명당 임정 국무위원	월북
157	成駿用	1911	서울	만주	신흥중학 교관 신흥무관학교 교관	
158	石俊尙		평북			
159	孫武榮	1914	경기도	만주	신흥무관학교 교관	
160	孫祥憲		경남			
161	宋滿	1914				
162	宋福晩 (宋奉瑀)		경남 동래			3·1운동관련
163	宋晟澤		경기도	만주	서로군정서 의용대원	
164	宋在滿		전라도			
165	宋鍾根		전라도	만주	군사협회	
166	宋虎	1914				
167	宋虎聲		평북			
168	宋熙		평북			
169	承永濟	1920	평북 정주	만주	대한독립총단·광복군사령부·대한통의부·대한독립단·義民府	청산리전투 참가
170	辛大植		경남 거제	만주	의군부·독립단	
171	申德永 (申伯漢, 李平)	1913	서울	만주 국내	대한청년단·공명단 대동단	
172	申東烈		평북 의주	만주 중국	임시정부연통제 平北督辦 통신원 의군부·광복군	3·1운동 후 망명 1957년 대령예편
173	申利燮		평남			
174	申伯雨		충북 청원	만주	서로군정서	
175	辛容寬 (辛光濟)		경남 양산	만주	서로군정서·白西農場	
176	申容寬					
177	申允潭 (申允談)		평남 평양	만주	신흥학우단 대한통의부·정의부	

번호	성명 (異名, 號)	졸업 연도	출신지	활동지	활동단체	비고
178	申昌駿 (申昌俊)		평남			
179	申喆休	1919	경북 고령	중국 국내	의열단 신간회	
180	辛亨根	1914				
181	申享燮		평남 (경북 영천)	만주 국내	대한통의부 제2경북유림단	
182	申虎燮		평북			
183	申熙燮					
184	安基榮		서울			
185	安相穆	1914				
186	安應元					
187	安鍾大					
188	安厚生					
189	安珝善 (也山)		충북 음성	만주	대한독립단	
190	梁大錫					
191	楊林 楊林			중국 중국	중국공산당 황포군관학교 교관	
192	嚴世一 (重山)		경북 예천	국내	예천청년동맹회의 집행위원(1927)	
193	嚴雨龍 (嚴俊)		함남 신흥	만주	대한민국임시정부	
194	嚴柱寬	1913	서울		신흥교우단	
195	吳光鮮		경기도 용인	만주 중국	서로군정서· 대한독립군단· 한국독립당·광복군·신흥무관학교 교관	국군육군중장 예편
196	吳璟淳					
197	吳祥世 (吳光瑞)		경기도	만주	북로군정서교관·신민부· 길림성자위군· 반만항일군	
198	王基西 (王漢成)		평남 대동	만주 중국 국내	의용단	
199	元世杰		강원			

번호	성명 (異名, 號)	졸업 연도	출신지	활동지	활동단체	비고
200	元世基		강원			
201	元秉常 (元義常)	1914	강원	만주	한족회·신흥중학교관·신흥무관학교교관·신흥학우단제3대총무부장	국군대령예편
202	劉得信 (洪益洙)		서울	국내	서울 암살단	
203	劉善柱					
204	劉榮圭					
205	尹輔漢		경남 밀양	중국	의열단	
206	尹世胄 (尹小龍, 石正)		경남 밀양	중국	의열단·민족혁명당 조선의용대	
207	尹延鎬 (尹尙鎬)			만주	흥업단·광정단	
208	尹永熙					
209	尹一坡		경기도			
210	尹致國		경북			
211	李康濬				신흥교우단	
212	李光民		경북	만주	정의부	
213	李光祖	1911			신흥중학 교감	
214	李謙浩 (李石)		경북 영덕	만주	대한통의부	
215	李圭能	1914				
216	李圭東		강원	만주	정의부	
217	李圭瑞		강원			
218	李圭旭	1911				
219	李圭駿	1913	서울	만주		
220	李圭昶	1911	서울	만주	신흥무관학교 교사	
221	李圭鶴	1913	서울	중국	대한민국임시정부	이회영의 아들
222	李圭勳		서울			
223	李克 (李剋)	1911		만주	신흥중학 교관	
224	李根皓 (李根浩, 李根澔)	1911	평남	만주	신흥학우단단장(총무부장)·백서농장	

번호	성명 (異名, 號)	졸업 연도	출신지	활동지	활동단체	비고
225	李基淳					
226	李起淵		서울			
227	李基周					
228	李德秀 (李德洙, 李碧山)		평북 삭주	만주	한족회·벽산대·서로군정서·대한통의부·정의부	3·1운동 참가 후 망명
229	李德淑 (李宣雨)		경북 안동	만주	대한통의부	
230	李東基	1914	경북			
231	李東山		경남			
232	李東華	1914				
233	李穆鎬 (鶴山)		경북 안동	만주		
234	李邦衡					
235	李炳世		강원			
236	李秉贊		서울		신흥교우단	
237	李秉鐵	1919		만주	한족회·서로군정서	
238	李秉鐸	1914	서울	만주	고려청년회	
239	李鵬海 (李益永, 金益永, 金鳳基)		충남 천안	만주	한족총연합회 신민부	
240	李西山					
241	李碩英		평북			
242	李成信	1919		만주 국내	한족회	
243	李成宇	1914	경북 경원	중국 국내	의열단	
244	李成旭					
245	李秀瓚		서울	만주	신흥학우단 기자	
246	李承祐		경북			
247	李昇浩		경북			
248	李英	1913		만주	東華學校(通化縣) 교사 신흥학우단 3대단장	

번호	성명(異名, 號)	졸업연도	출신지	활동지	활동단체	비고
249	李英善	1918	서울(경기도 용인)	중국	임정 재무부	
250	李雲崗	1919	황해도 장연	만주	북로군정서 교관	
251	李雄海		경북(함남 함흥)	만주	대한통의부·대한독립단·의군부·광한단	
252	李元邦	1914				
253	李義復		충남 천안			
254	李義直	1913	서울	만주	신흥학우단 기자	
255	李寅甲					
256	李寅植					
257	李寅亨		평남 개천	만주	독립단·광복단·광한단	3·1운동 참가 후 망명
258	李禎準	1914	평북			
259	李鍾乾(東山)	1914	경남 통영	만주	한족회·대한통의부·정의부·국민부	
260	李鍾岩	1919	경남 달성	중국 국내	의열단	
261	李鍾玉	1914		만주	백서농장	
262	李鐘宇					
263	李之滎		충남			
264	李贊熙	1914	평남			
265	李春植			만주	대한통의부	
266	李弼周		서울			
267	李海鳴(李泰龍)		함남	중국	의열단·한국혁명당·민족혁명당	3·1운동 후 망명 6·25국군전사
268	李衡國	1913	경북	국내	신흥사·신간회안동지회·신흥교우단	李相龍의 조카
269	李熙山					
270	李熙燁					
271	印鍵		서울			

번호	성명 (異名, 號)	졸업 연도	출신지	활동지	활동단체	비고
272	林得山 (林亨一, 陳豊善, 林時春)		평북 철산	만주 중국 국내	선천경찰서 폭탄투척 사건· 흥사단·임시의정원	
273	張基球	1914	함경도			
274	張斗觀		경남			
275	張斗權 (張斗南)	1919	경남 진주	만주 국내	신간회 중앙위원	3·1운동 참가 후망명 청산리전투 참가
276	張炳勳 (張基琥)		평남 평양	만주 미주	신흥학우단 대한인국민회 중가주지 방회	
277	張世鎭	1914	강원			
278	張旭煥					
279	張延根 (張庭根)		평북	만주	신흥학우보 편집부장	
280	張志樂 (김산)		평남 평양	중국	중국공산당	
281	張泰泓					
282	張鎬文		경북			
283	田興源					
284	鄭東秀	1913	강원		신흥교우단	
285	鄭周海 (白湧)	1919	충남 괴산	만주	대종교	3·1운동 참가 후 망명
286	鄭泰成		경남			
287	鄭泰植					
288	鄭勳模	1914				
289	鄭勳徹 (鄭勳哲)			만주	서로군정서	
290	諸聖律					
291	趙京鎬		경기도			
292	趙東華					
293	趙利涉					
294	趙秉稷				신흥교우단	
295	趙碩九					

번호	성명 (異名, 號)	졸업 연도	출신지	활동지	활동단체	비고
296	朱大根	1914	강원			
297	朱秉順		강원			
298	池應成	1914				
299	車相浩					
300	車用陸	1914	평북	만주	백서농장	
301	車千里 (車載洽)		평남 안주	만주	한족회·서로군정서 참의부	
302	千載桓		경남 고성	만주	대한독립단	
303	崔萬赫		평남 개천	만주	독립단·광한단	3·1운동 참가 후 망명
304	崔相奉	1914	평북			
305	崔碩鎬		경남 합천	만주	신민부	
306	崔承薰				신흥교우단	
307	崔永薰					
308	崔琬植					
309	崔允東 (崔震)		경북 대구	중국	의열단	
310	崔海 (崔海日)	1915	경북 울진	만주	군정부·흥업단·북로군정서교관·고려혁명군	
311	崔行龍					
312	崔鉉琪					
313	崔亨球		평북 정주	만주	三成學校 교직원	
314	河鍾岳		경남			
315	韓炳益		경북			
316	韓鳳根		경남 밀양	중국	의열단	
317	韓鳳益					
318	韓鳳仁	1919	경남 밀양	중국	의열단	韓鳳根의 弟
319	韓松桂		평북			
320	韓連伯					
321	許承煥 (許承完)		경남 통영	러시아	고려혁명군	

번호	성명 (異名, 號)	졸업 연도	출신지	활동지	활동단체	비고
322	許湜	1914	평남	만주	백서농장	
323	許英秀	1919	평남 진남포	만주	한족회	
324	許椳					
325	許況		쓰취분 (러시아)			
326	玄基甸		평남 개천	만주	서로군정서	3·1운동 후 망명
327	玄益哲		평북 박천	만주 중국	국민부	
328	洪于濟					
329	洪益善	1914				
330	洪鍾洛	1914	경북 군위	만주	신흥중학교원	
331	洪鍾麟			만주	신흥중학교원	
332	洪鍾民	1914				
333	黃敎石		강원			
334	黃德永		강원	만주	대한독립군비단	
335	黃炳禹	1913	강원			
336	黃炳日		강원			
337	黃炳湯	1914	강원		신흥교우단	
338	黃一淸				대한민국임시정부	안중근 사위 교민단 단장

※ 활동지 가운데 '중국'은 중국본토를 의미함.

※ 元秉常, 「新興武官學校」. 李恩淑, 『獨立運動家 아내의 手記』. 蔡根植, 『武裝獨立運動史』. 李相龍, 『石州遺稿』. 金承學, 『韓國獨立史』. 『獨立新聞』. 『新興校友報』. 『東亞日報』. 金厚卿, 『大韓民國獨立運動功勳史』. 姜德相, 『現代史資料 朝鮮 3·4』. 金正明, 『朝鮮獨立運動』Ⅱ·Ⅲ, 독립유공자공훈록편찬위원회, 『독립유공자공훈록』 4, 독립운동사편찬위원회, 『독립운동사자료집』 10·11, 독립운동사편찬위원회, 『독립운동사』 5·6. 필자미상, 『第九項白西農場史』 등과 기타 독립운동관계 자료들을 참조하여 작성하였음.

찾아보기

ㄱ

저자 **박 환** 朴桓

경북 청도 출생
휘문고등학교 졸업
서강대학교 사학과 졸업(문학박사)
수원대학교 사학과 교수(1986~)
한국민족운동사학회 회장 역임
고려학술문화재단 이사장
hp2101@hanmail.net

■ **주요 저서**

『독립군과 무기』선인, 2020.
『독립운동과 대한적십자』민속원, 2020.
『한국전쟁과 국민방위군사건』민속원, 2020.
『블라디보스토크·하바롭스크』선인, 2019.
『사진으로 보는 3·1운동 현장과 혁명의 기억과 공간』민속원, 2019.
『페치카 최재형』선인, 2018.
『근대 해양인, 최봉준』민속원, 2017.
『간도의 기억』민속원, 2017.
『잊혀진 민족운동가의 새로운 부활』선인, 2016.
『사진으로 보는 만주지역 한인의 삶과 기억의 공간』민속원, 2016.
『만주벌의 항일영웅 김좌진』선인, 2016.
『만주지역 한인민족운동의 재발견』국학자료원, 2014.
『박환교수와 함께 걷다, 블라디보스토크』아라, 2014.
『잊혀진 혁명가 정이형』국학자료원, 2013.
『사진으로 보는 러시아지역 한인의 삶과 기억의 공간』민속원, 2013.
『민족의 영웅, 시대의 빛 안중근』선인, 2013.
『김좌진 평전』선인, 2010.
『강우규 의사 평전』선인, 2010.
『박환교수의 만주지역 한인 유적답사기』국학자료원, 2009.
『러시아지역 한인언론과 민족운동』경인문화사, 2008.
『박환교수의 러시아 한인 유적답사기』, 국학자료원, 2008.
『시베리아 한인 민족운동의 대부 최재형』, 역사공간, 2008.
『경기지역 3·1독립운동사 연구』선인, 2007.
『식민지시대 한인아나키즘운동사』선인, 2005.
『대륙으로 간 혁명가들』국학자료원, 2003.
『재소한인민족운동사』국학자료원, 1998.
『러시아 한인 민족운동사』탐구당, 1995.
『만주한인민족운동사연구』일조각, 1991.